新编高职高专物流管理专业系列教材
XINBIAN GAOZHI GAOZHUAN WULIU
GUANLI ZHUANYE XILIE JIAOCAI

U0623378

国际物流与货运代理

GUOJI WULIU YU HUOYUN DAILI

主　编　刘琼华　金晓严
副主编　彭光凤

重庆大学出版社

内容提要

本书是以国际物流与货运代理涉及的主要业务设计教材内容结构体系,以各项业务的操作流程作为贯穿理论知识的载体,理论融于实践,并服务于实践,是为真正满足开展理实一体化教学而编写的教学用书。

教材内容、知识检测和任务训练还尽量反映国际货代员职业资格考试的应知应会要求,实现教材建设与考证的结合。教材共分8章,分别是:第1章,国际物流与国际进出口贸易业务;第2章,国际货物仓储业务;第3章,国际货物进出口报检报关业务;第4章,国际物流保险业务;第5章,国际海运代理业务;第6章,国际空运代理业务;第7章,国际陆运代理业务;第8章,国际多式联运代理业务。

本书可作为高职高专院校物流管理专业的教材,也可作为从事国际物流与货运代理行业各级管理人员及业务人员学习培训用书。

图书在版编目(CIP)数据

国际物流与货运代理/刘琼华,金晓严主编. —重庆:重庆大学出版社,2011.6(2022.7重印)
新编高职高专物流管理专业系列教材
ISBN 978-7-5624-5870-8

Ⅰ.①国… Ⅱ.①刘…②金… Ⅲ.①国际贸易—物流—高等学校:技术学校—教材②国际运输:货物运输—代理(经济)—高等学校:技术学校—教材 Ⅳ.①F252②F511.41

中国版本图书馆 CIP 数据核字(2010)第 248503 号

国际物流与货运代理

主　编　刘琼华　金晓严
副主编　彭光凤
策划编辑:顾丽萍

责任编辑:文　鹏　姚正坤　　版式设计:顾丽萍
责任校对:邹　忌　　　　　　责任印制:张　策

*

重庆大学出版社出版发行
出版人:饶帮华
社址:重庆市沙坪坝区大学城西路21号
邮编:401331
电话:(023)88617190　88617185(中小学)
传真:(023)88617186　88617166
网址:http://www.cqup.com.cn
邮箱:fxk@cqup.com.cn(营销中心)
全国新华书店经销
POD:重庆俊蒲印务有限公司

*

开本:787mm×1092mm　1/16　印张:22.75　字数:459千
2011 年6月第1版　　2022 年7月第3次印刷
ISBN 978-7-5624-5870-8　定价:49.00 元

前　言

教育部教高[2006]16号文《关于全面提高高等职业教育教学质量若干意见》明确提出：高等职业教育作为高等教育发展中的一个类型，肩负着培养面向生产、建设、服务和管理第一线需要的高技能人才的使命。文件同时指出：课程建设与改革是提高教学质量的核心，也是教学改革的重点和难点。高等职业院校要积极与行业企业合作开发课程，根据技术领域和职业岗位(群)的任职要求，参照相关的职业资格标准，改革课程体系和教学内容。建立突出职业能力培养的课程标准，规范课程教学的基本要求，提高课程教学质量。改革教学方法和手段，融"教、学、做"为一体，强化学生能力的培养。加强教材建设，人才培养模式改革的重点是教学过程的实践性、开放性和职业性，实验、实训、实习是3个关键环节。为更好地贯彻和落实教育部16号文件精神，适应新形势下高职教育教学改革的要求，我们特组织编写了本教材。

本教材具有如下特点：

1)教材内容突出体现国际物流与货运代理所涉业务相关岗位工作实际。

2)将业务流程作为贯穿理论知识的载体，理论服务于实践的需要，实现理实一体化。

3)内容尽量反映企业业务实际操作，反映最新实践发展。

4)教材各章课前有学习目标、职业能力、案例导入，课后有案例分析、本章小结、知识检测、任务训练，体现教、学、做合一,突出实用性和操作性,使之更能适应高职高专培养目标的教学要求。

5)教材内容以及课后的知识检测、任务训练都尽量结合国际货代员职业资格考试的应知应会要求,有助于学生考取相关职业资格证书。

6)各章课后的任务训练都是根据课前的职业能力要求设计,有具体任务训练的名称、训练的内容、目的要求、背景材料、应用工具、注意规则、实施步骤,方便教师组织实施,同时对学生完成实训任务也是一个很好的指导。

7)为了方便广大教师备课和教学,教材配有电子课件、习题答案,凡用做教材的学校或教师均可向出版社索取。

本书由重庆教育学院刘琼华和重庆电力高等专科学校金晓严担任主编,并负责对全书框架结构的设计、撰写及最后定稿。重庆财经职业学院彭光凤任副主编。各章节的撰写分工如下:第1章的1,2,3节由重庆城市职业管理学院黄频编写;第1章的4,5节由重庆城市职业管理学院李昕编写;第2,4章由重庆教育学院刘琼华编写;第3章由重庆电力高等专科学校金晓严编写;第5章的1,2,6,7,8节由重庆财经职业学院彭光凤编写;第5章的3,4,5节由重庆财经职业学院曾齐编写;第6章由重庆城市职业管理学院宋伦斌编写;第7章由重庆电子工程职业学院陈杨编写;第8章由重庆教育学院熊维编写。在编写过程中,编者参阅了大量同行专家的有关著作、教材及案例,包括许多网络资料,在此一并致谢。

由于我们的理论水平和实践经验有限,书中不当之处在所难免,敬请读者提出宝贵意见,以便修正。

编者
2011 年 4 月

第1章　国际物流与国际进出口业务

学习目标

- 了解国际物流的概念、特点、发展历程以及国际物流地理知识。
- 掌握国际贸易术语,尤其是6个常用的贸易术语。
- 深入了解国际贸易方式,掌握不同贸易方式的基本流程及特点。
- 掌握汇付、托收和信用证的含义、当事人、支付工具及其业务流程等问题。
- 理解出口信用险的含义、国际保理的含义及对进出口双方的益处;银行保函的含义及其与信用证的异同;备用信用证的含义及其与银行保函、信用证的异同等知识。
- 掌握进出口合同的履行程序,能熟练准确地办理各环节的业务手续。
- 掌握交易磋商的内容及一般程序、合同生效的要件及基本内容。
- 掌握进出口主要业务单证的格式及基本内容。

职业能力

- 能运用贸易基本知识为具体贸易活动选择适合的贸易术语。
- 能运用国际结算的基本知识,为具体贸易活动选择适合的支付方式与支付工具。
- 能运用汇付、托收及信用证的知识,选择适当的支付工具并完成国际进出口业务。
- 能运用进出口合同的业务程序知识,熟练准确地办理各环节的业务手续。
- 能运用交易磋商的相关知识,完成交易、签订合同。
- 能运用国际物流进出口业务中的相关知识,处理主要业务单证。

案例导入

　　NIKE公司创建于20世纪70年代初期,仅在短短的10年间便一跃成为美国最大的鞋业公司,建立起拥有自己品牌的运动商品王国。在服装这种季节性很强的行业中,物流所具有的决定性作用正得到加强。NIKE在20世纪90年代初期就已经建成了非常先进的物流系统,近年来更是得到了长足的发展,可以说其物流系统是一个国际领先的、高效的货物配送系统。

NIKE 在全球布局物流网络。NIKE 在美国有 3 个配送中心,其中在孟菲斯有两个。在田纳西州孟菲斯市的 NIKE 配送中心,运行于 1983 年,是当地最大的自有配送中心。作为扩张的一部分,NIKE 建立了三层货架的仓库,并安装了新的自动补货系统,使得 NIKE 能够保证在接到用户订单后 48 h 内发出货物。NIKE 公司在亚太地区生产出的产品,通过海运经西海岸送达美国本土,再利用火车经其铁路专用线运到孟菲斯,最后运抵 NIKE 的配送中心。所有的帽子、衬衫等产品都从孟菲斯发送到美国各地。每天都要发送 35 万 ~50 万单位的衣物。孟菲斯配送中心增加了 4 个存储区,使得总的存储面积达到了 11.612 5 万 m^2。增加了一个新的收货系统和 20.92 km 长的传送带。为了运送大件较重货箱,还增加了一个翻板式分拣机。采用了实时的仓库管理系统,并使用手持式和车载式无线数据交换器,使得无纸化分拣作业成为可能。吞吐能力提高了一倍多,从每 8 h 的 10 万件提高到了 25 万件,设计最高日工作量为 75 万件。

除在美国外,NIKE 还在欧洲加强了物流系统建设。NIKE 在欧洲原有 20 多个仓库,分别位于 20 多个国家。这些仓库之间是相互独立的,这使得 NIKE 的客户服务无法做到非常细致。另外,分散在各国的仓库只为本国的消费进行准备,也使得其供货灵活性大打折扣。经过成本分析,NIKE 决定关闭其所有的仓库,只在比利时的 Meerhout 建造一个配送中心,负责整个欧洲和中东的配送供给。该中心于 1994 年开始运营。后来,随着 NIKE 在欧洲市场的迅速扩大,流量很快就超出了配送中心的供应能力,NIKE 决定扩建其配送中心。NIKE 与 Deloitte 公司共同制订了欧洲配送中心建造、设计和实施的运营计划。其配送中心有着一流的物流设施、物流软件以及 RF 数据通信,从而使其能将其产品迅速地运往欧洲各地。

另外,由于面临着同样的问题,NIKE 决定巩固其在日本的配送基础,以此来支持国内的市场。公司在选址之后,设计了世界上最先进的设施,这种设施可以满足未来 7 年销售量增长的需要。由于日本的地价高,他们计划建造高密度的配送中心,这样更适合采取先进的配送中心控制系统——ASRS。同时也巩固了韩国的配送中心,以支持其在国内的市场。

在 2000 年初,NIKE 开始在其电子商务网站 www.nike.com 上进行直接到消费者的产品销售,并且扩展了提供产品详细信息和店铺位置的功能。为支持此项新业务,UPS 环球物流实现 NIKE 从虚拟世界到消费者家中的快速服务。

(案例来自:网站"物流天下". http://www.56885.net)

1.1 认识国际物流

1.1.1 国际物流的定义和特点

1)国际物流的定义

国际物流(international logistics，简称 IL)是指存在于不同国家或地区之间、为满足需求而进行的原始材料、中间库存、最终产品及其相关信息,从起点到终点在国际间有效流动,以及为实现这一流动所进行的计划、管理和控制过程。国际物流伴随着国际贸易的形成而产生和发展的,是国际贸易的重要物质基础,各国之间的相互贸易最终必须通过国际物流来实现。此外,如各国之间的邮政物流、展品物流、军火物流等也构成了国际物流的重要内容。国际物流是国内物流的跨国延伸和扩展。

从狭义上讲,国际物流是当供应和需求分别处在不同的国家或地区时,为了克服供需时间和空间上的矛盾而发生的商品物质实体在不同国家之间的流动。因此,国际物流的存在与发展可以促进世界范围内物资的合理流动,可以使国际间物资或商品的流动路线最佳、流通成本最低、服务最优、效益最高。同时由于国际化信息系统的支持和涵盖世界范围的物资交流,国际物流可以通过物流的合理组织,促进世界经济的发展,改善国际间的友好交往,并由此推进国际政治、经济格局的良性发展,从而促进整个人类的物质文化和精神文化的发展。

2)国际物流的特点

国际物流是国际贸易活动的重要组成部分,其实质是按国际分工协作的原则,依照国际惯例,利用国际化的物流网络、物流设施和物流技术,实现货物在国际间的流动与交换,以促进区域经济的发展和世界资源优化配置。国际物流的总目标是为国际贸易和跨国经营服务,即选择最佳的方式与路径,以最低的费用和最小的风险,保质、保量、适时地将货物从某国的供方运到另一国的需方。因其是为跨国经营和对外贸易服务,使各国物流系统相互"接轨",因而与国内物流系统相比,具有国际性、差异性、风险性和标准性等特点。

国际性是指国际物流系统涉及多个国家或地区,系统的地理范围大。这一特点又称为国际物流系统的地理特征。国际物流跨越不同国家或地区,跨越海洋和大陆,运输距离长,运输方式多样,这就需要合理选择运输路线和运输方式,尽量缩短运输距离,缩短货物在途时间,加速货物的周转并降低物流成本。

国际物流所面临的环境相对于国内物流来说具有很大的差异性。这种差异来自于多方面的因素,如不同的国家或不同地区适用的法律、法规不同,操作规程和技术标准不同,地理、气候等自然环境以及风俗习惯等人文环境不同,经济和科技发展及各自消费水平不同,等等。这些具有显著差异的物流环境,使得国际物流必须同时适应多个不同的法律法规、人文、习俗、语言、科技发展程度及相关的设施。由此,国际物流相对于国内物流来说,要形成完整、高效的物流系统难度较大。

由于国际物流涉及广阔的地域空间和诸多内外因素,需要较长的时间,操作难度较大,因此它面临的风险也较大,其包括政治风险、经济风险和自然风险。政治风险主要指由于所经过国家或地区的政局动荡,如罢工、战争等原因造成货物可能受到损害或灭失;经济风险又可分为汇率风险和利率风险,主要指从事国际物流必然要发生的资金流动,因而产生汇率风险和利率风险;自然风险则指物流过程中,可能因自然因素,如海风、暴雨等而引起的风险。因此,国际物流相关的现代化技术的开发与使用显得尤为重要,现代化系统技术可以尽可能降低物流过程的复杂性,减少其风险性,从而使国际物流尽可能提高速度,增加效益,并推动其发展。

国际物流环境的差异性决定了要使国际间物流畅通起来,必须要标准统一。在国际流通体系中,应当推行统一的国际基础标准、安全标准、卫生标准、环保标准及贸易标准,并在此基础上制订并推行运输、包装、配送、装卸、储存等技术标准,从而提高国际物流水平。

1.1.2　国际物流的发展历程

东西方冷战结束后,贸易国际化的势头日益强盛,随着国际贸易壁垒的拆除,新的国际贸易组织的建立,若干国家或地区已突破国界的限制形成统一市场,在国际贸易和跨国经营的推动下,国际物流活动也蓬勃发展起来。国际物流活动的发展大致经历了以下几个阶段:

第一阶段:20世纪50年代至80年代初。这一阶段物流设施和物流技术得到了极大的发展,建立了配送中心,广泛运用电子计算机进行管理,出现了立体无人仓库,一些国家建立了本国的物流标准化体系,等等。物流系统的改善促进了国际贸易的发展,物流活动已经超出了一国范围,但物流国际化的趋势还没有得到人们的重视。

第二阶段:20世纪80年代初至90年代初。随着经济技术的发展和国际经济往来的日益扩大,物流国际化趋势开始成为全世界关注的共同课题。美国密歇根州立大学教授波索克斯认为,进入20世纪80年代,美国经济已经失去了兴旺发展的势头,陷入长期倒退的危机之中。因此,必须强调改善国际性物流管理,降低产品成本,并且要改善服务,扩大销售,在激烈的国际竞争中获得胜利。与此同时,日本也正处于成熟的经济发展期,提出了以贸易立国,实现与其对外贸易相适应的物流国际化的方针,并采取了建立物流信息网络、加强物流全面质量管理等一系列措施来提高物流国际化的效率。这一阶段,物流国际化的趋势主要局限在美、日和欧洲一些发达国家。

第三阶段:20世纪90年代初至今。这一阶段,国际物流的概念和重要性已为世界各国普遍认识和接受。贸易伙伴遍布全球,必然要求物流国际化,即物流设施国际化、物流技术国际化、物流服务国际化、货物运输国际化、包装国际化和流通加工国际化等。世界各国广泛开展了国际物流的理论研究和国际物流实践的探索。人们已经形成共识:只有广泛开展国际物流合作,才能促进世界经济繁荣,物流无国界。

1.1.3 国际贸易与国际物流的关系

所谓国际物流,是国内物流的延伸和进一步扩展,是跨越国界的、流通范围扩大了的"物的流通",是实现货物在两个或两个以上国家(或地区)间的物理性移动而发生的国际贸易活动。国际物流实质上就是国际贸易活动的一部分,是为国际贸易活动服务的。因此,国际物流得以产生的前提就是国际贸易的存在。一方面,国际贸易的发展促进了国际物流技术的进步,也不断对国际物流提出新的要求;另一方面,国际物流的不断进步与发展对国际贸易的发展也起到了积极的促进作用。可见,国际物流和国际贸易之间存在着相辅相成、互相促进的关系。

1) 国际贸易是国际物流产生的前提和发展的动力

(1)国际贸易产生了国际物流,并且促进了其向现代化国际物流的发展

随着国际贸易的发展,贸易双方对国际物流服务的专业化、一体化要求越来越高,使得国际物流由早期的仅指将货物由一国供应者向另一国需求者的物理性移动,发展成为今天的集采购、包装、运输、储存、搬运、流通加工、配送和信息处理等基本功能于一身的综合性的系统。可以说,国际贸易产生了国际物流,并且促进了其向现代化国际物流的发展。

(2)国际贸易的发展促进了国际物流技术的进步

随着国际贸易的发展,许多大型企业在国际市场上展开了激烈的竞争。对消费者来讲,商品质量至关重要,但商品价格也不可忽视,商品价格仍然是取胜的一个重要因素。国际贸易的发展要求从各个方面降低商品的成本,包括原材料价格、订单成本、运输价格、库存成本等,这就对国际物流的各个环节提出了新的挑战和要求,从而使国际物流从理论到技术都有了重大的创新和发展。

(3)国际贸易的发展不断对国际物流提出新的要求

全球经济的发展,人类需求层次的提高,一方面,使得国际贸易取得了长足的发展,不仅贸易量快速地增长,而且可贸易商品种类也逐步扩大;另一方面,也使国际贸易的结构发生了巨大的变化,传统的原料和初级产品等贸易品种正逐步让位于高附加值、精密加工的产品。国际贸易的变化发展对国际物流的质量、效率、安全等提出了新的要求。

2) 高效的国际物流系统成为国际贸易持续发展的保证

国际贸易导致了国际物流的产生,但国际物流从一开始就有自己独立发展的历

程,不断地发展壮大,同时国际物流技术的不断进步对国际贸易的发展也起到了积极的促进作用。在大量跨境贸易中,不可忽视的是货物跨国(或地区)转移所带来的国际物流量的上升。贸易量势必带来更多的物流量,这就要求国际物流在运输、装卸、仓储、信息传输等各个环节为货物转移提供便利。现代物流运用科技手段,使信息快速、准确反馈,采用货物流通的最优渠道将产品按消费者的需求生产出来,并快速送到消费者手中,从而提高了服务质量,刺激了消费需求,加快了企业对市场的反应速度。在供应链联结的各企业间实现了资源共享,大大缩短产品的流通周期,加快物流配送速度。随着全球化市场竞争的加剧,很多产品完成了由卖方市场向买方市场的转变。贸易商竞争的重点是如何更好、更快地满足客户多样化、个性化的需求。国际贸易中的产品和服务趋向于多样化、定制化。生产商用标准化的零件实现规模经济,贸易商获知国际市场上客户的具体要求,通过物流的流通加工功能,对零部件按照多种方式进行组合,形成符合客户要求的个性化的产品,再经过包装、运输、配送把产品送到消费者的手中,实现"门到门"的服务。高效的物流系统为国际贸易不断发展提供了有力支持,使各国参与贸易的利益提高,使更多的非贸易品变为贸易品。由此可见,国际物流也已成为影响和制约国际贸易进一步发展的重要因素。国际物流的发展极大地改善了国际贸易的环境,为国际贸易提供了各种便利的条件,世界贸易的飞速增长与国际物流的发展是分不开的。

1.1.4　国际物流地理

国际物流地理主要描述的是国际物流流动的路径。它主要包括国际远洋航线及海上通道、国际航空线、国际铁路运输线与大陆桥、国际主要输油管道等。

1)国际远洋航线及海上通道

(1)国际远洋航线

世界各地水域,在港湾、潮流、风向、水深及地球球面距离等自然条件的限制下,可供船舶航行的一定路径,称为航路。海上运输承运人在许多不同的航路中,根据主客观的条件,为达到最大的经济效益所选定的营运航路被通称为航线。

马六甲海峡位于马来半岛和苏门答腊岛之间,连接南海和安达曼海,是沟通太平洋和印度洋的海上交通要道。海峡长约 800 km,自东南向西北呈喇叭形。最窄处约 37 km,西北口宽达 370 km,水深 25～113 m,可通行 25 万 t 级大型油轮。海峡地处赤道无风带,风力很小,海流缓慢,潮差较小,海峡底部较为平坦,对航运极为有利。北太平洋沿岸国家与南亚、中东和非洲各国间的航线多经过这里,每年通过海峡的船只约 10 万艘次。

霍尔木兹海峡在亚洲西南部,是波斯湾出印度洋的咽喉,东连阿曼湾。海峡长约 148 km,呈"人"字形。海峡最窄处 21 km,最浅处水深 71 m。多年来,每天都有几百艘油轮从波斯湾经此开出,将原油运往日本、西欧和美国等地,在国际航运中占有重要的地位。霍尔木兹海峡也因此成为一条闻名的"石油海峡"。

苏伊士运河建于1859—1869年，北起塞得港，南至陶菲克港，全长173.2 km。它是沟通地中海和红海的运河，把大西洋和印度洋连接起来，大大缩短了从欧洲通往印度洋和太平洋西岸各国的航程，比绕好望角的航线要缩短8 000～14 000 km，而且比较安全。目前，苏伊士运河是最繁忙的国际运河，每年通过运河的船只达2万艘次以上，而且主要是油船，其中由中东运往西欧的石油占运河总货运量的60%以上。

巴拿马运河始建于1881年，1914年完工，1920年正式通航。运河起自巴尔博亚海茨至克里斯蒂巴尔止，全长81.3 km。它缩短了大西洋与太平洋之间的航程，比绕道麦哲伦海峡近5 000～10 000 km。巴拿马运河为仅次于苏伊士运河的世界第二大通航运河。每年通过运河的船只约1.5万艘次，最大可供6.2万t级船舶出入。因太平洋水位比加勒比海的水位高，巴拿马运河是水闸式运河，所以通过运河的时间长约15 h。

(2)世界主要大洋航线

国际大洋航线是指贯通一个或数个大洋的航线，它包括太平洋航线、大西洋航线、印度洋航线、北冰洋航线以及通过巴拿马运河或苏伊士运河的航线等，又称远洋航线。如由我国各港出发跨越大洋航行至欧洲、非洲、美洲和大洋洲等的航线。目前国际大洋航线密如蛛网，其中主要有以下几条：

①太平洋航线：

a.远东—北美西海岸航线。该航线包括从中国、朝鲜、日本、俄罗斯远东海港到加拿大、美国、墨西哥等北美西海岸各港的贸易运输线。从我国的沿海各港出发，偏南的经大隅海峡出东海；偏北的经马六甲海峡穿过日本海后，或经清津海峡进入太平洋，或经宗谷海峡穿过鄂霍茨克海进入北太平洋。

b.远东—加勒比、北美东海岸航线。该航线常经夏威夷群岛至巴拿马运河后到达。从我国北方沿海港口出发的船只多半经大隅海峡或经琉球庵美大岛出东海。

c.远东—南美西海岸航线。从我国北方沿海各港出发的船只多经琉球庵美大岛、硫黄列岛、威克岛、夏威夷群岛之南的莱思群岛，穿越赤道进入南太平洋，至南美西岸各港。

d.远东—东南亚航线。该航线是中、朝、日货船去东南亚各港，以及经马六甲海峡去印度洋、大西洋沿岸各港的主要航线。东海、台湾海峡、巴士海峡、南海是该航线船只的必经之路，航运繁忙。

e.远东—澳大利亚、新西兰航线。远东至澳大利亚东南海岸分两条航线。中国北方沿海港口经朝、日到澳大利亚东海岸和新西兰港口的船只，需走琉球久米岛、加罗林群岛的雅浦岛进入所罗门海、珊瑚海；中澳之间的集装箱船需在香港加载或转船后经南海、苏拉威西海、班达海、阿拉弗拉海，后经托雷斯海峡进入珊瑚海。

f.澳、新—北美东西海岸航线。由澳、新至北美西海岸多经苏瓦、火奴鲁鲁等太平洋上的重要航站到达。至北美东海岸则取道帕皮提，过巴拿马运河而至。

②大西洋航线：

a.西北欧—北美东海岸航线。该航线是西欧、北美两个世界工业最发达地区之间的原料、燃料和产品交换的运输线，两岸拥有世界重要的港口，运输极为繁忙，船舶大多走偏北大圆航线。该航区冬季风浪大，并有浓雾、冰山，对航行安全有威胁。

b.西北欧、北美东海岸—加勒比航线。西北欧—加勒比航线多半出英吉利海峡后横渡北大西洋。它同北美东海岸各港出发的船舶一样，一般都经加勒比海。除去加勒比海沿岸各港外，还可经巴拿马运河到达美洲太平洋岸港口。

c.西北欧、北美东海岸—地中海—苏伊士运河—亚太航线。它是世界上最繁忙的航段，也是北美、西北欧与亚太海湾地区间贸易往来的捷径。该航线一般途经亚速尔、马德拉群岛上的航站。

d.西北欧、地中海—南美东海岸航线。该航线一般经西非大西洋岛屿至加纳利、佛得角群岛上的航站。

e.西北欧、北美东海岸—好望角—远东航线。该航线一般是巨型油轮的航线。佛得角群岛、加纳利群岛是过往船只停靠的主要航站。

f.南美东海岸—好望角—远东航线。这是一条以石油、矿石为主的运输线。该航线处在西风漂流海域，风浪较大，一般西航偏北行，东航偏南行。

③印度洋航线：

印度洋航线以石油运输线为主，此外还有不少是大宗货物的过境运输。

a.波斯湾—好望角—西欧、北美航线。该航线主要由超级油轮经营，是世界上最主要的海上石油运输线。

b.波斯湾—东南亚—日本航线。该航线东经马六甲海峡(20万载重t以下船舶可行)或龙目、望加锡海峡(20万载重t以上超级油轮可行)至日本。

c.波斯湾—苏伊士运河—地中海—西欧、北美运输线。该航线目前可通行载重达30万t级的超级油轮。

除了以上三条油线之外，印度洋上的其他航线还有远东—东南亚—东非航线，远东—东南亚—地中海—西北欧航线，远东—东南亚—好望角—西非、南美航线，澳、新—地中海—西北欧航线，印度洋北部地区—欧洲航线。

(3)世界集装箱海运干线

目前，世界海运集装箱航线主要有远东—北美航线，北美—欧洲、地中海航线，欧洲、地中海—远东航线，远东—澳大利亚航线，澳、新—北美航线，欧洲、地中海—西非、南非航线。

(4)我国的主要海运航线

①近洋航线：

a.港澳线。到香港、澳门地区。

b.新马线。到新加坡、马来西亚的巴生港(Port Kelang)、槟城(Penang)和马六甲(Malacca)等港。

c.暹罗湾线,又可称为越南、柬埔寨、泰国线。到越南海防、柬埔寨的磅逊和泰国的曼谷等港。

d.科伦坡、孟加拉湾线。到斯里兰卡的科伦坡、缅甸的仰光、孟加拉的吉大港和印度东海岸的加尔各答等港。

e.菲律宾线。到菲律宾的马尼拉港。

f.印度尼西亚。到爪哇岛的雅加达、三宝垄等。

g.澳大利亚、新西兰线。到澳大利亚的悉尼、墨尔本、布里斯班和新西兰的奥克兰、惠灵顿。

h.巴布亚新几内亚线。到巴布亚新几内亚的莱城、莫尔兹比港等。

i.日本线。到日本九州岛的门司和本州岛的神户、大阪、名古屋、横滨和川崎等港口。

j.韩国线。到釜山、仁川等港口。

此外,还有波斯湾线,又称阿拉伯湾线。主要到巴基斯坦的卡拉奇、伊朗的阿巴斯和霍拉姆沙赫尔、伊拉克的巴士拉、科威特的科威特港、沙特阿拉伯的达曼。

②远洋航线:

a.地中海线。到地中海东部黎巴嫩的贝鲁特和的黎波里、以色列的海法和阿什杜德、叙利亚的拉塔基亚、地中海南部埃及的塞得港和亚历山大、突尼斯的突尼斯、阿尔及利亚的阿尔及尔和奥兰、地中海北部意大利的热那亚、法国的马赛、西班牙的巴塞罗那以及塞浦路斯的利马索尔等港。

b.西北欧线。到比利时的安特卫普、荷兰的鹿特丹、德国的汉堡和不来梅、法国的勒哈弗尔、英国的伦敦和利物浦、丹麦的哥本哈根、挪威的奥斯陆、瑞典的斯德哥尔摩和哥德堡、芬兰的赫尔辛基等。

c.美国、加拿大线。包括加拿大西海岸港口温哥华,加拿大东岸港口蒙特利尔、多伦多,美国西岸港口西雅图、波特兰、旧金山、洛杉矶,美国东岸港口纽约、波士顿、费城、巴尔的摩、波特兰和美国墨西哥湾港口的莫比尔、新奥尔良、休斯敦等港口。其中美国、墨西哥湾各港也属美国东海岸航线。

d.南美洲西岸线。到秘鲁的卡亚俄以及智利的阿里卡及伊基克、瓦尔帕莱索、安托法加斯塔等港。

2)国际航空线

(1)国际航空站

目前,不少国家的首都和重要城市都建有国际航空站,下面列出了部分主要的航空站。

亚洲地区主要有北京、上海、香港、东京、马尼拉、新加坡、曼谷、仰光、加尔各答、孟买、卡拉奇、德黑兰、贝鲁特。

北美洲地区主要有华盛顿、纽约、芝加哥、亚特兰大、洛杉矶、旧金山、西雅图、蒙特利尔、温哥华。

欧洲地区主要有伦敦、巴黎、法兰克福、苏黎世、罗马、维也纳、柏林、哥本哈根、雅典、华沙、莫斯科、布加勒斯特。

非洲地区主要有开罗、喀土穆、内罗毕、约翰内斯堡、拉各斯、达喀尔、阿尔及尔、布拉柴维尔。

拉丁美洲地区主要有墨西哥城、加拉加斯、里约热内卢、布宜诺斯艾利斯、圣地亚哥、利马。

(2)世界重要航空线

①西欧—北美的北大西洋航空线。主要往返于西欧的巴黎、伦敦、法兰克福与北美的纽约、芝加哥、蒙特利尔等机场。

②西欧—中东—远东航空线。该航线连接西欧各主要机场至远东的香港、北京、东京等各机场。途经的重要航空站有雅典、开罗、德黑兰、卡拉奇、新德里、曼谷和新加坡等。

③远东—北美的北太平洋航线。这是从远东的北京、香港、东京等主要国际机场，飞越太平洋上空至北美西海岸的温哥华、西雅图、旧金山和洛杉矶等国际机场，再连接北美大西洋岸的航空中心的航线。太平洋的火奴鲁鲁等国际机场是该航线的重要中续加油站。

此外，还有北美—南美，西欧—南美，西欧—非洲，西欧—东南亚—澳新，远东—澳新，北美—澳新等重要国际航空线。

3)国际铁路运输线与大陆桥

(1)国际货物运输中的主要铁路干线

①西伯利亚大铁路：

西伯利亚大铁路东起海参崴，途经伯力、赤塔、伊尔库次克、新西伯利亚、鄂木斯克、车里雅宾斯克、古比雪夫，止于莫斯科，全长 9 300 多 km。以后又向远东延伸至纳霍德卡和东方港。该线东连朝鲜和中国，西接北欧、中欧、西欧各国，再由莫斯科往南可接伊朗。我国与前苏联、东欧国家及伊朗之间的贸易，主要用此干线。

②加拿大连接东西两大洋的铁路：

a.加拿大国家铁路：鲁珀特港—埃德蒙顿—温尼伯—魁北克。

b.加拿大太平洋大铁路：温哥华—卡尔加里—温尼伯—散德贝—蒙特利尔—圣约翰—哈利法克斯。

③美国连接东西两大洋的铁路：

a.北太平洋铁路：西雅图—斯波坎—俾斯麦—圣保罗—芝加哥—底特律。

b.圣菲铁路：洛杉矶—阿尔布开克—堪萨斯城—圣路易斯—辛辛那提—华盛顿—巴尔的摩。

c.南太平洋铁路：洛杉矶—图森—帕索—休斯敦—新奥尔良。

d.联合太平洋铁路:旧金山—奥格登—奥马哈—芝加哥—匹兹堡—费城—纽约。

④中东—欧洲铁路:

中东—欧洲铁路从伊拉克的巴士拉,向西经巴格达、摩苏尔以及叙利亚的穆斯林米亚、土耳其的阿达纳、科尼亚、厄斯基色希尔至博斯普鲁斯海峡东岸的于斯屈达尔,过博斯普鲁斯大桥至伊斯坦布尔,接巴尔干铁路,再向西经索非亚、贝尔格莱德、布达佩斯至维也纳,连接中、西欧铁路网。

(2)大陆桥

大陆桥(land bridge)是指把海与海连接起来的横贯大陆的铁路。大陆桥运输则是利用大陆桥进行国际集装箱海陆联运的一种运输方式。目前广泛使用的大陆桥有西伯利亚大陆桥、新亚欧大陆桥和北美大陆桥(包括美国大陆桥和加拿大大陆桥)。

①西伯利亚大陆桥(Siberian Land Bridge):

西伯利亚大陆桥把太平洋远东地区与波罗的海、黑海沿岸及西欧大西洋口岸连接起来,为世界最长的大陆桥。十几年来,这条大陆桥运输路线的西端已从英国延伸到了整个欧洲大陆(包括西欧、中欧、东欧、南欧和北欧)以及中东各国,其东端也不只是到日本,而发展到了韩国、菲律宾、中国内地及中国香港等地。从西欧到远东,经大陆桥的运距为 13 000 km,比海上经好望角航线缩短约 1/2 的路程,比经苏伊士运河航线缩短约 1/3 的路程,不仅运费要低 20% ~25%,时间也可节省 35 天左右。

目前,经过西伯利亚往返于欧亚之间的大陆桥运输路线主要有 3 种:

第一种,铁/铁路线。由日本、中国香港等地用船把货箱运至俄罗斯的纳霍德卡和东方港,再用火车经西伯利亚铁路运至白俄罗斯西部边境站,然后继续运至欧洲和伊朗或相反方向。

第二种,铁/海路线。由日本等地把货箱运至俄罗斯纳霍德卡和东方港,再经西伯利亚铁路运至波罗的海的圣彼得堡、里加、塔林和黑海的日丹诺夫、伊里切夫斯克,再装船运至北欧、西欧、巴尔干地区港口,最终运交收货人。

第三种,铁/卡路线。由日本等地把货箱装船运至俄罗斯纳霍德卡和东方港,经西伯利亚铁路运至白俄罗斯西部边境站布列斯特附近的维索科里多夫斯克,再用卡车把货箱运至德国、瑞士、奥地利等国。

我国从 1980 年开办大陆桥运输业务以来,以上这 3 种路线均已采用,但主要还是铁/铁路线,即从中国内地各站把货物运至中俄边境满洲里/后贝加尔,进入俄罗斯;或运至中蒙边境站二连浩特进入蒙古,经蒙俄边境站苏赫巴托/纳乌斯基进入俄罗斯,再经西伯利亚铁路运至白俄罗斯西部边境站,后又转欧洲铁路运至欧洲各地或从俄罗斯运至伊朗。在我国大陆桥运输的具体业务上,根据欧洲各国收发箱的不同地点,铁路线共有 5 条,利用前苏联西部 5 个边境站,即朱尔法、温格内、乔普、布列斯特和鲁瑞卡,分别往返于伊朗、东欧、西欧、北欧等地。

②新亚欧大陆桥(A—E. Land Bridge):

新亚欧大陆桥东起中国连云港,经陇海线—兰新线,接北疆铁路,出阿拉山口,最终抵达荷兰鹿特丹,全长约 10 800 km,途经中国、哈萨克斯坦、俄罗斯、白俄罗斯、波兰、德国、荷兰等国,辐射 30 多个国家和地区。新亚欧大陆桥 1992 年 12 月正式投入营运,为亚欧联运提供了一条便捷、快速和可靠的运输通道,能更好地促进世界经济与技术的交流与合作。

③美国大陆桥(U.S. Land Bridge):

美国大陆桥是北美大陆桥的组成部分,是最早开辟的从远东至欧洲水陆联运线路中的第一条大陆桥。后因东部港口和铁路拥挤,货到后往往很难及时换装,反而抵消了大陆桥运输所节省的时间,因此目前美国大陆桥运输基本陷于停顿状态。但在大陆桥运输过程中,却又形成了小陆桥和微型陆桥运输方式,而且发展迅速。

④美国小陆桥(U.S. Mini-Land Bridge):

小陆桥运输比大陆桥的海-陆-海运输缩短了一段海上运输,成为海-陆或陆-海形式。如远东至美国东部大西洋沿岸或美国南部墨西哥湾沿岸的货运,即可由远东装船运至美国西海岸,转装铁路(公路)专列运至东部大西洋或南部墨西哥湾沿岸,然后换装内陆运输运至目的地。

⑤美国微型陆桥(U.S. Micro-Land Bridge):

微型陆桥运输比小陆桥更缩短了一段运输距离,它只用了部分陆桥,故又称半陆桥(Semi-Land Bridge)运输。如远东至美国内陆城市的货物,改用微型陆桥运输,则货物装船运至美国西部太平洋沿岸,换装铁路(公路)集装箱专列可直接运至美国内陆城市。微型陆桥比小陆桥的优越性更大,它既缩短了时间,又节省了运费,因此近年来发展非常迅速,我国也已开始采用。

4)国际主要输油管道

世界管道运输网分布很不均匀,主要集中在北美和欧洲,美国和前苏联的管道运输最为发达。1993 年,美国有输油管道 31.93 万 km,原油运输量达 9 亿多 t,周转量达到 8 299 亿 t·km,约占国内货物总周转量的 20%。世界管道技术以美国最为先进。1977 年,在高纬严寒地区修建的横贯阿拉斯加的原油管道正式输油,引起了世人瞩目。前苏联的管道建设也发展很快,1950 年前苏联仅有管道 7 700 km,此后即以每年 6 000~7 000 km 的速度递增,目前,独联体各国的管道总长度 20 多万 km(包括输油管道 8 万多 km)。除美国和独联体国家外,加拿大、西欧、中东等国家和地区的管道网也很发达。加拿大有输油管道 3.5 万 km,管道网把落基山东麓产油区(草原诸省)与消费区(中央诸省与太平洋沿岸)连接起来,并和美国的管道网连通。西欧的北海油田新建了一批高压大口径的管道(直径为 1 016 mm),管道长度现已超过 1 万 km,成为世界上油气管道建设的热点地区之一。中东地区的输油管道最初主要为自伊拉克、沙特阿拉伯至叙利亚和黎巴嫩地中海港口的管线,由于受战争等因素的影响,在 20 世纪 80 年代初全部关闭。另外,伊拉克于 1977 年新建以土耳其杰伊汉港为终点的新管线,年输油量达 5 000 万 t,成为向西欧供应石油的中东战略原油管道。沙特阿拉伯也在 1981

年建成了自波斯湾横越国境中部至红海岸延布港的输油系统,年输油量达 9 000 多万 t。目前,中东地区正在建设由伊朗经巴基斯坦至印度(加尔各答)的输气管道。

1.2　国际贸易术语

1.2.1　国际贸易术语含义

为了简化手续和交易过程,在长期的贸易实践中,逐渐形成了一些简短的概念或外文字母缩写,用于说明买卖双方有关风险、责任和费用的划分,确定双方应尽的义务。这种简短的概念或外文缩写字母被称作贸易术语(trade term)或价格术语(price term)。

贸易术语所表示的贸易条件主要分两个方面:其一,说明商品的价格构成,是否包括成本以外的主要从属费用,即运费和保险;其二,确定交货条件,即说明买卖双方在交接货物方面彼此所承担的责任、费用和风险的划分。

贸易术语是国际贸易中表示价格的必不可少的内容。开报价中使用贸易术语,明确了双方在货物交接方面各自应承担的责任、费用和风险,说明了商品的价格构成,从而简化了交易磋商的手续,缩短了成交时间。由于规定贸易术语的国际惯例对买卖双方应该承担的义务作了完整而确切的解释,从而避免了因对合同条款的理解不一致,在履约中可能产生的某些争议。

1.2.2　有关贸易术语的国际惯例

国际商会、国际法协会等国际组织以及美国一些著名商业团体经过长期努力,分别制定了解释国际贸易术语的规则。这些规则在国际上被广泛采用,因而形成为一般的国际贸易惯例。习惯做法与贸易惯例是有区别的,国际贸易业务中反复实践的习惯做法只有经国际组织加以编撰与解释才成为国际贸易惯例。

国际贸易惯例本身不是法律,它对贸易双方不具有强制性,故买卖双方有权在合同中作出与某项惯例不符的规定。但国际贸易惯例对贸易实践仍具有重要的指导作用。一方面,如果双方都同意采用某种惯例来约束该项交易,并在合同中作出明确规定时,那么这项约定的惯例就具有了强制性;另一方面,如果双方对某一问题没有作出明确规定,也未注明该合同适用某项惯例,在合同执行中发生争议时,受理该争议案的司法和仲裁机构也往往会引用某一国际贸易惯例进行判决或裁决。

影响较大的贸易术语的国际贸易惯例有 3 种:

1)《1932 年华沙—牛津规则》(Warsaw-Oxford Rules 1932)

它是国际法协会为解释国际贸易术语 CIF 而制定的规则。国际法协会于 1928 年在波兰首都华沙开会,制定了关于 CIF 买卖合同的统一规则,称之为《1928 年华沙规则》,该规则共包括 22 条。在 1930 年的纽约会议、1931 年的巴黎会议和 1932 年的牛津会议上,又将此规则修订为 21 条,并更名为《1932 年华沙—牛津规则》,沿用至今。

2)《1941 年美国对外贸易定义修订本》(Revised American Foreign Trade Definitions 1941)

它是由美国 9 个商业团体制定的。它最早于 1919 年在纽约制定,原称为《美国出口报价及其缩写条例》,后来于 1941 年在美国第 27 届全国对外贸易会议上对该条例作了修订,命名为《1941 年美国对外贸易定义修订本》。解释的贸易术语共有 6 种:

①free on ex(point of origin)　　　产地交货
②board　　　　　　　　　　　　装运港船上交货
③free along side　　　　　　　　装运港船边交货
④cost and freight　　　　　　　　成本和运费
⑤cost,insurance,and freight　　　成本和运保费
⑥ex dock　　　　　　　　　　　目的港码头交货

3)《2000 年价格术语释义国际通则》(International Rules for the Interpretation of Trade Terms,INCOTERMS)

《国际贸易术语解释通则》(以下简称《2000 通则》)是国际商会 International Chamber of Commerce(ICC)为了统一对各种贸易术语的解释而制定的。最早的《通则》产生于 1936 年,后来国际商会为适应国际贸易业务发展的需要先后对该通则作过多次修改和补充。现行的《2000 通则》是国际商会根据近 10 年来形势的变化和国际贸易发展的需要在《1990 年通则》的基础上修订产生的,并于 2000 年 1 月 1 日起生效。

《1990 通则》对《1980 通则》的修改相比,《2000 通则》对《1990 通则》的改动不大,带有实质性内容的变动只涉及 3 种术语,即 FCA,FAS 和 DEQ。但在规定各种术语下买卖双方承担的义务时,《2000 通则》在文字上还是作了一些修改,使其含义更加明确。

INCOTERMS 2000 共有 13 种术语,分为 E,F,C,D 四组,如表 1.1 所示。

表 1.1　《2000 通则》中贸易术语分类

组　别	全　称	中文含义
group E（E 组） departure（起运）	EXW(ex works)	工厂交货
group F（F 组） main carriage unpaid （主运费未付）	FCA(free carrier) FAS(free alongside ship) FOB(free on board)	货交承运人 装运港船边交货 装运港船上交货

组　别	全　称	中文含义
group C(C组) main carriage paid （主要运费已付）	CFR(cost and freight) CIF(cost, insurance, and freight) CPT(carriage paid to) CIP(carriage and insurance paid to)	成本加运费 成本加运保费 运费付至 运保费付至
group D（D组） arrival（到达）	DAF(delivery at frontier) DES(delivered ex ship) DEQ(delivered ex quay) DDU(delivered duty unpaid) DDP(delivered duty paid)	边境交货 目的港船上交货 目的港码头交货 未完税交货 完税后交货

1.2.3　6种主要的贸易术语

1）FOB（free on board）

（1）FOB的含义

FOB是英文free on board的缩写，即装运港船上交货。在FOB条款下，买方安排船只、支付装运港到目的港运费，卖方在指定装运港交货。货物越过船舷时，风险和费用从卖方转移到买方。FOB术语仅适用于船舶运输。

（2）买卖双方的责任、费用、风险划分

①卖方义务：

责任：a.将货物送交到装运港买方指定的船只上；b.办理出口报关手续。

费用：承担货物越过船舷之前的费用。

风险：承担货物越过船舷之前的风险。

②买方义务：

责任：a.租船订舱，将船期、船名通知卖方；b.办理进口报关手续。

费用：承担货物越过船舷之后的费用，特别是装运港目的港的运费。

风险：承担货物越过船舷之后的风险。

（3）使用FOB术语应注意的问题

第一，风险界限划分问题。由于国际贸易中对"装船"概念缺乏统一明确的解释，因此风险划分的界限也就有不同的解释。一般解释为在装运港将货物从岸上起吊并越过船舷就应当认为已装船，《2000通则》也认为当货物在装运港超越船舷时，卖方即履行了交货义务，即风险的划分以船舷为界；有的解释为将货物装到船的甲板上才算装船，即风险的划分以甲板为界；有的解释为将货物装到舱底才算装船，即风险的划分以舱底为界;还有的解释为将货物运至受载船只吊钩所及之处就算装船。虽然从实际的装船作业来看,货物从岸上起吊,越过船舷到装入船舱是一个连续的过程,很难截然分开,但从法律后果来看,上述概念是不尽相同的。关于装船的概念问题不仅涉及买卖双方风险划分的界限,同时也涉及买卖双方的费用负担。为此,在洽商交易时应对装船的概念予以明确,并应在合同中注明风险划分的界限。

第二,装船费用负担问题。由于国际上对装船的概念解释不一,因而产生买卖双方对装船有关费用,主要是理舱费和平舱费由谁来负担的问题。为了更加明确有关装船费用负担问题,买卖双方往往在 FOB 价格术语后面加列一些附加条件,从而产生了以下几种 FOB 变形:

①FOB liner terms(班轮条件)。这一变形的含义是指装船的有关费用按照班轮的做法办理。就是说,卖方不负担这些费用,而是由船方,实际上是由买方承担。

②FOB under tackle(吊钩下交货)。这一变形的含义是指卖方仅负责将货物交到买方指派船只的吊钩所及之处,即吊装开始的其他各项装船费用概由买方负担。

③FOB stowed(理舱费)。这一变形的含义是指卖方负责将货物装入船舱并负担包括理舱费在内的装船费用。

④FOB trimmed(平舱费)。这一变形的含义是指卖方负责将货物装入船舱并负担包括平舱费在内的装船费用。在许多标准合同中,为表明由卖方承担包括理舱费和平舱费在内的各项装船费用,常采用 FOBST(FOB stowed and trimmed)来表示。

上述 FOB 的几种变形,只是用以明确有关装船费用的负担问题,并未改变 FOB 的性质。

第三,办理出口手续问题。根据《2000 通则》的解释,应由卖方负责申请出口许可证,办理出口手续并负担费用。但按照《美国对外贸易定义》的规定,"卖方根据买方要求,并在其负担费用的前提下,协助买方取得为出口所需要的出口国证件。"这一规定显然与《通则》的解释大相径庭。因此,在采用 FOB 贸易术语时,应明确规定由卖方或买方负责办理出口手续并负担费用的问题。我们进口采用 FOB 价格术语时,在合同中可明确规定,由买方负责办理出口手续并负担费用。

第四,租船订舱问题。在采用 FOB 价格术语时,卖方可接受买方的委托,代为租船订舱和投保。但这纯属于代办性质,运费和保险费仍由买方承担。如果卖方尽到努力仍租不到船或订不到舱时,卖方概不负责,买方无权撤销合同或向卖方索赔。

第五,个别国家对 FOB 价格术语的不同解释问题。美国、加拿大和一些拉美国家较多采用《美国对外贸易定义》的解释,该定义将 FOB 分为 6 种类型,其中仅第 5 种"FOB vessel … named port of shipment"装运港船上交货(指定装运港)与《通则》中对 FOB 的解释基本相似。而其他 5 种,前 4 种属于出口国内陆交货条件,最后一种则属于进口国内地交货条件,与《通则》中的解释完全不同。前已讲到第 5 种"指定装运港船上交货"与《通则》的解释基本相似,即不完全一致。在使用这一贸易术语时,必须注意在 FOB 与装运港之间加上"vessel"(船舶)字样;否则,卖方仅负责在出口国内陆的运输工具上交货,而不是在装运港船上交货。例如,在进口合同中若定为"FOB New York",而不是定为"FOB vessel New York",按照美国的解释,卖方仅负责在纽约城内某地点交货。只有订明"FOB vessel New York",卖方才负责将货物交到纽约港口的船上。

2)CIF(cost,insurance and freight)

(1)CIF 的含义

CIF 是英文 cost,insurance and freight 的缩写,即成本、保险费加运费。在 CIF 条款下,卖方安排船只、投保,支付装运港到目的港运费及保费,在指定装运港交货。货物越过船舷时,风险和其他费用从卖方转移到买方。CIF 仅适用于船舶运输。

(2)买卖双方的责任、费用、风险划分

①卖方义务:

责任:a.租船订舱,将货物送交到船只上;b.购买海运保险;c.办理出口报关手续。

费用:a.承担货物越过船舷之前的费用;b.承担装运港、目的港的运费、保险费。

风险:承担货物越过船舷之前的风险。

②买方义务:

责任:办理进口报关手续。

费用:承担货物越过船舷之后的费用,不包括装运港目的港的运费、保险费。

风险:承担货物越过船舷之后的风险。

(3)使用 CIF 的注意事项

第一,保险险别问题。在 CIF 条件下,保险应由卖方负责办理,但对应投保的具体险别,各国的惯例解释不一。因此,买卖双方应根据商品的特点和需要,在合同中具体订明。如果合同中未作具体规定,则应按有关惯例来处理。按照《2000 通则》对 CIF 的解释,卖方只须投保最低的险别。例如战争险,一般都认为应由买方自费投保,卖方代为投保时,费用仍由买方负担。

第二,租船或订舱及装船通知问题。依照对 CIF 贸易术语的一般解释,卖方应按通常的条件及惯驶的航线,租用通常类型的船舶。因此,除非买卖双方另有约定,对于买方提出的关于限制载运要求,卖方均有权拒绝接受。但在外贸实践中,为发展出口业务,考虑到某些国家的规定,如买方有要求,在能办到而又不增加额外费用的情况下,也可考虑接受。

第三,卸货费用问题。对此,各国港口有不同的惯例,有的港口规定由船方负担,有的港口规定由收货人负担,等等。一般来讲,如使用班轮运输,班轮管装管卸,卸货费已包括在运费之内。大宗货物的运输要租用不定期轮船,故买卖双方应明确卸货费用由何方负担并在合同中订明,以免日后发生纠纷。明确卸货费用由谁负担的方法是在 CIF 贸易术语后面加列各种附加条件,这样,就形成了如下几种变形:

①CIF liner terms(班轮条件)。这一变形是指卸货费用按照班轮的做法来办,即买

方不负担卸货费,而由卖方或船方负担。

②CIF landed(CIF 卸至码头)。这一变形是指由卖方承担将货物卸至码头上的各项有关费用,包括驳船费和码头费。

③CIF ex tackle(吊钩下交接)。这一变形是指卖方负责将货物从船舱吊起卸到船舶吊钩所及之处(码头上或驳船上)的费用。在船舶不能靠岸的情况下,租用驳船的费用和货物从驳船卸至岸上的费用,概由买方负担。

④CIF ex ship's hold(CIF 舱底交接)。按此条件成交,货物运达目的港在船上办理交接后,自船舱底起吊直至卸到码头的卸货费用,均由买方负担。

3)CFR(cost and freight)

(1)CFR 的含义

CFR 是英文 cost and freight 的缩写,即成本加运费。在 CFR 条款下,卖方安排船只,支付装运港到目的港运费,在指定装运港交货。货物越过船舷时,风险和其他费用从卖方转移到买方。CFR 仅适用于船舶运输。

(2)买卖双方的责任、费用、风险划分

①卖方义务:

责任:a.租船订舱,将货物送交到船只上;b.将装运情况通知买方;c.办理出口报关手续。

费用:a.承担货物越过船舷之前的费用;b.承担装运港目的港的运费。

风险:承担货物越过船舷之前的风险。

②买方义务:

责任:办理进口报关手续。

费用:承担货物越过船舷之后的费用,不包括装运港目的港的运费。

风险:承担货物越过船舷之后的风险。

(3)使用 CFR 的注意事项

第一,船货衔接。卖方应尽早将装船情况通知买方,以便买方及时投保。

第二,卸船费用的划分。大宗商品如按 CFR 术语成交,容易在卸船费用上引起争议。因此,买卖双方可以在 CFR 后附加一些短语,明确卸船费用由谁负担,即 CFR 的变形:

①CFR 班轮条件(CFR liner terms),即卖方承担卸船费用。

②CFR 卸至岸上(CFR landed),即卖方承担卸船费用。

③CFR 舱底交货(CFR ex ship's hold),即买方承担卸船费用。

CFR 与 CIF 的不同之处,仅在于 CFR 的价格构成因素中不包括保险费,故卖方不必代办保险,而由买方自行投保并支付保险费。除此之外,买卖双方所负的责任、费用和风险,以及货物所有权的转移,二者是完全相同的。因此,有人称 CFR 是 CIF 的一种变形。所以,在使用 CIF 术语时应注意的问题中,如租船或订舱、卸货费用负担,以及为解决卸货费用负担问题而产生的各种变形,也同样适用于 CFR。

4)FCA(free carrier)

（1）FCA 的含义

FCA 是英文 free carrier 的缩写,即货交承运人。在 FCA 条款下,买方指定承运人,支付装运地到目的地运费,卖方在指定装运地交货。货物交给承运人时,风险和费用从卖方转移到买方。FCA 适用于各种运输方式。

（2）买卖双方的责任、费用、风险划分

①卖方义务:

a.在合同规定的时间、地点,将合同规定的货物置于买方指定的承运人控制下,并及时通知买方。

b.承担将货物交给承运人控制之前的一切费用和风险。

c.自负风险和费用,取得出口许可证或其他官方批准证件,并办理货物出口所需的一切海关手续。

d.提交商业发票或具有同等作用的电子信息,并自费提供通常的交货凭证。

②买方义务:

a.签订从指定地点承运货物的合同,支付有关的运费,并将承运人名称及有关情况及时通知卖方。

b.根据买卖合同的规定受领货物并支付货款。

c.承担受领货物之后所发生的一切费用和风险。

e.自负风险和费用,取得进口许可证或其他官方证件,并且办理货物进口所需的海关手续。

（3）注意事项

第一,FCA 是指在指定地点卖方将已经办理出口报关手续的货物交付给买方指定的承运人。应当注意的是,交货地点的选择对装货和卸货义务有影响。如果交货是在卖方的所在地,则卖方负责装货(到运输工具上);如果交货是在任何其他地点,则卖方不负责(从运输工具上)卸货。

第二,使用本术语不考虑运输方式,包括多式联运。

第三,承运人是指通过运输合同履行或者购买运输服务的任何人,运输服务包括铁路、公路、海运、空运、运河或多式联运。

5)CIP

（1）CIP 的定义

CIP 是英文 carriage and insurance paid to 的缩写,即运费、保险费付至。在 CIP 条款下,卖方指定承运人、负责投保,支付装运地到目的地运费、保费,卖方在指定装运地交货。货物交给承运人时,风险和费用从卖方转移到买方。CIP 适用于各种运输方式。

（2）买卖双方的义务

①卖方义务：

a. 订立将货物运往指定目的地的运输合同，并支付有关运费。（运输）

b. 在合同规定的时间、地点，将合同规定的货物置于承运人的控制之下，并及时通知买方。

c. 承担将货物交给承运人控制之前的风险。

e. 按照买卖合同的约定，自负费用投保货物运输险。

f. 自负风险和费用，取得出口许可证或其他官方批准证件，并办理货物出口所需的一切海关手续，支付关税及其他有关费用。

g. 提交商业发票和自费向买方提供在约定目的地所需的通常的运输单据或具有同等作用的电子信息，并且自费向买方提供保险单据。

②买方义务：

a. 接受卖方提供的有关单据，受领货物，并按合同规定支付货款。

b. 承担自货物在约定地点交给承运人控制之后的风险。

c. 自负风险和费用，取得进口许可证或其他官方证件，并且办理货物进口所需的海关手续，支付关税及其他有关费用。

（3）注意事项

第一，卖方将货物交付给卖方指定的承运人，并且卖方必须支付将货物运到指定目的地的运费。买方承担交货后的一切风险和任何其他费用。卖方还必须为货物在运输途中灭失或损坏购买保险。

第二，卖方只需购买最小险别。如果买方希望较大保障范围的险别，应与卖方明确达成协议，或自行另外加购保险。

第三，承运人是指通过运输合同履行或者购买运输服务的任何人，运输服务包括铁路、公路、海运、空运、运河或多式联运。

第四，如果需要后续承运人将货物运到指定目的地，则风险自货物交付给第一承运人时转移。

第五，本术语要求卖方办理货物出口报关手续。

第六，本术语适用于包括多式联运在内的各种运输方式。

6）CPT(carriage paid to)

（1）CPT 的定义

CPT 是英文 carriage paid to 的缩写，即运费付至。在 CPT 条款下，卖方指定承运人，支付装运地到目的地运费，卖方在指定装运地交货。货物交给承运人时，风险和费用从卖方转移到买方。CPT 适用于各种运输方式。

（2）买卖双方的义务

①卖方义务：

a. 订立将货物运往指定目的地的运输合同，并支付有关运费。

b. 在合同规定的时间、地点，将合同规定的货物置于承运人控制之下，并及时通知买方。

c. 承担将货物交给承运人控制之前的风险。

d. 自负风险和费用，取得出口许可证或其他官方批准证件，并办理货物出口所需的一切海关手续，支付关税及其他有关费用。

e. 提交商业发票和自费向买方提供在约定目的地所需的通常的运输单据或具有同等作用的电子信息。

②买方义务：

a. 接受卖方提供的有关单据，受领货物，并按合同规定支付货款。

b. 承担自货物在约定交货地点交给承运人控制之后的风险。

c. 自负风险和费用，取得进口许可证或其他官方证件，并办理货物进口所需的海关手续，支付关税及其他有关费用。

（3）注意事项

①卖方将货物交付给卖方指定的承运人，并且卖方必须支付将货物运到指定目的地的运费。买方承担交货后的一切风险和任何其他费用。

②承运人是指通过运输合同履行或者购买运输服务的任何人，运输服务包括铁路、公路、海运、空运、运河或多式联运。

③如果需要后续承运人将货物运到指定目的地，则风险自货物交付给第一承运人时转移。

④本术语要求卖方办理货物出口报关手续。

⑤使用本术语不考虑运输方式，包括多式联运。

1.2.4 其他贸易术语

1）EXW（ex works，工厂交货）

EXW 指卖方在其所在地或其他指定的地点（如工场、工厂或仓库等）将货物置于买方控制之下，就算完成交货义务，卖方无须办理出口清关手续或将货物装上任何运输工具，而买方必须承担在卖方所在地受领货物的全部费用和风险。

EXW 是卖方承担责任、费用和风险最小的一种贸易术语。

2）FAS（free alongside，船边交货）

FAS 指卖方在指定的装运港将货物交到船边，即完成交货义务。

3) DAF(delivered at frontier,边境交货)

DAF 指卖方在边境的具体交货地点,在毗邻国家海关边境前,将仍处于交货的运输工具上未卸下的货物交给买方处置,在办妥货物出口清关手续但尚未办理进口清关手续时,即算完成交货义务。买方须承担在指定地点交货后的一切风险和费用。

4) DES(delivered ex ship,目的港船上交货)

DES 下,卖方不仅负担正常的运费、保险费,还要负担诸如转船、绕航等产生的额外费用,以及附加险的费用。货物在运输途中发生损坏或灭失,责任由卖方承担。

5) DEQ(delivered ex quay,目的港码头交货)

该术语要求买方办理进口清关手续,并在进口时支付一切办理海关手续的费用、关税、税款和其他费用。该术语只有当货物由海运、内河运输且目的港码头卸货时才适用。

6) DDU(delivered duty unpaid,未完税后交货)

DDU 术语中,卖方承担在进口国内的指定地点完成交货之前的一切费用,但不包括办理货物进口所涉及的关税、捐税,即进口时应交纳的费用。买方承担受领货物之后发生的一切费用。DDU 术语适用于各种运输方式。

7) DDP(delivered duty paid,完税后交货)

DDP 是卖方承担责任、费用和风险最大的一种术语。卖方是在办理好进出口报关手续后在指定目的地交货。

《2000 通则》中的 13 种贸易术语比较如表 1.2 所示。

表 1.2　13 种贸易术语的比较

贸易术语	交货地点	风险划分界限	出口报关	国际运输	货运保险	进口报关	适用的运输方式
EXW	商品产地、所在地	货交买方处置时起	买方	买方	买方	买方	任何方式
FCA	出口国内地、港口	货交承运人处置时起	卖方	买方	买方	买方	任何方式
FAS	装运港口	货交船边后	卖方	买方	买方	买方	水上运输
FOB	装运港口	货物越过装运港船舷	卖方	买方	买方	买方	水上运输
CFR	装运港口	货物越过装运港船舷	卖方	卖方	买方	买方	水上运输
CIF	装运港口	货物越过装运港船舷	卖方	卖方	卖方	买方	水上运输

贸易术语	交货地点	风险划分界限	出口报关	国际运输	货运保险	进口报关	适用的运输方式
CPT	出口国内地、港口	货交承运人处置时起	卖方	卖方	买方	买方	任何方式
CIP	出口国内地、港口	货交承运人处置时起	卖方	卖方	卖方	买方	任何方式
DAF	两国边境指定地点	货交买方处置时起	卖方	卖方	卖方	买方	任何方式
DES	目的港口	目的港船上货物交买方处置时起	卖方	卖方	卖方	买方	水上运输
DEQ	目的港口	目的港码头货物交买方处置时起	卖方	卖方	卖方	买方	水上运输
DDU	进口国内	在指定目的地货交买方处置时起	卖方	卖方	卖方	买方	任何方式
DDP	进口国内	在指定目的地货交买方处置时起	卖方	卖方	卖方	卖方	任何方式

1.2.5 贸易术语的选用

在国际贸易中,贸易术语是确定合同性质、决定交货条件的重要因素,选定适当的贸易术语对促进合同的订立和履行,提高企业的经济效益具有重要的意义。作为交易的当事人,在选择贸易术语时主要应考虑以下因素:

1)考虑运输条件

买卖双方采用何种贸易术语,首先应考虑采用何种运输方式运送。在本身有足够运输能力或安排运输无困难,而且经济上又合算的情况下,可争取按由自身安排运输的条件成交(如按 FCA,FAS 或 FOB 进口,按 CIP,CIF 或 CFR 出口);否则,则应酌情争取按由对方安排运输的条件成交(如按 FCA,FAS 或 FOB 出口,按 CIP,CIF 或 CFR 进口)。

2)考虑货源情况

国际贸易中货物品种很多,不同类别的货物具有不同的特点,它们在运输方面各有不同要求,故安排运输的难易不同,运费开支大小也有差异。这是选用贸易术语应考虑的因素。此外,成交量的大小,也直接涉及安排运输是否有困难和经济上是否合算的问题。当成交量太小,又无班轮通航的情况下,负责安排运输的一方势必会增加运输成本,故选用贸易术语时也应予以考虑。

3)考虑运费因素

运费是货价构成因素之一,在选用贸易术语时,应考虑货物经由路线的运费收取情况和运价变动趋势。一般来说,当运价看涨时,为了避免承担运价上涨的风险,可以选用由对方安排运输的贸易术语成交,如按 C 组术语进口,按 F 组术语出口。在运价看涨的情况下,如因某种原因不得不采用按由自身安排运输的条件成交,则应将运价上涨的风险考虑到货价中去,以免遭受运价变动的损失。

4)考虑运输途中的风险

在国际贸易中,交易的商品一般需要通过长途运输,货物在运输过程中可能遇到各种自然灾害、意外事故等风险,特别是在遇到战争或正常的国际贸易遭到人为障碍与破坏的时期和地区,则运输途中的风险更大。因此,买卖双方洽商交易时,必须根据不同时期、不同地区、不同运输路线和运输方式的风险情况,并结合购销意图来选用适当的贸易术语。

5)考虑办理进出口货物结关手续有无困难

在国际贸易中,关于进出口货物的结关手续,有些国家规定只能由结关所在国的当事人安排或代为办理,有些国家则无此项限制。因此,当某出口国政府规定,买方不能直接或间接办理出口结关手续,则不宜按 EXW 条件成交,而应选用 FCA 条件成交;若进口国当局规定,卖方不能直接或间接办理进口结关手续,此时则不宜采用 DDP,而应选用 D 组的其他术语成交。

1.3　国际贸易方式

国际贸易方式是国际货物买卖中各种具体的交易做法,其中最基本的是售定贸易,即买卖双方进行洽商,逐笔成交。随着进出口贸易的发展和国际经济交往的扩大,贸易方式也有了很大变化,出现了包销、代理、寄售、招标与投标、拍卖、期货交易、对销贸易、对外加工装配贸易等多种形式,下面就介绍这几种在我国采用较多的贸易方式。

1.3.1　包销和代理

包销和代理是国际贸易中习惯采用的方式之一,采用这两种贸易方式可以通过国外的经销商和代理商及时有效地将商品销售到国外消费者手中。

1)包销

包销(exclusive sales)是指出口商通过协议把自己的某种或某类商品在某个地区和期限内的经营权单独给予国外某个商人(包销人)的做法。

（1）包销协议

在包销方式下,双方需要订立包销协议,以确定出口人与包销商之间的权利与义务。包销协议一般包括下列主要内容:

①包销协议的名称、签约日期与地点。

②包销协议双方的关系。

③包销商品的范围。

④包销期限。包销期限的长短应明确规定,在我国出口业务中通常规定为一年。

⑤包销地区。包销地区是指包销商行使经营权的地理范围,应根据包销商能力的大小来确定。

⑥包销的数量或金额。包销的数量与金额对协议双方均有同等约束力。在协议中规定了包销的数量或金额后,出口人必须承担向包销商出口规定数量和金额的责任,而包销商必须承担向出口人购买规定数量和金额的义务。

⑦作价办法。包销商品的作价办法一般有两种:一次性作价和分批作价。一次性作价是指在规定的包销期限内,无论市场价格如何变动,双方均按事先约定的固定价格结算;分批作价是指在规定的包销期限内,包销商品的价格可随市场价格的波动而作相应调整。由于国际商品市场的价格变化多端,因此采用分批作价较为普遍。

⑧其他规定。如对广告宣传、市场报导和商标保护等方面的规定。

（2）包销方式的优缺点

包销协议在实质上说,完全是一个买卖合同,因为国外经销商是用自己的名义买货,包销商自负盈亏。他在他的地区销售商品时,出口商与第三者不发生任何契约关系,同时包销商在包销地区内享有专营权,因此包销方式具有通过专营权的给予调动包销人经营的积极性、达到巩固和扩大市场、避免多头经营和自相竞争的目的。

但如果出口商不适当地运用包销方式,也可能使出口的经营活动受到约束,存在因为包而不销而导致出口受阻的风险;包销商能力过强时,也可能利用垄断地位,操纵价格、控制市场。因此,为了防止包销商垄断市场或经营不力,应在包销协议中规定中止条款或索赔条款。

2）代理

代理(agency)是指代理人按照委托人的授权,代表委托人同第三者订立合同或从事其他经济活动的法律行为,由此而产生的权利与义务直接对委托人发生效力。

（1）代理的特点

①代理人只能在委托人的授权范围内代表代理人从事商业活动。

②代理人不得以自己的名义与第三者签订合同。

③代理人只负责介绍生意、招揽订单,并不承担履行合同的责任。

④代理人在交易中赚取的报酬即为佣金。

(2)代理的种类

①总代理(general agency):

总代理是指在指定地区委托人的全权代表。他除了有权代表委托人进行签订买卖合同、处理货物等商务活动外,也可进行一些非商业性活动。他有权指派分代理,并可分享代理佣金。

②独家代理(exclusive agency 或 sole agency):

独家代理是指在规定地区和时间内独家享有委托人给予的指定商品经营权的代理。只要是在指定的地区和时间内做成指定商品的生意,无论是由代理商做成,还是由出口企业自己与其他商人做成,代理商都享有收取佣金的权利。

③佣金代理(commission agency):

佣金代理又称一般代理,是指在同一代理地区、时间及期限内,同时有几个代理人代表委托人的行为。佣金代理根据推销商品的实际金额向委托人收取佣金。在我国的出口业务中,运用这种代理方式比较多。

(3)代理协议

代理协议是确定委托人与代理人之间权利与义务的法律文件,其主要内容有:

①协议中要明确双方的名称、地址、法律地位、业务种类以及注册的日期和地点等,同时还要明确双方的法律关系、授权范围和代理人的职权范围等;

②指定代理的商品、地区和期限;

③代理佣金条款;

④非竞争性条款。这是指代理人在协议有效期内无权提供、购买与委托人的商品相竞争的商品,代理商亦不得作为其他公司或个人的代理或经销商。这一条款对于保护委托人的利益有重要意义,应作为授予独家代理权必要的对等条件。

1.3.2 寄售(consignment)

寄售是一种委托代售的贸易方式。它是指委托人(货主、寄售人)先将货物运往国外寄售地,委托代售人(受托人)按照寄售协议规定的条件,代替货主进行销售的一种贸易方式。在货物售出后,由代售人向货主结算货款。

1)寄售的特点

在国际贸易中采用的寄售方式,与正常的卖断方式比较,具有下列特点:

第一,寄售双方是一种委托关系,而不是买卖关系。代售人只能根据委托人的指示处置货物。货物的所有权在寄售地出售之前仍属委托人。

第二,委托人先将货物运至目的地市场,然后经代销人在寄售地向当地买主销售。因此,它是典型的凭实物进行买卖的现货交易。

第三,代销商不承担代销货物的一切费用和风险,仅为赚取佣金。

2）寄售协议

寄售协议是委托人与代销人为明确双方的权利、义务和有关寄售的条件签订的协议。寄售协议的内容一般包括：

①明确委托人和代销人之间的委托关系。

②寄售区域和寄售商品。

③寄售商品的价格条款。该条款主要规定寄售商品的作价办法，通常有规定最低售价、随行就市、销售前征得委托人的意见这3种方式。

④佣金条款。寄售协议中的有关佣金支付，与代理协议相类似。

⑤双方当事人的义务。

3）寄售方式的优缺点

（1）优点

寄售货物出售前，委托人持有货物的所有权。因此，尽管货物已运往寄售地，但对货物的销售处理和价格确定等大权仍掌握在委托人手中，故有利于随行就市；寄售方式凭实物买卖，货物与买主直接见面，有利于促进成交；代销人不负担风险与费用，一般由委托人垫资，可以调动代销人经营的积极性。

（2）缺点

出口方承担的风险较大，费用较大，而且增加出口人资金的占用，不利于其资金周转；寄售货物的货款回收较慢，一旦代销人不遵守协议，可能遇到货款两空的危险。因此，采用寄售方式时，事先要考虑周到，特别要注意选好代销人，在寄售协议中明确合理地规定费用和风险的负担，同时要搞好价格管理，密切注意货款的回收。

1.3.3　招标与投标

招标与投标作为一种传统的贸易方式，多数用在国家政府机构、市政当局、国有企业或公用事业单位采购物资、器材或设备。目前，除用于上述采购外，还普遍用于国际承包工程。另外，国际间政府贷款项目和世界银行的贷款项目，往往在贷款协议中规定接受贷款方必须采用国际性招标方式采购项目物资或发包工程。

1）招标与投标的含义

招标（invitation to tender）是指招标人（买方或发包方）在规定时间、地点，发布招标公告，提出准备购进商品或拟建工程的条件或要求，邀请投标人（卖方或承包人）参加投标的行为。投标（submission of tender）是指投标人（卖方或承包人）应招标人的邀请，根据招标公告规定的条件，在招标规定的时间内向招标人递盘的行为。

2)招标与投标的种类

招标与投标实际上是一种贸易方式的两个方面。目前,国际上采用的招标方式大体可分为以下3种:

(1)竞争性招标

这是一种通过多数投标人投标,从中选择对招标人最为有利的投标人,并达成贸易的方式。它有两种做法:其一是公开招标,即招标人在国内外主要媒体上刊登招标广告,凡对该项招标内容有兴趣的人都有均等的机会进行投标;其二是选择性招标,即有限竞争性招标,招标人不在报刊上刊登广告,仅有选择地邀请投标人参加投标,通过资格预审后,再由他们进行投标。

(2)谈判招标

这是一种非公开的、非竞争性的招标,招标人仅物色几家客商直接进行合同谈判,谈判成功,即交易达成。

(3)两段招标

这是一种将公开招标和选择招标结合运用的招标方式,即先用公开招标方式,再用选择性招标方式,将招标分两阶段进行。

3)招标与投标的基本程序

招标与投标业务的基本程序包括招标前的准备工作、投标、开标、评标、决标及中标签约等几个环节。

(1)招标前的准备工作

招标前准备工作充分与否,往往是决定招标成败的关键。招标前的准备工作主要包括发布招标公告和编制招标文件等。

(2)投标

招标准备工作就绪,招标人发出招标单。当投标人参加投标之前,也须做许多准备工作,其中包括分析招标资料、编制和递送投标文件、寻找投标担保单位等。

(3)开标、评标、决标

开标有公开开标和秘密开标之分。公开开标要当众拆开所有密封的投标文件,宣读内容。秘密开标是指没有投标人参加,由招标人自行选定中标人的方式。评标是指由招标人组织专业人员对投标文件进行评审、比较,选出最佳投标人的过程。评标后决标,选定中标人。

(4)中标签约

决标后,招标人以书面形式通知招标人,在规定时间内与招标人签订买卖协议或承包项目协议,并按规定缴付履约保证金。

1.3.4　拍卖

拍卖(auction)是由专营拍卖业务的拍卖行接受货主的委托,在一定的地点和时间,按照一定的章程和规则,以公开叫价竞购的方法,最后由拍卖人把货物卖给出价最高的买主的一种现货交易方式。通过拍卖进行交易的商品大都是一些品质不易标准化的,或是难以久存的,或是习惯上采用拍卖方式进行出售的商品。如艺术品、烟叶、木材、羊毛、毛皮、水果等。

1) 拍卖的种类

(1) 增价拍卖

增价拍卖也称买方叫价拍卖。这是最常用的一种拍卖方式。拍卖时,由拍卖人宣布预定的最低起点价,再由竞买人竞相加价,直到无人加价时,拍卖人便击打木槌,把商品卖给出价最高的买主。

(2) 减价拍卖

减价拍卖又称荷兰式拍卖。这种方法先由拍卖人喊出最高价格,然后逐渐减低叫价,直到有某一竞买者认为已经低到可以接受的价格,表示买进为止。减价拍卖成交迅速,经常用于拍卖鲜活商品和水果、蔬菜等。

(3) 密封递价拍卖

密封递价拍卖又称招标式拍卖。采用这种方法时,先由拍卖人公布每批商品的具体情况和拍卖条件等,然后由各买方在规定时间内将自己的出价密封递交拍卖人,再由拍卖人开封,将商品卖给其中递价最高的买主。

2) 拍卖的过程

拍卖大致要经过准备、看货、出价成交和付款交货等 4 个阶段。具体的做法是:先由拍卖组织将准备拍卖的货物整理成堆,分批编号,印发包括商品种类、数量、产地、批号、拍卖时间、地点和交易条件等内容的拍卖目录,刊登广告,印制传单,招揽买主。准备购货的买主可以在拍卖前看货抽样,借以了解商品品质。拍卖成交后,经办拍卖的企业在提供拍卖成交的货物之后,买方按照规定的时间付款提货。经办拍卖的企业提供拍卖场地和各种服务项目,向卖方收取租金和手续费。

1.3.5　期货交易

期货交易(futures trading)是一种在期货市场或商品交易所,按照严格的程序和规则,通过公开喊价的方式买进或卖出某种商品期货合同的交易。期货交易有两种不同性质的种类,一种是纯投机活动,另一种是套期保值。

1）纯投机活动

在商业习惯上称为"买空卖空"，它是投机者根据自己对市场前景的判断而进行的赌博性投机活动。所谓"买空"，又称"多头"，是指投机者估计价格要涨，买进期货，一旦期货实际价格上涨再卖出期货，从中赚取差价。所谓"卖空"，又称"空头"，是指投机者估计价格要跌，卖出期货，在实际行情下跌时再补进期货，从中赚取差价。

2）套期保值

它又称为"海琴"（hedging），套期保值分为卖期保值和买期保值两种。

（1）卖期保值（selling hedging）

经营者买进一批日后交货的实物，为了避免在以后交货时该项商品价格下跌而遭受损失，就可在交易所预售于同一时期交货的同样数量的期货合同。这样，即使将来货价下跌，已经买进的实物在价格上受到亏损，但他可以从期货合同交易所获得的赢利来进行补偿。由于从事保值者处于卖方地位，因此称之为卖期保值。

（2）买期保值（buying hedging）

与卖期保值相反，经营者卖出一笔日后交货的实物，为了避免在以后交货时该项商品的价格上涨而遭受损失，则可以在交易所内买进于同一时期交货的同样数量的期货合同。这样，将来货物价格如果上涨，他也同样可以从期货交易的赢利中补偿实物交易的损失。由于从事保值者是处于买方地位，因此称为买期保值。

1.3.6　对销贸易

对销贸易（counter trade）又称互抵贸易、反向贸易，是指贸易双方互为出口方和进口方，以合同形式将货物的出口和进口紧密结合，并以各自的出口来部分或全部抵偿从对方进口的贸易方式。对销贸易的发生和形成经历了漫长的发展过程，易货贸易是进出口贸易中最古老的方式。随着对销贸易新形式的出现，其标的除有形的货物外，还包括劳务、专有技术和工业产权等无形财产。

对销贸易主要包括下列 3 种形式：

1）易货贸易（barter）

从严格意义上讲，是指贸易的双方之间互换等值货物的贸易方式。其特点有三：首先是直接的物物交换；其次是既不用货币支付，也不涉及第三者；再次是双方只签订一份合同，把双方交换的货物、货值及时间等约定下来，双方之中的任何一方既是买方，又是卖方。在一般国际贸易中，大多通过对开信用证的方式进行易货。在这种方式中，交易双方签订换货合同，各自出口的商品都按约定的货币计价并通过信用证结算。但先进口一方开出的信用证以对方开出约定的、等值或基本等值的信用证作为生效条件。

2）互购（counter purchase）

互购又称平等贸易,在这种方式下,先出口的一方在其售货合同中承诺,用所得的外汇（全部或部分）购买对方国家的产品。至于购买什么产品,价格多少,可以在合同中预先约定,但更多的是待以后另行签约。按照习惯,一方作出的承诺购货的义务,可在取得缔约对方同意的条件下,转让给第三者执行。但原缔约者须对第三方是否履约承担责任。互购,实际上是一种现款交易,先进口的一方要先以现汇支付。它不同于一般交易的,只是先出口的一方作出购买对方货物的承诺,从而把先后两笔不一定等值的现汇交易结合在一起。从这个做法看,先出口的一方,不论从资金周转或后续的谈判地位来讲,都占有比较有利的地位。

3）产品回购（products buyback）

这种做法多出现于设备的交易。由缔约的一方以赊销方式向对方提供机械设备,同时承诺购买一定数量或金额的由该项设备制造出来的产品或其他产品。进口设备方用出售产品所得的货款,分期偿还设备的价款和利息。产品回购基本上与我国所开展的补偿贸易类似。补偿贸易在西方一般被称为“产品回购”,在日本被称为“产品分成”。在我国,补偿贸易一般是指交易的一方在对方提供信用的基础上,进口机器、设备技术或原材料,不用现汇支付,而用向对方回销上述进口设备或原料所生产的产品或其他产品或劳务所得的价款,分期摊还。

1.3.7 对外加工装配贸易

对外加工装配贸易是我国企业开展来料加工和来件装配业务的总称。它是指由外商提供一定的原材料、零部件、元器件,由承接方按照对方的要求进行加工装配,成品交给对方处置,承接方按约定收取工缴费作为报酬的方式。这种贸易方式直接同产品的加工装配相结合,又同利用外资相联系,在国际贸易中相当盛行。在我国的对外贸易中,对外贸易加工装配业务已成为我国现阶段利用外资、扩大对外贸易的一种简捷的、行之有效的方式之一。

1）对外加工装配贸易的性质

它是一种简单的国际间劳务合作的形式。在这种业务中,虽然也有物的移动,即原材料或零部件的“进口”和成品的“出口”。但是这些物的所有权并没有转移。不论是原材料、零部件还是成品,其所有权始终属于国外的委托加工人。而我国的加工企业只是付出一定的劳动,把原材料或零部件转化为成品,从中取得劳动报酬。所以,这类交易只是一种劳务交易。

2)对外加工装配业务与进料加工的本质区别

①进料加工业务中,经营企业是以买主的身份与国外签订购买原材料的合同,又以卖主的身份签订成品的出口合同。两个合同体现为两笔交易,两笔交易都是体现为以所有权转移为特征的货物买卖,而对外加工装配业务却纯属提供劳务为特征的交易。

②在进料加工中,原材料的供应者与成品的购买者没有必然的联系,不像加工装配业务那样,原材料或配件的提供者同时又是成品的购买人。

③在进料加工中,经营企业是从事进、出口活动,赚取以外汇表示的附加价值。而在加工装配业务中,经营企业得到的只是劳动力的费用。至于由原料或零部件转化为成品过程中所创造的附加价值,基本上被外商占有。从这个角度看,进料加工的经济效益要大于加工装配。但是在另一方面,进料加工却要承担价格风险和成品的销售风险,而加工装配业务对经营企业则不存在这些风险。

1.4 国际结算支付方式与工具

1.4.1 国际结算支付方式与支付工具的基本概念

按照《公约》规定,在合同项下,卖方的基本义务是交付货物、移交与货物有关的单据、转移货物所有权;买方的基本义务是交付货款、受领货物。采用什么货币,在什么时间、地点、以什么方式收付等问题直接关系到买卖双方的切身利益,在交易磋商时,必须对此取得一致意见,并在合同中作出明确的规定。

国际贸易结算(settlement of international trade)是指国际间办理收支调拨,以结清位于不同国家的当事人因经济贸易活动而发生的债权和债务的行为。国际结算支付工具是国际间通行的结算和信贷工具,是可以流通转让的债权凭证。

国际贸易结算方式主要有汇款、托收和信用证。

国际贸易结算支付工具主要有汇票、本票和支票。

国际贸易结算方式按资金流向和结算工具的传递方向划分,可分为顺汇和逆汇。顺汇,即汇付,是由债务人(一般为买方)主动将款项交给本国银行,委托银行使用某种结算工具,汇交给国外债权人或收款人(一般为卖方)。结算工具的传送方向与资金的流动方向相同。逆汇,则是由债权人以出具票据的方式,委托本国银行向国外债务人收取款项的结算方式。结算工具的传递方向与资金的流动方向相反。

1.4.2 汇票(bill of exchange; draft)

1)汇票的含义

我国《票据法》对汇票的定义:汇票是出票人签发的,委托付款人在见票时或者在指定日期无条件支付确定的金额给收款人或持票人的票据。

《英国票据法》对汇票的定义:汇票是一个人向另一个人签发的,要求即期或于一定日期或在可以确定的将来的时间,向某人或其指定人或持票人无条件支付一定金额的书面支付命令。

从以上定义可知,汇票是一种无条件支付的委托。

2)汇票的基本当事人

①出票人(drawer)。出票人是指签发票据并将票据交付给他人的人。

②受票人(drawee)或付款人。受票人或付款人是指支付给持票人或收款人票面金额的人。付款人不一定是出票人,一般为出票人的债务人。汇票的付款人在信用证下一般为开证银行;托收下一般为进口商。

③受款人(payee)或收款人。受款人或收款人是指收取票款的人。

④承兑人(acceptor)。承兑人是指对远期票据到期支付一定金额作出承诺的人。承兑人一般为远期汇票付款人。

⑤背书人(endorser)。背书人是指在票据上背书,将票据转让给他人的人。

⑥持票人(holder)。持票人是指持有票据的人。

3)汇票的基本内容

(1)绝对必要记载事项

按照各国票据法的规定,汇票的必要记载事项必须齐全;否则,受票人有权拒付。汇票不仅是一种支付命令,而且是一种可转让的流通证券。

①表明"汇票"的字样。根据《日内瓦统一法》的规定,汇票上必须标明"汇票"字样。如"exchange","bill","draft"等。用以明确票据的种类,使汇票区别于本票和支票。但《英国票据法》并无此项要求。

②出票依据(drawn under …)。信用证项下的汇票必须有出票条款,说明与某银行某日期开出的某号信用证的关系,包含开证行完整名称、信用证号码和开证日期。托收项下的汇票不需填写上述内容,只需填写合同编号。

③无条件支付命令或委托。"无条件"指仅为单纯的命令或委托,不得附加其他行为或事件为前提,如"交付合格货物后付款"等。措辞还应直截了当,直接使用祈使句,例如"pay to the order of …"。

④一定(确定)的金额。金额必须确定,不能模棱两可,如"大约、左右"。在实际业

务中,为了防止涂改,票据的金额还必须同时用大、小写记载。如果大小写不一致,《英国票据法》和《日内瓦统一法》都规定以大写为准,我国《票据法》则认为无效。

⑤付款人(受票人)的名称。一般都位于汇票的左下角,即"to(付款人)"。其名称必须填写完整。

⑥收款人(受款人)的名称。收款人的名称又称汇票抬头。按国际惯例,信用证和托收项下的汇票一般做成指示式抬头,汇票上写明"付给×××的指定人(pay to the order of ×××)",×××是该汇票受款人的指定人,通过他的背书,汇票可以转让。这是目前出口业务中最广泛使用的类型。信用证项下汇票的收款人,如信用证没有特别规定,应以议付行为收款人。

⑦出票日期。出票日期一般填写交单日期,该日期不能早于跟单单据的签发期。信用证项下,同时不得迟于信用证规定的交单期限及有效期。日期需要用英文,不能全用阿拉伯数字。

另外,出票日期还有3个重要作用:第一,决定汇票的有效期,持票人如不在规定时间内要求票据权利,票据权利自动消失。我国《票据法》规定,见票即付的汇票有效期为2年。第二,决定付款的到期日。远期汇票到期日的计算是以出票日为基础的,确定了出票日及相应期限,也就能确定到期日。第三,决定出票人的行为效力。若出票时法人已宣告破产或被清理,则该汇票不能成立。

⑧出票人签章。此栏一般位于汇票右下角,通常为出口人或信用证的受益人,应具企业全称和负责人的签字盖章。此签字原则是票据法的最重要和最基本的原则之一。票据必须经出票人签字才能成立,出票人签字是承认了自己的债务,收款人才因此有了债权。如果汇票上没有出票人签字,或签字是伪造的,票据都不能成立。

(2)相对必要记载事项

①付款期限(到期日)。若欠缺,推定为见票即付。

②付款地点。若欠缺,推定为付款人的营业场所或住所。

③出票地点。若欠缺,推定为出票人的营业场所或住所。

(3)任意记载事项

①汇票编号。一般情况下为发票编号。

②付一不付二或付二不付一。

③利息和利率。

④可否转让等。

汇票样本如图1.1所示。

4)汇票的种类

(1)按照出票人不同

①银行汇票(banker's draft)。银行汇票指出票人和付款人均为银行的汇票。它一般用于汇付业务,即票汇。在信用证业务中的索汇可以使用银行汇票,即议付行议

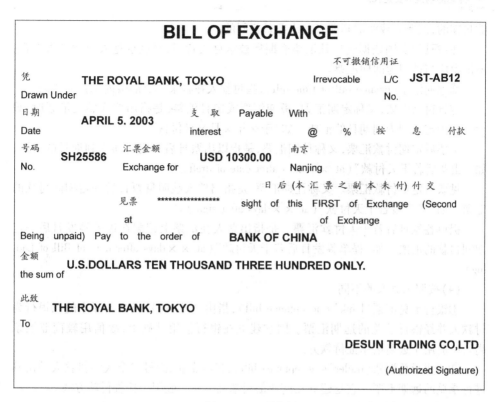

BILL OF EXCHANGE

不可撤销信用证

| 凭
Drawn Under | THE ROYAL BANK, TOKYO | | Irrevocable L/C
No. | JST-AB12 |

日期
Date　　APRIL 5. 2003　　支取　Payable　With
　　　　　　　　　　　　　interest　　　@　%　按　息　付款

号码
No.　SH25586　汇票金额　　USD 10300.00　　南京
　　　　　　　Exchange for　　　　　　　　　Nanjing

日后(本汇票之副本未付)付交

见票　　*****************　sight of this FIRST of Exchange (Second
　　　　at　　　　　　　　　　　　　　　　　　　of Exchange

Being unpaid) Pay to the order of　BANK OF CHINA

金额
the sum of　U.S.DOLLARS TEN THOUSAND THREE HUNDRED ONLY.

此致
To　THE ROYAL BANK, TOKYO

DESUN TRADING CO,LTD

(Authorized Signature)

图 1.1　汇票样本

付单据后,根据信用证的规定,开立一张由指定银行(偿付行或付款行)为付款人的汇票,凭以索取垫款。

　　②商业汇票(commercial draft)。商业汇票指出票人为企业、商号或个人,付款人为其他企业、商号、个人或银行的汇票。在国际贸易中,出口商开立的汇票就是商业汇票。若采用托收方式,则该汇票的付款人为进口商;若采用信用证方式,该汇票的付款人一般为开证行或其指定银行。

　　(2)按照有无随附货运单据

　　①光票(clean draft),或净票、白票。它指由出票人开立的不随附任何货运单据的汇票。银行汇票多为光票汇票。光票的付款全凭当事人的信用。在国际贸易中支付佣金、代垫费用、收取货款尾数时常使用光票汇票。

　　②跟单汇票(documentary draft)。跟单汇票又称押汇汇票、信用汇票,是指随附与贸易有关货运单据才能获得承兑、付款的汇票。商业汇票多为跟单汇票。随附单据一般为提单、仓单、保险单、装箱单、发票、检疫检验证书、原产地证明等。

　　(3)按照付款时间的不同

　　①即期汇票(demand draft/sight bill),即期汇票指持票人提示汇票时,付款人应立即付款的汇票。它有3种类型:汇票上明确载明"见票即付"字样的;汇票上未记载付

款日期的;汇票上载明的到期日与出票日相同的。

注:根据《英国票据法》,凡汇票逾期后被承兑或背书,对该承兑人或背书人而言,该汇票应当被视为即期汇票。

②远期汇票(usance bill or time bill),指付款人在将来一定期限内付款的票据。

定日付款汇票,又称定期汇票、板期汇票或定日汇票,是指出票人签发汇票时,载明一个固定日期为到期日的汇票。如"于×年×月×日付款"。

出票后定期付款汇票,又称计期汇票,是指以出票日后一定时间为到期日的汇票。如"出票后若干天付款"(at ××days after date of draft)。

见票后定期付款汇票。又称注期汇票,是指出票人载明见票日后一定期间付款的汇票。如"见票后若干天付款"(at ××days after sight)。

提单签发日后若干天付款汇票。是指出票人在汇票上记载在提单签发日后一定期间付款的汇票。如"提单签发日后若干天付款"(at ××days after date of Bill of Lading)。

(4)按照承兑人的不同

①银行承兑汇票(bank's acceptance bill),指由企业、商号或个人开立的以银行为付款人并经银行承兑的远期汇票。因它建立在银行信用基础上,故信用较商业汇票高。一般用于远期信用证付款方式。

②商业承兑汇票(trader's acceptance bill),指以企业、商号或个人为付款人并由其进行承兑的远期汇票。它是建立在商业信用基础上。一般用于托收付款方式。

(5)按照记载权利人方式的不同

①记名汇票。记名汇票又称抬头汇票,是指出票人在汇票上明确载明收款人的姓名或商号的汇票。收款人可依背书转让的方式转让票据,但该汇票可记载"禁止转让"等文句。如"pay to ×× only"。

②指示汇票。指示汇票是指出票人不仅明确载明收款人的姓名和商号,而且还要附加"或其指定的人"字样的汇票。出票人对这种汇票不得禁止持票人背书转让。如"pay to the order of ×× 或 pay to ×× of order"。

③无记名汇票。无记名汇票是指出票人在出票时没有在票据上载明收款人姓名或商号,或仅载明将票据金额付给"来人"或"持票人"字样的汇票。如"pay to the bearer"。收款人仅凭交付而无须背书即可转让该汇票。持票人可加载自己或他人的姓名,使之变为记名汇票。《中国票据法》规定,未载明"收款人姓名"的汇票无效。

5)汇票的行为及其使用

(1)出票(issue)

出票是指出票人签发汇票并交付给收款人的行为。出票后,出票人即承担保证汇票得到承兑和付款的责任。如汇票遭到拒付,出票人应接受持票人的追索,清偿汇票金额、利息和有关费用。

（2）提示（presentation）

提示是持票人将汇票提交付款人要求承兑或付款的行为，是持票人要求取得票据权利的必要程序。提示又分付款提示（即期和远期汇票）和承兑提示（远期汇票）。

（3）承兑（acceptance）

承兑指付款人在持票人向其提示远期汇票时，在汇票上签名，承诺于汇票到期时付款的行为。远期汇票的受票人在汇票持有人提示汇票后即在汇票正面签上"承兑（accepted）"字样以及姓名、日期，表示承担到期付款责任的行为。

承兑包括两个动作：一是承兑人在汇票上面填写"承兑"字样，签字，并加注承兑日期，有时还加注汇票到期日；二是把承兑的汇票交给持票人。习惯认为只有付款人签名而未写"承兑"的也构成承兑。

汇票一经承兑，付款人就成为汇票的承兑人（acceptor），并成为汇票的主债务人，而出票人成为汇票的次债务人。

（4）背书（endorsement）

根据我国《票据法》规定，除非出票人在汇票上记载"不得转让"外，汇票的收款人可以以记名背书的方式转让汇票权利。即在汇票背面签上自己的名字，并记载被背书人的名称，然后把汇票交给被背书人即受让人，受让人成为持票人，是票据的债权人。

①背书方式。限定性背书（restrictive endorsement）。此种汇票背书后不得转让。

特别背书（special endorsement），又叫记名背书。此种汇票被背书人可以再作背书，将汇票权利再转让给他人。

空白背书（blank endorsement），又叫不记名背书。此种汇票无须背书即可转让，持票人也可将其变成特别背书的汇票。

②前手与后手。汇票经过背书可以不断转让下去，对受让人来说，所有在他以前背书的人，都是他的前手（prior party）。而对出让人来说，所有在他以后的受让人，都是他的后手（subsequent party）。前手对后手有担保汇票必须会被承兑或付款的责任。

③贴现（discount）。在国际市场上，一些承兑后尚未到期的远期汇票，由银行或贴现公司或金融公司从票面金额中扣减一定贴现率计算的贴息后，将票款的金额付给持票人，这种以未到期的票据换取现金的做法，叫贴现。在金融市场上，最常见的背书转让为汇票的贴现。

（5）付款（payment）

付款是指汇票受票人（付款人）在汇票规定的时间向汇票规定的受款人清偿汇票金额的行为。付款应于到期日届至后进行。到期日前付款的，由付款人自行承担所产生的责任。比如，付款人在到期前付款后接到持票人的挂失止付通知的，不得以票据已经付款为由抗辩。

（6）拒付和追索（dishonor & recourse）

①拒付。

持票人提示汇票要求承兑时，遭到拒绝承兑；或要求付款时，遭到拒绝付款、付款人逃避不见汇票、死亡或宣告破产等均称为拒付,也称退票。出现拒付,持票人有追索权。

②追索权。汇票遭到拒付后,持票人有向其"前手"追索票款,要求偿付汇票金额、利息和其他费用的权利。

追索时效:持票人如不在规定时间内要求票据权利,票据权利自动消失。我国《票据法》规定,见票即付的汇票有效期自出票日起算为 2 年;持票人对定期(远期)汇票的出票人和承兑人的票据权利,自汇票到期日起算 2 年内不行使而消灭;持票人对前手的第一次追索权,自被拒绝承兑或拒绝付款之日起 6 个月内不行使而消灭;对前手的再追索权产生的诉讼,应当自清偿日或者被提起诉讼之日起 3 个月内提起。

在追索前,必须按规定做成拒绝证书和发出拒付通知。

③拒绝证书。拒绝证书是指用以证明持票已进行提示而未获结果,由付款地公证机构出具,也可由付款人自行出具退票理由书,或有关的司法文书。

④拒付通知。用以通知前手关于拒付的事实,使其准备偿付并进行再追索。

1.4.3 **本票**(promissory note)

1)本票的含义

《中国票据法》规定,本票是出票人签发的,承诺自己在见票时无条件支付确定金额给收款人或者持票人的票据。

《英国票据法》规定,本票是指一个人对他人所作的无条件书面承诺,经出票人签名,承担即期或在一定的日期或未来的特定期间内,向特定人或其指定人,或向来人支付一定金额。

2)本票的基本内容

(1)绝对必要记载事项

①写明"本票"字样。

②无条件支付承诺。

③确定金额。

④收款人名称。

⑤出票人签字。

⑥出票日期。

⑦写明"本票"字样。

(2)相对必要记载事项

①出票地点。若欠缺,推定为出票人的营业场所或住所。

②付款地点。若欠缺,一般以出票地为付款地。

③付款期限(到期日)。若欠缺,推定为见票即付。

3）本票的种类

（1）以出票人的身份不同

①商业本票:商业本票也称一般本票,是由工商企业或个人签发的本票。有即期本票和远期本票之分。

②银行本票:银行本票是指出票人为银行的本票(都是即期本票)。我国《票据法》规定,"只允许开立自出票日起,付款期限不超过2个月的银行本票。"

注:在中国,本票都为银行本票。我国《票据法》规定,"本法所称本票是指银行本票","本票出票人的资格由中国人民银行审定"。

（2）以是否记载权利人

①记名本票。记名本票指在出票时记载受款人的名称的本票。持票人在转让时必须背书。

②无记名本票。无记名本票指在出票时不记载受款人名称,或记载为"来人""持票人"的本票。持票人在转让时只需交付,无须背书。

③指示本票。指示本票指出票时除记载受款人名称外,还记载"或其指定人"的本票。不得禁止持票人背书转让。

注:在中国,本票均为记名本票。

（3）以本票到期日的不同

①即期本票。即期本票指见票即付的本票,其持票人自出票日起可随时要求出票人付款。

②远期本票。远期本票指其持票人只能在票据到期日才能请求出票人付款的本票。

注:在中国,本票均为见票即付的本票。

4）本票与汇票的主要异同

（1）含义

本票是无条件支付承诺,汇票是无条件支付命令。

（2）当事人

本票有两个当事人,即出票人和收款人;汇票有3个当事人,即出票人、付款人和收款人。

（3）手续

本票的出票人即是付款人,远期本票无须办理提示承兑和承兑手续,远期汇票则需办理承兑。

（4）责任

本票出票人是绝对的主要债务人。汇票承兑前,出票人是主要债务人;承兑后,承兑人是主要债务人。

(5)份数

本票只能开出一张,汇票可以开出一式两份或一套几张。

(6)退票

外国本票退票时,不需做成拒绝证书;外国汇票退票时,必须做成拒绝证书。

1.4.4 支票(cheque,check)

1)支票的含义

支票是存款人向其开户银行开出的,要求该银行即期支付一定金额的货币给特定人或其指定人或持票人的无条件的付款命令。它是以银行为付款人的即期汇票。

如果存款额低于支票金额,即成为空头支票,银行将拒付。

出票人在签发支票后,应负票据上的责任和法律上的责任。前者是指出票人对收款人担保支票的付款;后者是指出票人签发支票时,应在付款银行存有不低于票面金额的存款。

2)支票的基本内容

①写明"支票"字样。

②无条件支付一定金额的命令。

③确定金额。

④出票人签字。

⑤收款人名称。

⑥出票日期。

3)支票的种类

(1)按有无收款人姓名记载

①记名支票(cheque payable to order)。在支票上注明收款人,只有收款人才能收款的支票。

②不记名支票(cheque payable to bearer)。又称空白支票,抬头一栏注明"付给来人"。这种支票无须背书即可转让,取款时也无须背面签字。

(2)按附加的付款保障方式不同

①划线支票(crossed cheque)。票面上划有两条平行的横向线条。划线支票不能提现,只能转账。

②保付支票(certified cheque)。存款人签发,由银行担保的支票(由银行在支票上加盖"保付"印记)。

4)支票与汇票、本票的异同

支票是特殊的汇票,即以银行为付款人的即期汇票。

①汇票和支票均有3个人;本票的当事人只有两个。

②支票均为见票即付;汇票和本票除见票即付外,还可以作出不同到期日的记载。

③远期汇票需付款人履行承兑手续;本票和支票无须提示承兑。

④汇票的出票人对付款人没有法律上的约束,但一经承兑,承兑人就应承担到期付款的绝对责任;本票一经出票,出票人即应承担付款责任;支票的付款人只有在出票人在付款人处有足够存款时才负有付款义务。

⑤汇票有两种用途,一是可作结算和押汇(settlement)工具;二是可作为信贷(credit)工具。而支票只能用作结算。

1.4.5　汇付(remittance)

1)汇付的含义

汇付,又称汇款,是付款人委托银行采用各种支付工具,将款项汇交收款人的支付方式。汇付支付方式中,银行只提供服务而不提供信用,所以汇付属于商业信用,属于顺汇法。

2)汇付的当事人

在汇付业务中,通常有4个当事人:

汇款人(remitter),即汇出款项的付款人。在国际贸易中,通常为进口人、买卖合同的买方或其他经贸往来中的债务人。

收款人(payee),即收取款项的人。在国际贸易中,通常为出口人、买卖合同的卖方或其他经贸往来中的债权人。

汇出行(remitting bank),即受汇款人的委托或申请,汇出款项的银行。通常是进口人所在地的银行。

汇入行(receiving bank),又称解付行(paying bank),即受汇出行委托解付汇款的银行。通常是出口地的银行。

汇款人在委托汇出行办理汇款时,要出具汇款申请书,一般视为汇款人和汇出行之间的一种契约。

3)汇付的种类及其业务程序

(1)信汇(mail transfer,M/T)

信汇指汇出行应汇款人申请,将付款委托书以邮政航空信件方式寄发给汇入行。汇入行在收到汇出行邮寄来的委托书或通知书后首先要核对汇出行的签字或印鉴,经证实无误后付款给收款人。其特点是费用较低,收款人收到汇款的时间较迟。

(2)电汇(telegraphic transfer,T/T)

电汇是由汇款人委托汇出行用电报、电传、环球银行间金融电讯网络(society for worldwide interbank financial telecommunication, SWIFT)等电讯手段发出付款委托书给汇入行,委托它将款项解付给收款人。汇入行收到电汇委托书并经核对密押无误后,即通知收款人凭适当身份证明文件取款。收款人收取款项后,出具收据作为收妥汇款的凭证。汇入行解付汇款后,除向汇出行收回垫款或邮寄付讫借记通知(debit advice)进行转账外,应将收据寄交汇出行,以便在必要时交给汇款人,作为汇款已交讫的凭证。电汇和信汇流程如图1.2所示。

图1.2 电汇和信汇流程

(3)票汇(remittance by bank is demand draft, D/D)

票汇是以银行即期汇票作为结算工具的一种汇付方式,是指汇出行应汇款人的申请,开立以其代理行或其他往来银行为付款人的银行即期汇票,列明收款人的名称、金额等,交由汇款人自行寄交给收款人,凭票向付款行取款的一种汇付方式。票汇流程如图1.3所示。

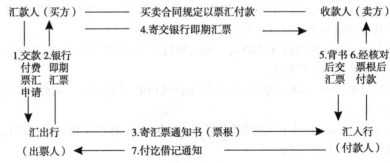

图1.3 票汇流程

票汇与电汇、信汇有两点不同:

①票汇的汇入行即汇票的付款行无须通知收款人,而由收款人自行持票上门取款。

②电汇、信汇的收款人不能将收款权转让,所以涉及的当事人较少;而票汇的收款人可以通过背书转让汇票,可能涉及的当事人较多。

4)汇付条款

应明确汇付时间、汇付金额和汇付方法。例如：

"买方应于×年×月×日前将全部货款用电汇(M/T 或 D/D)方式汇付给卖方"；

"买方须于合同签署后 30 天内通过××银行电汇货款的 10%,计××美元作为订金付给卖方"。

5)汇付方式的性质和在国际贸易中的使用

汇付方式虽然通过银行来办理,但它是由买卖双方根据贸易合同互相提供信用,因此属于商业信用。

在国际贸易中,汇付方式通常用于预付货款、随订单付款、交货付现、记账赊销等业务。前两种对卖方来说,就是先收款后交货,资金不受积压;后两种对卖方来说,就是先交货后付款,意味着资金积压。

在预付货款的情况下,进口商为避免货款两空,要求解付行解付货款时,收款人必须提供某些指定单据。

1.4.6 托收(collection)

1)托收的含义

托收,又称银行托收,指出口商(债权人)开立汇票(随附或不随附单据)委托出口地银行(托收行)通过该行在进口商(债务人)所在地的分行或代理行(代收行)向进口商收取货款的一种结算方式。

《URC522 号》对托收的定义:托收是指由接到托收指示的银行根据所收到的指示处理金融单据和/或商业单据以便取得付款/承兑,或凭付款/承兑交出商业单据,或凭其他条款或条件交出单据。

2)托收的当事人

委托人(principal),它是委托银行办理托收业务的客户,通常是出口人。

托收行(remitting bank),它是接受委托人的委托,向付款人收款的银行,通常为出口地银行。

代收行(collecting bank),它是接受托收行的委托向付款人收取票款的进口地银行。通常是托收银行的国外分行或代理行。

付款人(payer),它通常为进口人,是汇票的受票人(drawee)。

提示行(presenting bank),它是向付款人作出提示汇票和单据的银行。在一般情况下,提示行就是代收行。

需要时的代理(principal's representative in case of need)。在托收业务中,如发生

拒付,委托人可指定付款地的代理人代为料理货物存仓、转售、运回等事宜,又称委托人的代表。

3)托收的种类

托收,分为光票托收和跟单托收。其中光票托收是指金融单据(如汇票等)不附带商业单据(如发票、运输单据等)的托收,即仅把金融单据委托银行代为收款。光票托收主要用于货款的尾数、样品费用、佣金、贸易从属费用、索赔及非贸易的款项的收取。

国际货款的收取大多采用跟单托收。在跟单托收情况下,根据交付货运单据的条件的不同,可分为:

(1)付款交单(documents against payment,D/P)

付款交单是货运单据的交付必须以进口人的付款为条件,即出口人将汇票连同货运单据交给银行托收时,指示银行只在进口人付清货款时才能交出货运单据。付款交单按交付时间不同又可分为即期付款和远期付款交单两种。

①即期付款交单 (documents against payment at sight,D/P at sight)是指出口人发货后,开具即期汇票连同货运单据,通过银行向进口人提示,进口人见票后立即付款,进口人在付清货款后向银行领取货运单据。

②远期付款交单 (documents against after sight,D/P after sight)是指出口人发货后,开具远期汇票连同货运单据,通过银行向进口人提示,进口人审核无误后,即在汇票上进行承兑,其于汇票到期日付清货款后再交出货运单据。在汇票付款前,汇票和货运单据由代收行掌握。

(2)承兑交单(documents against acceptance,D/A)

承兑交单指货运单据的交付以进口人的承兑为条件。进口人承兑汇票后,即可向银行取得货运单据,待汇票到期日才付款。承兑交单只适用于远期汇票的托收。

4)跟单托收的一般业务程序

由于使用的结算工具(托收指示书和汇票)的传送方向与资金的流动方向相反,因此,托收属于逆汇(reverse remittance)。跟单托收业务一般按以下程序进行:

①出口人按照合同发货后取得运输单据,连同汇票与发票等商业单据及填写好的托收申请书一并送交托收行,委托代收货款。

②托收行根据出口人的指示,向代收行发出托收委托书连同汇票、单据寄交代收行,要求代收货款。

③代收行收到汇票和单据后,及时向进口人作付款或承兑提示。如为即期汇票,进口人应立即付清货款,取得货运单据;如为远期汇票,进口人应立即承兑汇票。若属付款交单方式,代收行保留汇票及单据,待汇票到期再通知付款赎单。若属承兑交单方式,则进口人在承兑汇票后即可从代收行取得全套单据,待汇票到期日才付款。

④代收行收到货款后,应立即将货款拨付托收行。

⑤托收行收到货款应立即转交出口人。

即期/远期付款交单业务程序如图1.4所示。

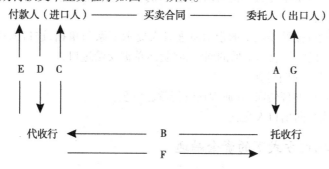

图1.4　即期/远期付款交单业务程序

在图1.4中：

A——出口人按买卖合同规定装货后,填写托收申请书,开立即期或远期汇票,连同货运单据交托收行委托代收货款。

B——托收行根据托收申请书缮制托收委托书,连同汇票、货运单据寄交进口地代收银行委托代收。

C——如为即期付款交单业务,代收行按照委托书的指示向进口人提示汇票与单据;如为远期付款交单业务,进口人还需经审核无误在汇票上承兑后,代收行收回汇票与单据。

D——如为即期付款交单业务,进口人审单无误后付款;如为远期付款交单业务,进口人到期付款。

E——代收行交单。

F——代收行办理转账,并通知托收行款已收妥。

G——托收行向出口人交款。

承兑交单业务程序如图1.5所示。

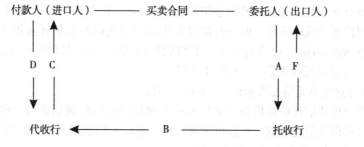

图1.5　承兑交单业务程序

在图1.5中：

A——出口人按买卖合同规定装货后,填写托收申请书,开立即期或远期汇票,连同货运单据交托收行委托代收货款。

B——托收行根据托收申请书缮制托收委托书,连同汇票、货运单据寄交进口地代收银行委托代收。

C——代收行按照委托书的指示向进口人提示汇票与单据,进口人经审核无误在汇票上承兑后,代收行收回汇票的同时,将货运单据交给进口人。

D——进口人到期付款。

E——代收行办理转账,并通知托收行款已收妥。

F——托收行向出口人交款。

5)跟单托收方式下的资金融通

(1)托收出口押汇(collection bill purchased)

托收出口押汇指由托收银行以买入出口人向进口人开立的跟单汇票的办法向出口人融通资金的一种方式。实质上,它是出口企业以代表货物所有权的单据作抵押,由银行提供的一种抵押贷款。

具体做法:出口人在按照出口合同规定发运货物后,开立以进口人为付款人的汇票,并将汇票及全套货运单据送交托收行做托收时,如托收行认为这笔交易的货物销售情况良好,且出口商颇具实力,进口商资信可靠,即可根据出口商的要求,买入跟单汇票,按照票面金额扣减从押汇日到预计收到票款日的利息及手续费,将款项先行付给出口人。

(2)凭信托收据借单(collection bill purchased)

凭信托收据借单又称进口押汇,在托收业务中,是代收银行给予进口人凭信托收据(trust receipt, T/R)提货的一种向进口人融通资金的方式。此为代收行自己向进口人提供的信用便利,与出口人无关。

信托收据是进口方借单时提供的一种担保文件,表示愿意以银行受托人身份代为提货、报关、存仓、保险、出售,并承认货物所有权仍归银行。货物售出后所得货款应于汇票到期时交银行。代收行若同意进口方借单,万一汇票到期不能收回货款,则代收行应承担偿还货款的责任。但有时出口方主动授权代收行凭信托收据将单据借给进口方,这种做法将由出口方自行承担汇票到期拒付的风险,与代收行无关,其称之为"付款交单,凭信托收据借单(D/P, T/R)"。

(3)付款交单凭信托收据借单(D/P·T/R)

付款交单凭信托收据借单指出口人在办理托收申请时提示银行允许进口人在承兑汇票后可以凭信托收据先行借单提货。日后进口人如汇票到期不能付款时,则与银行无关,一切风险概由出口人自己承担。

6)托收的性质与作用

托收的性质为商业信用。出口人委托银行收取的货款能否收到,全靠进口人的信用。银行在托收中只提供服务,不提供信用,不负责审查单据,不负责买方是否付款,不负责货物的真实情况。另外,由于货物已先期运出,一旦遭拒付,就会使出口人陷入极为被动的境地。

因此,跟单托收对出口人有一定风险,但对进口人却很有利,他不但可以免去申请开立信用证的手续,不必预付银行押金,减少费用开支,而且有利于资金融通和周转。由于托收对进口商有利,因此在出口业务中,为了有利于调动进口商采购货物的积极性,有利于促进成交和扩大出口,出口商都把采用托收作为推销库存货物和加强对外竞销的手段。

7)托收业务下的风险防范

(1)出口商的风险防范

①了解进口国家的相关规定,慎重选择 D/P 远期。欧洲大陆国家不少银行不办理远期付款交单,而拉美国家则把远期付款交单按承兑交单处理。

②争取按 CIF 或 CIP 条件成交。不采用 CIF 或 CIP 时,应投保卖方利益险。卖方利益险承保的是在 CFR 或 FOB 等条件下,若货物运输途中受损,买方不付款赎单时给卖方造成的损失。

③投保出口信用保险。

④掌握付款到期日。北欧和拉美许多国家的进口商往往要求按照"当地习惯"把"单到"进口地付款或承兑,视为"货到"进口地付款或承兑,以拖延付款时间。采用即期付款交单并在合同中规定:"买方应在汇票第一次提示时即行付款(D/P at sight upon first presentation made by the collecting bank)"。

⑤事先找好代理人或需要时的代理人(case-of-need)。当进口商拒绝付款赎单时,作为买方的代理人可及时办理接货、存仓、保险、转售或运回等事项。代理人可以是与出口商关系密切的客户,也可是代收行,应在托收指示书中详细列明代理人名称、权限等。

⑥对托收方式的交易,要建立健全的管理制度,定期检查,及时催收清理,发现问题应迅速采取措施,以避免或减少可能发生的损失。

(2)进口商的风险防范

①事先对出口商的资信、经营作风有深入全面的了解。

②对进口货物的市价趋势、销售趋势、本国外汇管制等应有所预测和了解。

③严格审单,单据与合同、单据与单据必须一致,以决定接受或拒受。

8)托收条款

托收条款应规定托收种类、付款期限、交单方式和买方承兑汇票的责任等。下面为几种托收条款的实例:

(1)即期付款交单

"买方凭卖方开具的即期跟单汇票,于第一次见票时立即付款,付款后交单。"(Upon first presentation the Buyers shall pay against documentary draft drawn by the Sellers at sight. The shipping documents are to be delivered against payment only.)

(2)远期付款交单

"买方对卖方开具的见票后××天付款的跟单汇票,于第一次提示时即予承兑,并应于汇票到期日即予付款,付款后交单。"(The Buyers shall duly accept the documentary draft drawn by the Sellers at ××days sight upon first presentation and make payment on its maturity. The shipping documents are to be delivered against payment only.)

(3)承兑交单

"买方对卖方开具的见票后××天付款的跟单汇票,于第一次提示时即予承兑,并应于汇票到期日即予付款,承兑后交单。"(The Buyers shall duly accept the documentary draft drawn by the Sellers at ××days sight upon first presentation and make payment on its maturity. The shipping documents are to be delivered against acceptance.)

1.4.7 信用证(letter of credit,L/C)

1)信用证的含义、性质与特点

(1)L/C 的含义与性质

信用证(letter of credit,简称 L/C)方式是银行信用介入国际货物买卖价款结算的产物。进口商在合同中的付款义务由银行来承担。它的出现不仅在一定程度上解决了买卖双方之间互不信任的矛盾,而且还能使双方在使用信用证结算货款的过程中获得银行资金融通的便利,从而促进了国际贸易的发展,因此,被广泛应用于国际贸易之中,以致成为当今国际贸易中的一种主要的结算方式。

信用证是银行作出的有条件的付款承诺,即银行根据开证申请人的请求和指示,向受益人开具的有一定金额、并在一定期限内凭规定的单据承诺付款的书面文件。

(2)L/C 的特点

①L/C 属于银行信用,开证行承担第一性付款责任。信用证开证行的付款责任,不仅是首要的,而且是独立的,即使进口人在开证后失去偿付能力,只要出口人提交的单据符合信用证条款,开证行就必须履行第一性付款责任。

②L/C 是独立于合同之外的一种自足的文件。信用证虽然是根据买卖合同开立的,但信用证一经开出,就成为一种独立的完整的契约文件。在信用证业务中,当事人只按信用证的规定办事,不受买卖合同的约束。

③L/C 是一种纯单据的买卖(pure document transaction)。在信用证方式之下,实行的是凭单付款的原则,不问货物、服务或其他行为,实行严格相符原则,不仅要做到"单证一致",还要做到"单单一致"。而且只强调从表面上确定其是否与信用证条款相符,以决定是否承担付款的责任。

2）信用证当事人

（1）开证申请人（applicant）或开证人（opener）

这是指向银行提交申请书开立信用证的人，它通常就是国际货物买卖合同中的买方，即进口商。开证申请书是进口商对开证行的付款指示，也是它与开证行之间的一种书面合同。信用证开立后，开证行若向受益人履行了付款义务，进口商的义务是向开证行付款赎单。

（2）开证银行（opening bank，issuing bank）

开证银行是应申请人（进口商）的要求向受益人（出口商）开立信用证的银行。它是信用证下的第一性付款人，对受益人承担独立责任，是信用证业务的核心。开证行的付款通常为终局性的付款，一经付出不得追索，即使付款后发现单证不符，或进口商拒不赎单，也不能向出口商、议付行、付款行或偿付行等追索。

（3）通知银行（advising bank，notifying bank）

通知行只负责通知信用证并证明信用证的表面真实性，不承担其他义务。在信用证的表面真实性得到证实后，通知行应根据开证行的要求，缮制通知书，及时、正确地通知受益人。如信用证有疑点，通知行及时澄清疑点是其道义责任。

（4）受益人（beneficiary）

受益人是开证行在信用证中授权使用和执行信用证并享受信用证所赋予的权益的人，它通常为买卖合同的出口商。出口商必须按照信用证条款履约。出口商在收到信用证后，应仔细将信用证内容与合同条款核对，并审核信用证条款能否履行。受益人交单后，若开证行倒闭，受益人有权向进口商提出付款要求。

（5）议付银行（negotiating bank）、押汇银行或贴现银行

这是指根据开证行在议付信用证中的授权，买进受益人提交的汇票和单据的银行。一般由通知行兼任。开证行收到议付行寄来的单据，如发现单据不符合信用证条款，可以拒绝偿付。因此，议付行必须严格审单。在单证严格相符、开证行无力付款时，议付行可向受益人追索。议付行通常要求受益人交单时签署质押书，声明在发生拒付时，议付行有权处理单据，甚至变卖货物。

（6）付款银行（paying bank）、代付行

这是指开证行在信用证中指定并授权向受益人承担（无追索权）付款或承兑责任的银行。一般为开证行本身或开证行的代理行。

（7）保兑银行（confirming bank）

保兑银行是应开证行或信用证受益人的请求，在开证行的付款保证之外对信用证进行保证付款的银行。保兑银行具有与开证银行相同的责任和地位。

（8）偿付银行（reimbursement bank）

偿付银行是受开证行的指示或授权，对有关代付行或议付行的索偿予以照付的银行。偿付行的偿付不视为开证行终局性的付款，因为偿付行不接受单据、不审查单据。

若开证行见单后发现单证不符,可向议付行或付款行追索货款。

3)信用证的基本内容

信用证虽然没有统一的格式,但其基本项目是相同的,主要包括以下几方面:

(1)对信用证的本身说明

这包括信用证性质及编号,开证行、通知行行名及地址,受益人、开证申请人名称及地址,信用证开立日期、有效期及到期地点,付款方式及期限等。

(2)对货物的要求

这包括商品名称、单价、数量、金额、价格条件、包装、唛头等。

(3)对运输的要求

这包括装运港、卸货港、是否可以分批、是否可以转运、最迟装运期。

(4)对单据的要求

这包括单据名称、份数及具体要求,包括发票、装箱单、保险单(如 CIF 条款)、运输单据、检验证书、产地证等。

(5)特别条款

这包括银行间的费用条款、寄单条款、开证行对议付行的指示、所遵循的国际规则等。

(6)责任条款

这包括最晚交单期、银行保证等。

4)信用证的种类

(1)按信用证下的汇票是否随附货运单据划分

①跟单信用证(documentary L/C):这指凭跟单汇票或仅凭单据付款、承兑或议付的信用证。其中单据是指代表货物所有权的单据,如海运提单;证明货物已交运的单据,如铁路运单、航空运单、邮包收据等;与货物有关的其他单据,如发票、保险单、检验检疫证书等。

②光票信用证 (clean L/C):这指开证行仅凭受益人开立的汇票或简单收据而无须附带货运单据付款的信用证,主要用于非贸易结算。此时,一般将其视为汇款的一种工具。

(2)按信用证可否撤销划分

①可撤销信用证(revocable L/C):可撤销信用证是指在开证之后,开证行无需事先征得受益人同意就有权修改其条款或者撤销的信用证。这种信用证对于受益人来说是缺乏保障的。虽然可撤销信用证有上述特征,但是,根据 UCP 500 第八条(B)项规定,即便是可撤销信用证,只要受益人已经按信用证规定交单,指定银行已经凭单证相符作出付款、承兑或议付,那么,信用证就不可再行撤销或修改了。

②不可撤销信用证(irrevocable credit):这指信用证一经开出,在有效期内,未经受

益人及有关当事人的同意,开证行不得单方面修改和撤销,只要受益人提供的单据符合信用证规定,开证行必须履行付款义务。

(3)按是否有另一家银行加以保兑划分

①保兑信用证(confirmed letter of credit):这指开证行开出的信用证,由另一家银行保证对符合信用证条款规定的单据履行付款义务。保兑行的付款责任,是以规定的单据到期日或以前向保兑行提交并符合信用证的条款为条件。保兑行通常是通知行,有时也可以是出口地的其他银行或第三国银行,与开证行一样承担第一性的付款责任。

②不保兑信用证(unconfirmed letter of credit):这指开证行开出的信用证没有经过另一家银行保兑。

(4)按兑付方式划分

①即期付款信用证(sight payment L/C):指出口商将即期汇票和单据(或只有单据而无汇票)直接提交给指定的付款银行或开证行后,就可以立即获得付款的信用证。它的显著特点是付款时间为即期、方式为付款。

②延期付款信用证(deferred payment L/C)或无承兑远期信用证:指开证行在信用证中规定货物装运后若干天或开证行收到合格单据后若干天付款的一种远期信用证。其特点是受益人不必开出远期汇票(以发票代替汇票),开证行也不存在承兑汇票的问题,出口商不能贴现。

③承兑信用证(acceptance L/C)或银行承兑信用证:指付款行(承兑银行)在收到符合信用证规定的远期汇票和单据时,先在汇票上履行承兑手续,等汇票到期日再履行付款义务的一种远期信用证。承兑信用证一般用于远期付款的交易。承兑行多由出口地银行(如通知行)担任。

④议付信用证(negotiation credit):指开证行允许受益人向某一银行或任何银行交单议付的信用证,其中议付是指出口地银行依据信用证上的"邀请"文句,买入出口商的汇票和单据,向出口商垫付货款的行为。

它有两种:一是公开议付信用证,又称自由议付信用证,指开证行对愿意办理议付的任何银行作公开议付邀请和普遍付款承诺的信用证;二是限制议付信用证,指开证行指定某一银行或开证行本身自己进行议付的信用证。

公开议付信用证和限制议付信用证的到期地点都在议付行所在地,这种信用证经议付后如因故不能向开证行索得票款,议付行有权对受益人行使追索权。

(5)根据付款时间的不同划分

①即期信用证:指开证行或付款行收到符合信用证条款的跟单汇票或装运单据后,立即履行付款的信用证。

②远期信用证:指开证行或付款行收到信用证的单据时,在规定期限内履行付款义务的信用证。包括银行承兑远期信用证和延期付款信用证。

"假远期信用证"是指证行规定受益人开立远期汇票,由付款行负责贴现,并规定一切利息和费用由进口人负担。

③预支信用证:指开证行授权代付行向受益人预付信用证金额的全部或一部分,由开证行偿付并负担利息的一种信用证。

(6)根据受益人对信用证的权利可否转让划分

①可转让信用证(transferable credit):指信用证的受益人(第一受益人)可以要求授权付款、承担延期付款责任、承兑或议付的银行(统称转让银行),或当信用证是自由议付时,可以要求信用证中特别授权的银行,将信用证全部或部分转让给一个或数个受益人(第二受益人)使用的信用证。

可转让信用证只能转让一次,即只能由第一受益人转让给第二受益人,第二受益人不得要求将信用证转让给其后的第三受益人,但若再转让给第一受益人,不属被禁止转让的范畴。如果信用证不禁止分批装运,在总和不超过信用证金额的前提下,可分别按若干部分办理转让,该项转让的总和,将被认为只构成信用证的一次转让。

②不可转让信用证(non-transferable credit):指受益人不能将信用证的权利转让给他人的信用证。凡信用证中未注明"可转让"的,就是不可转让信用证。

(7)循环信用证(revolving credit)

这是指信用证被全部或部分使用后,其金额又恢复到原金额,可再次使用,直至达到规定的次数或规定的金额为止。它分为两种,一种是按时间循环信用证,即受益人在一定的时间内可多次支取信用证规定的金额;另一种是按金额循环信用证。

在信用证金额议付后仍恢复到原金额,可再使用,直至用完规定的金额为止。具体做法有:一是自动式循环使用。受益人按规定时期装运货物交单议付一定金额后,信用证即自动恢复到原金额,可再次按原金额使用。二是非自动式循环使用。受益人按规定时期装运货物交单议付一定金额后,必须等待开证行的通知到达后,才能使信用证恢复到原金额,并可再次使用。三是半自动式循环信用证。受益人每次装货交单议付后,在若干天内开证行未提出终止循环的通知,信用证即自动恢复至原金额,并可再次使用。

(8)对开信用证 (reciprocal credit)

这是指两张信用证的开证申请人互以对方为受益人而开立的信用证。对开信用证的特点是第一张信用证的受益人(出口人)和开证申请人(进口人)就是第二张信用证的开证申请人和受益人,第一张信用证的通知行通常就是第二张信用证的开证行。对开信用证多用于易货交易或来料加工和补偿贸易业务。

(9)背对背信用证(back to back credit)

这又称转开信用证,是指受益人要求原证的通知行或其他银行以原证为基础,另开一张内容相似的新信用证。背对背信用证的开立通常是中间商转售他人货物,从中图利,或两国不能直接办理进出口贸易时,通过第三者以此种方法来沟通贸易。

5)信用证的一般业务程序

第一,买卖双方在合同中约定凭信用证付款。

第二，开证申请人申请开立信用证。开证人申请开证时，应填写开证申请书，内容包括：①要求开立信用证的内容，也就是开证人按照买卖合同条款要求开证银行在信用证上列明的条款，是开证银行凭以向受益人或议付银行付款的依据；②开证人对开证银行的声明，用以表明双方的责任。

第三，开证银行开立信用证。开证银行根据开证人的申请向受益人开立信用证，并通过通知行交与受益人，所开信用证的条款必须与开证申请书所列一致。通知银行收到开证银行开来的信用证后，应立即核对信用证的密押（电开）和签字印鉴（信开），在核对无误后，立即将信用证通知受益人。

第四，审查和修改信用证。受益人接到信用证通知或收到信用证原件后，应即进行审查，审查信用证应根据合同进行，如发现有的信用证条款不能接受，应及时要求开证人通知开证行修改。

第五，交单议付。受益人收到信用证经审查无误，或收到修改通知书认可后，即可根据信用证规定的条款进行备货和装运手续，缮制并取得信用证所规定的全部单据，签发汇票，连同信用证正本、修改通知书以及与信用证有关的其他文件，在信用证有效期内送交通知银行，或与自己有往来关系的银行，或信用证指定限制议付单据的银行办理议付。

第六，开证人付款赎单。开证银行将全部票款拨付议付银行后，应立即通知开证申请人付款赎单。开证人接到开证银行通知后，也应立即到开证银行核验单据，认为无误后，将全部票款及有关费用，一并向开证银行付清并赎取单据。开证人付款赎单后，即可凭装运单据向承运机构提货。

即期跟单信用证的流程如图1.6所示。

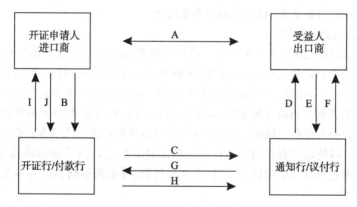

图1.6　即期跟单信用证流程

在图1.6中：

A——买卖双方在合同中约定凭信用证付款。

B——开证申请人按合同规定向银行提交开证申请书，并交纳若干押金等。

C——开证银行接开证申请，开出即期信用证寄交通知银行。

D——通知银行接到信用证,经审查并证实无误后转交受益人。

E——受益人经审查信用证无误后,即可按规定的条件装运,装运后缮制信用证要求的各种单据并开具即期汇票,在信用证有效期内向议付行交单请求议付。

F——议付行经审核信用证与单据相符时,按汇票金额扣除若干利息或手续费,将垫款付给受益人。

G——议付行将单据寄交开证行或其指定的付款银行要求付款。

H——开证行在审单无误后,向议付行付款。

I——开证行通知开证申请人付款赎单。

J——开证申请人付款并取得装运单据,凭以向承运人提货。

6)信用证的作用

(1)对出口商的作用

①L/C 可保证出口商凭单取得货款。出口商只要按信用证规定交付了货物并提示单据合格,开证行就保证支付货款。

②L/C 使出口商得到外汇保证。进口商首先要获得外汇管理当局的批准,开证行才能开立信用证。所以,出口商若能获得信用证,则说明进口国外汇管理当局已批准所需的外汇。

③L/C 增加了出口贸易的稳定性。若出口商获得了不可撤销信用证,则非经出口商同意,信用证不得撤销或修改,进口商必须履行信用证和贸易合同,即收取货物并支付货款。

④可以取得资金融通(如打包贷款)。在货物装运后将汇票和单据交议付行议付,通过押付可及时收取货款,有利于加速资金周转。

(2)对进口商的作用

①L/C 可以控制出口商按时交货。信用证中都规定出口商交货的装运期,出口商必须按此期限交付货物;否则,违反信用证条款,无法获得银行付款、承兑或议付。

②L/C 为进口商提供一定的交易安全保障。进口商通常可在信用证中规定出口商应提交证明货物合格的各种证明,如质量证书、检验检疫证书、ISO 9000 或 ISO 14000 证书以及其他有关单据。同时,有关银行负有对各种单据进行严格审核的责任。

③L/C 可以使进口商获得资金融通。信用良好的进口商不预缴或预缴很少的保证金就可要求银行开立信用证,大部分或全部货款,可等到单据到达后再支付,从而减少了资金占用。

(3)对银行的作用

①作为议付行的出口地银行参与信用证业务,一方面,扩大其业务量,获得利润;另一方面,接受议付后,只要单据符合信用证的规定,议付行可以从开证行获得偿付,即使开证行拒付,议付行可向受益人追索垫款或凭货运单据处理货物以补偿垫款(有收益、基本无风险)。

②开证行只承担保证付款责任,它贷出的只是信用而不是资金,无需占用自有资金,而向受益人付款后可从进口商那里获得偿付,从而扩大了业务量,增加了收益。

对出口人或议付行交来的跟单汇票偿付前,已经掌握了代表货物的单据,加上开证人缴纳的押金,并无多大风险。

7)信用证样例

BANK OF KOREA LIMITED, BUSAN (L/C)

FM: BANK OF KOREA LIMITED, BUSAN

开证行:韩国有限银行,釜山支行

SEQUENCE OF TOTAL *27: 1/1

合计次序:第一页/共一页

FORM OF DOC. CREDIT *40A: IRREVOCABLE

信用证类别:不可撤销信用证

DOC. CREDIT NUMBER *20: S100—108085

信用证编号:S100—108085

DATE OF ISSUE   31C: 20050825

开证日期:2005 年 8 月 25 日

EXPIRY DATE & PLACE *31D: DATE 20051001 PLACE BENEFICIARY'S COUNTRY

到期日及地点:2005 年 10 月 1 日到期,到期地点为受益人/出口方所在国

APPLICANT   *50: JAE & SONS PAPERS COMPANY

       203 LODIA HOTEL OFFICE 1564, DONG-GU,

       BUSAN, KOREA

开证申请人(进口商):锦与桑纸业公司

     东谷 203 罗蒂酒店 1546 办公室

     韩国釜山

BENEFICIARY   *59: WONDER INTERNATIONAL COMPANY LIMITED

       NO. 529, QIJIANG ROAD HE DONG DISTRICT,

       NANNING, CHINA

受益人(出口商):奇迹国际有限公司

    河东区綦江路 529 号

    中国南京

AMOUNT   *32B: CURRENCY HKD AMOUNT 39,000.00

金额:币别为港币,总金额 3 万 9 千港币

AVAILABLE WITH/BY 41D: ANY BANK IN CHINA BY NEGOTIATION

由……银行使用/使用方式为……:中国的任何银行都能议付

DRAFT AT ...   42C：DRAFT AT 90 DAYS AT SIGHT
                        FOR FULL INVOICE COST

汇票期限：见汇票后 90 天付款，金额为全额发票值

DRAWEE   42A：BANK OF KOREA LIMITED, BUSAN

付款人：韩国有限银行，釜山支行

PARTIAL SHIPMENTS   43P：NOT ALLOWED

分批装运：不允许

TRANSSHIPMENT   43T：ALLOWED

转运：允许

LOADING IN CHARGE   44A：NINGBO

起运港：宁波

FOR TRANSPORT TO ...   44B：BUSAN

目的港：釜山

LATEST DATE OF SHIP.   44C：20050929

最迟装运日期：2005 年 9 月 29 日

DESCRIPT. OF GOODS   45A：

货物描述：

　　　　　　　+ COMMODITY：UNBLEACHED LINEBOARD.

　　　　　商品名称：原色木板

　　　　　　　U/P：USD 390.00/MT

　　　　单价：每 T 390 美元

　　　　　　　TOTAL：100MT 10% MORE OR LESS ALLOWED.

　　　　总量：100 T，允许多装或少装 10%

　　　　　　PRICE TERM：CIF BUSAN KOREA

　　　　价格条款：成本、保险费加运费，目的港韩国釜山

　　COUNTRY OF ORIGIN ：P. R. CHINA

　　　　原产地：中国

　　　　　　PACKING ：STANDARD EXPORT PACKING

　　　　包装类型：标准出口包装

　　SHIPPING MARK：ST05-16

　　　　　　BUSAN KOREA

　　　　唛头：ST05-16

　　　　　　韩国釜山

DOCUMENTS REQUIRED：46A：

所需单据：

1. SIGNED COMMERCIAL INVOICE IN 3 COPIES INDICATING L/C NO.

已签署的商业发票3份,须说明信用证编号

2. FULL SET OF CLEAN ON BOARD OCEAN BILL OF LADING MADE OUT TO OR-DER AND BLANK ENDORSED, MARKED FREIGHT PREPAID, NOTIFYING THE APPLI-CANT.

全套清洁的已装船的海运提单,收货人栏制成凭指示,空白背书,显示运费预付,通知开证申请人即进口方

3. PACKING LIST/WEIGHT LIST IN 3 COPIES INDICATING QUANTITY/GROSS AND NET WEIGHTS.

装箱单或重量单3份,须标明货物数量,毛重及净重

4. CERTIFICATE OF ORIGIN IN 3 COPIES

原产地证书3份

5. INSURANCE POLICY/CERTIFICATE COVERING ALL RISKS AND WAR RISKS OF PICC. INCLUDING WAREHOUSE TO WAREHOUSE FOR AT LEAST 110PCT OF CIF-VALUE.

保险单或保险凭证投保中国人民保险公司的一切险加战争险,起讫范围为仓至仓,保险金额至少为 CIF 价值的110%

ADDITIONAL COND.　　47B：ALL DOCUMENTS ARE TO BE PRESENTED TO US IN ONE LOT

附加条件:全套单证须一次性寄单至我方

DETAILS OF CHARGES　　71B：ALL BANKING CHARGES OUTSIDE OF OPEN-ING BANK ARE FOR BENEFICIARY'S ACCOUNT.

费用细则:开证行以外的所有其他银行费用须由受益人(出口方)承担

PRESENTATION PERIOD　　48：DOCUMENTS TO BE PRESENTED WITHIN 21 DAYS AFTER THE DATE OF SHIPMENT BUT WITHIN THE VALIDITY OF THE CREDIT

提示期限:提示单证日期须在装船日后的21天及信用证有效期之内

CONFIRMATION　　　　　*49：WITHOUT

保兑与否:不保兑

OTHER INSTRUCTIONS　　78：

其他指示

+ WE HEREBY UNDERTAKE THAT DRAFTS DRAWN UNDER AND IN COMPLY WITH THE TERMS AND CONDITIONS OF THIS CREDIT WILL BE PAID MATURITY.

+ 开具并交出的汇票,如与本证条款相符,我行保证依时付款

1.4.8 银行保函(bank's letter of guarantee, L/G)

1)银行保函的含义

银行保函又称保证书,是指银行应申请人的请求,当受益人未能按双方协议履行其责任或义务时,由担保人代其履行一定金额、一定时限范围内的某种支付或经济赔偿责任。

2)银行保函的基本内容

银行保函的基本内容包括:基本栏目、责任条款、保证金额、有效期、索偿方式等。

3)银行保函的当事人

(1)委托人(要求银行开立保证书的一方)

向保证人提供反担保,向保证人支付有关费用。

(2)受益人(收到保证书并凭以向银行索偿的一方)

索款请求的提出,索款请求与基础合同相关(有条件保函),提交单据(有条件保函)。

(3)担保人(保函的开立人)

严格履行申请人的委托。审核义务主要是对申请人的委托的准确性、完整性进行审核,对受益人的索款要求是否符合保函条款和条件进行审核。合理注意义务是及时通知各方相关事项。保证人的主要权利,是在向受益人履行付款义务后,有权要求申请人给予偿付。

4)银行保函与信用证的异同

(1)相同点

当事人的权利和义务基本相同。

(2)不同点

①就银行的责任而言,L/C 业务中,开证行承担第一性的付款责任;L/G 的担保银行的偿付责任既可以是第一性的,也可以是第二性的,要视保证书的具体规定。

②跟单信用证要求受益人提交的单据是包括运输单据在内的商业单据,与买卖合同无关;而保函要求的单据实际上是受益人出具的关于委托人违约的声明或证明,所以有时要被牵涉到合同纠纷中。

③L/C 只适用于货物买卖;保函可适用于各种经济交易中,为契约的一方向另一方提供担保。

④如果委托人没有违约,保函的担保人就不必为承担赔偿责任而付款;而信用证的开证行则必须先行付款。

⑤L/C 受《UCP500》的约束;而 L/G 不受《UCP500》的约束。

1.4.9　备用信用证(standby L/C)

1)备用信用证的含义

备用信用证又称商业票据信用证、担保信用证,指开证行根据开证申请人的请求对受益人开立的承诺承担某项义务的凭证。即开证行保证在开证申请人未能履行其义务时,受益人只要凭备用信用证并按规定提交开证人违约证明,即可取得开证行的偿付。

备用信用证是银行信用,对受益人来说是备用于开证人违约时,取得补偿的一种方式。

2)备用信用证与银行保函的异同

(1)相似之处

①它们都是由银行或其他实力雄厚的非银行金融机构应某项交易合同项下的人(申请人)的请求或指示,向交易的另一方(受益人)出立的书面文件,承诺对提交的在表面上符合其条款规定的书面索赔声明或其他单据予以付款。

②都是国际结算和担保的重要形式,达到相同目的。

③见票即付保函吸收了信用证的特点,越来越向信用证靠近,与备用信用证在性质上日趋相同。

(2)不同之处

①保函有从属性保函和独立性保函之分,备用信用证无此区分。

②保函作为担保的一种,它与它所凭以开立的基础合同之间的关系是从属性还是独立的关系,决定保函在性质上有从属性保函和独立性保函之分。

③保函和备用信用证适用的法律规范和国际惯例不同。

3)备用信用证与一般跟单信用证的区别

(1)相同点

①都是在买卖合同或其他合同的基础上开立的,但一旦开立就都与凭以开立信用证的这些合同无关,成为开证行对受益人的一项独立的义务。

②开证行所承担的付款义务都是第一性的。

③开证行及其指定的银行均为符合信用证规定的凭证(单据)付款,即跟单的。

④都适用 UCP500。

(2)不同点

①一般跟单信用证通常用于一笔具体交易的支付,且在受益人按约履行合同的过程中支付;而备用信用证适应于当开证申请人未履行其合同义务时,向受益人付款、退

款或赔款。

②一般跟单信用证通常用于国际货物买卖;而备用信用证则可用于所有国际经济往来。

③一般跟单信用证通常须经进口人的申请,开证行才能据以开立信用证;而备用信用证的开证行也可不经申请人的请求而按其自身需要主动开证。

④一般跟单信用证通常要求受益人提交大量的商业单据;而备用信用证通常只需受益人签发申请人违约申明及在远期付款情况下签发并提示汇票,供开证行承兑,到期付款。

⑤一般跟单信用证的开证行,由于有押金或货运单据作抵押,承担的风险较小;而备用信用证的开证行开证的主要依据是开证申请人的信用与履约能力,因而风险较大。

1.4.10 各种支付方式的结合使用

选择和运用各种不同的支付方式,应在贯彻我国外贸方针政策的前提下,从保障外汇资金安全、加速资金周转、扩大贸易往来等因素来考虑。为了适应我国外贸发展的需要,必须在认真研究国际市场各种惯用的支付方式的基础上,灵活地加以运用。

影响不同结算方式利弊的诸因素中,安全是第一重要问题,其次是占用资金时间的长短,至于办理手续费用的繁简、银行费用的多少也应给予适当的注意。

在实践中,有时为了促进交易,在双方未能就某一支付方式达成协议时,也可以采用两种或多种方式结合使用的方式。

1)L/C 与汇付相结合

一笔交易的货款,部分用信用证方式支付,余额用汇付方式结算。常用于允许其交货数量有一定机动幅度的某些初级产品的交易。

具体做法:信用证规定凭装运单据先付发票金额或在货物发运前预付金额若干成,余额待货到目的地(港)后或经再检验的实际数量用汇付方式支付。

注:应订明采用的是何种信用证和何种汇付方式以及按信用证支付金额的比例。

2)L/C 与托收相结合

一笔交易的货款,部分用信用证方式支付,余额用托收方式结算。

具体做法:信用证规定受益人(出口人)开立两张汇票,属于信用证项下的部分货款凭光票支付,而其余额则将货运单据附在托收的汇票项下,按即期或远期付款交单方式托收。

这种做法,对出口人收汇较为有利,对进口人可减少资金占用,易为双方接受。

注:订明信用证的种类和支付金额及托收方式的种类,也必须订明"在全部付清发票金额后方可交单"的条款。

例:货款50%应开具不可撤销信用证,其余额50%见票付款交单,全套货运单据应附在托收部分项下。于到期时全数付清发票金额后方可交单。(50% of the value of goods by irrevocable letter of credit and remaining 50% on collection basis at sight, the full set of shipping documents are to accompany the collection item. All the documents are not to be delivered to buyer until full payment of the invoice value are paid.)

3)汇付与银行保函或信用证相结合

汇付与银行保函或信用证结合使用的形式常用于成套设备、大型机械和大型交通运输工具(飞机、船舶等)等货款的结算。

具体做法:这类产品,交易金额大,生产周期长,往往要求买方以汇付方式预付部分货款或订金,其余大部分货款则由买方按信用证规定或开加保函分期付款或延期付款。

4)跟单托收与预付押金相结合

采用跟单托收并须由进口商提交预付款或一定数量的押金作为保证。

于契约货物装运后,出口商通过银行可获得货款的部分金额。若托收遭到进口商拒付,出口商可将货物运回,而从已获款额中扣除来往运费、利息及合理的损失费用。

例:装运货物系以第__号即期信用证规定的电汇或信汇方式向卖方提交预付金____为前提,其余部分采用托收凭即期付款交单。(Shipment to be made subject to an advanced payment amounting ××to be remitted in favour of seller by T/T or M/T with indication of L/C No. ××and the remaining part on collection basis, documents will be released against payment at sight.)

5)备用信用证与跟单托收相结合

该方法的好处在于,跟单托收项下的货款一旦遭到进口商拒付时,出口商可利用备用信用证的功能追回货款。

例:凭即期付款交单与备用信用证相结合为付款方式,在备用信用证中应列明以卖方为受益人,其金额为____并明确依____号信用证项下跟单托收,若付款人于到期拒付时,受益人有权凭本信用证签发汇票和出具证明书,依____号信用证项下收回货款。(Payment available by D/P at sight with a stand-by L/C in favour of seller for the amount of ××as undertaking. The stand-by L/C should bear the cause:In case the drawee of the documentary collection under credit No. ××fails to honour the payment upon due date, the beneficiary has the right to draw under this L/C by their draft with a statement stating the payment on credit No. ××was not honoured.)

1.5 国际物流进出口业务操作程序

1.5.1 交易准备

1)出口交易前的准备

①国际市场调查。
②国际客户的调查和选择。
③国内供应商的调研。
④商标注册和广告宣传。
⑤制订出口商品的经营方案。
⑥做好对外贸易谈判的准备。

2)进口交易前的准备

①进口商品报批。
②进口商品市场调查和选择。
③选择交易对象。
④制订进口商品经营方案。
⑤做好谈判前的准备。

1.5.2 交易磋商的形式、内容与一般程序

交易磋商的形式分为口头和书面两种。其内容包括:主要交易条件,如货物的品质、数量、包装、价格、交货和支付条件等;一般交易条件,如商检、索赔、仲裁、不可抗力等。交易磋商的一般程序主要包括询盘、发盘、还盘和接受这4个环节。其中发盘和接受是达成交易必不可少的两个环节。

1)询盘(inquiry)

询盘是指交易的一方向另一方询问是否买进或卖出某商品以及要求什么样的交易条件的口头或书面表示。买卖双方均可发出询盘,买方询盘又叫递盘(bid),卖方询盘又叫索盘(selling inquiry)。

询盘对买卖双方无法律约束力,但在商业习惯上,被询盘一方接到询盘后应尽快给予答复。询盘时应注意几点:一是,重视交易起点;二是,分清是询盘还是发盘;三是,利用询盘探路,但切忌滥用。

2) 发盘(offer)

（1）发盘的含义

发盘，又叫发价或报价，法律上叫要约，是指交易的一方（发盘人）向另一方（受盘人）提出购买或出售某种商品的各项交易条件，并表示愿意按这些条件与对方达成交易，订立合同的行为。发盘可由卖方提出，叫售货发盘；也可由买方提出，叫购货发盘。

（2）发盘的构成要件

①向一个或一个以上的特定受盘人（specific person）提出。提出此条件是为了把发盘同普通商业广告及向广大公众散发的商品价目单等行为（邀请发价）区别开来。发盘的收盘人必须特定化。

②发盘的内容必须十分确定（sufficiently definite）。《公约》规定，所谓十分确定应包括3个基本因素：品名、数量和价格。

我国外贸实践中，应列明主要交易条件，包括品名和品质、数量、包装、价格、交货和支付方法等。

③表明经受盘人接受发盘人即受约束的意思。发盘必须表明订约意旨（contractual intent），如发盘、实盘、递实盘或订货等。

若发盘中附有保留条件，如"以我方最后确认为准"或"有权先售"等，则此建议不能构成发盘，只能视为邀请发盘（invitation for offer）。

（3）发盘的有效期（time of validity 或 duration of offer）

发盘应明确规定有效期，单明确规定有效期并非构成发盘不可缺少的条件。

①规定最迟接受的期限。规定最迟接受期限时，可同时限定以接受送达发盘人或以发盘人所在地的时间为准。如"发盘限6月15日复到有效"。

②规定一段接受的期间。采用这种方法存在一个如何计算"一段接受期间"的起讫问题。这个问题可参见《公约》第20条的规定。

③未明确规定有效期时，应理解为在合理时间（reasonable time）内有效。如遇口头发盘应当场表示接受。

（4）发盘生效的时间

①以书面形式作出的发盘的生效时间的不同观点。投邮主义（despatch theory）或发信主义，即认为发盘人将发盘发出的同时，发盘就生效；另一种是受信主义（arrival theory），又称到达主义，即认为发盘必须到达受盘人时才生效。《公约》和我国《合同法》采用到达主义的做法。

②明确发盘生效时间的意义。关系到受盘人能否表示接受；关系到发盘人何时可以撤回发盘或修改其内容。

（5）发盘的撤回（withdrawal）

发盘的撤回是指发盘人将尚未被受盘人收到的发盘予以撤销的行为。其实质是阻止发盘生效。

我国《合同法》规定，"要约可以撤回。撤回要约的通知应当在要约到达受要约人之前或者与要约同时到达受要约人。"

《公约》第十五条规定，"一项发盘，即使是不可撤销的,准予撤回,如果撤回的通知在发盘到达受盘人之前或同时送达受盘人。"

(6)发盘的撤销(revocation)

发盘的撤销是指发盘生效后,发盘人再解除其效力的行为。下列情况下,发盘不能撤销:

①发盘写明发盘的期限或以其他方式表示发盘是不可撤销的;

②被发盘人有理由信赖该项发盘是不可撤销的,而且已本着对该发盘的信赖行事。

(7)发盘效力的终止(termination)

发盘的终止是指发盘法律效力的消失。其包含两方面含义:一是发盘人不再受发盘的约束;二是受盘人失去了接受该盘的权利。终止的原因有:

①受盘人作出还盘。

②发盘人在发盘到达受盘人之前撤回发盘。

③发盘人依法撤销发盘。

④发盘中规定的有效期届满。

⑤人力不可抗拒的意外事故造成发盘的失效。

⑥在发盘被接受前,当事人不幸丧失行为能力,或死亡或法人破产等。

3)还盘(counter offer)

还盘,又称还价,是指受盘人在接到发盘后,不同意或不完全同意发盘人在发盘中提出的条件,为了进一步协商,向发盘人提出需要变更内容或建议的表示。受盘人的答复若实质上变更了发盘条件,就构成还盘。

《公约》规定,受盘人对货物的价格、付款、品质、数量、交货时间与地点、一方当事人对另一方当事人的赔偿责任范围或解决争端的办法等提出添加或更改均视为实质性变更发盘条件。

对发盘表示有条件的接受也是还盘的一种,如答复中附有"待最后确认为准"等字。

受盘人还盘后又接受原来的发盘,合同不成立。

4)接受(acceptance)

接受,在法律上称为承诺,是指受盘人接到对方的发盘或还盘后,无条件地、完全同意对方提出的条件,愿意与对方达成交易的表示。

(1)构成接受的要件

①接受必须由受盘人作出。

②接受的内容必须与发盘相符。

③对发盘作出实质性修改视为还盘，但对于非实质性修改，除发盘人在不过分延迟的时间内表示反对其间的差异的外，一般视为有效接受；而且合同的条件以该发盘和接受中所提出的某些更改为准。

④必须在有效期内接受。

⑤受盘人表示接受，要采取原发盘所要求的方式，受盘人表示接受的方式有：用声明(statement)作出表示，即受盘人用口头或书面形式向发盘人同意发盘；用作出行为(performing an act)来表示，通常指由卖方发运货物或由买方支付价款来表示。

⑥接受通知的传递方式应符合发盘的要求。

(2)接受生效的时间

英美法采用"投邮生效"的原则；大陆法和《公约》采用"到达生效"的原则；接受还可以在受盘人采取某种行为时生效。

(3)逾期接受(late acceptance)

逾期接受又称迟到的接受，是指超过发盘规定的有效期，或在未规定发盘有效期的条件下超过合理时间，才传递到发盘人的接受通知。其原因可能是：受盘人主观上有过错，导致接受逾期；受盘人主观上没有过错，而接受逾期。无论哪种情况，逾期接受是否有效关键看发盘人如何表态。

(4)接受的撤回或修改

《公约》第22条规定，接受撤回的条件——撤回的通知不晚于接受通知到达发盘人。

接受一旦生效，合同即告成立，不再存在撤销问题。

以行为表示接受时，不涉及接受的撤回问题。

采用传真、EDI、电子邮件等形式订立合同，发盘和接受都不可能撤回。

1.5.3 合同的订立

1)合同成立的时间

《公约》规定，"合同于按本公约规定对发盘的接受生效时订立"。合同成立的时间有两个判断标准：一是有效接受的通知到达发盘人时；二是受盘人作出接受行为时。

我国《合同法》规定，"当事人采取合同书的形式订立合同的，自双方当事人签字或盖章时合同成立。签字或盖章不在同一时间的，最后签字或盖章时合同成立。"

2)合同生效的要件

①合同当事人要具有签约能力。

②合同必须具有对价或约因。

③合同的内容必须合法。

④合同必须符合法律规定的形式。

⑤合同当事人的意思表示必须真实。

3)合同的形式

《公约》第 11 条规定,销售合同无须以书面订立或书面证明,在形式方面也不受任何其他条件的限制。销售合同可以用包括人证在内的任何方法证明。

我国《合同法》第 10 条规定,当事人订立合同,有书面形式、口头形式和其他形式。法律、行政法规规定采用书面形式的,应采用书面形式。当事人约定采用书面形式的,应采用书面形式。

书面形式合同包括合同(contract)、确认书(confirmation)、备忘录(memo)和协议书(agreement)等。

书面合同的作用:是合同成立的依据;是履行合同的依据;有时是合同生效的依据;是仲裁、诉讼的依据。

注:我国在参加《公约》时,对合同形式作了保留,规定国际买卖合同必须采用书面形式,方为有效。

口头磋商达成的交易,必须签署一份书面合同,合同才能生效。

函电方式磋商达成的交易,如果其中一方曾声明以签订书面合同为准,即使双方已就交易条件达成一致,也要在签订书面合同后,合同才能生效。

4)合同的基本内容

(1)约首部分(preamble)

约首部分包括:合同名称、编号、双方当事人名称、地址、电话、传真号码等。

(2)基本条款(body)

基本条款包括:品名、品质、数量、包装、价格、运输、支付等六个必要条款,以及保险、检验、索赔、不可抗力和仲裁等条款。

(3)约尾部分(witness clause)

约尾部分包括:订约日期、地点和双方有权签字人的签署。

1.5.4　出口合同的履行

《公约》规定,卖方的义务是"必须按照合同和本公约的规定,交付货物,移交一切与货物有关的单据并转移货物所有权。"

若采用 CIF 贸易术语,并采用信用证付款方式,则出口商履行这类合同时会经历许多环节,其中以货(备货、报验)、证(催证、审证和改证)、船(租船订舱、办理货运手续)和款(制单结汇)四个环节的工作最为重要。出口合同履行的流程如图 1.7 所示。

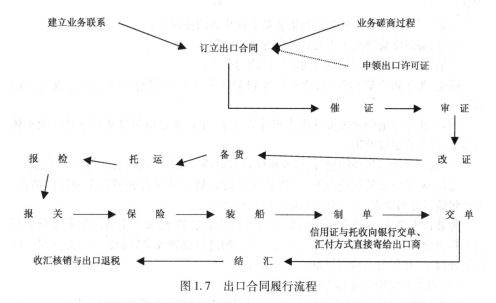

图 1.7　出口合同履行流程

1) 申领出口许可证

出口许可证是国家授权机关批准商品出口的证明文件,是办理出口通关手续的重要证件之一。

凡属经营许可证管理范围的货物出口,在同外商订合同前,必须办好出口许可证,按许可证规定的数量和期限,同外商签订合同。

国家对出口许可证实行一次使用有效的"一批一证"制,即一份出口许可证只能报关使用一次。每份出口许可证的有效期自签发日期始最长不超过3个月。

2) 备货

备货是指出口商按合同和信用证的要求,向生产加工或物流企业组织货源,核实货物加工、整理、包装和刷制唛头等工作,对应交的货物及时作好验收、清点及处理相关事宜,做到按时、保质保量交货。

(1) 有关货物问题

① 对货物的品质、规格应按合同的要求核实,必要时进行加工整理,以保证货物的品质、规格与合同规定一致。

② 对货物的数量应保证满足合同或信用证对数量的要求,备货的数量应适当留有余地。

③ 备货时间应根据信用证规定,结合船期安排,以利于船货衔接。

(2) 有关货物的包装问题

出口货物属于长途运输,须经过多次搬运和装卸,除按合同规定外,还应注意以下问题:

一是,尽量安排将货物装运到集装箱中或牢固的托盘上;

二是,必须将货物充满集装箱并做好铅封工作;

三是,集装箱中的货物应均匀放置且均匀受力;

四是,为了防止货物被盗,货物的外包装上不应注明识别货物的标签或货物的品牌;

五是,由于运输公司按重量或体积计算运费,出口企业应尽量选择重量轻的小体积包装,以节省运输费用;

六是,对于海运货物的包装,应着重注意运输环境变化出现的潮湿和冷凝现象;

七是,对于空运货物的包装,应着重注意防止货物被偷窃和被野蛮装卸的情况。对于包装尺寸的要求,应与有关运输部门及时联系。

随着技术进步,自动仓储环境处理的货物越来越多,通常是由传送带根据条形码自动扫描分拣。因此,要严格按统一尺寸对货物进行包装或将货物放置于标准尺寸的牢固托盘上,并预先正确印制和贴放条形码。

(3)有关货物的运输标志问题

标明货物运输标志的重要性在于,一是符合运输和有关国家的海关规定;二是保证货物被适当处置;三是帮助收货人识别货物。

3)催证、审证和改证

(1)催证

催证是指通过信件、电报、电传或其他方式催促买方及时办理开立信用证手续并将信用证送达卖方。

在实际业务中,有时经常遇到国外进口商拖延开证,或者在行市发生变化或资金发生短缺的情况时,故意不开证。对此,我们应催促对方迅速办理开证手续。

(2)审证

由于种种原因,有时会出现信用证条款与合同规定不一致,或者在信用证中加列一些出口商看似无所谓但实际无法满足的信用证条件(软条款)等。为此,我们应该依据合同进行认真的核对与审查。

①信用证基本内容审核的范围主要有:是否可撤销,是否保兑,信用证到期日,到期地点,买卖双方名称、地址的准确性,金额,汇票提交要求,付款行所在地址,受益人提交的单据,有关货物的描述和单价,装运地点和到货日期,有关分批和转运的规定,使用的贸易术语,信用证是否受《UCP500》的约束等。

②对信用证基本因素审核的要求主要有:信用证及其所有单据最好用英语;对某些"限制性条款"和"保留性条款"要特别注意;买卖合同号或采购订单号、开证行的名称、银行参考号应该在信用证上注明;支付货币和金额应描写清楚,信用证金额应与合同金额相一致;应有明确的付款时间,信用证应该由在中国的通知银行负责通知,如有保兑,最好由通知行保兑;信用证有效期一般应与装运期有一定的合理间隔;信用证的

到期地点通常要求在中国境内到期;应根据运输情况规定是否允许分批装运和转运;在信用证中,一般不应指明承运货物的代理人,不应指明运输航线;对于来证中要求提供的单据种类、份数及填制方法等,都要一一进行仔细审核。

（3）改证

对信用证进行了全面细致的审核以后,如发现问题,应区别问题的性质,作出妥善的处理。

①改证一般是由出口商向对方提出改证要求,在接到对方信用证修改通知后再次审核,作出是否接受修改的决定。

②改证的一般程序为:受益人→开证人→开证银行→通知银行→受益人。

③要求改证应注意的问题:所有要求修改的内容应一次性向对方提出,避免多次修改;对修改后的信用证仍要认真审核;如果一份修改通知书中包括多项内容,只能全部接受或全部拒绝。

"UCP500"规定,未经开证行、保兑行(若已保兑)和受益人同意,不可撤销信用证既不能修改,也不能取消。

信用证在修改时,原证的条款(或先前接受修改的信用证)在受益人向通知该修改的银行发出接受修改之前,仍然对受益人有效。

4）报验

（1）商品检验管理制度

凡属国家法定检验的商品,或合同规定必须经国家出入境检验检疫局检验出证的商品,在货物备齐后,应向商品检验局申请检验,只有取得商检局发给的合格的检验证书,海关才准放行。

凡需要法定检验出口的货物,应填制"出口检验申请书",向商检机构申请办理报验手续。取得合格证书后,应在规定的有效期内将货物出运。

（2）出口报检手续

①填表。填写"中华人民共和国出入境检验检疫出境货物报检单"。

②申报。至少在出口货物发运前7天递交"报检单"。

③抽样检验。到货物堆存地点进行现场抽样检验检疫鉴定。

④发证。货物经检验合格,商检局签发检验合格证书,出口单位在检验证书规定的有效期内将货物装运出口。

（3）主要的商检证书

商检证书是商检局签发的各种进出口商品检验证书、公证鉴定证书、原产地证和其他证书的统称。

5）托运、租船或订舱、装运

托运、订舱流程如图1.8所示。

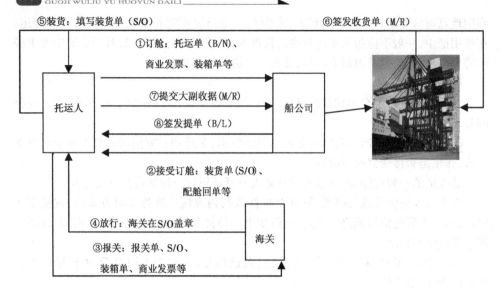

图 1.8 托运、订舱流程

在托运、订舱时,尤为重要的是装货单和报关单。

(1)装货单

装货单有 3 个作用:通知托运人货物已配妥××船、航次、装货日期,让其准备装船;托运人凭以向海关办理出口申报手续;作为命令船长接受这批货物装船的通知。

(2)中华人民共和国海关出口货物报关单

按照我国海关法的规定,凡是进出境的货物,必须经由设有海关的港口、车站、国际航空站进出,并由货物的发货人或其代理人向海关如实申报,交验规定的单据文件,请求办理查验放行手续。经海关放行后,货物才可提取或者装运出口。

无论是自行报关还是由报关行来办理,都必须填写出口货物报关单,必要时,还需提供出口合同副本、发票、装箱单或重量单、商品检验证书及其他有关证件,向海关申报出口。

6)投保运输险

(1)投保手续

按 CIF 价格成交的合同卖方需要替买方办理保险,卖方在装船前,须及时向保险公司办理投保手续,填制投保单。出口商品的投保手续,一般都是逐笔办理的。投保人在投保时,应将货物名称、保险金额、投保险别、运输工具、开航日期等——列明。保险公司接受投保后,即签发保险单据。

出口货物的运输保险是完值保险。按照国际保险市场上的一般习惯,保险金额是以货物的成本加上运费和保险费,即以发票的 CIF 价格为基数,再加上适当的保险加成率计算出保险金额。

在商定保险金额时,还会涉及使用何种货币的问题,按照国际惯例的规定,保险金额和合同金额应使用同一种货币。

保险费对于保险人与被保险人都具有重要意义。对被保险人来说,交付保险费是保险合同生效、保险人承担保险责任的前提,也是从保险人那里取得赔偿权利所付出的代价;对于保险人来说,保险费是保险基金的来源和营业收入。

（2）投保应注意的事项

①根据货物的实际情况选择保险险别,防止多保、错保和漏保;

②开立的保险单日期应早于提单日期或其他货运单据日期,最迟可同一日期;

③为简化手续,经双方事先协商同意,可在有关装运出口单据副本上加注保险金额和保险险别并签章,作为办理投保的代用保险单。

7）制单结汇

出口货物装运后,出口企业应按照信用证的规定,正确缮制各种单据。并在交单有效期内,递交银行办理依附结汇手续。

（1）制单前的准备

找全合同和信用证——分析判断信用证对单证的具体要求,并将有关内容一一列表。

（2）制单的基本要求

①正确。单证一致,单单相符,单货相符。

②完整。严格按信用证规定提供所有的单证,单据的份数,每份单据的项目、内容必须完整无缺。

③及时。在信用证有效期内将单据寄交议付行。

④简明。单据的内容按信用证要求和国际惯例填制,应简洁明了。

⑤整洁。单据的字据布局合理、美观,打印的字迹清楚,单据表面清洁。

⑥规范。提供的单据格式属国际标准化的单据。

（3）出口结汇的主要单据

主要有汇票、发票、提单、保险单、普惠制产地证书、原产地证明书、装箱单和重量单等。

注:通常先制作发票,因为发票是各项单据的中心单据,各项单据的数据、商品名称必须与发票一致。

（4）结汇方式

在信用证付款条件下,目前我国出口商在银行办理出口结汇的做法主要有收妥结汇、押汇、定期结汇这3种。

①收妥结汇:指信用证议付行收到出口企业的出口单据后,经审查无误后,将单据寄交国外付款行索取货款的结汇做法。

在这种方式下,议付行都是待收到付款行的货款后,即从国外付款行收到该行账户的贷记通知书(credit note)后,才按当日外汇牌价,按照出口企业的指示,将货款折成人民币拨入出口企业的账户。

②押汇:又称买单结汇,即指议付行在审单无误情况下,按信用证条款贴现受益人(出口公司)的汇票或者一定的折扣买入信用证下的货运单据,从票面金额中扣除从议付日到估计收到票款之日的利息,将余额按议付日外汇牌价折成人民币,拨给出口企业。

议付行向受益人垫付资金、买入跟单汇票后,即成为汇票持有人,可凭票向付款行索取票款。银行之所以作出口押汇,是为了给出口企业提供资金融通的便利,这有利于加速出口企业的资金周转。

③定期结汇:这是指议付行根据向国外付款行索偿所需时间,预先确定一个固定的结汇期限,并与出口企业约定该期限到期后,无论是否已经收到国外付款行的货款,都将主动将票款金额折成人民币拨交出口企业。

(5)在信用证下的制单结汇中,议付行要求"单、证表面严格相符"

但是,在实际业务中,由于种种原因,单、证不符情况时常发生,这就要求进出口企业在信用证的交单期允许的情况下,应及时修改单据,使之与信用证的规定一致;如不能及时改正,出口企业应视具体情况,选择如下处理方法:

①表提。又称为"表盖提出",信用证的受益人在提交单据时,如存在单、证不符,向议付行主动书面提出单、证不符点。通常,议付行要求受益人出具担保书,议付行为受益人议付货款,一般用于单、证不符情况并不严重,或虽然是实质性不符,但事先已经开证人(进口商)确认可以接受。

②电提。又称为"电报提出",在单、证不符情况下,议付行先向国外开证行拍发电报或电传,列明单、证不符点,待开证行复电同意后再将单据寄出。一般用于单、证不符属实质性问题,金额较大。

③跟单托收。如出现单、证不符,议付行不愿用表提或电提方式征询开证行的意见。在此情况下,信用证就会彻底失效。出口企业只能采用托收方式,委托银行寄单代收货款。

上述3种情况都使银行信用变成了商业信用。

(6)其他支付方式下的结汇

①汇付方式。由买方按合同规定的条件和时间,将货款通过银行汇交给卖方。

②托收方式。出口商根据发票金额开出以进口人为付款人的汇票,并随附有关单据,向出口地银行提出托收申请,托收行通过它在进口地代理行或往来银行向进口人收取货款。

③综合方式。实际业务中,可以是信用证与汇付的结合或信用证与托收的结合,也可以是信用证、汇付、托收三者的结合。

8)出口收汇核销和出口退税

出口收汇核销是指对每笔出口收汇进行跟踪,直到收回外汇为止。

（1）出口收汇核销的原则

①属地原则。出口企业向其所在地的外汇管理部门办理注册备案,申领核销单和办理收汇核销。

②专单专用。谁申领的核销单就由谁使用,不得相互借用。

③领用衔接。核销单的发放,一般按多用多发、不用不发的原则,也就是根据出口单位出口量的大小,发给出口单位一定量的核销单。

④单单相应。一份核销单对应单位的一份报关单,以及与该报关单所附发票等有关栏目的内容相一致。

（2）出口收汇核销的基本程序

第一,领取加盖"监督收汇章"的出口核销单。

第二,在清关前几天持出口核销单到外汇管理部门办理输机,然后持已输机的核销单及其他有关单据向海关进行申报,海关凭核销单并通过海关网络核实无误后放行货物。出口清关后若干天,海关将盖有"验讫章"的核销单退给企业。

第三,出口单位将海关签章后退交的核销单、报关单及其他有关单据送交银行办理收汇手续。出口货款汇到后,银行将给出口企业出具结汇水单(或收汇通知书),并给企业提供出口收汇核销专用联。

第四,出口单位核销员将银行签章的核销单、结汇水单及有关证明文件送交外汇管理部门,由其核销该笔收汇。核销完毕,外汇管理部门将在核销单上加盖"已核销"章,并将其中的出口退税专用联退给出口企业。

（3）出口退税

出口企业在产品清关出口,并在财务上作销售处理后,按月、旬逐批填具出口产品退税申请书,报主管出口退税税务机关申请退税。

①出口退税凭证。

出品退税的凭证为"三单两票一书",即:

a.报关单。黄色出口退税专用联,海关验讫章。

b.结汇水单或银行收账通知单。

c.出口收汇核销单。出口退税专用联。

d.商业发票。出口结算用发票副本。

e.购进货物"增值税专用发票"(税额抵扣联)。

f.专用缴款书。

②退税程序。出口企业设专职或兼职出口退税人员,按月填报出口货物退(免)税申请书,并提供有关凭证,先报经贸主管部门稽查签章后,再报国税局进出口税收管理分局办理退税。

1.5.5 进口合同的履行

1)进口许可证的申请

（1）进出口许可证管理制度

目前，我国对一些进口商品采用许可证管理制度，它包括签发进口许可证的单位、进口许可证的管理范围、申领程序等。

（2）申领进口许可证

在我国签发进口许可证单位是商务部或商务部批准的各省、自治区、直辖市对外经济贸易管理部门和有关派出机构也可签发进口许可证。

进口单位在属于进口许可管理范围的商品订货之前，填报"进口许可申请表"，连同有关批件，申领许可证。许可证一式四联，正本由领证单位凭以报关，第二联（副本）由领证单位凭以向银行申领对外付款，第三联（副本）由发证机关归档，第四联（副本）待省市发证机关或特派员办事处发证后向商务部备案。

2)进口合同的履行

根据《联合国国际货物销售合同公约》规定，买方的义务是，必须按照合同和本公约规定支付货物价款和收取货物。

在我国的进口业务中，一般以 FOB 价格条件成交的情况较多，如果是采用即期信用证支付方式成交，履行这类进口合同的一般程序如下：

（1）开立信用证

①办理开证手续。进口商向当地银行（中国银行）提供有关单据资料、外汇管理部门出具的有关证明，填制开证申请单，向银行交付一定的保证金，开证行则接受办理开证手续。

②开立信用证应注意的事项。开立时间严格按合同规定办理；及时向开证行办理信用证修改手续；内容必须与合同、进口许可证保持一致；文字表述要确定，数据要准确。

（2）租船接货与投保

①在接到卖方备妥货物通知后，委托外运公司派船接货，并及时通知卖方船名、船期。

②及时掌握卖方备货和准备装货情况，催促对方按时装货，做到船货衔接。

③办理货运保险。

我方在接到卖方预计装运通知后，及时向货运代理公司办理租船订舱手续，办妥后，应按规定期限将船名及船期及时通知对方，以便对方备货装船。

（3）审单和付汇

①审单。在接到单证后的 3 个工作日内完成审核工作。

②付款。先向外汇管理局申请外汇使用权，待外汇管理局批准后，向指定银行以

本国货币购买外汇,通过银行结算付款。付款方式:按合同或信用证的规定。

③银行收到国外寄来的汇票及单据后,对照信用证的规定,核对单据的份数和内容。如内容无误,即由银行对国外付款。同时进出口公司凭银行出具的"付款通知书"向用货部门进行结算。如发现单证不符,应作适当处理(如停止对外付款;不符部分拒付;货到检验合格后再付款;凭卖方或议付行出具担保付款;要求国外改正单据;在付款的同时,提出保留索赔权等)。银行在审单时,如发现表面上与信用证规定不符决定拒绝接受单据,按照《UCP500》规定,开证行或其他指定的银行必须在收到单据次日起第七个银行工作日以内,以电信方式或其他快捷方式,通知寄单银行或受益人。

(4)报关、纳税

①填制进口报关单和办理报关手续。进口货物到货后,由进出口公司或委托货运代理公司或报关行根据进口单据填具"进口货物报关单"向海关申报,并随附发票、提单、装箱单、保险单、许可证及审批文件、进口合同、产地证和所需的其他证件。如属法定检验的进口商品,还需随附商品检验证书。货、证经海关查验无误,才能放行。

进口申报手续必须自运输工具入境之日起14天内进行。

②纳税。海关按照《中华人民共和国海关进口税则》的规定,对进口货物计征进口税,主要有关税、产品税、增值税、工商统一税及地方附加税、盐税、进口调节税等。

(5)验收和拨交货物

①验收货物。收货人向检验检疫机构申请报验,正确填制"进口货物报验单"并提供合同和有关单证资料。

下列货物应在卸货口岸就地检验:合同订明须在卸货港检验的货物;货到检验合格后付款;合同规定的索赔期限较短的货,卸货时已发现残损、短少或有异样的货物。

卸货时,如发现短缺,应及时填制"短卸报告"交由船方确认,应根据短缺情况向船方提出保留索赔权的书面声明;卸货时,如发现残损,货物应存放于海关指定仓库,待保险公司会同商检局检验后作出处理。

凡属法定检验的进口货物,收货人须向卸货口岸的检验检疫机构登记,经检验检疫机构在报关单上加盖"已接受登记"的印章,海关才验放。

②办理拨交手续。在办完上述手续后,如订货或用货单位在卸货港所在地,则就近转交货物;如订货或用货单位不在卸货地区,则委托货运代理将货物转运内地并转交给订货或用货单位。

本章小结

本章主要介绍国际物流的定义、特点和发展历程,以及国际物流地理、国际贸易术语、国际贸易方式、国际结算的支付方式与支付工具、国际物流进出口业务操作程序。

国际物流是物流活动的国际化。它具有国际性、差异性、风险性和对标准化要求高的特点。

国际贸易术语是说明买卖双方有关风险、责任和费用的划分,确定双方应尽的义务的简短的概念或外文缩写字母,也被称作价格术语(price term)。

国际贸易方式主要有包销与代理、寄售、招投标、期货交易、对销贸易、对外加工装配贸易。

国际结算的涉及面很广,主要包括支付方式和支付工具。支付方式包括汇付、托收、信用证、银行保函、出口信用险、出口保理等,其中的汇付和托收结算方式属于商业信用,信用证属于银行信用。在支付工具中有货币和票据。票据又有汇票、本票和支票之分,外贸业务中以使用汇票为主。

在一笔业务中,上述各种支付方式,可以单独使用,也可酌情将各种不同方式结合使用。如何采用有利于出口商的结算方式,需要考虑商品、客户、市场、价格、双方各自承担风险的能力、安全收汇等诸多因素。而不同结算方式的结合使用可以降低某些单一结算方式带来的风险。

进出口业务操作程序主要包括交易前的准备、交易磋商、进出口合同的成立、进出口合同的履行等内容。

知识检测

1. 名词解释题

贸易术语　FOB　CIF　汇票　背书　D/P　追索权　信用证

2. 单项选择题

(1)国际物流最大的特点是(　　)。

A.跨越国界　　　　　　　　　B.物流环境的差异性

C.物流系统范围的广泛性　　　D.要求物流标准化具有统一性

(2)CPT术语的合同,卖方转移给买方货物风险的时间为(　　)。

A.合同货物划拨到合同项下　　B.卖方将货物交给买方指定的承运人

C.卖方将货物交到合同指定地点时　　D.卖方将货物交给第一承运人

(3)采用FOB条件成交时,卖方欲不负担装船费用,可采用(　　)。

A. FOB liner terms　　B. FOB stowed　　C. FOB trimmed　　D. FOBST

(4)CIF ex ship's hold 属于(　　)。

A.内陆交货类　　　　　　　　B.装运港船上交货类

C.目的港交货类　　　　　　　　　　D.目的地交货类

(5)下列属于国际贸易货款的支付工具的是(　　　)。

A.汇票　　　　　B.托收　　　　　C.信用证　　　　D.银行保函

(6)某银行签发一张汇票,以另一家银行为受票人,则这张汇票是(　　　)。

A.商业汇票　　　B.银行汇票　　　C.商业承兑汇票　　D.银行承兑汇票

(7)某公司签发一张汇票,上面注明"At 90 days after sight",则这是一张(　　　)。

A.即期汇票　　　B.远期汇票　　　C.光票　　　　　D.跟单汇票

(8)在汇票的使用过程中,使汇票一切债务终止的环节是(　　　)。

A.提示　　　　　B.承兑　　　　　C.背书　　　　　D.付款

(9)接受汇出行的委托将款项解付给收款人的银行是(　　　)。

A.托收银行　　　B.汇入行　　　　C.代收行　　　　D.转递行

(10)在汇付方式中,能为收款人提供融资便利的方式是(　　　)。

A.信汇　　　　　B.票汇　　　　　C.电汇　　　　　D.远期汇款

(11)信用证支付方式实际上把进口人履行的付款责任转移给(　　　)。

A.出口人　　　　B.银行　　　　　C.供货商　　　　D.最终用户

(12)在信用证方式下,银行保证向信用证受益人履行付款责任的条件是(　　　)。

A.受益人按期履行合同

B.受益人按信用证规定交货

C.受益人提交严格符合信用证要求的单据

D.开证申请人付款赎单

(13)保兑行对保兑信用证承担的付款责任是(　　　)。

A.第一性的　　　B.第二性的　　　C.第三性的　　　D.第四性的

(14)可转让信用证可以转让(　　　)。

A.一次　　　　　B.二次　　　　　C.多次　　　　　D.无数次

(15)某信用证每期用完一定金额后即可自动恢复到原金额使用,无需等待开证行的通知,这份信用证是(　　　)。

A.自动循环信用证　　　　　　　　　B.非自动循环信用证

C.半自动循环信用证　　　　　　　　D.按时间循环信用证

(16)一张有效的信用证,必须规定一个(　　　)。

A.装运期　　　　B.有效期　　　　C.交单期　　　　D.议付期

(17)持票人将汇票提交付款人的行为是(　　　)。

A.提示　　　　　B.承兑　　　　　C.背书　　　　　D.退票

(18)通过汇出行开立的银行汇票的转移实现货款支付的汇付方式是(　　　)。

A.电汇　　　　　B.信汇　　　　　C.票汇　　　　　D.银行转账

(19)承兑交单方式下开立的汇票是(　　　)。

A.即期汇票　　　B.远期汇票　　　C.银行汇票　　　D.银行承兑汇票

(20)属于银行信用的国际贸易支付方式是(　　)。

A.汇付　　　　　　　　B.托收　　　　　　　C.信用证　　　　　　D.票汇

3. 多项选择题

(1)下列属于国际物流的内容的是(　　)。

A.各国之间的邮政物流　　　　　　　B.各国之间的展品物流

C.各国之间的军火物流　　　　　　　D.国际间的咨询及结算业务

(2)下列属于国际货物运输的主要运输方式的是(　　)。

A.海上运输　　　　B.航空运输　　　　C.铁路运输　　　　D.公路运输

(3)国际货物买卖中涉及的货物交付问题主要是(　　)。

A.何时、何地交货　　　　　　　B.何时转移货物风险

C.有关费用由谁承担　　　　　　D.交易双方交接哪些单据

E.由谁负责办理货物运输、保险及通关手续

(4)FOB 与 FCA 相比较,其主要区别有(　　)。

A.适用的运输方式不同　　　　　　B.风险划分界限不同

C.交货地点不同　　　　　　　　　D.出口清关手续及其费用的承担方不同

E 提交的单据种类不同

(5)C 组术语的共同特点是(　　)。

A.均在进口国交货　　　　　　　B.均由买方订立运输合同

C.均由卖方承担运费　　　　　　D.在交货地点转移风险

(6)CPT 和 CFR 的相同之处表现为(　　)。

A.两者均由卖方负责订立至目的地的运输手续

B.两者均由卖方负担自装运地到目的地的运费

C.卖方承担的风险均在交货地点随交货义务的完成而转移

D.按两者订立的合同均属于装运合同

(7)国际货款收付在采用非现金结算时的支付工具是(　　)。

A.货币　　　　B.票据　　　　C.汇票　　　　D.本票　　　　E.支票

(8)远期汇票的付款期限的规定方法有(　　)。

A.见票即付　　　　　B.见票后若干天付　　　　C.出票后若干天付

D.提单日后若干天付　　　E.指定日期付款

(9)进口商必须在付清货款后才能取得货运单据,这种结算方式是(　　)。

A.光票托收　　　　B.即期付款交单　　　　C.远期付款交单

D.付款交单凭信托收据借单　　　　　　　　E.承兑交单

(10)汇付方式通常涉及的当事人是(　　)。

A.委托人　　　　B.汇款人　　　　C.收款人

D.汇出行　　　　E.汇入行

(11)汇付包括(　　)。

A. D/D　　　　B. D/P　　　　C. M/T　　　　D. D/A　　　　E. T/T

(12)属于商业信用的国际贸易结算方式是(　　)。

A. 信用证　　B. 托收　　　C. 汇付　　　D. 汇款　　　E. 保函

(13)信用证支付方式的特点有(　　)。

A. 信用证是银行信用　　　　　B. 信用证是自足文件

C. 信用证是单据买卖　　　　　D. 银行处于第一付款人地位

E. 受益人必须履行信用证的规定

4. 判断题

(1)国际物流是国内物流的跨国延伸和扩展。　　　　　　　　　(　　)

(2)以 CIF 班轮条件成交,卖方必须用班轮装运货物。　　　　　(　　)

(3)以 FOB 吊钩下成交,卖方只需将货物置于船只吊钩可及之处,就算完成交货,
以后的风险概不承担。　　　　　　　　　　　　　　　　　　　(　　)

(4)FOB,CFR,CIF 3 个术语的风险划分点是相同的。　　　　　　(　　)

(5)汇票是出票人签发的无条件支付命令。　　　　　　　　　　(　　)

(6)一张远期汇票一经承兑,该汇票的主债务人就由出票人转移为承兑人。
　　　　　　　　　　　　　　　　　　　　　　　　　　　　　(　　)

(7)所有的汇票在使用过程中均需经过出票、提示、承兑、付款几个环节。(　　)

(8)托收是一种收款人主动向付款人收取货款的方式。　　　　　(　　)

(9)在付款交单凭信托收据借单的方式下,代收行在买方到期不付款时承担向委
托人按期支付货款的责任。　　　　　　　　　　　　　　　　　(　　)

(10)相比较而言,托收方式对买方更为有利。　　　　　　　　　(　　)

(11)托收因是借助银行才能实现货款的收付,所以,托收是属于银行信用。
　　　　　　　　　　　　　　　　　　　　　　　　　　　　　(　　)

(12)信用证结算方式只对卖方有利。　　　　　　　　　　　　　(　　)

(13)开证银行在得知开证申请人将要破产的消息后,仍需对符合其所开的不可撤
销信用证的单据承担付款、承兑的责任。　　　　　　　　　　　(　　)

(14)买卖合同与信用证的内容有差别时,卖方应按合同来履行义务,这样才能保
证按期得到足额货款。　　　　　　　　　　　　　　　　　　　(　　)

(15)在开证行资信差或成交额较大时,一般采用保兑信用证。　(　　)

(16)可转让信用计只能转让一次,因此可转让信用证的第二受益人只能有一个。
　　　　　　　　　　　　　　　　　　　　　　　　　　　　　(　　)

(17)信用证只能按原证规定条款转让,因此,有关信用证金额、商品单价、到期交
单日及最迟装运日期等项均不可以改变。　　　　　　　　　　　(　　)

5. 案例分析题

(1)上海某微电机生产企业与加拿大一客户以 FOB 术语为交易条件,签订 20 000 台 2kW 电机的供货合同。为了提高本企业的商业信誉,上海企业的业务员于发货后当天就对该批货物进行了保险,并于开船后第 10 天将发货情况通知了加拿大客商。你对上海该微电企业业务员操作如何评价?

(2)青岛某出口企业与加拿大一客户按 CIF 术语条件成交一批出口货物,该企业按时交货并通过银行将符合信用证规定的有关单据交给了加拿大客户。但货物在运输途中遭遇龙卷风,致使货物损失严重,加拿大客户知道信息后,以不可能收到合格货物为由,拒付货款。你同意该客户拒付货款的做法吗? 为什么?

(3)我某丝绸进出口公司向中东某国出口丝绸织制品一批,合同规定:出口数量为 2 100 箱,价格为 2 500 美元/箱 CIF 中东某港,5—7 月份分三批装运,即期不可撤销信用证付款,买方应在装运月份开始前 30 天将信用证开抵卖方。合同签订后,买方按合同的规定按时将信用证开抵卖方,其中汇票条款载有"汇票付款人为开证行/开证申请人"字样。我方在收到信用证后未留意该条款,即组织生产并装运,待制作好结汇单据到付款银行结汇时,付款银行以开证申请人不同意付款为由拒绝付款。问:①付款银行的做法有无道理? 为什么?②我方的失误在哪里?

(4)我某贸易有限公司以 CIF 大阪向日本出口一批货物。4 月 20 日,由日本东京银行开来一份即期不可撤销信用证,信用证金额为 50 000 美元,装船期为 5 月份,证中还规定议付行为纽约银行业中信誉较好的 A 银行。我中行收到信用证后,于 4 月 22 日通知出口公司,4 月底该公司获悉进口方因资金问题濒临倒闭。问:在此情况下我方应如何处理?

(5)某笔进出口业务,约定分两批装运,支付方式为即期不可撤销信用证。第一批货物发送后,买方办理了付款赎单手续,但收到货物后,发现货物品质与合同规定严重不符,便要求开证行通知议付行对第二批信用证项下的货运单据不要议付,银行不予理睬。后来,议付行对第二批信用证项下的货运单据仍予议付。议付行议付后,付款行通知买方付款赎单,遭到买方的拒绝。问:银行处理方法是否合适? 买方应如何处理此事为宜?

(6)我某进出口公司向国外某商人询购某商品,不久,我方收到对方 8 月 15 日的发盘,发盘有效期至 8 月 22 日。我方于 8 月 20 日向对方复电:"若价格能降至 56 美元/件,我方可以接受。"对方未作答复。8 月 21 日我方得知国际市场行情有变,于当日又向对方去电表示完全接受对方 8 月 15 的发盘。问:我方的接受能否使合同成立? 为什么?

(7)某进出口公司欲进口包装机一批,对方发盘的内容为:"兹可供普通包装机 200 台,每台 500 美元 CIF 青岛,6 至 7 月份装运,限本月 21 日复到我方有效。"我方收到对方发盘后,在发盘规定的有效期内复电:"你方发盘接受,请内用泡沫,外加木条包装。"问:我方的接受是否可使合同成立? 为什么?

(8)买卖双方订有长期贸易协议,协议规定,"卖方必须在收到买方订单后15天内答复,若未答复则视为已接受订单"。11月1日,卖方收到买方订购2 000件服装的订单,但直到12月25日卖方才通知买方不能供应2 000件服装,买方认为合同已经成立,要求供货。问:双方的合同是否成立? 为什么?

(9)我某进出口公司向国外某客商询售某商品,不久我方接到外商发盘,有效期至7月22日。我方于7月24日用电传表示接受对发盘,对方一直没有音讯。因该商品供求关系发生变化,市价上涨,8月26日对方突然来电要求我方必须在8月28日前将货发出;否则,我方将要承担违约的法律责任。问:我方是否应该发货? 为什么?

(10)香港某中间商A,就某商品以电传方式邀请我方发盘,我于6月8日向A方发盘并限6月15日复到有效。12日我方收到美国B商人按我方发盘规定的各项交易条件开来的信用证,同时收到中间商A的来电称:"你8日发盘已转美国B商"。经查该商品的国际市场价格猛涨,于是我将信用证退回开证银行,再按新价直接向美商B发盘,而美商B以信用证于发盘有效期内到达为由,拒绝接受新价,并要求我方按原价发货,否则将追究我方的责任。问:对方的要求是否合理? 为什么?

任务训练

任务名称

贸易术语综合训练。

训练内容

让学生借助背景资料,运用贸易术语模拟谈判,书写交易磋商的英文函电,体会报价中贸易术语的变换、买卖双方权利和义务的改变。

训练目的和要求

通过本次训练,让学生掌握并运用13种贸易术语;了解相关国际贸易惯例,学习用国际贸易惯例分析问题。

实施环境

国际贸易实训室或商务谈判室。

应用知识

1)CIF 基本知识、交易磋商基本知识

2)背景材料

(1)客户 7 月 10 日来函：

PLEASE OFFER FIRM 14,000 DOZ SPORTS SOCKS SHIPMENT JULY,2010.

(2)报价要求：

①报价数量——14 000 打；

②报价价格——CIF 新加坡每打 6.58 美元；

③装运期——2010 年 11 月；

④支付方式——不可撤销即期信用证。

(3)还盘要求：

①报价数量——10 000 打；

②报价价格——改报 FOB 价；

③其他条件不变。

注意规则

谈判时,一定要把握买卖双方可能涉及的以下问题,切实争取自己的利益。

①保险险别问题。

②租船或订舱及装船通知问题。

③卸货费用问题。

④买卖双方的责任、费用、风险划分问题。

组织实施

(1)将两两学生分为一组,一方为买方,另一方为卖方。

(2)教师向学生提供报价、还盘的背景资料。

(3)买卖双方拟定交易磋商时所需函电,作为模拟谈判的依据。

(4)让学生运用贸易术语模拟谈判,体会报价中贸易术语的变换、买卖双方权利和义务的改变。

(5)各组上讲台展示。

(6)教师根据各组综合展示的情况为各组评分。

第2章　国际物流仓储业务

学习目标

- 了解国际货物仓储业务的产生,以及国际仓储在国际物流中的地位和作用。
- 掌握保税仓库的概念、分类、存储货物的范围。
- 了解海关对保税仓库的监管要求。
- 掌握国际货物仓储业务的基本程序。

职业能力

- 能进行保税仓库货物进出库操作;
- 能胜任仓库的物料保管、验收、入库、出库等工作。

案例导入

香港和记黄埔港口集团旗下的大型仓储基地
——观澜内陆集装箱仓储中心

　　和记黄埔港口集团旗下的深圳和记内陆集装箱仓储有限公司在深圳观澜设立了大型物流仓储基地"观澜内陆集装箱仓储中心",以配合华南地区的进出口贸易发展。目前,已建成两座面积为 2 万 m² 的大型出口监管仓、4 万 m² 的货柜堆场,以及与之相配套的报关楼、验货中心及办公场所。

　　观澜内陆集装箱仓储中心实现高科技智能化出口监管仓及堆场操作,包括采用WIS(仓储管理系统)和 TOMS(堆场管理系统)管理仓储运作及堆场操作;全球海关、船公司、租箱公司及客户查询库存资料,了解货物进出仓的情况;IC 卡闸口自动识别验放CTV 全方位监控;电子系统报关,为客户提供方便快捷的报关服务。

　　同时,与和黄投资的南方明珠盐田国际集装箱码头有限公司联手,采用 GPS 卫星定位系统。在盐田与观澜之间进行途中监控,并在盐田港入闸处为货柜车开辟专门的"绿色通道",以达到信息共享、统一协调、分工合作,充分发挥港口与仓储运作的优势,将盐田码头服务功能延伸至更靠近各生产厂家的内地。

　　观澜内陆集装箱仓储中心目前为国外销售商、集运公司、货运代理、生产厂家、船公司及租箱公司提供优质监管仓拼柜集运、国内配送、货柜堆存等服务,对推动华南地区的物流发展作出了贡献。

2.1 认识国际物流仓储业务

2.1.1 仓储在国际物流中的地位和作用

国际物流仓储业务是由于国际商品流通的产生和发展而发展起来的,没有商品的存储,也就没有国际货物的流通。因此,仓储业在国际货物流通,即国际物流中有着重要的地位和作用。国际货物仓储业务的作用主要有:

①调整生产和消费在时间上的间隔。

②保证进入市场的商品质量。

③加速商品周转和流通。

④调节商品价格。

⑤调节运输工具载运能力的不平衡。

⑥减少货损货差。

总之,国际仓储业务是国际物流业务中不可缺少的重要环节之一。随着国际贸易的发展,加强仓储管理是缩短商品流通时间、节约流通费用的重要手段。随着综合物流管理业务的发展,仓储业开展集装箱的拆、装作业,集装箱货运站兼营国际贸易货物仓储业务越来越普遍,仓储业正在通过开展物流管理拓展延伸服务业务,发挥着国际物流运输网络的结点作用。

2.1.2 外贸仓库的分类

按照仓库的不同特征对各种类型的仓库进行分类,以利于合理地组织仓储业务,充分利用仓储这一商品流通环节,组织合理运输,减少国际物流费用。

外贸仓库按照仓库在商品流通中的用途可分为:口岸仓库、中转仓库、加工仓库、储存仓库。

2.1.3 保税仓库与保税区

1)保税仓库的定义

保税仓库是保税制度中应用最为广泛的一种形式,具有较强的服务功能和较大的灵活性,在促进国际贸易和开展加工贸易方面起到了非常重要的作用。海关在对保税仓库管理上依据海关总署颁布的《中华人民共和国海关对保税仓库及所存货物的管理办法》执行。

保税仓库是指经海关核准的专门存放保税货物的专用仓库。根据国际上通行的保税制度要求,进境存入保税仓库的货物可暂时免交纳进口税款,免领进口许可证或其他进口批件,在海关规定的存储期内复运出境或办理正式进口手续。但对国家实行加工贸易项下进口事先申领许可证的商品,在存入保税仓库时,应事先申领进口许可证。

2) 保税仓库的作用

随着国际贸易的不断发展及外贸方式多样化,世界各国进出口货运量增长很快,如进口原料、配件进行加工和装配后复出口以及通过补偿贸易、转口贸易、期货贸易等灵活贸易方式进口的货物,进口时要征收关税,复出口时再申请退税,手续过于烦琐,也不利于发展对外贸易。如何既方便进出口,有利于把外贸搞活,又使未税货物仍在海关有效的监督管理之下,实行保税仓库制度就是解决这个问题的一把银匙。这种受海关监督管理,专门存放按海关法规规定和经海关核准缓纳关税的进出口货物的场所,通称保税仓库。保税货物是指经海关批准未办理纳税手续进境,在国内储存、加工、装配后复出境的货物。这类货物如在规定的期限内复运出境,经海关批准核销;如果转为内销,进入国内市场,则必须事先提供进口许可证和有关证件,正式向海关办理进口手续并缴纳关税,货物才能出库。

保税仓库的作用在于:

①有利于促进对外贸易。在国际贸易过程中,从询价、签订合同,到货物运输需要一个较长的时间,为了缩短贸易周期,降低国际市场价格波动的影响,先将货物运抵本国口岸,预先存入保税仓库,可以使货物尽快投入使用;也可先将货物存入保税仓库,待价格时机成熟再进入市场。

②有利于提高进口原材料的使用效益。利用保税仓库,可以使需要进口的原材料统一进口,相互调剂,提高原材料的利用率,降低进口价格,提高经济效益。

③有利于开展多种贸易方式,发展外向型经济。利用保税仓库的暂缓交纳关税等优惠条件,发展多种贸易方式,如来料加工;有利于扩大出口,增加外汇收入;还可利用价格变化中的差价,开展转口贸易。

④有利于加强海关监管。随着贸易方式的灵活多样,海关的关税的征收工作的难度也在加大,保税仓库出现后,海关工作人员可以借助仓库管理人员的力量进行协同管理,海关主要是制订各种管理制度,对保税仓库出入的货物实行核销监督管理,对加工业实行重点抽查与核销,以防内销行为的出现。增强了海关监管力度,同时简化了手续。

⑤有利于促进本国经济的发展。从事外贸的企业利用保税仓库,可以充分发挥仓库的效能,开展一系列的相关业务,如报关、装卸、运输,允许的加工、整理、修补、中转、保险、商品养护等,使外贸仓储逐渐发展成为综合性、多功能的商品流通中心。与此同

时,促进了国家对外贸易的发展,促使本国经济进入国际经济体系之中,有利于国家经济的发展。

3)保税仓库的种类

在国际上,保税仓库通常可分为公用型和自用型两种。"公用型保税仓库"是根据公共需求而设立的,可供任何人存放货物。"自用型保税仓库"是指只有仓库经营人才能存放货物的保税仓库,但所存货物并非必须属于仓库经营人所有。根据国际上的通行做法及我国的具体情况,目前我国的保税仓库有以下几种类型:

①公用型保税仓库。这一类保税仓库可供各类进口单位共同存放货物,如转口贸易货物、外商暂存货等,也可供加工贸易经营单位存放加工贸易进口料件。"公共型保税仓库"一般由该仓库的经营单位申请设立。

②自用型保税仓库。

③加工贸易备料保税仓库。这是一类为来料加工、进料加工等加工贸易储存进口原材料等物资提供服务的保税仓库。由常年从事加工贸易国家鼓励出口产品的加工生产企业申请设立,经营单位为了加工产品出口的需要,不断地从国际市场上购进所需原材料、零部件等物资,储存在保税仓库以备随时加工成品出口。目前,加工贸易备料保税仓库在我国保税仓库中是主要类型。

④寄售、维修、免税商品保税仓库。这一类保税仓库是为外国产品在我国寄售及维修进口机器设备所需要零部件和进口外汇免税商品服务的。外国商品进境时,存放保税仓库;待销售、维修或供应时,海关按规定予以征税或减免。

4)保税仓库允许存放货物的范围

对于存放于保税仓库中的货物,根据我国实际情况,海关允许存放的货物有3类:

①供加工贸易(来料加工、进料加工)加工成品复出口的进口料件。

②外经贸主管部门批准开展外国商品寄售业务、外国产品维修业务、外汇免税商品业务及保税生产资料市场的进口货物。

③转口贸易货物以及外商寄存、暂存货物以及国际航行船舶所需的燃料、物料和零配件等。

以上类别中的一、二类属于经海关核准暂免办理纳税手续的进口货物,第三类属于暂时进境储存后再复运出境的进境货物。

保税仓库应当按照海关批准的存放货物范围和商品种类开展保税仓储业务。保税仓库不得存放国家禁止进境货物,不得存放未经批准的影响公共安全、公共卫生或健康、公共道德或秩序的国家限制进境货物以及其他不得存入保税仓库的货物。

知识扩展

我国海关总署第 105 号令(摘要)

第二十一条 保税仓储货物入库时,收发货人或其代理人持有关单证向海关办理货物报关入库手续,海关根据核定的保税仓库存放货物范围和商品种类对报关入库货物的品种、数量、金额进行审核,并对入库货物进行核注登记。

入库货物的进境口岸不在保税仓库主管海关的,经海关批准,按照海关转关的规定或者在口岸海关办理相关手续。

第二十二条 保税仓储货物可以进行包装、分级分类、加刷唛码、分拆、拼装等简单加工,不得进行实质性加工。

保税仓储货物,未经海关批准,不得擅自出售、转让、抵押、质押、留置、移作他用或者进行其他处置。

第二十三条 下列保税仓储货物出库时依法免征关税和进口环节代征税:

(一)用于在保修期限内免费维修有关外国产品并符合无代价抵偿货物有关规定的零部件(无代价抵偿货物,即进口货物在征税放行后,发现货物残损、短少或品质不良,而由国外承运人、发货人或保险公司免费补偿或更换的同类货物,可以免税。但有残损或质量问题原进口货物如未退运国外,其进口的无代价抵偿货物应照章征税。根据海关原规定,进出口无代价抵偿货物必须向海关提供商品检验机构出具的原进出口货物残损、短少、品质不良或者规格不符的检验证明书。①原进出口货物报关单。②进口提交:原进口货物退运出境的出口报关单或者原进口货物交由海关处理的货物放弃处理证明;出口提交:原出口货物退运进境的进口报关单。③原进出口货物税款缴款书或者《征免税证明》。④买卖双方签订的索赔协议。

(二)用于国际航行船舶和航空器的油料、物料。

(三)国家规定免税的其他货物。

第二十四条 保税仓储货物存储期限为 1 年。确有正当理由的,经海关同意可予以延期;除特殊情况外,延期不得超过 1 年。

第二十五条 下列情形的保税仓储货物,经海关批准可以办理出库手续,海关按照相应的规定进行管理和验放:

(一)运往境外的。

(二)运往境内保税区、出口加工区或者调拨到其他保税仓库继续实施保税监管的。

(三)转为加工贸易进口的。

(四)转入国内市场销售的。

(五)海关规定的其他情形。

第二十六条 保税仓储货物出库运往境内其他地方的,收发货人或其代理人应当填写进口报关单,并随附出库单据等相关单证向海关申报,保税仓库向海关办理出库手续并凭海关签印放行的报关单发运货物。

从异地提取保税仓储货物出库的,可以在保税仓库主管海关报关,也可以按照海关规定办理转关手续。

出库保税仓储货物批量少、批次频繁的,经海关批准可以办理集中报关手续。

第二十七条 保税仓储货物出库复运往境外的,发货人或其代理人应当填写出口报关单,并随附出库单据等相关单证向海关申报,保税仓库向海关办理出库手续并凭海关签印放行的报关单发运货物。

出境货物出境口岸不在保税仓库主管海关的,经海关批准,可以在口岸海关办理相关手续,也可以按照海关规定办理转关手续。

5)海关对保税仓库的监管要求

保税仓库所存货物的储存期限为一年。如因特殊情况需延长储存期限,应向主管海关申请延期,经海关核准的延期最长不能超过一年。所存货物储存期满仍未转为进口或复运出境的,按《海关法》有关规定,由海关将货物变卖处理,变卖所得价款在扣除运输、装卸、储存等费用和进口税款后,尚有余款的,自货物变卖之日起一年内,经货主申请予以发还,逾期无人申请的,余款上缴国库。

保税仓库所存货物,属于海关监管的保税货物,未经海关核准并按规定办理有关手续,任何人不得出售、提取、交付、调换、抵押、转让或移作他用。

货物在仓库储存期间发生短少或灭失,除不可抗力原因外,短少或灭失部分由保税仓库经营单位承担缴纳税款责任,并由海关按有关规定予以处理。

货物进口时已明确为一般进口的货物,不允许存入保税仓库。

保税仓库必须独立设置,专库专用,保税货物不得与非保税货物混放。加工贸易备料保税仓库的入库货物仅限本企业加工生产自用料件,不得存放本企业一般贸易进口货物或与加工生产无关的货物以及其他企业的货物。

公共保税仓库储存的保税货物,一般不得跨关区提取和转库存取,只能供应本关区加工生产企业按规定提取使用。对经批准设立的专门存储不宜与其他物品混放的保税仓库原料(如化工原料、易燃易爆危险品),以及一个企业集团内设专为供应本集团内若干分散在不同关区加工企业生产出口产品所需的企业备料保税料件,必须跨关区提取的,加工贸易企业应事先凭与保税货物所有人或外商签订的购货合同或协议、外经贸部门的批准文件等单证向海关办理加工贸易合同登记备案,领取《加工贸易登记手册》,并在该登记手册限定的原材料进口期限内分别向加工贸易企业主管海关、保税仓库主管海关办理分批从保税仓库提取货物的手续。在保税仓库中不得对所存货物进行加工。如需对货物进行改变包装、加刷唛码等整理工作,应向海关申请核准并在海关监管下进行。

保税仓库对所存货物应有专人负责管理。海关认为必要时,可会同仓库双方共同加锁。海关可随时派员进入保税仓库检查货物储存情况,查阅有关仓库账册,必要时可派员驻库监管。保税仓库经营单位应予协作配合并提供便利。

保税仓库经营单位进口供仓库自己使用的设备、装置和用品,如货架、搬运、起重、包装设备、运输车辆、办公用品及其他管理用具,均不属于保税货物。进口时,应按一般贸易办理进口手续并缴纳进口税款。

2.1.4 保税区

保税区与经济特区、经济技术开发区等特殊区域一样,都是经国家批准设立的实行特殊政策的经济区域。我国为了更进一步扩大对外开放,吸引国外资金和技术,借鉴了国际上的先进管理经验,从 20 世纪 90 年代开始在沿海地区陆续批准设立保税区。保税区具有政策特殊、经济功能强、封闭式管理的特点。

1)保税区定义及特点

(1)保税区定义

保税区是指在一国境内设置的,由海关监管的特定区域。我国最早设置的保税区是 1990 年建立的上海外高桥保税区。按我国规定,建立保税区需经国务院批准,保税区与中华人民共和国境内的其他地区(非保税区)之间,应设符合海关监管要求的隔离设施,并由海关实施封闭式管理。目前,国务院已批准建立上海、天津、大连、张家港、宁波、马尾、厦门、青岛、广州、珠海、深圳(沙头角、福田、盐田)、汕头、海口等 15 个保税区。

(2)保税区的特点

保税区一般建立在具有优良国际贸易条件和经济技术较为发达的港口地区,国家建立保税区的目的是通过对专门的区域实行特殊政策,吸引外资,发展国际贸易和加工工业,以促进本国经济。在国际上,与保税区具有类似经济功能的有"自由港""自由贸易区""出口加工区"等。这些特殊区域尽管名称各异,各国对其实施的管理措施也各不相同,但其具有的两个基本特点都是共同的,即"关税豁免"和"自由进出"。保税区作为这类特殊经济区域的一种形式,也具备这两个基本特点。

①关税豁免。即对从境外进口到保税区的货物以及从保税区出口到境外的货物均免征进出口税收。这是世界各国对特殊经济区域都实行的优惠政策,目的是吸引国内外厂商到区内开展贸易和加工生产。我国保税区的税收优惠政策也与国际上通行做法基本一致。

②自由进出。即保税区与境外的进出口货物,海关不作惯常的监管。这里的"惯常监管"是指国家对进出口的管理规定和进出口的正常海关手续。由于国际上将进入特定区域的货物视为未进入关境,因此可以不办理海关手续,海关也不实行监管。我国保税区根据本国情况,对进出保税区货物参照国际惯例,大大简化了进出货物的管理及海关手续。

2)保税区有关管理规定

(1)进出口税收方面

从境外进入保税区的货物,除法律、行政法规另有规定外,其进口关税和进口环节税的征免规定为:

①保税区内生产性的基础设施建设项目所需的机器、设备和其他基建物资,海关予以免税。

②保税区内企业自用的生产、管理设备和自用合理数量的办公用品及其所需的维修零配件,生产用燃料,建设生产厂房、仓储设施所需的物资设备,予以免税。

③保税区行政管理机构自用合理数量的管理设备和办公用品及其所需的维修零配件,予以免税。

④保税区内企业为加工出口产品所需的原材料、零部件、元器件、包装物料,海关予以保税。

⑤上述第1~4项范围以外的货物、物品从境外进入保税区,海关依法征税。

保税区内企业加工的制成品运往境外,除法律、行政法规另有规定外,免征出口关税。

转口货物和在保税区内储存的货物,海关按保税货物管理。

(2)进出口许可证方面

①从境外进口供保税区内使用的机器设备、基建物资等,免领进口许可证。

②为加工出口产品所需进口的料件以及供储存的转口货物,免领进口许可证。

③保税区内加工产品出口,免领出口许可证。

④保税区内仅设立行政管理机构及有关企业。除安全保卫人员外,其他人员不得在保税区内居住。在保税区内设立国家限制和控制的生产项目,须经国家规定的主管部门批准。

⑤国家禁止进出口的货物、物品不得运入、运出保税区,目的在于销往境内非保税区的货物不得运入保税区。

⑥除国家指定的汽车进口口岸的保税区(天津、大连、上海、广州、福田)外,其他保税区均不得允许运进转口方式的进口汽车,对保税区内企业自用的汽车,也应由指定的口岸办理进口手续。

⑦保税区内设立生产受被动配额许可证管理的纺织品和可生产化学武器的化学品、化学武器关键前体、化学武器原料及易制毒化学品等商品的企业时,应报国家主管部门批准。产品出境时,海关一律凭出口许可证验放。

⑧保税区内设立生产激光光盘的企业,应报国家主管部门批准,海关按现行对该行业的监管规定管理。

(3)保税区货物的进出口

①保税区单位注册和运输工具备案:

a.保税区内设立的企业(包括生产企业、外贸企业、仓储企业等)及行政管理机构,须经所在地人民政府或其指定的主管部门批准,并持有关批准文件、工商营业执照等有关资料向保税区海关机构办理注册登记手续。

b.进出保税区的运输工具(指专门承运保税区进出口货物的运输工具和区内企业、机构自备的运输工具)须经所在地人民政府或其指定的主管部门批准,并由运输工具负责人、所有人或其代理人持有关批准证件及列明运输工具名称、数量、牌照号码和驾驶员姓名的清单,向保税区海关机构办理登记备案手续。海关核准后,发给《准运证》。保税区外其他运输工具进出保税区时,应向海关办理临时进出核准手续。

②保税区与境外之间进出货物的申报:

a.保税区与境外之间进出的货物,改变传统的单一报关方式,海关实行备案制与报关制相结合的申报方式。

b.对保税区内加工贸易企业所需进境的料件、进境的转口货物、仓储货物,以及保税区运往境外的出境货物,进出境时实行备案制。由货主或其代理人填写《中华人民共和国海关保税区进(出)境货物备案清单》,向保税区海关机构备案。

c.对保税区内进口自用合理数量的机器设备、管理设备及办公用品,以及工作人员所需自用合理数量的应税物品,实行报关制。由货主或其代理人填写《中华人民共和国海关进(出)口货物报关单》向保税区海关机构申报。

③保税区与非保税区进出货物:

海关对保税区与非保税区之间进出的货物,按国家有关进出口管理规定实施监管。从保税区进入非保税区的货物,按进口货物办理手续;从非保税区进入保税区的货物,按出口货物办理手续,出口退税按国家有关规定办理。

a.从非保税区(指我国境内的保税区以外的其他地区)运入保税区的供加工生产产品用的货物(原材料、零部件、元器件、包装物料等),视同出口。有关发运企业或其代理人应向保税区海关机构或其主管海关办理申报出口手续,填写出口货物报关单,提供有关单证。属国家许可证管理商品,还应提交出口许可证。属应征出口税商品,应缴纳出口关税。海关审核无误后,验放有关货物运入保税区。

b.从非保税区运入保税区供区内企业、机构自用的机器设备、管理设备及其他物资,由使用企业或机构向保税区海关机构申报,填写运入货物清单,经海关核准验放后运入保税区。

c.从非保税区运入保税区的已办妥进口手续的进口货物,原已征进口税款不予退税。

d.从非保税区运入保税区委托区内生产企业加工产品的货物,生产企业应事先持委托加工合同向保税区海关办理登记备案手续,凭海关核准的登记备案手续向保税区海关机构申报运入区内。委托加工货物需在合同期限内加工产品返回非保税区,并在海关规定期限内向保税区海关机构办理委托加工合同核销手续。

e.从保税区运出销往非保税区的货物,视同进口。由发货人或其代理人向保税区海关机构办理进口申报手续,填写进口货物报关单。属国家实行配额、许可证、特定登记进口、机电产品管理及其他进口管理的商品,应提供配额证明、进口许可证或其他有关批件,并缴纳进口关税和进口环节增值税、消费税。海关审核无误后,验放有关货物运出保税区。

f. 保税区内生产企业使用进口料件加工产品运出销往非保税区时,企业或其代理人应向保税区海关机构办理进口申报手续,填写进口货物报关单,提供有关许可证等进口批件,补交所使用的进口料件的进口关税和进口环节增值税、消费税。如对产品中所含进口料件品名、数量、价值申报不清,则应按制成品补缴税款。

g. 保税区内生产企业将进口料件运往非保税区委托加工产品时,生产企业应事先持委托加工合同向保税区海关机构办理登记备案手续费,凭海关核准的登记备案手续向保税区海关机构申报运出区外。委托非保税区企业加工的期限为 6 个月,因特殊情况向海关申请延期的,延期期限不得超过 6 个月。在非保税区加工完毕的产品应运回保税区,并在海关规定期限内向保税区海关机构办理委托加工合同核销手续。

(4)海关对保税区的监管要求

①海关依法在保税区执行监管任务,进出保税区的货物、运输工具、人员,应当经由海关指定的专用通道,并接受海关检查。

②保税区内企业应依照国家有关法律、法规设置账簿、编制报表,凭合法、有效的凭证记账并进行核算,记录有关进出保税区货物和物品的库存、转让、转移、销售、加工、使用和损耗等情况。

③保税区实行海关稽查制度。区内企业应与海关实行电子计算机联网,进行电子数据交换。

④海关对进出保税区的货物、物品、运输工具、人员及区内有关场所,有权依海关法规定进行检查、查验。

⑤保税区内的货物可以在区内企业之间转让、转移,双方当事人应就转让、转移事项向海关备案。

⑥保税区内的转口货物可以在区内仓库或区内其他场所进行分级、挑选、刷贴标志、改换包装形式等简单加工,但不得进行实质性加工。

⑦保税区内加工企业开展进料加工、来料加工业务,海关不实行加工贸易银行保证金台账制度。但区内企业委托非保税区企业进行加工业务的,非保税区企业应向当地海关办理合同登记备案手续,并实行加工贸易保证金台账制度。

⑧进出保税区的运输工具负责人,应持保税区主管机关批准的证件连同运输工具名称、数量、牌照号及驾驶员姓名等清单,向保税区海关机构办理登记备案手续。

知识扩展

重庆(寸滩)保税港区

重庆(寸滩)保税港区是我国首个内陆保税港区,也是首个同时拥有空港和水港的保税港区。该保税港区位于重庆市江北区寸滩港,规划控制面积 8.37 km^2,分水港和空港两个功能区。其中,水港功能区面积 6.00 km^2,控制范围为:东至江北区寸滩街道寸滩村甘蔗堡社、大桥社,南至沿长江至渝黔高速公路大佛寺大桥,西至渝北区人和镇童家院子立交,北至渝北区人和镇双碑村十七社、220 国道。空港功能区面积 2.37 km^2,分为两个地块。其中地块一的面积 1.04 km^2,控制范围为:东至渝北区双凤桥街道办事处硚田村七社,南至渝北区双凤桥街道办事处新华村十社,西至渝北区双凤桥街道办事处新华村十一社,北至渝北区双凤桥街道办事处硚田村九社;地块二的面积 1.33 km^2,控制范围为:东至渝北区古路镇荣华村八社,南至渝北区古路镇荣华村六社,西至渝北区双凤桥街道办事处黎家村十六社,北至渝北区古路镇荣华村七社。

重庆西永综合保税区

重庆西永综合保税区位于重庆市沙坪坝区西部新城的西永镇和陈家桥镇,重庆西永综合保税区是我国规划面积最大的综合保税区,于 2010 年 2 月 26 日正式挂牌成立。规划面积 10.3 km^2,分为 A,B 两个区块,面积为全国最大。据了解,该区将重点打造外向型电子信息产业集群,至"十二五"末期,将形成 8 000 万台以上的笔记本电脑生产能力,包括一批关联项目在内,产值将超过 5 000 亿元。

重庆市市长黄奇帆在成立仪式上表示,自 2009 年以来,以惠普、富士康、英业达等 IT 巨头为龙头的笔记本电脑基地正式落户重庆西永,未来将形成 1 000 多亿美元的进出口规模,对国际中转、配送、采购、转口贸易和出口加工等业务需求巨大,西永综合保税区应势而生,它将和两路寸滩保税港区一起,构建起重庆水陆空保税的"双子星座",成为重庆打造内陆开放高地的重要平台,助推重庆加快建成中西部第一大加工贸易基地。

综合保税区是经国务院批准设立在内陆地区的具有保税港区功能的海关特殊监管区域,执行保税港区的税收和外汇政策。综合保税区整合原来保税区、保税物流园区、出口加工区等多种外向型功能区,实行最先进的海关监管模式。我国综合保税区政策始于 2006 年,目前包括重庆西永在内,全国共设有苏州工业园、天津滨海新区、广西凭祥、江苏昆山等 9 个综合保税区。

重庆西永综合保税区创全国 5 个之最:

①审批效率最高。2009 年 8 月份重庆向国务院申报,10 月份海关总署牵头组织国家六部委来渝实地调研;2010 年春节前国家相关部委会签,2 月 15 日温家宝总理签批。从报批到瓜熟蒂落,仅用了半年时间。

②面积最大。沿海的出口加工区大多在 3 km^2 以内,而西永综合保税区获批面积为 10.3 km^2,全国第一。

③政策最优。西永综合保税区集保税、出口加工区、保税物流区、港口功能于一身,功能和税收、外汇政策比照上海洋山保税港区执行,是目前国内功能最全、规格最

高、政策最优的海关特殊监管区域,在同类出口加工区中绝无仅有。

④经济规模最大。目前,惠普、富士康、英业达、宏碁、广达等IT巨头已花落其中,在2~3年内即可形成几千万台、几千亿元产值的笔记本电脑生产基地。

⑤模式最新。西永综合保税区不是因袭先设区、再引项目的传统模式,不是"栽下梧桐,才引凤凰",而是为落地"凤凰"栽"梧桐",为"凤凰"飞天添"跑道",是水到渠成、顺势而为的国门资源的服务配套。

2.2 国际货物仓储业务运作基本程序

国际货物仓储业务运作的基本程序如图2.1所示。

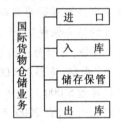

图2.1 国际仓储业务运作程序图

程序1,保税仓库货物进口

保税仓库货物进口主要有两种情况:本地进货与异地进货。

①本地进货。

进口货物在保税仓库所在地进境时,应由货物所有人或其代理人向入境所在地海关申报,填写"进口货物报关单"。在报关单上加盖"保税仓库货物"戳记并注明"存入某某保税仓库",经入境地海关审查验放后,货物所有人或其代理人应将有关货物存入保税仓库,并将两份"进出口报关单"随货代交保税仓库。保税仓库经管人应在核对报关单上申报进口货物与实际入库货物无误后,在有关报关单上签收,其中一份报关单交回海关存查(连同保税仓库货物入库单据),另一份留存仓库。

②异地进货。

进口货物在保税仓库所在地以外其他口岸入境时,货物所有人或其代理人应按海关进口货物转关运输管理规定办理转关运输手续。货物所有人或其代理人应先向保税仓库所在地主管海关提出将进口货物转运至保税仓库的申请。主管海关核实后,签发"进口货物转关运输联系单",并注明货物转运存入某某保税仓库。货物所有人或其代理人凭此联系单到入境地海关办理转关运输手续。入境地海关核准后,将进口货物监管运至保税仓库所在地。货物抵达目的地后,货物所有人或其代理人应按上述"本地进货"手续向主管海关办理申报及入库手续。

程序2,入库

入库分为拆箱入库与散货入库。

①拆箱入库。拆箱入库是指海运集装箱装载的货物,在仓库收货区拆封,卸至托盘上。拆箱入库方式有机械拆箱和人工拆箱两种;

②散货入库。散货入库是指一般货物与空运货物自仓库的收货码头卸下堆栈在托盘上。

入库作业主要包括:

①卸货。

②入库验收。入库验收的内容主要包括:

a.数量检验。在进行数量检验时,必须把好点数(过磅)、记码单和码垛三个环节,以保证数量准确。

b.质量检验。即对入库商品进行内在质量,亦即对商品的物理、化学性能的检验。一般通过耳、鼻、手等感觉器官,并利用简单工具检验。检验商品是否受潮、玷污、腐蚀、霉烂、缺件、变形、破损、损坏等。

c.包装验收。

③办理入库手续。货物入库时,应由仓库保管员填写入库通知单,完整的入库单据必须具备送货回单、储存凭证、仓储账页和货卡,并附上检验记录单、产品合格证、装箱单等有关资料凭证,以证实该批货物已经检验合格,可以正式上架保管。

④贴上储位标签(或条形码)。

⑤上架。货品进验完毕后,依性质的不同由仓储管理系统分配储位,上架人员将依照终端打印机打印出的卷标粘附在货物外侧后,缠上透明收缩膜,以堆高机放置入货架或是大货区。

程序3,储存保管

货物入库以后,便进入了储存保管阶段,它是仓储业务的重要环节。其主要内容包括货物的存放、保管、检查与盘点等。

(1)存放

在储存区内,全托盘装载的物品被分配到预定的托盘位置上。对此,有两种常用的货位分配方法,即可变的货位和固定的货位。

可变的货位安排系统,也称作动态定位(dynamic slotting),是在每次有新的装运到达时允许产品改变位置,以便于有效地利用仓库空间;固定的货位安排系统,是在选择区内为每种产品分配一个永久性的位置。

(2)保管

通常,仓库中货物保管的方式主要有:地面平放式,将保管物品直接堆放在地面上;托放式,将保管物品直接放在托盘上,再将托盘平放于地面;直接堆放式,在地面上直接码放堆积;托盘堆码式,将货物直接堆码在托盘上,再将托盘放在地面上;货架存放式,将货物直接码放在货架上。

仓库保管的基本要求是:

①面向通道进行保管;

②根据出库频率选定位置;

③尽可能地向高处码放,提高保管效率;

④同一品种放在同一地方;

⑤根据物品重量安排保管的位置;

⑥要注意保证商品的存放安全。

除上述一些问题以外,保管还应有温度和湿度管理,以及防尘、防臭、防虫、防鼠、防盗等问题。

(3)货物检查与盘点

①保管期间货物的检查:

在对货物保管的过程中,保管人员应对货物进行经常和定期的检查,以确保在库货物的质量完好、数量准确。

检查的内容主要有:

a.数量检查;

b.质量检查;

c.检查保管条件;

d.检查安全。

检查的方式主要有:

a.日常检查;

b.定期检查;

c.临时检查。

在检查过程中,如果保管人员发现货物发生变质或有变质迹象、数量有出入、货物出现破损等情况,应及时查明原因,通知存货人或仓单持有人及时采取措施进行处理。并对检查结果和问题作出详细的检查记录。

②货物的盘点:

货物盘点是指定期或临时核对库存商品实际数量与保管台账上的数量是否相符;查明超过保管期限、长期积压货物的实际品种、规格和数量,以便提请处理;检查商品有无质量变化、残损等情况;检查库存货物数量的溢余或缺少的原因,以利改进货物的仓储管理。

盘点内容主要有:

a.盘点数量;

b.盘点重量;

c.货账核对;

d.账与账核对;

e. 做好记录及时联系；

f. 分析问题，找出原因，及时处理。

一般情况下，对仓储货物的盘点方法主要有动态盘点法、循环盘点法、重点盘点法。所谓动态盘点法，是指在发生出库动态时，就随之清点货物的余额，并同保管卡片的记录数额相互对照核对。所谓循环盘点法，是指按照相关货物入库的先后次序，有计划地对库存保管货物循环不断地进行盘点的一种方法。即保管员按计划每天都盘点一定量的在库货物，直至库存货物全部盘点完毕，再继续下一循环。所谓重点盘点法，是指对货物进出动态频率高的，或者易损耗的，或者昂贵重要的进行盘点的一种方法。

程序4，出库

对于存入保税仓库的货物其出库的流向较为复杂，一般可分为储存后原状复出口、加工贸易提取后加工成品出口、向国内销售或使用3种情况。

（1）原物复出口

存入保税仓库的货物在规定期限内复运出境时，货物所有人或其代理人应向保税仓所在地主管海关申报，填写出口货物报关单，并提交货物进口时经海关签章确认的进口报关单，经主管海关核实后予以验放有关货物，或按转关运输管理办法将有关货物监管运至出境地海关验放出境。复出境手续办理后，海关在一份出口报关单上加盖印章，退还货物所有人或其代理人，作为保税仓库货物核销依据。

（2）加工贸易提取使用

从保税仓库提取货物用于进料加工、来料加工项目加工生产成品复出口时，经营加工贸易单位首先按照进料加工或来料加工的程序办理合同备案等手续后，由主管海关核发《加工装配和中小型补偿贸易进出口货物登记手册》。经营加工贸易单位持海关核发的《登记手册》，向保税仓库所在地主管海关办理保税仓库提货手续，填写进料加工或来料加工专用"进出口货物报关单"和"保税仓库领料核准单"。经海关核实后，在"保税仓库领料核准单"上加盖放行章，其中一份由经营加工贸易单位凭此向保税仓库提取货物；另一份由保税仓库留存，作为保税仓库货物的核销依据。

（3）转入国内销售

保税仓库的货物需转为国内市场销售时，货物所有人或其代理人应事先报主管海关核准并办理正式进口手续，填写"进口货物报关单"，其贸易性质由"保税仓库货物"转变为"一般贸易进口"。货物属于国家进口配额、进口许可证、机电产品进口管理，以及特定登记进口商品和其他进口管理商品的，需向海关提交有关进口许可证或其他有关证件，并缴纳进口关税、消费税和进口环节增值税。上述进口手续办理后，海关在进口货物报关单上加盖放行章，其中一份用以向保税仓库提取货物；另一份有保税仓库留存，作为保税仓库货物的核销依据。

货物出库的一般步骤如图2.2所示。

| 审核仓库 | → | 核对登账 | → | 配货备货 | → | 复核查对 | → | 出库交换 | → | 填单销账 |

图 2.2　出库的一般步骤

步骤 1,审核仓单

仓库接到存货人或仓单持有人出库通知后,必须对仓单进行核对。因为存货人取得仓单后,可以通过背书的方式将仓单转让给第三人;也可以分割原仓单的货物,填发两份以上新的仓单,将其中一部分转让给第三人。存货人与仓储人原来所签订的合同关系被转让部分,按规定仍适用于第三人。第三人在取得仓单后,还可以在仓库有效期内,再次转让或分割仓单。但是合同法规定,存货人转让仓储物提取权的,应当经保管人签字或盖章。

步骤 2,核对登账

仓单审核后,仓库财务人员要检查货物的品名、型号、规格、单价、数量等有无错误,收货单位、到站、银行账号等是否齐全和准确,单证上书写的字迹是否清楚、有无涂改痕迹,是否超过了规定的提货有效期等。如果核对无误后,可根据凭证所列各项内容,登入商品保管账,核销储存量,并在出库凭证上批注发货商品存放的货区、库房、货位编号以及发货后应有的储存数量。同时,收回仓单,签发仓库货物出库单,写清各项内容,连同提货单或调拨单,一起交仓库保管员查对配货。

步骤 3,配货备货

财务人员转来的货物出库凭证经复核无误后,仓库保管员按出库凭证上所列项目内容和上面的批注,到编号的货位对货,核实后进行配货。

配货的原则:先进先出;易坏先出;不利保管先出。

货物从货垛上搬下后,应整齐堆放在备货区位上,以便刷唛、复核、交付等备货作业的进行。

备货工作主要有:

①包装整理、标志重刷;

②零星货物组合;

③根据要求装托盘或成组;

④转到备货区备运。

备货时,发现有下列情况的商品,要立即与存货人或仓单持有人联系,存货人或仓单持有人认为可以出库,并在正式出库凭证上签注意见后,方可备货、出库;否则,不备货、不出库。

①没有全部到齐的一票入库商品;

②入库验收时发现的问题尚未处理的;

③商品质量有异状的。

出库货物应附有质量证明书抄件、磅码单、装箱单等。机电设备等配件产品,其说明书及合格证应随货同行。

步骤4,复核查对

备货后仓管人员应立即进行复核,以确保出库货物不出差错。复核形式有保管员自行复查、保管员互核、专职人员复核、负责人复查等。复核的内容主要包括以下几个方面:

①认真审查正式出库凭证填写的项目是否齐全,出库凭证的抬头、印鉴、日期是否符合要求,复核商品名称、规格、等级、产地、重量、数量、标志、合同号等是否正确。

②根据正式出库凭证所列项目,与备好的货物相对照,逐项复核、检查,看其是否与出库凭证所列完全相符。如经反复核对确实不符时,应立即调换,并将原错备商品标志除掉,退回原库房。

③检查包装是否破损、污染,标志、箱(包)号是否清楚,标签是否完好,配套是否齐全,技术证件是否齐备。

④需要计重、计尺的货物,要与提货人一起过磅,或根据货物的具体情况抽磅,或理论换算重量,一起检尺。要填写磅码单或尺码单,并会同提货人签字。

⑤复核结余商品数量或重量是否与保管账目、货物保管卡片结余数相符。若发现不符,应立即查明原因。

复核的目的就是要求出库货物手续完备、交接清楚,不错发,不错运。出库货物经过复核无误后,方可发运。

步骤5,出库交接

备齐货物经复核无误后,仓库保管员必须当面与提货人或运输承运人按单逐件点交清楚、分清责任、办好交接手续。自提货物待货物交清后,提货人应在出库凭证上签章;待发运货物保管员应向发运人员点交,发运人员在出库凭证上签字。发货结束,应在出库凭证发货联上加盖"发讫"或"商品付讫"戳记,并留据存查。同时,应由仓库填写出库商品清单或出门证,写明承运单位名称、商品名称、数量、运输工具和编号,并会同承运人或司机签字。出库商品清单或出门证一式三联,一联由仓库发货人员留查;二联由承运人交仓库,以便门卫查验放行;三联给承运人作为交货凭据。

步骤6,填单销账

货物交点后,保管员应在出库单上填写"实发数""发货日期"等项目内容,并签名。然后,将出库单及相关联证件资料及时交送货主,以便货主办理货款结算。保管员根据留存一联出库凭证清点货垛余数,并与账、卡核对,登记、核销实物保管明细账,账面余额应与实际库存量和货卡登记相符;出库凭证应在当日清理,定期装订成册,妥善保管;在规定时间内,转交账务人员登账复核。一批货物发完后,应根据出入库情况,对收发、保管、溢缺数量和垛位安排等情况进行分析,总结经验,改进工作,并把这些资料整理好,存入商品保管档案,妥善保存,以备日后查用。

保税仓库货物应按月向主管海关办理核销。经营单位于每月的前五天将上月所发生的保税仓库货物的入库、出库、结存等情况列表报送主管海关,并随附经海关签章的进口、出口报关单及"保税仓库领料核准单"等单证。

主管海关对保税仓库入库、出库报表与实际进口、出口报关单及领料单进行审核，必要时派员到仓库实地核查有关记录和货物结存情况，核实无误后予以核销，并在一份保税仓库报表上加盖印章认可，退还保税仓库经营单位留存。

本章小结

国际物流仓储业务是由于国际商品流通的产生和发展而发展起来的，没有商品的存储，也就没有国际货物的流通。因此，仓储业在国际货物流通，即国际物流中有着重要的地位和作用。保税仓库是指经海关核准的专门存放保税货物的专用仓库。根据国际上通行的保税制度要求，进境存入保税仓库的货物可暂时免纳进口税款，免领进口许可证或其他进口批件，在海关规定的存储期内复运出境或办理正式进口手续。为促进本国、本地区经济的发展，各国都对设立在本国境内的保税区、保税仓库规定了暂时免纳进口税款、免领进口许可证或其他进口批件的一系列优惠政策，但同时也加强了对保税区、保税仓库的海关监管。因此，对于进出保税区、保税仓库的货物分别制订了不同的监管措施，保税区、保税仓库的国际货物仓储业务运作的基本程序也就与一般仓储业务的运作程序有了很大不同。

知识检测

1. 名词解释题

保税仓库　保税区

2. 单项选择题

(1) 允许在区内经营保险、金融、旅游、展销等业务的是(　　)。

A. 对外贸易区　　　B. 自由口岸　　　C. 保税区　　　D. 保税展厅

(2) 保税区内规定(　　)。

A. 不交税　　　B. 不交出口税　　　C. 不交进口税　　　D. 不交关税

(3) 不属于自建仓库仓储的优点的是(　　)。

A. 可以更大地控制仓储

B. 满足了企业在库存高峰时大量额外地库存需求

C. 长期仓储时成本较低

D. 可以为企业树立良好形象

(4)在一国境内设置的、由海关监管的特定区域,具有关税豁免和自由进出两大特点的是(　　)。

A. 对外贸易区　　　　B. 保税区　　　　C. 保税仓库　　　　D. 保税展厅

(5)国务院批准设立的我国第一个保税区是(　　)。

A. 上海外高桥保税区　　　　　　　　B. 深圳福田保税区

C. 盐田港保税区　　　　　　　　　　D. 苏州工业园综合保税区

3. 多项选择题

(1)保税仓库的类型包括(　　)。

A. 公用型保税仓库　　　　　　　　　B. 专用保税仓库

C. 自用型保税仓库　　　　　　　　　D. 海关监管仓库

E. 中转仓库

(2)国际货物仓储业务的作用主要有(　　)。

A. 调整生产和消费在时间上的间隔　　B. 保证进入市场的商品质量

C. 加速商品周转和流通　　　　　　　D. 调节商品价格

E. 调节运输工具载运能力的不平衡

(3)根据外贸仓库在商品流通中的用途可以将外贸仓库分为(　　)。

A. 口岸仓库　　　　　　　　　　　　B. 中转仓库

C. 储存仓库　　　　　　　　　　　　D. 保税仓库

E. 加工仓库

4. 思考题

(1)保税仓库、存储货物的范围是什么?

(2)在对货物保管的过程中,保管人员应对货物进行经常和定期的检查,以确保在库货物的质量完好、数量准确,请问检查的内容主要有哪些?

(3)保税仓库的作用有哪些?

任务训练

任务名称

保税仓库提货流程模拟训练。

训练目的

保税仓库提货流程与普通仓库提货流程存在很大的不同,它涉及办理合同登记备案、申请开设保证金台账、办理提货手续时需填写进料加工或来料加工专用"进口货物报关单"和"保税仓库领料核准单"等一系列手续,学生通过完成该项任务熟悉保税仓库提货流程和所需办理的手续。

应用工具

《中华人民共和国海关进口货物报关单》《中华人民共和国海关出口货物报关单》《外商投资企业进料加工业务申请表》《进口料件申请备案清单》。

背景材料

从保税仓库提取货物用于进料加工、来料加工项目加工生产成品,按照进料加工、来料加工的申请程序,办理有关手续。

注意规则

加工贸易进口货物报关单位应按《中华人民共和国海关进口货物报关单填制规范》的要求填写,并注意以下几点:

①一份报关单只能填写一本《登记手册》项下料件的进口或成品的出口;否则,应分单填报。

②备案号栏应填报实际进口或出口的手册编号。

③贸易方式栏应根据实际情况按规定选择相应的贸易方式填报,包括来料加工、进料对口、进料非对口、三资进料加工等贸易方式。

④企业所申报进口或出口货物的序号、品名、规格、计量单位必须与在海关备案的加工贸易登记手册上的进口料件或出口成品的序号、品名、规格、计量单位完全一致。

⑤进口料件的基本情况填在登记手册的"进口料件报关登记表"栏内。

⑥出口成品的基本情况填在登记手册的"出口成品登记表"栏内。

实施步骤

步骤1,办理合同登记备案。向对外贸易主管部门申请加工贸易合同审批,然后持国务院有关主管部、委或省、自治区、直辖市、计划单列市对外经济贸易管理机关以及它们授权的管理部门或有关主管部门颁发的《加工贸易合同批准证》,连同加工贸易合同副本或订货卡片,向主管海关办理备案手续,并由海关核发《加工贸易登记手册》。

步骤2,申请开设保证金台账。根据银行保证金台账制度的有关规定,向海关所在地的指定银行申请开设银行保证金台账。目前,中国银行是唯一授权办理开设加工贸易进口料件银行保证金台账业务的银行,其他银行均不受理该项业务。

步骤3,办理提货手续。持海关核发的《登记手册》向保税仓库所在地主管海关办理保税仓库提货手续,填写进料加工或来料加工专用"进口货物报关单"和"保税仓库领料核准单"。

步骤4,提货。经海关核实后,在"保税仓库领料核准单"上加盖放行章,凭此可向保税仓库提取货物。

第3章　国际货物进出口报检报关业务

学习目标

- 掌握我国海关的基本情况。
- 掌握我国货物进出口报检流程。
- 掌握我国货物进出口报关流程。
- 掌握我国货物进出口报关报检活动相关概念、时限及报关报检活动作业过程中的相关注意事项。

职业能力

- 熟悉我国货物进出口报关程序,能代表进出口货物所有人及其代理人办理货物进出口报关业务。
- 熟悉我国货物进出口报检程序,能代表进出口货物所有人及其代理人办理货物进出口报检业务。
- 能熟练完成进出口报关报检系列单证的填报工作。

案例导入

最早的外国海关机构出现在公元前5世纪中叶古希腊城邦雅典。11世纪以后,西欧威尼斯共和国成立以"海关"命名的机构即威尼斯海关。在漫长的封建社会,各国除继续在沿海、沿边设置海关外,在内地水陆交通要道也设置了许多关卡。

我国海关的产生,具有悠久的历史。从历史文献上看,我国海关的起源可以远溯到约3 000年前的西周。到了春秋战国时期,当时古籍中已有许多关于"关"和"关市之征"的记录。

秦统一中国后,建立了中央集权的国家机构,这时诸侯国国界消失,有些关撤销或成为内地关,但陆地边境的关仍然存在。秦朝一些边防城镇的郡守和边关的关都尉,负有军事防卫和管理贸易的双重职能。汉王朝国内不设关禁,商货通行无阻,但为防止匈奴入侵,严禁铜铁兵器出关,对商人和使节所带货物,均不征税。当时甘肃的玉门关、阳关都是著名的边关。

唐代开始,在沿海口岸设市舶使(司),以监管海上进出口货物和船舶,征收关税。

宋、元、明各朝代均沿袭了唐代的市舶使制度,建立提举市舶司,除征收关税外,还直接管理对外贸易,其职能比较广泛。元代制定的《市舶抽分则例》,可以说是我国最早较完备的海关法和海关税则,市舶使(司)已具有近代海关的特征。

清初实行海禁,30年间片帆不准入海,违者处死。康熙22年(1683年)海禁开放,虽设立了海关,但对海外贸易和国际交往加以限制,实行闭关政策。1685年(清康熙24年),清政府在广州、漳州(厦门)、宁波、江南(上海)四处设立海关,正式称为粤海关、闽海关、浙海关、江海关。"海关"之称,从此开始。

明朝时,中国海外贸易繁盛,如果沿着这个道路走下去,中国可能要领先于西欧进入工业革命时代。但是,清朝的锁国政策却阻断这一趋势的发展,中国的海关真的把自己"关"起来了,隔绝于世界,中国在世界上开始落伍了。由此看出,海关的兴衰已直接影响了中国的发展趋势。正是,海关兴则国家兴,海关衰则国家衰。

3.1 认识国际货物进出口报检报关业务

3.1.1 认识海关

海关由来已久,早在上古西周时期,即存在古代形式的海关——关。我国正式的海关始创于清朝康熙年间,在我国大陆沿岸及陆路边疆对外通商地点,主要行使征收关税职能,最多时设有40多个海关。经过几千年的发展,海关已经成为国家管理体系中的一个重要环节。

"关"和"海关"都是国家主权的象征。海关英文名称为 customs 或 custom-house。现代海关是指依法进行进出口监督管理的国家行政机关。海关对内、对外代表国家行使行政管理权,是国家行政管理机关,具有组织、指挥、协调和监督的管理职能。

1)海关的基本性质

《中华人民共和国海关法》第二条规定,"中华人民共和国海关是国家进出关境的监督管理机关。"这一规定明确将海关的性质以法律形式确定下来了。

海关的性质可以从以下3个方面理解:

第一,海关是国家的监督管理机关,代表国家独立地行使监督管理权,海关权力来源于国家的授权。海关对外维护国家的主权和利益,对内则体现了国家、全社会的整体利益。

第二,海关实施监督管理的范围是进出关境的活动。即海关行政管理的内容是进出境过程中包括进出境运输工具、货物、物品及其相关进出境行为,并且海关对相关行为的管理是严格限制在进出境环节之内的,与进出境活动无关的任何行为均不属于海关管辖范围之内。

第三,海关是一个行政执法部门。海关根据法律赋予的权利,对特定范围内的社会经济活动进行监督管理,并对违法行为依法实施行政处罚,以保证这些社会经济活动按照国家法律规范进行。

2) 海关的基本任务

海关的任务是由海关的性质决定的,《海关法》明确规定了海关的四项基本任务,即监管进出关境的运输工具、货物、行李物品、邮递物和其他物品(以下简称监管),征收关税和其他税费(以下简称征税),查缉走私和编制海关统计。

(1)监管

海关监管是海关依据《海关法》及相关法律、法规规定的权力,对进出境运输工具、货物、物品及相关进出境行为,适用不同管理制度而采取的一种行政管理行为,其目的是为保证一切进出境活动符合国家政策和法律的规范,维护国家主权和利益。根据监管对象的不同,海关监管分为对货物的监管、对物品的监管和对运输工具的监管三大体系,每个体系都有不同的管理程序与方法。

监管是海关最基本的任务,是四项任务的基础,海关其他任务都是在监管任务基础上发展起来的。

(2)征税

进出口税费是指由海关代表国家对准许进出口的货物、进出境物品征收的一种间接税,包括关税、消费税、增值税、船舶吨税及海关监管手续费等进出口环节中海关依法征收的税、费,其中增值税、消费税、船舶吨税属于海关代征的进口环节税。

(3)查缉走私

查缉走私是海关为保证顺利履行进出境监督管理职能而采取的保障措施。查缉走私是海关依照法律赋予的权力,在海关监管区和附近的沿海沿边规定地区,为预防、打击、制止走私行为,以实现对走私活动的综合治理而采取的各项活动。

新修订的《海关法》第五条规定,"国家实行联合缉私、统一处理、综合治理的缉私体制。海关负责组织、协调、管理查缉走私工作。"从法律上明确了海关打击走私的主导地位以及在打击走私的工作中不同部门的地位和作用。海关是打击走私的主管机关,查缉走私是海关一项重要任务。

(4)编制海关统计

海关统计是以实际进出口货物作为统计和分析的对象,通过搜集、整理、加工处理进出口货物报关单或经海关核准的其他申报单证,对进出口货物的不同指标分别进行统计和分析,全面、准确地反映对外贸易的运行态势,及时提供统计信息和咨询,反映国家对外贸易方针、政策施行的实际情况,以便实施有效的统计监督,促进对外贸易的顺利发展。我国现在正式对外公布的进出口统计数据就是以海关提供的统计资料为基础的。

以上海关四项基本职能构成了海关对进出境活动的相辅相成的监督管理体系,监管职能是基础,征税、查私、统计等职能一方面体现了监管职能的要求,同时也为监管职能的实现提供了有力的保障。

3.1.2　认识进出境报关活动

《中华人民共和国海关法》第八条规定,"进出境运输工具、货物、物品,必须通过设立海关的地点进境或出境。"因此,由设关地进出境并办理规定的海关手续是运输工具、货物、物品进出境的基本原则,也是进出境运输工具负责人、进出口货物收发货人、进出境物品的所有人的一项基本义务。

报关是指进出口货物收发货人、进出境运输工具负责人、进出境物品所有人或者他们的代理人向海关办理货物、物品或运输工具进出境手续及相关海关事务的过程,包括向海关申报、交验单据证件,并接受海关的监管和检查等。报关是履行海关进出境手续的必要环节之一。

1)报关对象

报关涉及的对象可分为进出境的运输工具和货物、物品三大类。由于性质不同,其报关程序各异。

①进出境运输工具。它是指用以载用人员、货物、物品进出境,并在国际间运营的各种境内或境外船舶、车辆、航空器和驮畜等。运输工具如船舶、飞机等通常应由船长、机长签署到达、离境报关单、交验载货清单、空运单、海运单等单证向海关申报,作为海关对装卸货物和上下旅客实施监管的依据。

②进出境货物。它是指一般进出口货物、保税货物、暂准进出境货物、特定减免税货物,以及过境、转运、通用和其他进出境货物。

③进出境物品。它是指进出境的行李物品、邮递物品和其他物品。以进出境人员携带、托运等方式进出境的物品为行李物品;以邮递方式进出境的物品为邮递物品;其他物品主要包括享有外交特权和豁免的外国机构或者人员的公务用品和自用物品等。

2)报关时限

进出口货物的报关时限在《海关法》中有明确的规定,而且出口货物报关期限与进口货物报关期限是不同的。

根据《海关法》规定,出口货物的发货人除海关特批外,应当在装货 24 h 以前向海关申报。作出这样的规定是为了在装货前给海关充足的查验货物的时间,以保证海关工作的正常进行。如果在这一规定的期限之前没有向海关申报,海关可以拒绝接受通关申报。因此,应该及早地向海关办理申报手续,做到准时装运。

根据《海关法》规定,进口货物的报关期限为自运输工具申报进境起 14 天内。进口货物的收货人或其代理人超过 14 天期限未向海关申报的,由海关征收滞报金。滞报金的日征收金额为进口货物到岸价格的 0.05%。进口货物滞报金期限的起算日为运输工具申报进境之日起第 15 日;邮运的滞报金起收日期为收件人接到邮局通知之日起第 15 日;转关运输的滞报金起收日期有两个,一是运输工具申报进境之日起第 15 日,二是货物运抵指运地之日起第 15 日,两个条件只要满足一个,即征收滞报金。如果两个条件均满足则要征收两次滞报金。进口货物自运输工具申报进境之日起超过 3 个月还没有向海关申报的,其进口货物由海关提取变卖处理。如果属于不宜长期保存的,海关可根据实际情况提前处理。变卖后所得价款在扣除运输、装卸、储存等费用和税费后尚有余款的,自货物变卖之日起 1 年内,经收货人申请,予以发还,逾期无人申领,上缴国库。

3)进出口货物报关单

进出口货物报关单是由海关总署规定统一格式和填制规范,由进出口货物收发货人或其代理人填制并向海关提交的申报货物情况的法律文书。它是海关依法监管货物进出口、征收关税及其他税费、编制海关统计以及处理其他海关业务的重要凭证。

根据《海关法》,进出口货物报关单有"纸质报关单"和"电子报关单"两种形式,两者具有同等的法律效力。在一般情况下,申报人应同时采用纸质报关单和电子数据报关单向海关申报,并且确保两者申报内容一致。在特定条件下,海关可以免除申报人同时采用纸制报关单和电子数据报关单向海关申报的义务,批准申报人单独采用纸制报关单或电子数据报关单向海关申报。

报关单的内容主要是根据海关监管、征税及统计等工作需要而设置的,由预录入编号、海关编号、进口口岸/出口口岸、备案号、进口日期/出口日期、申报日期、经营方式等 47 个数据项组成。

3.1.3 认识出入境报检活动

出入境检验检疫活动在国家涉外经济贸易中的地位十分重要,直接影响到社会公共利益和进出口贸易各方的合法权益,直接关系到人类生命和动植物的健康及国际生态环境。全国人大先后制定了《商检法》《检疫法》《国境卫生检疫法》《食品卫生法》,有关机构也分别制定了相应的法规和实施条例,确定了出入境检验检疫的内容、程序、执法机构职能、权限和法律责任。

为提高工作效率,国家质检总局推行了"三电工程",即企业与检验检疫机构间的"电子申报"、检验检疫机构内地与口岸的"电子转单"和检验检疫机构与海关间的"电子通关",进一步规范了检验检疫行政执法,促进了对外经济贸易的发展。

1)出入境检验检疫概述

(1)出入境检验检疫概念

出入境检验检疫是国家质量监督检验检疫总局作为政府的一个执行部门,以保护国家整体利益和社会效益为衡量标准,以法律、行政法规、国际惯例或进口国的法规要求为准则,对出入境货物、交通运输工具、人员及事项进行检验检疫、管理及认证,并提供官方检验检疫证明、居间公证和鉴定证明的全部活动。

在狭义上,出入境商品检验检疫是指国家质检总局和下属机构对出入境货物进行检验检疫、管理认证、公证、鉴定证明的全部活动。

(2)出入境检验检疫机构

国务院设立中华人民共和国国家质量监督检验检疫总局(AQSIQ)主管全国出入境商品检验检疫、动植物检验检疫、国境卫生检验检疫工作。国家质检部门设在全国各地的直属检验检疫局、商检机构和办事处管理所辖地区进出口商品检验检疫工作。

图 3.1 国家质量监督检验检疫部门结构图

(3)出入境检验检疫内容

出入境商品检验检疫的内容根据出入境商品的不同而有不同要求,通常包括:商品质量、商品规格、商品数量、商品重量、包装检验、卫生检验、安全性能检验等。

2)中国出入境检验检疫业务种类

(1)出入境商品检验

出入境商品检验是指出入境检验检疫机构依《商检法》,对列入国家质量监督检验检疫总局制定、调整并公布的《实施检验检疫的进出口商品目录》(简称《法检目录》)的进出口商品,进行出入境商品检验检疫活动。

(2)出入境动植物检疫

出入境动植物检疫是为防止动物传染病、寄生虫病和植物危险性病、虫、杂草以及其他有害生物传入、传出国境,保护农、林、牧、渔业生产和人体健康,而实施的出入境动植物产品和其他检疫物,装载动植物、动植物产品和其他检疫物的装载容器、包装物,以及来自动植物疫区的运输工具的检验检疫。它是指进出境检验检疫机构依《检疫法》和《进出境动植物检疫法实施条例》的有关规定,对动植物及相关物实施检疫和监督管理的行为。

(3)国境卫生检验检疫

国境卫生检验检疫是为防止传染病由国外传入或者由国内传出,保护人体健康而对入境、出境的人员、交通工具、运输设备以及可能传播检疫传染病的行李、货物、邮包等物品实施的检验检疫。

3.2 国际货物报检业务基本程序

进出口商品报检是指进出口商品的外贸关系人包括生产单位、经营单位、进出口商品的收发货人和接运单位,按相关法律规定,对法定检验检疫的进出境货物,向检验检疫机构申请办理检验、检疫、认定和鉴定的手续。

3.2.1 出入境货物的检验原则

"先检验检疫,后放行通关"原则:即法定检验检疫的进出境货物收发货人或其代理人向检验检疫机构报检,检验检疫机构受理及收费后,转检验检疫部门实施必要的检验、检疫、消毒、熏蒸、卫生除害等。对产地和报关地一致的出境货物,检验合格的出具《出境货物通关单》;对产地和报关地不一致的出境货物出具《出境货物换证凭单》,由报关地检验检疫机构换发《通关单》;出境货物检验检疫不合格的出具《出境货物不合格通知单》。

3.2.2 出入境货物的检验时限

出境货物最迟在出口报关或装运前七天报检,个别检验检疫周期长的货物,应留有相应的检验检疫时间。

输入植物、种子、种苗及其他繁殖材料的,应在入境前七天报检;输入微生物、人体组织、生物制品、血液及制品、种畜、禽及精液、胚胎、受精卵应当在入境前30天报检;输入其他动物的,应在入境前15天报检。

需隔离检疫的出境动物在出境前60天预报,隔离前7天报检。

3.2.3 出入境货物的报检程序

目前,我国进出口货物的报检程序主要包括:报检、抽样、检验和领取证书四个环节。具体流程如图3.2所示。

图3.2 报检业务程序

1)报检

进出口报检是指对外贸易关系人向检疫机构申请检验。报检也称报验,凡属检疫范围内的进出口商品,都必须报检。

报检人在报检时应填写规定格式的报检单,加盖报检单位印章,提供与出入境检验检疫有关的单证资料,并按规定交纳检验检疫费。

(1)电子报检

电子报检是指报检人使用报检软件通过检验检疫电子业务服务平台将报检数据以电子方式传输给检验检疫机构,经检验检疫业务管理系统和检务人员处理后,将受理报检信息反馈给报检人,实现远程办理出入境检验检疫报检的行为。

进出口检验检疫中,电子报检成为了实施"电子申报、电子监管、电子放行"新"三电"工程中的重要组成部分。

电子报检单位通过安装企业端电子申报软件将报检数据经互联网进入检验检疫综合管理系统,相关检验检疫机构对报检数据的审核采取"先机审,后人审"的程序进行,对报检数据企业发送电子报检数据,电子审单中心按计算机系统数据规范和有关要求对数据进行自动审核,对不符合要求的,反馈错误信息;符合要求的,将报检信息传输给受理报检人员,受理报检人员人工进行再次审核,符合规定的将成功受理报检信息同时反馈报检单位和施检部门,并提示报检企业与相应的施检部门联系检验检疫事宜。

(2)报检范围

一是,国家法律、法规规定必须由出入境检验检疫机构进行检验检疫的。如列入《出入境检验检疫机构实施检验检疫的出入境商品目录》的商品。

二是,输入国家或地区规定必须凭检验检疫机构出具的证书才准入境的。

三是,有关国际公约规定必须检验检疫的。

四是,申请签发原产地证明书或普惠制原产地证明书的。

2)抽样

检验检疫机构接受报检后,须及时派人到货物堆存地点进行现场检验鉴定。其内容包括货物的数量、重量、包装、外观等项目。现场检验一般包括采取国际贸易中普遍使用的抽样法(个别特殊商品除外)。抽样时,须按规定的抽样方法和一定的比例随机抽样,以便样品能代表整批商品的质量。

抽样工作是一项既细致又繁重的任务,进出口商品种类繁多,情况复杂,给抽样工作带来困难。为了切实保证抽样工作的质量,同时又要便利对外贸易,必须针对不同商品的不同情况,灵活地采用不同的抽样方式,才能较好地完成抽样任务。常用的抽样方式有以下几种:

(1)生产过程中的抽样

有些出口商品,如冰蛋、罐头等,可在生产加工过程中,根据生产批次,按照规定要求,随生产随抽样,以保证代表性,检验合格后进行包装。

(2)包装前的抽样

为了避免出口商品抽样时的拆包损失,特别是对用机器打包的商品在批次分清的前提下,采取在包装前进行抽样的方法。

（3）出厂、进仓时的抽样

在仓容紧张、翻垛困难的情况下，对出口商品可事先联系安排在出厂时或进仓时进行抽样，同时加强批次管理工作。

（4）登轮抽样

进口大宗商品，如散装谷物、铁矿砂等，采取在卸货过程中登轮抽样的办法，可随卸货进度，按一定的比例，抽到各个部位的代表性样品，然后经过混合、粉碎、缩分，取得代表性的检验样品。

（5）甩包抽样

如进口大批量的橡胶，按规定以 10% 抽样，采取在卸货过程中，每卸 10 包甩 1 包，供抽样用，既可使抽样工作便利，又能保证样品的代表性。

（6）翻垛抽样

抽口商品在仓库中密集堆垛，难于在不同部位抽样时，如有条件应适当翻垛，然后进行抽样，这种方法比较费劲。

（7）装货时抽样

出口大宗散装商品，有条件的可在装船时进行抽样。如原油用管道装货时，可定时在管道中抽取样品；出口食盐在装船时每隔一小时抽样一次，这种样品的代表性都很好。但采用这种方式时必须事先研究，出口商品的品质必须能符合出口合同的要求，或是按检验机构的实际检验结果出证进行结算的才适用；否则，在装船时发生检验不合格，就难以处理。

（8）开沟抽样

对于散装矿产品，如氟石、煤炭等，都是露天大垛堆存，抽样困难，且品质又不够均匀，一般视垛位大小，挖掘 2~3 条深 1 米的沟，以抽取代表性样品。

（9）流动间隔抽样

大宗矿产品抽样困难，可结合装卸环节，在输送带上定时抽取有足够代表性的样品。

无论采取上述哪种形式的抽样，所抽取的样品必须遵循能代表整批商品的品质的基本抽样原则。

3）检验

进出口货物的商品检验是由检验部门使用从感观到化学分析、仪器分析等各种技术手段，对出口商品进行检验。根据进口商品登记规定，进口商品的检验分两大类：

一类是列入《种类表》和合同规定由我国商检机构检验出证的进口商品。进口商品到货后，由收货、用货或其代理接运部门立即向口岸商检机构报验，填写进口货物检验申请书，并提供合同、发票、提单、装箱单等有关资料和单证，检验机构接到报验后，对该批货物进行检验，合格后，在进口货物报关单上加盖印章，海关据此放行。

另一类是不属上一类的进口商品,由收货、用货或代理接运部门向所在地区的商检机构申报进口商品检验,自行检验或由商检机构检验,自行检验须在索赔期内将检验结果报送商检机构。若检验不合格,应及时向商检机构申请复验并出证,以便向外商提出索赔。

根据我国《进出口商品免验办法》规定,凡列入《商检机构实施检验的进出口商品种类表》和其他法律、行政法规规定须经检验机构检验的进出口商品,经收货人、发货人申请,国家检验部门审查批准,可以免予检验。

获准免验进出口商品的申请人,凭有效的免验证书、合同、信用证及该批产品的厂验合格单和原始检验记录等,到当地检验机构办理放行手续,并缴纳放行手续费。对需要出具商检证书的免检商品,检验机构可凭申请人的检验结果,核发商检证书。

4)领取证书

对于出口商品,经检验部门检验合格后,报检员可以领取《出境货物通知单》并凭其进行通关。如合同、信用证规定由检疫部门检验出证,或国外要求签发检验证书的,应根据规定签发所需证书。

对于进口商品,经检验后签发《入境货物通关单》进行通关。凡由收、用货单位自行验收的进口商品,如发现问题,应及时向检验检疫机构申请复验。如复验不合格,检疫机构即签发检验证书,以供对外索赔。

(1)领取商检证书

检验检疫证书是由政府机构或公证机构对进出口商品检验检疫或鉴定后,根据不同的检验结果和鉴定项目出具并签署的书面声明,证明货物已检验达标并评述检验结果的书面单证。

检验机构在对出口商品检验后,对检验合格的商品,按照对外合同、信用证、有关国际规定或报检人员的要求,可出具各类商检证书。

检验检疫证书的印制,由国家质检总局的法规与综合业务司负责对全过程的监督管理实行统一管理、统一印制证书、统一刻制印章。并与单证的征订分发及承印等部门建立了"三位一体"的单证印制管理体制。

(2)领取商检证单

检验机构签发的有关商检证单有利于出口商品在国内有关部门办理手续或方便检验机构之间的沟通情况,简化检验程序。

根据进出境货物的不同检验检疫要求和不同的鉴定项目及不同作用,我国检验检疫机构签发的检验检疫证书、凭单、监管类证单、报告单和记录报告的种类共有 85 种之多。

为提高检验检疫工作效率和通关速度,国家检验检疫机构于 2000 年进行了检务改革,实现了"五个统一",即检验检疫通关方式统一、签证流程的统一、证书格式内容的统一、证书印制管理的统一和综合业务计算机管理系统的统一;实施了"六个一次",即一次报检/申报、一次计费、一次抽样、一次检验检疫、一次处理和一次放行的工作模式。

3.3 国际货物报关业务基本程序

3.3.1 不同性质货物适用的报关程序

进出口货物报关程序是为了确保进出口货物合法进出境,海关根据有关法律法规的不同规定,对进出口货物的报关规定了一系列的特定手续和步骤,要求报关人在报关活动中必须遵循。

在报关过程中,不同通关制度下的货物在报关程序上的适用会有所不同,一般进出口货物只需要通过进出境报关程序即可完成全部报关活动。但对于保税、特定减免税、暂准(时)进出口等货物,除了进出境程序外,在货物实际进出境前,一般需要前期报关程序,办理相关的备案、申请手续;在货物实际进出境后,需经过后续报关程序,办理相应的核销、销案及解除海关监管手续后才能完成全部报关活动。

根据时间和先后顺序和海关管理要求的不同,进出境货物的报关一般分为前期报关程序、进出境报关程序和后续报关程序3个部分。

表 3.1 不同性质货物适用的报关程序

项 目	前期报关	进出境报关	后续报关
一般进出口货物	无	申报	无
保税进出口货物	登记备案	查验	核销管理
减免税进出口货物	资格认定	征税	解除监管
暂时进出口货物	备案、担保	放行	核案、退保

前期报关程序一般要在进出口货物在实际进出境前向海关办理,其主要内容是进出口货物收发货人或其代理人向海关说明有关进出口货物的情况,申请适用特定的报关程序。这一环节根据通关制度的不同,主要有加工贸易备案申请、特定减免税进口货物的减免税申请、暂准(时)进出口货物的备案、担保申请等海关手续。

进出境报关程序是进出口货物在进出境环节需向现场海关履行的手续,这一环节主要包括申报、陪同查验、缴纳税费、提收或装运货物等海关手续,需要在货物实际进出境时向海关办理,进出境报关程序是任何通关制度下的进出口货物都必须履行经过的通关环节,只是由于进出口货物自身的情况导致不同的通关制度下适用的具体情况会有所不同。

后续报关程序则主要是进出口货物实际进境以后,进出口货物收发货人或其代理人根据海关管理的要求向海关办理旨在证明有关进出口货物合法进出口、在境内合规使用并已经完结有关海关监管业务的手续,这一环节主要有加工贸易核销、暂准(时)进出口货物担保的销案和特定减免税进口货物解除海关监管等海关手续。

3.3.2 普通货物进出境报关程序

目前,我国普通货物进出境报关程序主要包括申报、配合查验、缴纳税费和海关放行四个环节。其报关程序如图 3.3 所示。

申报 ➡ 配合查验 ➡ 缴纳税费 ➡ 结关放行

图 3.3 报关业务基本程序

1)申报

申报是进出口货物的收发货人、受委托的报关企业,依照《海关法》以及有关法律、行政法规和规章的要求,在规定的期限、地点,采用电子数据报关单和纸制报关单的形式,向海关报告实际进出口货物的情况,并接受海关审核的行为。

申报是办理进出口货物进出境通关手续的第一个环节,申报是整个通关环节的基础。如实申报是申报环节的基础,即是在海关规定的时间、地点进行申报,按海关规定的形式进行申报,按照实际进出口货物的情况进行申报。

(1)进口货物的申报时间

《海关法》第二十四条规定,"进口货物的收货人应当在自运输工具进境之日起 14 日内"向海关申报,最后一天为法定节假日的,顺延至节假日结束后的第一个工作日。

进口货物的收货人及其代理人超过规定期限未向海关申报的,自申报期限到期之日起,到申报日止,每天向海关缴纳相当于进口货物完税价格 0.05% 的滞报金。

按海关法的有关规定,进口货物的收货人及其代理人自运输工具申报进境之日起超过 3 个月未向海关申报的,其进口货物由海关依法提取变卖处理。

(2)出口货物的申报时间

根据海关法的规定,出口货物的发货人除海关特准外应当在货物运抵海关监管区后,装货的 24 h 以前,向海关申报。

(3)提前申报

经海关批准,进出口货物的收发货人、受委托的报关企业可以在取得提(运)单或载货清单数据后,向海关提前申报。在进出口货物的品名、规格、数量等已确定无误的情况下,经批准的企业可以在进口货物启运后、抵港前或出口货物运入海关监管场所前 3 日内,提前向海关办理报关手续。

(4)集中申报

特殊情况下,经海关批准,进出口货物的收发货人、受委托的报关企业可以自装载货物的运输工具申报进境之日起 1 个月内向指定海关办理集中申报手续。

2) 申报步骤

普通货物进出口申报步骤如图 3.4 所示。

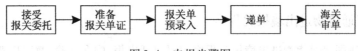

图 3.4　申报步骤图

步骤 1,接受报关委托

如果进出口货主需物流公司代理报关时,物流公司应要求其出具《报关委托书》。委托书应载明委托人和被委托人双方的企业名称、海关注册登记编码、地址、法定代理人姓名以及代理事项、权限、期限、双方责任等内容,并加盖双方单位公章。

步骤 2,准备报关单证

为了做到依法如实申报,进出口货物的收发货人及其代理人必须认真检查申报必备的单证,检查内容主要是单证是否齐全、准确、有效,单证是否一致。准备的单证包括基本单证、特殊单证和预备单证三类。

基本单证是与进出口货物直接相关的商业和货运单证,主要包括发票、装箱单、提(装)货凭证或运单、包裹单、出口收汇核销单、海关签发的进出口货物减税、免税证明。

特殊单证是国家有关法律规定实行特殊管制的证件,主要包括配额许可证管理证件(如配额证明、进出口货物许可证等)和其他各类特殊管理证件(如机电产品进口证明文件、商品检验、动植物检疫、药品检验等)。

预备单证是在办理进出口货物手续时,海关认为必要时查阅或收取的单证,包括贸易合同、货物原产地证明、委托单位的工商执照证书、委托单位的账册资料及其他有关单证。

步骤 3,报关单预录入

《中华人民共和国海关对报关单位和报关员的管理规定》的第 19 条规定,在实行计算机报关的口岸,专业报关和代理报关单位、自理报关单位或报关员应当负责将报关单上申报的数据录入电子计算机,并将数据、内容传送到海关报关自动化系统,海关方予接受申报。

报关员手工填制报关单后,交给报关现场的预录入中心,预录入中心以此为依据将报关单数据输入电脑,形成电子数据并传输至管辖地海关审单中心,海关审单中心经审核无误后,数据返回报关现场的预录入中心,这时候就可以打印出正式的报关单,随附相关单证后,向现场海关提交。

步骤 4,递单

报关单位在完成报关的预录入后,应将准备好的报关随附单证及按规定填制好的进出口货物报关单正式向进出口口岸海关递交申报。

海关审结电子数据报关单后,进出口货物的收发货人、受委托的报关企业应当自接到海关"现场交单"或"放行交单"通知之日起 10 日内,持打印出的纸制报关单,备齐规定的随附单证并签名盖章,到货物所在地海关递交书面单证并办理相关海关手续。

步骤5,海关审单

海关审单是海关工作人员通过审核报关员递交的报关单及其随附有关单证,检查判断进出口货物是否符合《海关法》和国家的相关政策、法令的行为。审核单证是海关监管的第一个环节,它不仅为海关监管的查验和放行环节打下了基础,也为海关的征税、统计、查私工作提供了可靠的单证和资料。

3)配合查验

《海关法》第二十八条明确规定,"进出口货物应当接受海关查验。"海关查验货物时,进口货物的收货人、出口货物的发货人应当到场,并负责搬移货物,开拆和重封货物的包装。海关认为必要时,可以进行开验、复验或者提取货样。

陪同查验的时间和地点由海关决定。进口货物陪同查验的时间一般在海关接受进口申报以后提取货物以前,出口货物陪同查验的时间一般在海关接受出口货物申报之后装运货物以前。陪同查验的地点一般在海关监管区内,在进出境口岸码头、车站、机场、邮局或海关的其他监管场所。

海关查验的方式一般分为彻底查验、抽查和外形查验这3种。

①彻底查验。即是对货物逐件开箱、开包查验。对货物的品名、规格、数量、重量、原产地、货物状况等逐一与申报的数据进行详细核对。

②抽查。即按一定的比例,对货物有选择地开箱、开包查验。

③外形查验。即对货物的包装等进行核查、核验。

海关在使用上述方式进行查验的同时,还结合使用地磅、X光机等设施和设备进行查验活动。

海关认为必要时,可以依法对已经完成查验的货物进行复验,即第二次查验。海关复验时,进出口货物收、发货人或其代理人仍然应当到场,配合查验。

配合查验的一般步骤如图3.5所示。

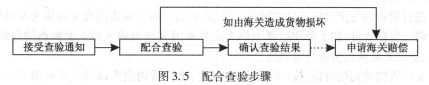

图3.5　配合查验步骤

步骤1,接受查验通知

在接到海关的查验通知后,企业应当向海关的查验部门办理确定查验的具体地点和具体时间的手续。查验一般在海关监管区内进行。对进出口的大宗散货、危险品、鲜活商品、落驳运输的货物,经货物收、发货人或其代理人申请,海关也可同意在装卸作业的现场进行查验。在特殊情况下,经货物收、发货人或其代理人申请,海关可派员到海关监管区以外的地方查验货物。

步骤2,配合查验

海关进行查验时,进出口货物的收发货人及其代理人应当在场陪同,并按海关要求提供相关单证,回答海关提出的问题。海关查验完毕后,陪同查验的进出口货物的收发货人及其代理人负有对货物搬移和重封包装的责任。

步骤3,确认查验结果

查验完毕后,海关实施查验的报关员应当填写《海关进出境货物查验记录单》一式两份。配合海关查验的报关员应当注意阅读查验记录是否如实反映查验情况。配合查验的报关员审阅查验记录准确清楚的,应即签字确认。至此,配合海关查验结束。

海关在查验中如需要提取货样作进一步检验化验或鉴定的,应当向进出口货物收、发货人或其代理人出具《取样清单》,并履行相应手续。

步骤4,申请海关赔偿

在查验过程中,或证实海关在履行查验过程中,因为海关关员的责任造成被查验货物损坏的,进口货物的收货人,出口货物的发货人或其代理人可以要求海关赔偿。海关赔偿的范围仅限于在实施查验过程中,由于海关关员的责任造成被查验货物损坏的直接经济损失。直接经济损失的金额根据被损坏货物及其部件的受损程度确定,或根据修理费确定。

4)缴纳税费

缴纳税费的一般步骤如图3.6所示。

图3.6　缴纳税费的步骤

步骤1,确定进出口货物的完税价格

进出口货物完税价格的确定,其实就是进出口成交价格的调整。进口货物与出口货物的价格过程要素有所不同。

进口货物的完税价格:进口货物的完税价格是以海关审定的成交价格为基础的到岸价格。包括货价,加上货物运抵中华人民共和国关境内输入地点起卸前的包装费、运费、保险费和其他劳务费等费用。

出口货物的完税价格:按《关税条例》规定,出口货物应当以海关审定的货物售予境外的离岸价格,扣除关税,作为完税价格。出口货物的价格构成要素仅包括进口货物本身的价格。

步骤2,计算关税

应税货物的税则归类和进口货物原产地确定以后,即可根据应税货物的完税价格和适用税率计算进出口货物应纳的关税税款。

①从价税的计算公式:

应纳关税 = 进出口货物完税价格 × 适用税率

②从量税的计算公式：

应纳关税 = 进口货物数量 × 单位税额

③复合关税的计算公式：

应纳关税 = 从价关税 + 从量关税

步骤3，关税的申报

关税的申报是海关根据纳税义务人对其进出境货品向海关进行纳税申报，在审核、查验、确认后作出征税决定，亦称申报纳税制。关税的纳税义务人或他们的代理人应在规定的报关期限内向货物进(出)境地海关申报，经海关对实际货物进行查验后，根据货物的税则归类和完税价格计算应纳关税和进口环节代征税费，填发税款缴纳证。

步骤4，关税的缴纳

进出口货物的收发货人或其代理人，应在海关填发税款缴纳证次日起7日内(星期日和节假日除外)向指定银行缴纳税款。逾期不缴的，除依法追缴外，由海关自到期之日起到缴清税款之日止，按日征收欠缴税款0.1%的滞纳金。关税缴纳有三种方法，即现金缴纳、银行转账缴纳和贴印花税票缴纳。中国海关目前只能以现金(包括支票)和银行转账两种方法缴纳。对于进出境货物，海关通常以《关税缴款书》形式作出征收关税的决定，纳税义务人应通过银行转账缴纳关税。

海关征收的关税和滞纳金，除另有规定者外，一律按人民币计征。人民币的折合原则是：由中国海关按签发税款缴纳证的当日中国人民银行公布的人民币外汇牌价表的买卖中间价折合计算。

关税纳税义务人由于某种原因造成资金暂时周转困难，无力支付关税，海关批准将全部或部分应纳关税税款的法定缴纳期限予以延长的行政措施称为关税缓税，亦称关税缓纳。

步骤5，关税的退还

关税退还是关税纳税义务人按海关核定的税额缴纳关税后，因某种原因的出现，海关将实际征收多于应当征收的税额(称为溢征关税)退还给原纳税义务人的一种行政行为。

根据《海关法》规定，海关多征的税款，海关发现后应当立即退还。有下列情形之一的，进出口货物的纳税义务人可以自缴纳税款之日起1年内，书面声明理由，连同原纳税收据向海关申请退税，逾期不予受理：

①因海关误征，多纳税款的。

②海关核准免验进口的货物，在完税后，发现有短卸情形，经海关审查认可的。

③已征出口关税的货物，因故未将其运出口，申报退送，经海关查验属实的。对已征出口关税的出口货物和已征进口关税的进口货物，因货物品种或规格原因(非其他原因)原状复运进境或出境的，经海关查验属实的，也应退还已征关税。

当纳税人发生多纳税款时，可在规定的时间内向海关申请退还多纳的税款。纳税人可自缴纳税款之日起 1 年内,书面申明理由,连同纳税收据向海关申请退税,逾期不予受理。

海关应当自受理退税申请之日起 30 日内,作出书面答复并通知退税申请人。《海关法》在这规定强调的是,"因货物品种或规格原因,原状复运进境或出境的。"如果属于其他原因且不能以原状复运进境或出境,不能退税。

5) 结关放行

(1)海关放行

进出口货物的放行是海关结束对货物的现场监管,允许货物按规定程序提取进境或装运出境。

进出口货物的收货人及其代理人在依法办理了进出口货物的申报、陪同查验和缴纳税费(或办理海关事务担保)等手续,获得海关放行后,便可以向海关领取签盖海关"放行章"的进口货物提货单或运单或特制的放行条。进出口货物的收发货人及其代理人凭海关签章的上述单证之一种,到货物进出境地的港区、机场、车站或其他地点的海关监管的仓库或监管区提取进出口货物。至此,一般进出口货物已经办结了海关手续,不再受海关监管。

(2)进口货物结关手续

进口货物的收货人及其代理人在依法办理了进口货物的申报、陪同查验和缴纳税费(或办理担保)等手续,获得海关放行后,就可以向海关领取签盖海关"放行章"的进口货物提货单或运单或特制的放行条。进口货物的收货人及其代理人凭上述海关签章的单证之一,到货物进境地的港区、机场、车站或其他地点的海关监管仓库或监管区提取进口货物。一般进口货物海关手续至此办结,不再受海关监管;需要后续管理的货物,包括保税货物、特定减免税货物和暂准(时)进口货物,应继续接受海关监管,直到办结海关手续为止。

进口货物的收货人及其代理人在取得海关放行,办结海关手续并提取货物后,为了证明进口货物的合法性和有关手续的完备性,可以要求海关核发《进口货物证明书》。

(3)出口货物结关手续

出口货物的发货人及其代理人在依法办理申报、陪同查验、缴纳税费等手续,获得海关放行后,便可以向海关领取签盖海关"放行章"的出口货物装货单或运单或特制的放行条。出口货物的发货人及其代理人凭海关签章的上述单证之一种,到货物出境地的港区、机场、车站或其他地点的海关监管仓库或监管区提取出口货物装上运输工具出运。

出口货物的发货人或其代理人在取得海关放行,办结海关手续并装运货物后,为了证明出口货物的合法性和有关手续的完备性,可以要求海关出具《出口货物证明书》。

对需要出口退税的货物,出口货物的发货人及其代理人在向海关申报时,增附一份浅黄色的出口退税专用报关单。办结海关手续或装运货物后,向海关领取这份加盖有海关"验讫章"和海关审核出口退税负责人印章的报关单,凭以向税务机关申请退税。

对属于出口收汇的货物,在办结海关手续或装运货物后,向海关领取一份盖有海关"验讫章"的电脑打印报关单,凭以办理出口收汇核销手续。

本章小结

本章介绍了我国普通货物出入境报关报检活动相关知识,在对我国海关基本情况初步介绍的基础上,重点介绍了在货物进出口活动中报关报检主体所必须施行的一系列行为。通过本章的教学,旨在让学生掌握报关、报检的基本流程及相关操作要点,并能熟练填写进出口报关报检相关单证,独立完成进出口货物的报关报检活动。

知识检测

1. 不定项选择题

(1)我国海关的性质是( )。

A.海关是国家的监督管理机关

B.海关实施监督管理的范围是进出关境的活动

C.海关是一个行政执法部门

D.是国家进出关境的监督管理机关

(2)打击走私的主管机关是( )。

A.进出口商品检验检疫局　　　B.外汇管理局　　　C.海关

(3)报关涉及的对象( )。

A.运输工具　　　B.货物　　　C.物品　　　D.动物活体

(4)进口货物超过14天期限未向海关申报的,由海关征收滞报金的日征收额为进口货物到岸价格的( )。

A.5%　　　B.0.5%　　　C.5‰　　　D.0.5‰

(5)进出口货物报关单的形式包括( )。

A.暂时进出境货物报关单　　　　　B.纸质报关单

C.电子报关单　　　　　　　　　　D.普通进出境货物报关单

(6)国家质量监督检验检疫总局(AQSIQ)主管工作包括(　　　)。

A.全国出入境商品检验检疫　　　　B.动植物检验检疫

C.国境卫生检验检疫　　　　　　　D.制作海关统计

(7)我国进出口货物的报检程序的主要环节(　　　)。

A.报检　　　　　　B.抽样　　　　　　C.检验　　　　　　D.领取证书

(8)根据时间顺序和海关管理要求的不同,进出境货物的报关包括(　　　)。

A.前期报关程序　　　　　　　　　B.进出境报关程序

C.中期报关程序　　　　　　　　　D.后续报关程序

(9)我国普通货物进出境报关程序主要包括(　　　)。

A.申报　　　　　　B.配合查验　　　　C.缴纳税费　　　　D.海关放行

(10)海关查验的方式包括(　　　)。

A.彻底查验　　　　B.抽查　　　　　　C.化学检验　　　　D.外形查验

2. 判断题

(1)查缉走私是海关的最基本任务,是四项基本任务的基础。　　　　　　(　　)

(2)海关征收的进出口税费中的消费税不属于代征税。　　　　　　　　(　　)

(3)出入境商品检验检疫是指国家质检总局和下属机构对出入境货物进行检验检疫、管理认证、公证、鉴定证明的全部活动。　　　　　　　　　　　　　(　　)

(4)出入境货物的检验原则是"先报关,后检验"原则。　　　　　　　　(　　)

(5)在报关过程中,特定减免税货物的报关无前后续监管过程。　　　　(　　)

3. 名词解释

海关　走私　通关　检验检疫

4. 简答题

(1)我国海关的基本任务是什么?并简述它们之间的关系。

(2)不同的报关程序所适用的范围有何不同?

5. 计算题

(1)某一公司,从日本购进广播级电视摄像机40台,其中有20台成交价格为CIF境内某口岸4 000 USD/台,其余20台成交价为CIF境内某口岸5 200 USD/台,已知适用中国银行的外汇折算价为1 USD＝人民币8.2元,计算其应征进口关税税额。

(2)某加工生产企业内销一批配额外未梳棉花1 t,原产地为美国,成交价格为CIF某口岸1 000.00 USD。已知适用中国银行的外汇折算价为1 USD＝人民币8.2元,计算其应征进口关税税额。

任务训练

任务名称

海关进出口货物报关单及相关单证填制实训。

训练目的

通过对报关单证及相关单证样本的了解和对填制规范的熟悉,掌握填制单证的方法,进而能根据各种实际情况需要填制各种报关单证,完成纸制报关和电子报关工作。

应用工具

各类规范的进出口报关单证样本、报关单证软件,如表3.2和表3.3所示。

表3.2　中华人民共和国海关出口货物报关单

预录入编号：　　　　　　　　　　　　　　　　　　　海关编号：

进口口岸	备案号		出口日期		申报日期
经营单位	运输方式		运输工具名称	提运单号	
收货单位	贸易方式		征免性质		结汇方式
许可证号	运抵国(地区)		运抵港		境内货源地
批准文号	成交方式	运费		保费	杂费
合同协议号	件数		包装种类	毛重 /kg	净重 /kg
集装箱号	随附单据			生产厂家	
标记唛码及备注					
项号　商品编号　商品名称、规格型号　数量及单位　最终目的国(地区)　单价　总价 币制　征免					

续表

税费征收情况			
录入员　　录入单位	兹声明以上申报无讹并承担法律责任	海关审单批注及放行日期（签章）	
报关员　　　海声 BP 机号 单位地址		申报单位（签章）	审单　　　审价
			征税　　　统计
邮编　　　电话　　　填制日期			查验　　　放行

表 3.3　中华人民共和国入境货物报检单样本

发货人	（中文）				
	（外文）				
收货人	（中文）				
	（外文）				
货物名称（中/外文）	H. S. 编码	产地	数/重量	货物总值	包装种类及数量
运输工具名称号码		贸易方式		货物存放地点	
合同号		信用证号		用途	
到货日期					
启运地					
集装箱规格、数量及号码					
合同、信用证订立的检验检疫条款或特殊要求		标记及号码		随附单据（画"√"或补填）	
需要证单名称（画"√"或补填）				检验检疫费	
品质证书 重量证书 兽医卫生证书 健康证书 卫生证书 动物卫生证书		植物检疫证书		总金额 （人民币元）	
				计费人	
				收费人	

报检人郑重声明:	
1.本人被授权报检。 2.上列填写内容正确属实,货物无伪造或冒用他人的厂名、标志、认证标志,并承担货物质量责任。 签名:_____	领取证单

填制规范

详见《中华人民共和国海关进出口货物报关单填制规范》。

中华人民共和国海关进出口货物报关单填制规范

为统一进出口进出口货物报关单填报要求,保证报关单数据质量,根据《海关法》及有关法规,制定本规范。

本规范在一般情况下采用"报关单"或"进口报关单"、"出口报关单"的提法,需要分别说明不同要求时,则分别采用以下用语:

录入凭单。指申报单位按海关规定的格式填写的凭单,用作报关单预录入的依据(可将现行报关单放大后使用)。

录入报关单。指预录入公司录入、打印,并联网将录入数据传送到海关,由申报单位向海关申报的报关单。

DI 报关单。指申报单位采用 EDI 方式向海关申报的电子报文形式的报关单及事后打印、补交备核的书面报关单。

报关单证明联。指海关在核实货物实际入、出境后按报关单格式提供的证明,用作企业向税务、外汇管理部门办结有关手续的证明文件。

进出境货物收发货人或代理人向海关申报时,必须填写并向海关递交进口或出口货物报关单。申报人在填制报关单时,必须做到认真、准确、齐全、清楚,到达以下几个方面的要求:

(1)报关单的填写必须真实,要做到两个相符:一是单证相符,即报关单与合同、批文、发票、装箱单等相符;二是单货相符,即报关单中所报内容与实际进出口货物相符。

(2)不同合同的货物不能填在同一份报关单上;同一批货物中的不同贸易方式的货物,也必须用不同的报关单向海关申报。

(3)一张报关单上如有多种不同的商品,应分别填报清楚,但一张报关单上一般最多不能超过五项海关统计商品编号的货物,而一份报关单最多可由四张报关单组成。

(4)报关单中填报的项目要准确、齐全。

(5)为实现报关自动化的需要,申报单位除填写报关单上的有关项目外,还应填上有关项目的代码。

(6)电脑预录入的进出口货物报关单,其内容必须与原始报关单完全一致。

进出口货物报关单各栏目的填制规范如下:

1)预录入编号

预录入编号指申报单位或预录入单位对该单位填制录入的报关单的编号,用于该单位与海关之间引用其申报后尚未批准放行的报关单。

报关单录入凭单的编号规则由申报单位自行决定。预录入报关单及 EDI 报关单的预录入编号由接受申报的海关决定编号规则,计算机自动打印。

2)海关编号

海关编号指海关接受申报时给予报关单的编号。

海关编号由各海关在接受申报环节确定,应标志在报关单的每一联上。

报关单海关编号为 9 位数码,其中前两位为分关(办事处)编号,第三位由各关自定义,后六位为顺序编号。各直属海关对进口报关单和出口报关单应分别编号,并确保在同一公历年度内,能按进口和出口唯一地标志本关区的每一份报关单。

各直属海关的理单岗位可以对归档的报关单另行编制理单归档编号。理单归档编号不得在部门以外用于报关单标志。

3)进口口岸/出口口岸

进口口岸/出口口岸指货物实际进(出)我国关境口岸海关的名称。

本栏目应根据货物实际进(出)口的口岸海关选择填报《关区代码表》中相应的口岸海关名称及代码。

加工贸易合同项下货物必须在海关核发的《登记手册》限定或指定的口岸海关办理报关手续,与《登记手册》限定或指定的口岸不符的,应向合同备案主管海关办理《登记手册》的变更手续后填报。

进口转关运输货物应填报货物进境地海关名称及代码,出口转关运输货物应填报货物出境地海关名称及代码。按转关运输方式监管的跨关区深加工结转货物,出口报关单填报转出地海关名称及代码,进口报关单转入地海关名称及代码。

其他未实际进出境的货物,填报收申报的海关名称及代码。

4)备案号

备案号指进出口企业在海关办理加工贸易合同备案或征、减、免税审批备案等手续时,海关给予《进料加工登记手册》《来料加工及中小型补偿贸易登记手册》《外商投资企业履行产品出口合同进口料件及加工出口成品登记手册》(以下简称《登记手册》)以及《进出口货物征免税证明》(以下简称《征免税证明》)或其他有关备案审批文件的编号。

一份报关单只允许填报一个备案号。

具体填报要求如下:

（1）贸易合同项下货物，除少量低价值辅料按规定不使用《登记手册》的外，必须在报关单备案栏目填报《登记手册》的 12 位编号。加工贸易成品凭《征免税证明》转为享受减免税进口货物的，进口报关单填报《征免税证明》编号，出口报关单填报《登记手册》编号。

（2）涉及减免税备案审批的报关单，本栏目填报《征免税证明》编号，不得为空。

（3）无备案审批文件的报关单，本栏目免予填报。

备案号长度为 12 位，其中第 1 位是标记代码。备案号的标记代码必须与"贸易方式"及"征免性质"栏目相协调。例如，贸易方式为来料加工，备案号的标记代码应为"B"。

5）进口日期/出口日期

进口日期指运载所申报货物的运输工具申报进境的日期。本栏目填报的日期必须与相应的运输工具进境日期一致。

出口日期指运载所申报货物的运输工具办结出境手续的日期。本栏目供海关打印报关单证明联用，预录入报关单及 EDI 报关单均免予填报。

无实际进出境的报关单填报办理申报手续的日期。

本栏目为 6 位数，顺序为年、月、日各 2 位，如 03.12.31。

6）申报日期

申报日期指海关接受进（出）口货物的收、发货人或其代理人申请办理货物进（出）口手续的日期。预录入及 EDI 报关单填报向海关申报的日期与实际情况不符时，由审单关员按实际日期修改批注。

本栏目为 6 位数，顺序为年、月、日个两位。

7）经营单位

经营单位指对外签订并执行进出口贸易合同的中国境内企业或单位。

本栏目应填报经营单位名称及经营单位编码。经营单位编码为 10 位数字，指进出口企业在所在地主管海关办理注册登记手续时，海关给企业设置的注册登记编码。

特殊情况下确定经营单位原则如下：

（1）援助、赠送、捐赠的货物，填报直接接受货物的单位。

（2）进出口企业之间相互代理进出口，或没有进出口经营权的企业委托有进出口经营权的企业代理进出口的，填报代理方。

（3）外商投资企业委托外贸企业进口投资设备、物品的，填报外商邮资企业。

8）运输方式

运输方式指载运货物进出关境所使用的运输工具的分类。

本栏目应根据实际运输方式按海关规定的《运输方式代码表》选择填报相应的运输方式。特殊情况下运输方式的填报原则如下：

（1）非邮政方式进出口的快递货物，按实际运输方式填报。

（2）进出境旅客随身携带的货物，按旅客所乘运输工具填报。

(3)进口转关运输货物,按载运货物抵达进境地的运输工具填报;出口转关运输货物,按载运货物驶离出境地的运输工具填报。

无实际进出境的,根据实际情况选择填报。《运输方式代码表》中,运输方式"0"代表非保税区运入保税区和保税区退区,"1"代表境内存入出口监管仓库和出口监管仓库退仓,"7"代表保税区运往非保税区,"8"代表保税仓库转内销,"9"代表其他运输。

9)运输工具名称

运输工具名称指载运货物进出境的运输工具的名称或运输工具编号。

本栏目填制内容应与运输部门向海关申报的载货清单所列相应内容一致,一份报关单只允许填报一个运输工具名称。

具体填报要求如下:

(1)江海运输填报船舶呼号(来往港澳小型船舶为监管簿编号)+"/"+航次号。

(2)汽车运输填报该跨境运输车辆的国内行使车牌号码+"/"+进出境日期(8位数字,即年年年年月月日日,下同)。

(3)铁路运输填报车次(或车厢号)+"/"+进出境日期。

(4)航空运输填报航班号+进出境日期+"/"+总运单号。

(5)邮政运输填报邮政包裹单号+"/"+进出境日期。

(6)进口转关运输填报转关标志"@"+转关运输申报单编号,出口转关运输填报转关运输标志"@"。

(7)其他运输填报具体运输方式名称,例如管道运输等。

(8)无实际进出境的加工贸易报关单按以下要求填报:加工贸易深加工结转及料件结转货物,应先办理结转进口报关,并在结转出口报关单本栏目填报转入方关区代码(两位)及进口报关单号,即"××(关区代码)×××××××××(进口报关单号)";按转关运输货物办理结转手续的,按上列第(6)项规定填报。

加工贸易成品凭《征免税证明》转为享受减免税进口的货物,应先办理进口报关手续,并在出口报关单本栏目填报进口方关区代码(前两位)及进口报关单号。

上述规定以外无实际进出境的,本栏目为空。

10)提运单号

提运单号指进出口货物提单或运单的编号。

本栏目填报的内容与运输部门向海关申报的载货清单所列内容一致。

一份报关单只允许填报一个提运单号。一票货物对应多个提运单时,应分单填报。

具体填报要求如下:

(1)江海运输填报进口提单号或出口运单号。

(2)汽车运输免予填报。

(3)铁路运输填报运单号。

(4)航空运输填报分运单号,无分运单的填报总运单号。

（5）邮政运输免予填报。

（6）无实际进出境的，本栏目为空。

（7）进出口转关运输免于填报。

11）收货单位/发货单位

（1）收货单位指已知的进口货物在境内的最终消费、使用单位，包括：自行从境外进口货物的单位；委托有外贸进出口经营权的企业进口货物的单位。

（2）发货单位指出口货物在境内的生产或销售单位，包括：自行出口货物的单位；委托有外贸进出口经营权的企业出口货物的单位。

本栏目应填报收货单位应与《登记手册》的"货主单位"一致。

12）贸易方式（监管方式）

贸易方式栏目应根据实际情况，并按海关规定的《贸易方式代码表》选择填报相应的贸易方式简称或代码。

一份报关单只允许填报一种贸易方式。

在特殊情况下，加工贸易报关单填报要求如下：

（1）少量低值辅料（即5 000美元以下，78种以内的低值辅料）按规定不使用《登记手册》的，辅料进口报关单填报"低值辅料"。使用《登记手册》的，按《登记手册》上的贸易方式填报。

（2）三资企业按内外销比例为加工内销产品而进口的料件或进口供加工内销产品的料件，进口报关单填报"一般贸易"。

三资企业为加工出口产品全部使用国内料件的出口合同，成品出口报关单填报"一般贸易"。

（3）加工贸易料件结转或深加工结转货物，按批准的贸易方式填报。

（4）加工贸易料件转内销货物（及按料件补办进口手续的转内销成品）应填制报关单，本栏目填报（来料或进料）料件内销；加工贸易成品凭《征免税证明》转为享受减免税进口货物的，应分别填制进出口报关单，本栏目填报（来料或进料）成品减免。

（5）加工贸易出口成品因故退运进口及复出口，以及复运出境的原进口料件退换后复运进口的，填报与《登记手册》备案相应的退运（复出）贸易方式简称或代码。

（6）备料《登记手册》中的料件结转入加工出口《登记手册》的，进出口报关单均填报为"进料余料结转"。

（7）保税工厂加工贸易进出口货物，根据《登记手册》填报相应的来料或进料加工贸易手册。

13）征免性质

征免性质指海关对进出口货物实施征、减、免税管理的性质类别。

本栏目应按照海关核发的《征免税证明》中批注的征免性质填报，或根据实际情况，按海关规定的《征免性质代码表》选择填报相应的征免性质简称或代码。

加工贸易报关单本栏目应按海关核发的《登记手册》中批注的征免性质填报相应

的征免性质或代码。特殊情况下填报要求如下：

(1)保税工厂经营的加工贸易,根据《登记手册》填报"进料加工"或"来料加工"。

(2)三资企业按内外销比例为加工内销产品而进口料件,填报"一般征税"或其他相应征免性质。

(3)加工贸易转内销货物,按实际应享受的征免性质填报(如一般征税、科教用品、其他法定等)。

(4)料件退运出口、成品退运进口货物填报"其他法定"。

(5)加工贸易结转货物本栏目为空。

一份报关单只允许填报一中征免性质。

14)征免比例/结汇方式

征税比例仅用于"非对口合同进料加工"贸易方式下(代码"0715")进口料、件的进口报关单,填报海关规定的实际应征税比例。例如:5%填报 5,15%填报 15。

出口报关单应填报结汇方式,即出口货物的发货人或其代理人收结外汇的方式。本栏目应按海关规定的《结汇方式代码表》选择填报相应的结汇方式名称或代码。

15)许可证号

应申领进(出)口许可证的货物,必须在许可证号栏目填报商务部及其授权发证机关签发的进(出)口货物许可证的编号,不得为空。

一份报关单只允许填报一个许可证号。

16)起运国(地区)/运抵国(地区)

起运国(地区)指进口货物起始发出的国家(地区)。

运抵国(地区)指出口货物直接运抵的国家(地区)。

对发生运输中转的货物,如中转地未发生任何商业性交易,则起、抵地不变;如中转地发生商业性交易,则以中转地作为起运/运抵国(地区)填报。

本栏目应按海关规定的《国别(地区)代码表》选择填报相应的起运国(地区)中文名称或代码。

无实际进出境的,本栏目填报"中国"(代码"142")。

17)装货港/指运港

装货港指进口货物在运抵我国关境前的最后一个境外装运港。

指运港指出口货物运往境外的最终目的港;最终目的港不可预知的,可按尽可能预知的目的港填报。

本栏目应根据实际情况按海关规定的《港口航线代码表》选择填报相应的港口中文名称或代码。

无实际进出境的,本栏目填报"中国境内"(代码"0142")。

18)境内目的地/境内货源地

境内目的地指已知的进口货物在国内的消费地、使用地或最终运抵地。

境内货源地指出口货物在国内产地或原始发货地。

本栏目应根据进口货物的收货单位、出口货物生产厂家或发货单位所属国内地区,并按海关规定的《国内地区代码表》选择填报相应的国内地区名称或代码。

19)批准文号

进口报关单本栏目用于填报《进口付汇核销单》编号。

出口报关单本栏目用于填报《出口付汇核销单》编号。

20)成交方式

成交方式栏目应根据实际成交价格条款,按海关规定的《成交方式代码表》选择填报相应的成交方式代码。

无实际进出境的,进口填报 CIF,出口填报 FOB 价。

21)运费

运费栏目用于成交价格中不包含运费的进口货物或成交价格中含有的运费的出口货物,应填报该份报关单所含全部货物的国际运输费用。可按运费单价、总价或运费率三种方式之一填报,同时注明运费标记,并按海关规定的《货币代码表》选择填报相应的币种代码。

运保费合并计算的,运保费填报至本栏目。

运费标记"1"表示运费率,"2"表示每 t 货物的运费单价,"3"表示运费总价。例如:5%的运费率填报为 5/1;24 美元的运费单价填报为 502/24/2;7 000 美元的运费总价填报为 502/7000/3。

22)保费

保费栏目用于成交价格中不包含保险费的进口货物或成交价格中含有保险费的出口货物,应填报该份报关单所含全部货物国际运输的保险费用。可按保险费总价或保险费率两种方式之一填报,同时注明保险费标记,并按海关规定的《货币代码表》选择填报相应的币种代码。运保费合并计算的,运保费填报在运费栏目中。

保险费标记"1"表示保险费率,"3"表示保险费总价。例如:3‰的保险费率填报为 0.3/1;10 000 港元保险费总价值报为 110/10 000/3。

23)杂费

杂费指成交价格以外的,应计入完税价格或应从完税价格扣除的费用,如手续费、佣金、回扣等,可按杂费总价或杂费率两种方式之一填报,同时注明杂费标记,并按海关规定的《货币代码表》选择填报相应的币种代码。

应计入完税价格的杂费填报为正值或正率,应从完税的价格中扣除的费用填报为负值或负率。杂费标记"1"表示杂费率,"3"表示杂费总价。例如:

应计入完税价格的 1.5%的杂费率填报为 1.5/1;

应从完税价格中扣除的 1%的回扣率 -1/1;

应计入完税价格的 500 英镑杂费总价填报为 303/500/3。

24)合同协议号

合同协议号栏目应填报进(出)口货物合同(协议)的全部字头和号码。

25）件数

件数栏目应填报有外包装的进（出）口货物的实际件数。特殊情况下填报要求如下：

（1）舱单件数为集装箱（TEU）的，填报集装箱个数；

（2）舱单件数为托盘的，填报托盘数。

本栏目不得填报为零，裸装货物填报为1。

26）包装种类

包装种类栏目应填报进（出）口货物的实际外包装种类，按海关规定的《包装种类代码表》选择填报相应的包装种类代码。

27）毛重（kg）

毛重（kg）指货物及其包装材料的质量之和。

本栏目填报进（出）口货物的实际净重，计量单位为kg，不足1 kg的填报为1。

28）净重（kg）

净重（kg）指货物的毛重减去外包装材料后的重量，即商品本身的实际重量。

本栏目填报进（出）口货物的实际净重，计量单位为kg，不足1 kg的填报为1。

29）集装箱

集装箱号是在每个集装箱箱体两侧表示的全球唯一的编号。

本栏目用于填报和打印集装箱编号及数量。集装箱数量四舍五入填报整数，非集装箱货物填报为0。

例如：TEXU3605231×1（1）表示1个标准集装箱；TEXU3605231×2（3）表示2个集装箱，折合为3个标准集装箱，其中一个箱号为TEXU3605231。

在多于一个集装箱的情况下，其余集装箱编号打印在备注栏或随附清单上。

30）随附单据

随附单据只随进（出）口货物报关单一并向海关递交的单证或文件。合同、发票、装箱单、许可证等必备的随附单证不在本栏目填报。

本栏目应按海关规定的《监管证件名称代码表》选择填报相应证件的代码。

31）用途/生产厂家

进口货物填报用途，应根据进口货物的实际用途，按海关规定的《用途代码表》选择填报相应的用途代码。如"以产顶进"填报"13"。

生产厂家指出口货物的境内生产企业。本栏目必要时供手工填写。

32）标记唛码及备注

标记唛码及备注栏目上部用于打印以下内容：

（1）标记唛码中除图形以外的文字、数字；

（2）受外商投资企业委托，代理其进口投资设备、物品的外贸企业名称；

（3）加工贸易结转货物及凭《征免税证明》转内销货物，其对应的备案号应填报在本栏目，即"转至（自）×××××××××××手册"；

（4）其他申报时必须说明的事项。本栏目下部供填报随附单据栏中监管证件的编号，具体填报要求为：监管证件代码＋“：”＋监管证件号码。一份报关单多个监管证件的，连续填写。一票货物多个集装箱的，在本栏打印其余的集装箱号（最多160字节，剩余的集装箱号以手工抄写）。

33）项号

项号栏目分两栏填报及打印。

第一行打印报关单中的商品排列序号。

第二行专用于加工贸易等已备案的货物，填报和打印该项货物在《登记手册》中的项号。

加工贸易合同项下进口货物，必须填报与《登记手册》一致的商品项号，所填报项号用于核销对应项号下的料件或成品数量。特殊情况下填报要求如下：

（1）深加工结转货物，分别按照《登记手册》中的进口料件项号和出口成口成品项号填报。

（2）料件结转货物，出口报关单按照转出《登记手册》中进口料件的项号填报；进口报关单按照转进《登记手册》中进口料件的项号填报。

（3）料件复出货物，出口报关单按照《登记手册》中进口料件的项号填报。

（4）成品退运货物，退运进境报关单和复运出境报关单按照《登记手册》原出口成品的项号填报。

（5）加工贸易料件转内销货物（及按料件补办进口手续的转内销成品），应填制进口报关单，本栏目填报《登记手册》进口料件的项号。

（6）加工贸易成品凭《征免税证明》转为享受减免税进口货物的，应先办理进口手续。进口报关单栏目5填报《征免税证明》中的项号，出口报关单栏目填报《登记手册》中原出口成品项号，进出口货物报关单货物数量应一致。

34）商品编号

商品编号指按海关规定的商品分类编码规则确定的进（出）口货物商品编号。

加工贸易《登记手册》中商品编号与实际商品编号不符的，应按实际商品填报。

35）商品名称、规格型号

商品名称、规格型号栏目分两行填报及打印。

第一行打印进（出）口货物规范的中文商品名称，第二行打印规格型号，必要时可加注原文。具体填报要求如下：

（1）商品名称及规格型号应据实填报，并与所提供的商业发票相符；

（2）商品名称应当规范，规格型号应当足够详细，以能满足海关归类、审价以及监管的要求为准。禁止、限制进出口等实施特殊管制的商品，其名称必须与交验的批准证件上的商品名称相符；

（3）加工贸易等已备案的货物，本栏目填报录入的内容必须与备案登记中同项号下货物的名称与规格型号一致。

36) 数量及单位

数量及单位指进(出)口商品的实际数量及计算单位。

本栏目分三行填报及打印。具体填报要求如下：

(1)进出口货物必须按海关法定计量单位填报。法定第一计算单位及数量打印在本栏目第一行；

(2)凡海关列明第二计量单位的,必须报明该商品第二计量单位及数量,打印在本栏目第二行。无第二计量单位的,本栏目第二行为空；

(3)成交计量单位与海关法定计量单位不一致时,还须填报成交计量单位及数量,打印在商品名称、规格型号栏下方(第三行)。成交计量单位与海关法定计量单位一致时,本栏目第三行为空。

加工贸易等已备案的货物,成交计量单位必须与备案登记中同项号下货物的计量单位一致,不相同时必须修改备案或转换一致后填报。

37) 原产国(地区)/最终目的国(地区)

原产国(地区)指进口货物的生产、开采或加工制造国家(地区)。

最终目的国(地区)指已知的出口货物的最终实际消费、使用或进一步加工制造国家(地区)。

本栏目应按海关规定的《国别(地区)代码表》选择填报相应的国家(地区)名称或代码。

加工贸易报关单特殊情况下填报要求如下：

(1)料件结转货物,出口报关单填报"中国"(代码"142"),进口报关单填报原料件生产国；

(2)深加工结转货物,进口报关单均填报"中国"(代码"142")；

(3)料件复运出境货物,填报实际最终目的国；加工出口成品因故退运的填报"中国"(代码"142"),复运出境时填报实际最终目的国。

38) 单价

单价栏目应填报同一项号下进(出)口货物实际成交的商品单位价格。

无实际成交价格的,本栏目填报货值。

39) 总价

总价栏目应填报同一项号下进(出)口货物实际成交的商品总价。

无实际成交价格的,本栏目填报货值。

40) 币制

币制指进(出)口货物实际成交价格的币种。

本栏目应根据实际成交情况,按海关规定的《货币代码表》选择填报相应的货币名称或代码,如《货币代码表》中无实际成交币种,需转换后填报。

41) 征免

征免指海关对进(出)口货物进行征税、减税、免税或特案处理的实际操作方式。

本栏目应按照海关核发的《货币代码表》或有关政策规定,对报关单所列每项商品选择填报海关规定的《征减免税方式代码表》中相应的征减免税方式。

加工贸易报关单应根据《登记手册》中备案的征免规定填报。

42)税费征收情况

税费征收情况栏目供海关批注进(出)口货物税费征收及减免情况。

43)录入员

录入员栏目用于预录入和 EDI 报关单,打印录入人员的姓名。

44)录入单位

录入员栏目用于预录入和 EDI 报关单,打印录入单位名称。

45)申报单位

申报单位栏目指报关单左下方用于填报申报单位有关情况的总栏目。

申报单位指对申报内容的真实性直接向海关负责的企业或单位。自理报关的,应填报进(出)口货物的经营单位名称及代码;委托代理报关的,应填报经海关批准的专业或代理报关企业名称及代码。

本栏目还包括报关单位地址、邮编和电话等分项目,由申报单位的报关员填报。

46)填制日期

填制日期指报关单的填制日期。预录入和 EDI 报关单由计算机自动打印。

本栏目为 6 位数,顺序为年、月、日各两位。

47)海关审单批注栏

海关审单批注栏指供海关内部作业时签注的总栏目,由海关关员手工填写在预录入报关单上。其中,"放行"栏填写海关对接受申报的进出口货物作出放行决定的日期。

组织实施

(1)对照单证样本学习各栏填制规范。

(2)从相关实例中提取有用信息。

(3)根据填制规范完成报关单填制。

(4)检查核对纸制和电子报关单证的填制内容是否一致。

第 4 章　国际物流保险业务

学习目标

- 学会运用风险、保险保障的范围以及保险险别等有关知识进行投保选择。
- 学会运用保险金额、保费的确定等有关知识进行保险金额、保费的计算。
- 能运用投保、保单的有关知识,根据相关材料正确填制保险单。
- 学会运用海洋货物运输、陆运、空运及邮包货物保险的有关索赔的程序、索赔需要的单证文件、索赔时效等相关知识进行正确、及时的索赔。

职业能力

- 能代表被保险人办理国际货物运输投保业务。即代表被保险人向保险人提出保险申请,选择投保险别,确定保险金额,填写投保单,缴纳保险费,领取保险单。
- 能替被保险人处理索赔有关事宜。即当保险事故发生后,明确责任方,发出损失通知,向有关单位申请货物检验,提出索赔申请,备妥有关索赔单证,领取赔款。

案例导入

某外贸公司按 CIF 术语出口一批货物,装运前已向保险公司按发票总值 110% 投保平安险,8 月初货物装妥顺利开航。载货船舶于 8 月 15 日在海上遇到暴风雨,致使一部分货物受到水渍,损失价值 2 500 美元。数日后,该轮又突然触礁,致使该批货物又遭到部分损失,损失价值为 8 000 美元。试问,保险公司对该批货物的损失是否赔偿? 为什么?

4.1　认识国际物流保险业务

在国际货物贸易中,由于贸易环节多、交货期长、路途遥远,使得货物在整个运输过程中,可能遇到各种自然灾害或意外事故而遭受损失。为了在货物受损后能得到经济补偿,货主就需要投保货物运输保险。通过保险,把不定的损失转变成固定的保险费用。

货物运输保险(cargo transportation insurance)是指被保险人(the insured)或投保人(applicant)在货物装运前,按一定的投保金额向保险人(insurer)或承保人(underwriter)即保险公司投保货物运输险,当被保险货物在运输过程中遇到承保责任范围内的损失时,由保险人负责赔偿。

在国际货物运输保险中,按运输方式的不同,分为海洋运输货物保险、陆上运输货物保险、航空运输货物保险、邮包保险。

国际货物运输保险也跟其他任何保险一样,被保险人和保险人都必须遵守以下原则:

1) 可保利益原则

可保利益原则,是指被保险人必须对保险标的具有可保利益,才能与保险人订立有效的保险合同,才能在保险标的遇承保责任范围内的损失时,从保险人处取得损失赔偿。如被保险人对保险标的不具有可保利益,则即使已订立了保险合同,该保险合同在法律上也是无效的。

所谓可保利益(insurable interest),又称可保权益,是指被保险人对保险标的的所拥有的某种合法的经济利益。在国际货物运输保险中,这种经济利益具体体现为被保险人对保险标的(船舶、货物、运费、预期利润等)享有所有权、担保物权,或承担经济风险和责任;会因为保险标的的安全或按期到达而获益,或因为该项标的发生灭失或损毁而受到损害或负有责任。

在国际货物运输保险中,并不要求被保险人在订立保险合同时便须拥有可保利益,而只要求在保险标的受损时拥有。这是由国际贸易的特点所决定的。例如,以FOB,CFR等术语成交,货物风险的转移以在装运港越过船舷为界。装船之前,卖方拥有可保利益,而买方没有;装船之后,买方拥有可保益,而卖方没有。如果按规定被保险人在投保时就必须有保险利益,那么,买方便无法在货物装船之前及时对该货物办理保险了。

2) 最大诚信原则

保险合同作为一种补偿性合同,须以双方当事人的"最大诚信"(utmost good faith)为基础。当事人中的一方如以欺骗或隐瞒的手段诱使他方签订合同,一旦被发现,他方即有权解除合同,如有损害,并可要求赔偿。所谓最大诚信原则,是指投保人和保险人在签订保险合同以及在保险有效期内,必须保持最大限度的诚意,恪守信用,互不欺骗隐瞒,保险人应当向投保人说明保险合同的条款内容,并可以就保险标的或者被保险人的有关情况提出询问,投保人应当如实告知。对被保险人而言,最大诚信原则有以下两方面的要求:

(1)申报重要事实

申报重要事实(material facts)是指投保人在投保时应将自己知道的或者按商业常规他所应当知道的一切有关保险标的的重要事实向保险人详细说明,不得有任何隐瞒或不真实,以便保险人判断是否同意承保或者决定承保的条件。根据我国《海商法》规定,如果被保险人故意未将重要情况如实告知保险人的,保险人有权解除合同,并且不退还保险费。合同解除前发生保险事故造成损失的,保险人不负赔偿责任。如果不是由于被保险人的故意,未将重要情况如实告知保险人的,保险人有权解除合同或者要求相应增加保险费。由保险人解除合同的,对于合同解除前发生保险事故所造成的损失,保险人应当负赔偿责任;但是未告知或者错误告知的重要情况对保险事故的发生有影响者除外。

(2)保证

保证(warranty)是指被保险人在保险合同中所作的保证要做或不做某种事情,保证某种情况的存在或不存在,或保证履行某一条件。经保险双方同意写进保险单中的条款,称为明示保证;保险单内虽未明文规定,但是按照法律或惯例,被保险人应该保证对某种事情的行为或不行为,谓之默示保证。保证条款一经规定,被保险人就必须严格遵守;如有违反,保险人可自保证被违反之日起不再履行其应负的责任。

3)近因原则

近因(proximate cause)是指造成货物损失的最接近、最直接的原因。即货物的损失,是某项原因发生作用的直接结果,该项原因就是近因。近因是从原因发生的效果上,而不是从时间上判断。保险人只对承保风险与保险标的的损失之间有直接因果关系的损失负赔偿责任,这就是保险业中所谓的近因原则。

近因原则是保险理赔工作中用来确定保险标的所受损失是否能获得保险赔偿的一项重要依据。如果造成保险标的的损失的原因只有一个,而这个原因又是保险人承保责任范围内的,那么,这一原因就是损失的近因,保险人应负赔偿责任。但在实际业务中,造成保险标的的损失的原因往往不是一种,而是多种,这就需要仔细区分哪一些原因才是近因。

4)补偿原则

补偿原则(principle of indemnity)又称损害赔偿原则,是指当保险标的遭受保险责任范围内的损失时,保险人应当依照保险合同的约定履行赔偿义务。但保险人的赔偿金额不能超过保险金额或被保险人所遭受的实际损失,保险人的赔偿也不应使被保险人因此而获得额外利益。

4.2 海洋货物运输保险

4.2.1 海运货物保险保障的范围

在海洋货物运输中,货物可能遇到各种各样的风险,受到各种损失,但保险人并不是对所有的风险都予以承保,也不是对损失都予以赔偿。为了方便货主投保,明确双方的权利和义务,保险人将其提供的保险保障分为风险、损失和费用三部分。

1)风险

海运货物保险承保的风险主要有海上风险和外来风险两大类。

(1)海上风险

海上风险(perils of the sea)又称海难,一般指船舶、货物在海上运输中所发生的或附随海上运输所发生的风险。在保险业中,海上风险一方面不包括所有在海上发生的风险,另一方面又不局限于在海上发生的风险。它包括自然灾害和意外事故两类。

①自然灾害(natural calamity)。在海上保险中,它仅指恶劣气候、雷电、洪水、地震、海啸、流冰、火山爆发等。

②意外事故(fortuitous accidents)。一般是指由于偶然的非意料中的原因所造成的事故。在海上保险中,它并不是泛指的海上意外事故,而是仅指运输工具遭受搁浅、触礁、碰撞、互撞、失火、爆炸、沉没等。

(2)外来风险

外来风险是指海上风险以外由于其他各种外来的原因所造成的风险和损失,外来风险和损失包括下列两种类型:

①一般外来风险。这类风险损失,通常是指偷窃、短量、破碎、雨淋、受潮、受热、发霉、串味、沾污、渗漏、钩损和锈损等。

②特殊外来风险。这类风险损失,主要是指由于军事、政治、国家政策法令和行政措施等原因所致的负险损失,如战争和罢工等。除上述各种风险损失外,保险货物在运输途中还可能发生其他损失,如运输途中的自然损耗以及由于货物本身特点和内在缺陷所造成的货损等。这些损失不属于保险公司承保的范围。

2)损失

损失是指被保险的货物在运输过程中,由于发生海上风险导致保险标的直接或间接的损失。风险一旦发生,就会给货物造成损失。根据造成损失的风险不同,损失分为海上损失和外来损失。

(1)海上损失

海上损失简称海损(average),是指被保险货物在海洋运输途中,由于遭遇海上风险所造成的货物损坏或灭失。在保险业中,海损一方面不包括所有在海上发生的损失,另一方面又不局限于在海上发生的损失。海损因其损失的程度不同,可分为全部损失和部分损失。

①全部损失(total loss)。全部损失简称全损,是指整批或不可分割的一批被保险货物在运输途中全部损坏或灭失。按损失的情况不同,分为实际全损和推定全损两种。

a. 实际全损(actual total loss)。实际全损指保险标的全部损失,或保险标的损坏后不能复原,或标的物权丧失已无法复归于被保险人,或载货船舶失踪经过相当长时间(6个月)仍无音讯等。

b. 推定全损(constructive total loss)。推定全损指被保险标的的实际全损已经不可避免,或者恢复、修复受损货物以及运送货物到原定目的地所花费用超过该货物运往目的地货物价值。

推定全损的赔偿方法:可按部分损失赔偿,也可按全部损失赔偿。如果按全部损失赔偿,被保险人必须向保险人申请委付。

委付是指被保险人将保险货物的一切权利转让给保险人,并要求保险人按全损给予赔偿的行为。委付必须经保险人同意方为有效,保险人一经接受,委付就不得撤回。

②部分损失(partial loss)。部分损失是指被保险货物的损失没有达到全部损失的程度。按损失的性质,部分损失可分为共同海损和单独海损。

a. 共同海损(general average, G. A.),是指载货的船舶在航行途中遭遇自然灾害或意外事故,威胁到船、货等各方面的共同安全,船方为了解决共同危险或航程得以继续进行,有意识地采取合理措施所作出的一些特殊牺牲和支出的额外费用。

根据国际惯例,共同海损的牺牲及费用,应由有关获救各方根据获救价值按比例分摊,称为共同海损的分摊(contribution)。共同海损分摊时,涉及的受益方包括货方、船方和运费方。共同海损的分摊有两个原则:一是分摊以实际遭受的损失或额外增加的费用为准;二是无论受损方还是未受损方均应按标的物价值比例分摊。

b. 单独海损(particular average),是指保险标的物在海上遭受承保范围内的风险所造成的部分灭失或损害,即指除共同海损以外的部分损失。这种损失只能由标的物所有人单独负担。与共同海损相比较,单独海损的特点是:第一,它不是人为有意造成的部分损失;第二,它是保险标的物本身的损失;第三,单独海损由受损失的被保险人单独承担,但其可根据损失情况从保险人那里获得赔偿。单独海损是仅涉及船舶或货物所有人单方面的利益的损失。

(2)外来损失

外来损失是指各种外来风险所造成的损失。由于外来风险有一般外来风险和特殊外来风险之分,所以,外来损失也分为一般外来损失和特殊外来损失。

①一般的外来原因所造成的风险和损失。这类风险损失,通常是指偷窃、短量、破碎、雨淋、受潮、受热、发霉、串味、玷污、渗漏、钩损和锈损等。

②特殊的外来原因造成的风险和损失。这类风险损失,主要是指由于军事、政治、国家政策法令和行政措施等原因所致的负险损失,如战争和罢工等。

3)费用

海上风险发生后,除了会给货物造成损失外,还会造成一些费用开支。主要包括施救费用和救助费用两种。

(1)施救费用

施救费用(sue and labor expenses)是指被保险货物在遭遇承保范围内的灾害事故时,被保险人(或其代理人、雇佣人员或受让人)为了避免或减少损失,采取各种抢救与防护措施所支付的合理费用。

为了鼓励被保险人积极采取抢救措施,防止损失的进一步扩大,保险人都愿意对施救费用进行赔偿。

(2)救助费用

救助费用(salvage charges)是指被保险货物在遭遇承保责任范围内的灾害事故时,由保险人和被保险人以外的第三者采取救助措施并获得成功后,由被救方付给救助人的一种报酬。保险人在赔偿时,必须要求救助成功。在国际保险业上,被称为"无效果—无报酬"。

4.2.2 保险险别

保险险别是指保险人对风险和损失的承保责任范围。中国人民保险公司将其承保的险别按能否单独投保,分为基本险和附加险两大类。基本险是可以单独投保的险别,附加险是不能单独投保的险别,只能在基本险的基础上加保。

1)基本险

基本险又称主险,按其承保责任范围的大小,分为平安险、水渍险和一切险3种。

(1)平安险

平安险的原意为不承保自然灾害造成的部分损失。平安险的具体责任范围包括:

①被保险货物在运输途中由于恶劣气候、雷电、海啸、地震、洪水等自然灾害造成整批货物的实际全损或推定全损。被保险货物用驳船运往或运离海轮时,每一驳船所装的货物可视作一个整批。

②由于运输工具遭受搁浅、触礁、沉没、互撞、与流冰或其他物体碰撞以及失火、爆炸等意外事故造成的货物的全部或部分损失。

③在运输工具已经发生搁浅、触礁、沉没、焚毁意外事故的情况下,货物在此前后又在海上遭受恶劣气候、雷电、海啸等自然灾害所造成的部分损失。

④在装卸或转运时,由于一件或数件整件货物落海造成的全部或部分损失。

⑤被保险人对遭受承保责任内危险的货物采取抢救、防止或减少货损的措施而支付的合理费用,但以不超过该批被救货物的保险金额为限。

⑥运输工具遭遇海难后,在避难港由于卸货所引起的损失,以及在中途港、避难港由于卸货、存仓及运送货物所产生的特别费用。

⑦共同海损的牺牲、分摊和救助费用。

⑧运输契约如订有"船舶互撞责任"条款,根据该条款规定应由货方偿还船方的损失。

(2)水渍险

水渍险的责任范围是在平安险的责任范围的基础上,再加上被保险货物由于恶劣气候、雷电、海啸、地震、洪水等自然灾害所造成的部分损失。

(3)一切险

一切险的责任范围是在水渍险的责任范围的基础上,再加上被保险货物在运输途中由于一般外来原因所造成的全部或部分损失。

从上述3种基本险别的责任范围可以看出,平安险的责任范围最小;水渍险的责任范围比平安险的责任范围大;一切险的责任范围是最大,它是平安险、水渍险加一般附加险的总和。但是,一切险并非对一切风险损失都予以负责。一切险并非指所有的风险,仅指海上风险和一般外来风险给货物造成的全部和部分损失。

基本险责任的起讫按"仓至仓"条款(warehouse to warehouse clause,W/W Clause)办理,即保险责任自被保险货物运离保险单所载明的起运地仓库或储存处所开始,包括正常运输中的海上、陆上、内河和驳船运输在内,直至该项货物运抵保险单所载明的目的地收货人的最后仓库或储存处所或被保险人用作分配、分派或非正常运输的其他储存处所为止。被保险货物在最后到达卸载港卸离海轮后,保险责任以60天为限,如在此期限内被保险货物需转运至非保险单所载明的目的地时,则该项货物的保险期限从开始转运时终止。仓至仓条款的适用条件是在用CIF出口的情况下,当用CFR和FOB出口时,保险公司的责任起讫为"港至仓"。

知识扩展

基本险的除外责任

除外责任是指保险人不予负责的损失或费用。规定除外责任的目的,在于进一步明确保险人的承保责任范围。基本险的除外责任有以下几项:

(1)被保险人的故意行为或过失所造成的损失。

(2)属于发货人责任所引起的损失。

(3)在保险责任开始前,被保险货物已存在的品质不良或数量短差所造成的损失。

(4)被保险货物的自然损耗、本质缺陷、特性以及市价跌落、运输延迟所引起的损失或费用。

（5）战争险和罢工险条款规定的责任范围和除外责任。

2）附加险

附加险是基本险的补充与扩大，附加险承保的风险范围主要是外来风险，是由于外来原因所造成的损失。货主在投保了一种基本险别以后，还可根据货物的特点和实际需要，另外加保一种或几种附加险。附加险包括一般附加险和特殊附加险两类。

（1）一般附加险

一般附加险承保的是由于一般外来风险所造成的全部或部分损失。它包括以下11种险别：

①偷窃、提货不着险（theft，pilferage and non-delivery，TPND）。承保在保险有效期内，被保险货物由于偷窃行为及整件提货不着的损失。

②淡水雨淋险（fresh water and/or rain damage）。承保被保险货物在运输途中，由于淡水、雨水以及冰雪融化所造成的损失。

③短量险（risk of shortage）。承保被保险货物在运输过程中，因外包装破裂或散装货物发生散失与实际重量短少的损失。但不包括正常运输途中的自然损耗。

④混杂、玷污险（risk of intermixture and contamination）。承保货物在运输过程中混进杂质或被玷污所造成的损失。

⑤渗漏险（risk of leakage）。承保流质、半流质及用液体储藏的货物在运输过程中因容器损坏而引起的渗漏或货物腐败所造成的损失。

⑥碰损、破碎险（risk of clash and breakage）。承保货物在运输过程中，因受震动、碰撞、挤压或者由于装卸野蛮、粗鲁所造成的碰损或破碎的损失。

⑦串味险（risk of odour）。承保货物在运输途中因受其他带异味货物的影响造成串味的损失。

⑧受潮受热险（sweating and heating）。承保货物在运输途中因气温变化或因船上通风设备失灵，使船舱内水汽凝结所引起的货物受潮及由于温度增高使货物变质的损失。

⑨钩损险（hook damage）。承保货物在装卸过程中因使用手钩、吊钩等工具钩坏包装所引起的损失。

⑩锈损险（risk of rust）。承保金属及金属制品一类的货物，在运输过程中发生锈蚀造成的损失。

⑪包装破裂险（breakage of packing）。承保货物在运输过程中，因包装破裂所造成的物资短少、商品玷污等损失以及为续运安全的需要而产生的修补包装、调换包装所支付的费用。

上述11种一般附加险可根据需要选择投保，若已投保了一切险，则包括了这11种一般附加险，不必再加保。

（2）特殊附加险

特殊附加险承保的是由于军事、政治、国家政策法令以及行政措施等特殊外来原因所造成的全部或部分损失。特殊附加险是以导致货损的某些政府行为风险作为承保对象的，它不包括在一切险范围，不论被保险人投保任何基本险，要想获取保险人对政府行为等政治风险的保险保障，必须与保险人特别约定，经保险人特别同意；否则，保险人对此不承担保险责任。特殊附加险只能在投保"平安险""水渍险"或"一切险"的基础上加保。

①战争险（war risk）。承保由于战争、类似战争和敌对行为、武装冲突或海盗行为所造成的损失以及由此所引起的捕获、拘留、禁制、扣押造成的损失，或者由于各种常规武器（包括水雷、鱼雷、炸弹）造成的损失，以及由于上述原因所引起的共同海损的牺牲、分摊和救助费用。但是，因原子弹、氢弹等核武器所造成的损失，保险公司不负保险责任。

战争险的保险期限不是采用仓至仓，而是以水上危险为限，即自货物在起运港装上海轮或驳船时开始，直到目的港卸离海轮或驳船时为止。如果货物不卸离海轮或驳船，则保险责任最长延至海轮到达目的港的当日午夜起算满 15 天为止。如果在中途港转船，则不论货物在当地卸载与否，保险责任以海轮到达该港或卸货地点的当日午夜起算满 15 天为止，待货物装上续运的海轮时，保险人再继续负责。

②罢工险（strike risks）。承保货物因罢工者、被迫停工工人，以及参加工潮、暴动、民众斗争的人员或任何人的恶意行为所造成的直接损失及由此引起的共同海损的牺牲、分摊和救助费用。按照国际保险市场的惯例，如投保战争险后再加保罢工险时，保险公司不另增收保险费。战争险承保的是水上风险，罢工险承保的是岸上风险。

此外，特殊附加险还包括交货不到险（failure to deliver risk）、进口关税险（import duty risk）、舱面险（on deck risk）、拒收险（rejection risk）、黄曲霉素险（aflatoxin risk）和出口货物到香港（包括九龙）或澳门存仓火险责任扩展条款（Fire Risk Extension Clause for Storage of Cargo at Destination Hong Kong, Including Kowloon, or Macao,简称 F. R. E. C）这几种险别。

知识扩展

其他特殊附加险的责任范围

（1）进口关税险（import duty risk）。该险承保的是被保险货物受损后，仍得在目的港按完好货物交纳进口关税而造成相应货损部分的关税损失。但是，保险人对此承担赔偿责任的条件是货物遭受的损失必须是保险单承保责任范围内的原因造成的。

（2）舱面险（on deck risk）。该附加险承保装载于舱面（船舶甲板上）的货物被抛弃或海浪冲击落水所致的损失。一般来讲，保险人确定货物运输保险的责任范围和厘定保险费时，是以舱内装载运输为基础的。但有些货物因体积大或有毒性或有污染性或根据航运习惯必须装载于舱面,为对这类货物的损失提供保险保障,可以加保舱面货物险。

(3)黄曲霉素险(aflatoxin risk)。该附加险承保被保险货物(主要是花生、谷物等易产生黄曲霉素)在进口港或进口地经卫生当局检验证明,其所含黄曲霉素超过进口国限制标准,而被拒绝进口、没收或强制改变用途所造成的损失。按该险条款规定,经保险人要求,被保险人有责任处理被拒绝进口或强制改变用途的货物或者申请仲裁。

(4)拒收险(rejection risk)。当被保险货物出于各种原因,在进口港被进口国政府或有关当局拒绝进口或没收而产生损失时,保险人依拒收险对此承担赔偿责任。但是,投保拒收险的条件是被保险人在投保时必须持有进口所需的一切手续(特许证或许可证或进口限额)。如果被保险货物在起运后至抵达进口港之前的期间内,进口国宣布禁运或禁止进口的,保险人只负责赔偿将该货物运回出口国或转口到其他目的地所增加的运费,且以该货物的保险金额为限。同时,拒收险条款还规定,被保险人所投保的货物在生产、质量、包装、商品检验等方面,必须符合产地国和进口国的有关规定。如果因被保险货物的记载错误、商标或生产标志错误、贸易合同或其他文件存在错误或遗漏、违反产地国政府或有关当局关于出口货物规定而引起的损失,保险人概不承担保险责任。

(5)交货不到险(failure to deliver risk)。该险承保自被保险货物装上船舶时开始,在6个月内不能运到原定目的地交货。不论何种原因造成交货不到,保险人都按全部损失予以赔偿,但是,被保险人应将货物的全部权益转移给保险人,因为造成交货不到的原因并非运输上的,而是某些政治原因(如被另一国在中途港强迫卸货等)。所以,被保险人在投保该险别时,必须获得进口货物所有的一切许可手续;否则,投保该险是无效的。同时,由于该附加险与提货不着险和战争险所承保责任范围有重叠之处,故保险公司在条款中规定,提货不着险和战争险项下所承担的责任,不在交货不到险的保险责任范围之内。

(6)出口货物到香港(包括九龙在内)或澳门存仓火险责任扩展条款(Fire Risk Extension Clause For Storage of Cargo at Destination HongKong, Including Kowloon, or Macao,简称F. R. E. C.)。这是一种扩展存仓火险责任的特别附加险。它对于被保险货物自内地出口运抵香港(包括九龙)或澳门,卸离运输工具,直接存放于保险单载明的过户银行所指定的仓库期间发生火灾所受的损失,承担赔偿责任。该附加险是一种保障过户银行权益的险种。因为,货物通过银行办理押汇,在货主未向银行归还贷款前,货物的权益属于银行,所以,在该保险单上必须注明过户给放款银行。相应地,货物在此期间到达目的港的,收货人无法提货,必须存入过户银行指定的仓库。从而,保险单附加该险条款的,保险人承担火险责任。该附加险的保险期限,自被保险货物运入过户银行指定的仓库之时起,至过户银行解除货物权益之时,或者运输责任终止时起满30天时止。若被保险人在保险期限届满前向保险人书面申请延期的,在加缴所需保险费后可以继续延长。

4.2.3 伦敦保险协会海运货物保险条款

在世界海上保险业务中,英国所制定的保险规章制度,特别是保险单和保险条款对世界各国影响很大。目前,世界上大部分国家和地区在海上保险业务中都直接采用英国伦敦保险协会所制定的《协会货物条款》(Institute Cargo Clauses,ICC)。我国在以CIF 或 CIP 条件出口时,国外客户要求按伦敦保险业协会货物险条款投保,我出口企业也可酌情接受。因此,我们对该条款也必须有所了解。

现行的协会货物条款于 1981 年修订完成,并于 1983 年 4 月 1 日起正式实行。

按照协会货物条款的规定,三种基本险的责任范围可归纳如下:

1)ICC(A)险

它基本和原来的一切险相同,但在表述上采用"除外责任"的提法,即除不适航、不适货、战争、罢工外,对其他一切风险所造成的损失都予以承保。

2)ICC(B)险

承保由于所列举的自然灾害和意外事故所造成的全部或部分损失,以及共同海损牺牲,抛货或浪击落海,海水、潮水或河水进入船舶、驳船、运输工具、集装箱、大型海运箱或储存处所造成的损失。原来属于平安险责任范围的货物在船舶或驳船装卸时落海或跌落所造成任何整件的全损,也包括在 ICC(B)险之内。

3)ICC(C)险

只承保由于意外事故所造成的损失以及抛货和共同海损牺牲。

4.3 其他运输方式下的货运保险

陆运、空运货物和邮包运输保险虽然是在海运货物保险的基础上发展起来的,但由于陆运、空运和邮包运输可能遭致损失的风险种类不同,故其保险条款也与海运有所区别。

4.3.1 陆上货物运输保险

陆上货物运输保险的基本险别分为陆运险和陆运一切险两种。

1)陆运险

陆运险(overland transportation risks)的承保责任范围与海运货物保险中的"水渍

险"相似。保险公司承保被保险货物在运输途中遭受暴风、雷电、地震、洪水等自然灾害造成的全部损失或部分损失;或由于陆上运输工具遭受碰撞、倾覆或出轨或在驳运过程中因驳运工具搁浅、触礁、沉没、碰撞造成的全部损失或部分损失;或由于遭受隧道坍塌、崖崩或火灾、爆炸等意外事故所造成的全部损失或部分损失。被保险人对遭受承保责任内危险的货物采取抢救、防止或减少货损的措施而支付的合理费用,保险公司也负责赔偿,但以不超过该批被救货物的保险金额为限。

2)陆运一切险

陆运一切险(overland transportation all risks)的承保责任范围与海运一切险相似。保险公司除承担上述陆运险的赔偿责任外,还负责被保险货物在运输途中由于外来原因所造成的全部或部分损失。

陆运险与陆运一切险的责任范围均适用于铁路和公路运输,并以此为限。它们的责任起讫,也采用"仓至仓"条款。

此外,还有适用于陆运冷藏货物的专门保险——陆上运输货物冷藏险(也属基本险)及附加险——陆上运输货物战争险。

4.3.2 航空运输货物保险

航空运输货物保险的基本险别有航空运输险、航空运输一切险两种。

1)航空运输险

航空运输险(air transportation risks)的承保责任范围是:保险公司负责赔偿被保险货物在运输途中遭受雷电、火灾、爆炸或由于飞机遭受恶劣气候或其他危难事故而被抛弃,或由于飞机遭受碰撞、倾覆、坠落或失踪等自然灾害和意外事故所造成的全部或部分损失。

2)航空运输一切险

航空运输一切险(air transportation all risks)的承保责任范围,除包括上述航空运输险的全部责任外,还对被保险货物在运输途中由于外来原因所造成的全部或部分损失负责赔偿。

航空运输险和航空运输一切险的保险期限,也采用"仓至仓"条款。

此外,还有航空运输货物战争险,属附加险。

4.3.3 邮包运输保险

邮包运输保险的基本险别有邮包险和邮包一切险两种。

1)邮包险

邮包险(parcel post risks)的承保范围是:被保险邮包在运输途中由于恶劣气候、雷电、海啸、地震、洪水等自然灾害或由于运输工具搁浅、触礁、沉没、碰撞、出轨、倾覆、坠落、失踪,或由于失火、爆炸意外事故所致的全部或部分损失;还包括被保险人对遭受承保责任内危险的货物采取抢救、防止或减少货损的措施而支付的合理费用,但不得超过该批货物的保险金额。

2)邮包一切险

邮包一切险(parcel post all risks)的承保范围除包括上述邮包险的全部责任外,还包括被保险邮包在运输途中由于外来原因所造成的全部或部分损失。

邮包险与邮包一切险的责任起讫是:自被保险邮包离开保险单所载明的起运地点寄件人的处所运往邮局时开始生效,直至被保险邮包运达保险单所载明的目的地邮局发出通知书给收件人当日午夜起算满15天为止。但在此期限内,邮包一经递交至收件人处所时,保险责任即告终止。

此外,还有邮包战争险。它是邮包运输保险的一种附加险。

4.4 国际货物运输保险业务操作程序

在国际货物运输保险业务中,投保人在办理投保时,主要涉及险别的选择、保险金额的确定、保险费的计算等项工作,国际货物运输保险业务操作的一般程序如图4.1所示。

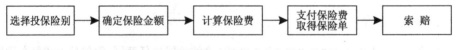

选择投保险别 → 确定保险金额 → 计算保险费 → 支付保险费取得保险单 → 索赔

图4.1　国际货物运输保险业务操作程序

1)选择投保险别

保险险别中关于保险人与被保险人之间的权力与义务规定,是保险公司所负赔偿责任的主要依据。险别不同,保险公司的责任范围各异,收取的保险费也不相同。多投险种当然安全感会强很多,但保费的支出肯定也要增加。例如,"一切险"是最常用的一个险种。买家开立的信用证也多是要求出口方投保一切险。投保一切险最方便,因为它的责任范围包括了平安险、水渍险和11种一般附加险,投保人不用费心思去考虑选择什么附加险。但是,往往最方便的服务需要付出的代价也最大。就保险费率而言,水渍险的费率约相当于一切险的1/2,平安险约相当于一切险的1/3。因此,投保人在选择保险险别时,既要顾及所选择的险别能为被保险货物提供充分的保险保障,又要注意到保险费用的节省,避免不必要的保险费用支出。应该在保险范围和保险费之间寻找平衡点。要做到这一点,首先要对自己所面临的风险作出评估,甄别哪种风险最大、最可能发生,并结合不同险种的保险费率来加以权衡,综合考虑所属货物的各种情况非常重要,这样既可节省保费,又能较全面地提高风险保障程度。对保险险别的选择,一般应考虑以下因素:

(1)货物的种类、性质和特点

不同种类的货物所具有的性质和特点有所不同,在运输途中遭遇的风险和发生的损失往往有很大的不同。因此,在投保时必须充分考虑货物的性质和特点,据以确定适当的险别。例如,玻璃制品、陶瓷类的日用品或工艺品,石棉瓦(板)、水泥板、大理石等建筑材料类商品主要损失会因破碎导致,投保时可在平安险或水渍险的基础上加保破碎险;毛、棉、麻、丝、绸、服装类和化学纤维类商品,遭受损失的可能性较大,如玷污、钩损、偷窃、短少、雨淋等,有必要投保一切险。有的货品则确实没有必要投保一切险,像矿砂、钢材、铸铁制品等这样的低值、裸装的大宗货物,主险投保平安险就可以了。另外,也可根据实际情况再投保舱面险作为附加险。对于不大可能发生碰损、破碎或容易生锈但不影响使用的货物,如铁钉、铁丝、螺丝等小五金类商品,以及旧汽车、旧机床等二手货,可以投保水渍险作为主险。有的货物投保了一切险作为主险可能还不够,还需投保特别附加险。某些含有黄曲霉素的食物,如花生、油菜籽、大米等食品,往往含有这种毒素,会因超过进口国对该毒素的限制标准而被拒绝进口、没收或强制改变用途,从而造成损失。那么,在出口这类货物的时候,就应将黄曲霉素险作为特别附加险予以承保。对于某些特殊的货物则要投保特种险。

(2)货物的包装

货物的包装对货物的安全运输具有重要作用。在办理投保和选择险别时,应把货物包装在运输过程中可能发生的损坏及其对货物可能造成的损害考虑在内。但须注意,因货物包装不良或由于包装不适应国际贸易运输的一般要求而致货物遭受损失,属于发货人的责任,保险人一般不予负责。

(3)货物的运输情况

货物的运输情况包括运输方式、运输工具、运输路线及停靠港口。海运中,船舶的航行路线和停靠的港口不同,货物可能遭受的风险和损失也有很大的不同。某些航线途经气候炎热地区,如果载货船舶通风不良,就会增大货损。而在政局动荡不定或在已经发生战争的海域内航行,货物遭受意外损失的可能性自然增大。同时,由于不同停靠港口在设备、装卸能力以及安全等方面有很大差异,进出口货物在港口装卸时发生货损、货差的情况也就不同。因此,在投保前应做好调查了解工作,以便选择适当的险别。

(4)运输季节

货物运输季节不同,也会对运输货物带来不同风险和损失。例如,载货船舶冬季在寒冷海域航行,极易发生与流动冰山碰撞的风险;夏季装运粮食、果品,极易出现发霉腐烂或生虫的现象。

(5)各国的贸易习惯和国际惯例

如果货物按 CIF 条件出口,卖方应负责投保何种险别,须在贸易合同中加以明确规定。合同订立后,一方有不同的保险要求,就只能向对方提出修改合同或信用证。如果合同中对此没有规定,便需按照国际贸易惯例及有关国家的法律规定办理。例如,按照《通则 2000》的规定,CIF 条件下的卖方应负责投保最低限度的保险险别;按美国《1941 年美国对外贸易定义修正本》的规定,CIF 条件下卖方有义务代买方投保战争险,费用由买方负担;在比利时,CIF 下卖方常负责投保水渍险;在澳大利亚,按许多行业习惯,CIF 条件下卖方须负责投保水渍险和战争险等。

(6)目标市场

目标市场不同,费率亦不同,出口商在核算保险成本时,就不能"一刀切"。举例来讲,如果投保一切险,欧美发达国家的费率可能是 0.5%,亚洲国家是 1.5%,非洲国家则会高达 3.5%。另外,货主在选择险种的时候,要根据市场情况选择附加险,如到菲律宾、印尼、印度的货物,因为当地码头情况混乱,风险比较大,应该选择偷窃提货不着险和短量险作为附加险,或者干脆投保一切险。

总之,在选择投保险别时,要根据多方面的因素进行考虑。一般来说,由于进出口货物运输保险承保的基本风险是在运输途中因自然灾害和运输工具遭受意外事故所造成的货物损失,所以选择投保险别应首先在基本险别中选择水渍险或平安险,然后再根据需要加保必要的附加险别。附加险的选择要针对易出险因素来加以考虑。

2)确定保险金额

保险金额(insured amount),是指被保险人对保险标的的实际投保金额,是保险人承担赔偿责任的最高金额,也是保险人计算保险费的基础。

我国出口货物一般采取逐笔投保的办法。按 FOB 或 CFR 术语成交的出口货物,卖方无办理投保的义务,但卖方在履行交货之前,货物自仓库到装船这一段时间内,仍承担货物可能遭受意外损失的风险,需要自行安排这段时间内的保险事宜。按 CIF 或 CIP 等术语成交的出口货物,卖方负有办理保险的责任,一般应在货物从装运仓库运往码头或车站之前办妥投保手续。我国进口货物大多采用预约保险的办法,各专业进出口公司或其收货代理人同保险公司事先签有预约保险合同(open cover)。签订合同后,保险公司负有自动承保的责任。

(1)出口货物

根据国际保险市场的习惯做法,出口货物的保险金额一般按 CIF 货价另加 10% 计算,这增加的 10% 叫保险加成,也就是买方进行这笔交易所付的费用和预期利润。被保险人也可以根据不同情况来确定投保加成的高低,但最高一般不得超过三成。

保险金额计算公式为:

$$保险金额 = CIF(或 CIP)价 \times (1 + 加成率)$$

我国的出口货物保险是逐笔投保的,保险金额按上述方法确定。

(2)进口货物

在进口业务中,按双方签订的预约保险合同承担,保险金额按进口货物的 CIF 货值计算,不另加减。如果按 FOB 进口货物,则按平均运费率换算为 CFR 货值后再计算保险金额。其计算公式如下:

①以 FOB 价格成交的货物:

$$保险金额 = FOB 价 \times (1 + 平均运费率)/(1 - 平均保险费率)$$

②以 CFR 价格成交的货物:

$$保险金额 = CFR 价/(1 - 平均保险费率)$$

3)计算保险费

保险费是保险人向被保险人收取的费用。被保险人投保时向保险公司交纳一定金额的保险费,双方的契约关系才能成立。所以,被保险人交纳保险费是保险合同生效的重要条件,保险公司只有在收到保险费后才能承担相应的保险责任。保险费是以投保货物的保险金额为基础,按一定的保险费率计算出来的。其计算公式为:

$$保险费 = 保险金额 \times 保险费率$$

在实际业务中,经常需要将 CFR(CPT)价换算为 CIF(CIP)价。其计算公式如下:

$$CIF(CIP) = \frac{CFR}{1 - 保险费率(1 + 投保加成)}$$

4)填写投保单

无论在进口或出口业务中,投保货物运输保险时,投保人通常需以书面方式作出投保要约,即填写货物运输保险投保单,经保险人在投保单上签章承诺,或是出立保险单,保险双方即确定了合同关系。按照保险利益原则的规定,在货物运输保险中,被保险人必须在索赔时对保险货物具有保险利益,但并不要求其在投保时便具有保险利益。因此,为保障贸易双方的利益不会因货物在运输途中发生事故而遭受损失,投保人应在货物开始运输之前办理保险。

投保单是投保人在投保时对保险标的及有关事实的告知和陈述,也是保险人签发保险单和确定保险费的依据,因此,投保单的填写必须准确、真实。进出口货物运输保险投保单的具体内容主要有以下几项:被保险人,发票号码和合同号码,包装数量,保险货物项目,保险金额,装载运输工具,航次、航班,开航日期,运输路线,承保险别,赔款地,投保人签章及企业名称、电话地址,投保日期等。

保险人承保的是未来可能发生的风险,由于买卖双方处于不同的国家,距离遥远,如果出现信息传递失误,买方投保的日期可能在货物装船以后或货交承运人接管以后,甚至可能出现投保时货物已经在运输途中发生损失的情形。按理保险应当是无效的。但按照国际货运保险的习惯,如果投保时货物已经发生损失,只要进口方的投保是善意的,事先并不知情,保险仍然有效,保险人仍需按保险合同的规定予以赔偿;反之,如果进口方在投保时已经知道货损事件,则该投保行为属于保险欺诈,保险无效。如果保险人已经知情,则不会接受承保。对于和保险公司订有长期有效的货物国际运输预约保险合同的被保险人,只需在货物出运后或接到装船通知后填写国际运输预约保险启运通知书或保险凭证,即完成了投保手续。

保险是建立在诚信原则基础之上的契约关系。保险人对投保人的投保是否接受,按什么费率承保,主要是以投保人所申报的情况为依据来确定的。因此,投保人在办理投保时,应当将有关被保险货物的重要事项向保险人作真实的申报和正确的陈述。

5)支付保险费,取得保险单

投保人(被保险人)交付保险费后,即可取得保险单。在国际贸易业务中,常用的保险单据主要有两种形式:

①保险单(insurance policy 或 policy)。保险单(俗称大保单),是保险人和被保险人之间成立保险合同关系的正式凭证。因险别的内容和形式有所不同,海上保险最常用的形式有船舶保险单、货物保险单、运费保险单和船舶所有人责任保险单等。

保险单的基本内容包括保险人(又称承保人,insurer)、被保险人(insured)、保险单和保险凭证、唛头和号码、包装及数量、保险金额与货币、保费及费率、运输条款(船名、航次、转船港、开航日期、运输起讫点)、承保险别、赔付地点(一般是在进口国内的地点)及日期(至少应早于提单装运的日期)等。此外,还附有关于保险人责任范围以及保险人和被保险人的权利和义务等方面的详细条款。如当事人双方对保险单上所规定的权利和义务需要增补或删减时,可在保险单上加贴条款或加注字句。

保险单是被保险人向保险人索赔的正式文件,也是保险人理赔的主要依据。保险单可转让,通常是被保险人向银行进行押汇的单证之一。在 CIF 合同中,保险单是卖方必须向买方提供的单据。

②保险凭证(insurance certificate)。保险凭证(俗称小保单),是保险人签发给被保险人,证明货物已经投保和保险合同已经生效的文件。凭证上无保险条款,表明按照本保险人的正式保险单上所载的条款办理。保险凭证具有与保险单同等的效力,但在信用证规定提交保险单时,一般不能仅以保险凭证提供。

6)索赔

被保险货物遭受损失后,被保险人应按规定办理索赔手续,向保险人提出赔偿要求。保险索赔,是指被保险货物遭受承保责任范围内的风险而造成损失时,被保险人向保险人提出赔偿要求的行为。保险人在接到被保险人的索赔要求后,对被保险货物的损失赔偿要求的处理称为理赔。索赔时,首先要求被保险人对保险标的必须具有保险利益。以海运为例,若以 CIF 条件成交,货物的损失若是发生在起运港装上海轮之前的运输途中,应由卖方向保险公司索赔;如果货物的损失发生在装上海轮之后,根据保险利益原则的规定,应由买方向保险公司进行索赔。其次,要求赔偿的损失,必须是承保责任范围内的风险所直接造成的。根据近因原则,保险人一般只对承保风险与货物损失之间有直接因果关系的损失负赔偿责任。此外,被保险人应采取一切必要措施防止损失扩大。按各国保险法或保险条款的规定,当被保险货物发生承保责任范围内的损失时,被保险人必须采取一切必要措施,防止损失进一步扩大;否则,扩大部分的损失,保险人不负赔偿责任。索赔的一般步骤如下:

(1)发出损失通知

当被保险人发现被保险的货物有短损情况,应立即通知保险公司或保险单上所载明的保险公司在当地检验、理赔代理人。及时发出损失通知,是向保险人请求赔偿的必备手续。因为一经通知,便表明已知开始索赔行为,不再受索赔时效的限制。

(2)申请检验

被保险人在向保险人或其代理人发出损失通知的同时,应向其申请货物检验。货物的检验对查清损失原因、审定责任归属是极其重要的,因而被保险人应及时申请检验,损失原因的明确、责任的审定都要通过货物的检验来实现。如果检验不及时,不仅会使保险人难以确定货损是否发生在保险有效期内,而且可能导致损失原因无法查明,影响责任的确定。因此,被保险人在发现保险货物受损后,应立即申请检验。特别是当被保险人在货物运抵目的地的最后仓库才发现货损时,被保险人更应尽快地向保险人申请检验,以便确定损失是否在运抵最后目的地仓库前,即在保险期限内发生的。各国的保险机构对货物的损失通知和申请检验均有严格的时间限制,我国的保险公司一般要求申请检验的时间最迟不能超过保险责任终止后10天。当然,如果导致申请检验的时间超过规定期限的原因是被保险人无法控制的,保险人还是应根据实际情况予以受理。被保险人在申请检验时,应注意以下几点:

①弄清申请检验的对象。在出口运输货物保险单中,均注明了检验、理赔代理人的名称、地址等详细资料。发生货损后,被保险人必须向保险单指定的代理人申请检验,而不能自行请他人进行检验;否则,保险人有权拒绝接受检验报告而要求由指定的代理人重新检验。对于进口运输货物保险,当货物在运抵目的地和发现有损失时,一般由保险人或其代理人和被保险人进行联合检验,共同查明损失的原因,确定损失金额以及责任归属。如果货损情况非常复杂,则应向出入境检验检疫部门或保险公估行申请检验,出具检验报告。

②可以不申请检验的情况。对整件短少的货物,如果短少是在目的港将货物卸下海轮时发现的,被保险人应向承运人索取溢短卸证明;如果短少是在货物卸离海轮以后,提货以前发现的,被保险人应向有关港口当局或装卸公司索取短卸证明。在此情况下,短卸证明即可作为损失依据,不需申请检验。此外,如果货损轻微,损失金额很小,这时申请检验,检验费用可能超过保险货物损失的金额,保险人往往考虑到经济因素而不要求被保险人申请检验。对此,国际上一般由代理人出具不检验损失报告。保

险人直接按实际损失予以赔偿。

③检验报告的性质和作用。检验完成后,检验人或保险人会同被保险人对损失的原因和损失程度等进行判断。检验报告是被保险人据以向保险人索赔的重要证据,但是检验报告只是检验人对货损情况作出客观鉴定的证书,并不能最后决定货损是否属于保险责任,也不能决定保险人是否应对货损予以赔偿。货物损失是否属于保险责任范围最终要由保险人根据保险合同条款决定。因此,检验报告上一般注明"本检验报告不影响保险人的权利"。

(3)提交索赔单证

索赔人员在向保险人或其代理人索赔时,应提交索赔必需的各种单证,按照我国货物运输保险条款的规定,索赔人员在索赔时应提供保险单正本、提单、发票、装箱单、磅码单、货损货差证明、检验报告及索赔清单。如果涉及第三者责任,还须提供向责任方追偿的有关函电及其他必要单证或文件。

①保险单或保险凭证正本。这是向保险公司索赔的基本证件,可证明保险公司承担保险责任范围。

②运输凭证。它包括海运提单、陆空运单、邮寄单等运输单证。这些单证证明被保险货物承运的状况,如承运的件数、运输路线、交货时货物的状态,以确定受损货物是否是保险所承保的以及在保险责任开始前的货物状况。

③发票。这是计算保险赔款时的数额依据。

④装箱单、磅码单。这两份包装单据是被保险货物在装运时的数量和重量的证明,保险人据以核定货物在数量上及重量上的损失。

⑤货损、货差证明。这是在承运人所签发的提单是清洁的,而所交的货物有残损或短少的情况下,要求承运人签发的文件。它既是被保险人向保险人索赔的证明,又是日后向承运人追偿的根据。如果是整件短少,应要求承运方签具短缺证明。

⑥如果损失涉及承运人等第三者责任,应提供向承运人等第三者责任方请求赔偿的函电或其他单证和文件。这些文件中常需包括第三者责任方的答复文件,因为它可表明被保险人确已履行了他应该办的追偿手续,亦即维护了保险公司的追偿权利。

⑦索赔清单。这是被保险人要求保险公司给付赔款的详细清单。主要说明索取赔款数字的计算依据以及有关费用的项目和用途。

⑧海事报告。这是载货船舶在航行途中遭遇恶劣天气、意外事故或其他海难,可能对保险货物造成损害或灭失时所应提供的一项重要证件,是船长据实记录的报告。其主要是用来证明航程中遭遇海难,船舶或货物可能遭受损失,并声明船长及船员已经采取一切必要措施,是人力不可抗拒的损失,船方应予免责。海事报告对于海上遭受风险的情况、货损原因以及采取的措施都有记载,有助于确定损失原因和保险责任。

除上述各种证明和单据外,保险人还可根据损失情况和理赔需要,要求被保险人提供与确认保险事故性质和损失程度有关的证明和资料。所有这些证明和资料是被保险人提赔的依据,保险人是否承担赔偿责任,除根据现场调查搜集的资料外,主要是依据这些证明和资料进行判断。

（4）领取保险赔款与代位追偿

被保险人有权及时获得保险赔偿。但是如果损失是由于其他第三者（包括船方在内）的疏忽或过失所致，被保险人不能双重获益，任何第三者也不能因保险人负责赔偿而推卸责任。保险人在履行全损赔偿或部分损失赔偿后，在其赔偿金额内，要求被保险人转让其对造成损失的第三者责任方要求全损赔偿或相应部分赔偿的权利。这种权利称为代位求偿权或称为代位追偿权或简称代位权。在实际业务中，保险人需首先向被保险人进行赔付，才能取得代位追偿权。其具体做法是：被保险人在获得赔偿的同时，签署一份权益转让书，作为保险人取得代位权的证明。保险人便可凭此向第三者责任方进行追偿。

案例分析

某年1月16日，原告（某进出口公司）与被告（中国平安保险公司）签订了货物运输保险合同。原告外购92PMK-777925HK合同项下货物磷酸二氨数量21 150 t，保险金额按标的CIF价格加一成为4 233 892.56美元，承保条件是中国人民保险公司海洋货物运输保险条款（1981年1月1日）一切险（包括"仓至仓"条款），附加超过装运总量0.5%的短量险。原告于签订保险合同当日，已将保险费13 548.46美元支付给被告。货物于8月11日运至天津新港，船上所载包括原告以及其他收货人的35 400 T散装磷酸二氨（商检公估数为35 195 t，短卸205 t，短卸率为5.8%）全部卸入天津新港第二港公司203，204，207号码头仓库内。原告作为TPA-3号提单项下的收货人，在货物到港前委托中国对外贸易运输总公司天津塘沽公司和中国农垦物资公司代办提货。至9月1日止，原告共提取磷酸二氨8 499.9 t，并对其进行分配，分派运往河北、吉林等地。9月1日，因遇特大海潮灾害，原告所属的12 401.1 t货物遭海水浸泡造成损失。经鉴定，货损共折合5 398.32 t，因对货物进行施救，原告支付了所发生费用人民币50 522.59元。此后，原告向被告索赔。同年10月17日，被告明确表示对该批货物的损失拒赔，被告认为保险人的责任，从货到卸货港，收货人提货后运至其仓库，或提货后不运往自己的仓库，到对货物进行分配、分派、分散转运时终止。同时认为原告于4月20日已将投保货物全部卖给案外人中国农垦物资公司，并且在该批货物运抵天津新港前已将提单转让，原告因此失去了诉权和可保利益。

分析：

（1）你认为被告是否有理由拒赔？为什么？

（2）如果你作为法官，你将如何判决？

本章小结

国际货物运输保险包括海上货物运输保险、陆上货物运输保险、航空货物运输保险和邮寄运输保险。海上货物运输保险承保责任范围包括海上风险、海上损失与费用以及海上风险以外的其他外来原因所造成的风险与损失。

保险险别是指保险人对风险和损失的承保责任范围。中国人民保险公司将其承保的险别按能否单独投保，分为基本险和附加险两大类。基本险是可以单独投保的险别，附加险是不能单独投保的险别，只能在基本险的基础上加保。基本险又称主险，按其承保责任范围的大小，分为平安险、水渍险和一切险 3 种。平安险的原意为不承保自然灾害造成的部分损失，其承保的范围是自然灾害造成的全部损失，意外事故造成的全部损失和部分损失；水渍险的责任范围是在平安险的责任范围的基础上，再加上被保险货物由于恶劣气候、雷电、海啸、地震、洪水等自然灾害所造成的部分损失；一切险并非指所有的风险，仅指海上风险和一般外来风险给货物造成的全部和部分损失。附加险承保的风险范围主要是外来风险，根据外来风险和损失的大小，附加险可分为一般附加险和特殊附加险。一般附加险主要承保一般外来风险，特殊附加险主要承保特殊外来风险。

保险责任起讫及期限，在投保三种基本险的情况下保险公司的责任起讫采用"仓至仓"条款，即保险公司的保险责任从货物离开卖方仓库开始，一直保到货物进入买方仓库为止。当货物到达目的港后，若没有进入买方的仓库，保险公司的责任是货物卸离轮船后 60 天止。仓至仓条款的适用条件：在用 CIF 出口的情况下，当用 CFR 和 FOB 出口时，保险公司的责任起讫为"港至仓"；在投保战争险的情况下，保险公司的责任起讫是"港至港"，在轮船靠港后，承保 15 天。

在国际货物运输保险业务中，投保人在办理投保时，主要涉及险别的选择、保险金额的确定、保险费的计算，填写保险单，支付保险费，取得保险单等项工作。在处理索赔事故时，主要涉及向保险公司发出损失通知，申请检验，准备和提交索赔单证，领取保险赔款等工作。

知识检测

1. 单选题

(1)关于国际货运保险被保险人应在(　　)具有可保利益。

A.投保时　　　　　　　　　　B.保险单签发时

C.保险事故发生要求赔偿时　　D.向保险公司办理索赔时

(2)对于共同海损所作出的牺牲和支出的费用,应由(　　)。

A.船方承担　　　B.货方承担　　　C.保险公司承担

D.所有与之有利害关系的受益人按获救船舶、货物、运费获救后的价值比例分摊

(3)保险公司承担保险责任的期间通常是(　　)。

A.钩至钩期间　　B.舷至舷期间　　C.仓至仓期间　　D.水面责任期间

(4)按 CIF 术语成交的贸易合同,货物在运输途中因火灾被焚,应由(　　)。

A.卖方承担货物损失　　　　　B.卖方负责向保险公司索赔

C.卖方或买方负责向保险公司索赔　D.买方负责向承运人索赔

(5)平安险不赔偿(　　)。

A.自然灾害造成的实际全损　　　B.自然灾害造成的推定全损

C.意外事故造成的全部损失和部分损失　D.自然灾害造成的单独海损

(6)淡水雨淋险属于(　　)的承保范围。

A.平安险　　　　B.水渍险　　　C.一般附加险　　D.特别附加险

(7)我国某公司以 CIF 条件与国外客户订立出口合同。根据《2000 通则》的解释,买方对投保无特殊要求,我公司只需投保(　　)。

A.平安险　　　　B.水渍险　　　C.一切险　　　D.一切险加战争险

(8)按中国人民保险公司海洋货物运输保险条款的规定,在三种基本险别中,保险公司承担赔偿责任的范围是(　　)。

A.平安险最大,其次是一切险,再次是水渍险

B.水渍险最大,其次是一切险,再次是平安险

C.一切险最大,其次是水渍险,再次是平安险

D.一切险最大,其次是平安险,再次是水渍险

(9)为了防止运输中货物被盗,应该投保(　　)。

A.平安险　　　　　　　　　　B.一切险

C.偷窃提货不着险　　　　　　D.一切险加保偷窃提货不着险

(10)根据现行伦敦保险协会《海运货物保险条款》的规定,采用"一切风险减除外

责任"的办法表示的险别是( )。

    A. ICC(A)   B. ICC(B)   C. ICC(C)   D. ICC(D)

2. 多选题

(1)在国际货物运输保险中,保险公司承保的风险包括( )。

    A. 自然灾害   B. 意外事故   C. 外来风险   D. 运输延迟造成损失的风险

(2)保险公司承保水渍险的责任包括赔偿( )。

    A. 自然灾害造成的全部损失   B. 自然灾害造成的部分损失

    C. 意外事故造成的共同海损   D. 意外事故造成的单独海损

(3)一般附加险包括( )。

    A. 淡水雨淋险   B. 包装破裂险   C. 拒收险   D. 舱面险

(4)在海上保险业务中,属于意外事故的有( )。

    A. 搁浅   B. 触礁   C. 沉没   D. 碰撞   E. 失踪、失火、爆炸

(5)中国人民保险公司海洋运输货物保险条款规定的基本险别包括( )。

    A. 平安险   B. 战争险   C. 水渍险   D. 一切险

(6)出口茶叶,为防止运输途中串味,办理投保时,应该投保( )。

    A. 串味险   B. 平安险加串味险   C. 一切险

    D. 水渍险加串味险   E. 一切险加串味险

(7)共同海损分摊时,涉及的受益方包括( )。

    A. 货方   B. 船方   C. 运输方   D. 救助方

(8)在发生以下哪些情况下,可判定货物发生实际全损( )。

    A. 为避免实际全损所支出的费用与继续将货物运抵目的地的费用之和超过了保险价值

    B. 货物发生了全部损失

    C. 货物完全变质

    D. 货物不可能归还被保险人

(9)根据英国伦敦保险协会制定的"协会货物条款"规定,I.C.C.(A)险的除外责任包括( )。

    A. 一般除外责任   B. 不适航、不适货外责任   C. 战争除外责任

    D. 罢工除外责任   E. 自然灾害除外责任

(10)根据我国现行《海洋货物运输保险条款》的规定,能够独立投保的险别有( )。

    A. 平安险   B. 水渍险   C. 一切险   D. 战争险

3. 判断题

(1)平安险(F.P.A)英文名称为单独海损不赔,实际上,保险公司仍然承担了一部

分单独海损的责任。 （　　）

(2)对于推定全损,应由保险公司按全部损失赔偿货物的全价。 （　　）

(3)共同海损属于全部损失范畴。 （　　）

(4)单独海损损失由受损失方自行承担。 （　　）

(5)委付是指被保险人在保险标的发生实际全损的情况下,将保险标的所有权转移给保险人,以便得到赔偿。 （　　）

(6)投保一切险意味着保险公司为一切风险承担赔偿责任。 （　　）

(7)基本险别中,保险公司责任最小的险别是水渍险。 （　　）

(8)托运出口玻璃制品时,被保险人在投保一切险后,还应加保碰损破碎险。

（　　）

(9)"仓至仓"条款是指船公司负责将货物从装运地发货人仓库运送至目的地收货人仓库的运输条款。 （　　）

(10)按《我国保险条款》的规定,三种基本险和战争险均适用"仓至仓"条款。

（　　）

(11)在国际货物运输保险中,被保险人必须对保险标的物拥有可保利益,方可在保险标的物遭受承保范围内的损失时向保险人索赔。 （　　）

(12)淡水雨淋险属于平安险中的一种类别。 （　　）

(13)根据中国人民保险公司保险条款,航运战争险的责任起止是从货物装上海轮或驳船开始,至货物到达目的港卸离海轮或驳船时为止。 （　　）

4. 思考题

(1)共同海损与单独海损的区别是什么?

(2)什么是"仓至仓"条款?

(3)我国海运基本险有哪些? 它们的责任范围有什么关系?

(4)如何进行投保险别的选择?

(5)保险金额如何确定?

(6)我进口一批货物,投保了一切险,货在海运途中有一部分被火焚,经查一切险所包括的11种附加险中并无火险。问:发生这种情况,保险公司是否承担责任?

5. 案例分析题

(1)中国某公司(卖方)曾按照CIF条件向澳大利亚某商人(买方)出售一批货物,买卖合同中没有约定投保的具体险别,卖方按合同规定发运了货物,并按国际惯例代买方投保了基本险中的平安险。后买方指责卖方没有保一切险,其理由是,既然货价中包括了保险费,卖方就应该加保险公司所提供的一切险。由此,引起双方争议,你认为哪方有理?

(2)有一份FOB合同,买方已向保险公司投保"仓至仓"条款的一切险(all risks

with warehouse to warehouse clause）。货物从卖方仓库运往装运港码头途中,发生了承保范围内的损失。卖方事后以保险单含有"仓至仓"条款,要求保险公司赔偿,但遭拒绝。后来,卖方又请买方以买方的名义凭保险单向保险公司索赔,同样又遭到拒绝。上述案例中货物是从卖方仓库运往装运码头途中发生了承保范围内的损失,所保一切险又含"仓至仓"条款,请问为什么保险公司会拒赔?

（3）中国某进出口公司与美国商人签订一份出口玉米合同,由中方负责货物运输和保险事宜。为此,中方与上海某轮船公司 A 签订运输合同租用"扬武"号班轮的一个舱位。2007 年 7 月 26 日,中方将货物在张家港装船。随后,中方向中国某保险公司 B 投保海上运输货物保险。货轮在海上航行途中遭遇风险,使货物受损。请回答下述问题:

①如果卖方公司投保的是平安险,而货物遭受部分损失是由于轮船在海上遭遇台风,那么卖方公司是否可从 B 处取得赔偿? 为什么?

②如果卖方公司投保的是一切险,而货物受损是由于货轮船员罢工,货轮滞留中途港,致使玉米变质,那么卖方能否从 B 处取得赔偿? 为什么?

③如果发生的风险是由于承运人的过错引起的并且属于承保范围的风险,B 赔偿了损失后,卖方公司能否再向 A 公司索赔? 为什么?

任务训练一

任务名称

投保。

训练内容

选择投保险别,保险金额、保险费用的计算,出口货物投保单的基本内容及其填制。

训练目的和要求

通过本次训练,要求学生根据合同中的保险条款办理投保手续,了解投保的基本流程,掌握保险金额、保险费用的计算,掌握出口货物投保单和保险单的填制。

实施环境

教室或物流模拟实训室。

背景材料

SOME MSG FROM COMING L/C:

L/C NO. AND DATED: Y/24/404 SEP.18, 2006

BENEFICIARY: CHINA NATIONAL LIGHT IND. PRODUCTS 1/E CORP. NINGBO GOODS BRANCH

EVIDENCING SHIPMENT OF: SPORTS GOODS 1,125 GROSSES (S/C 88G 1055)

DOCUMENTS REQUIRED:

INSURANCE POLICY OF CERTIFICATE IN DUPLICATE BLANK ENDORSED COVERING MARINE INSTITUTE CARGO CLAUSES ALL RISKS AND WAR CLAUSES FOR 110% INVOICE VALUE UP TO FINAL DESTINATION IN NEPAL AND INSURANCE POLICY OR CERTIFICATE MUST BE VALID FOR 60 DAYS AFTER THE DISCHARGE OF GOODS FROM THE VESSEL AT THE PORT OF DESTINATION CLAIMS, IF ANY ,PAYABLE AT CALCULTTA.

SOME MSG FROM S/O:

THE GOODS ARE PACKED IN 1,125 GROSSES WITH MAYER 225 ON 15/10/2006 FROM NINGBO TO CALCUTTA.

INVOICE NO.: GMS-025

应用工具

货物运输保险投保单样本

表4.1 PROPOSAL FOR CARGO TRANSPORTATION INSURANCE

保单号:

被保险人 Insured:				
投保人 Applicant:				
地址 Address:			电话/传真 Telephone/Fax:	
标记 & 发票(合同)号 Marks & Invoice (Contract) No.	包装与数量 Packing & Quantity	投保货物项目 Description of Goods	发票金额 Invoice Amount	投保金额 Amount Insured
		货物品名(中文):		
投保货物是否为全新货物 Is the Cargo New or Not　　□是 Yes　　□否 No				
起运日期: Slg. on or Abt.	运输工具: Per Conveyance		航次/航班/车号: Voy. No.	

续表

船型: Type	载重t: D. W. T.		船级: Class		船龄: Age
运输路线: Route	自 From		经 By		至 To
是否含拖驳运输: Barge	□是 Yes	□否 No			
是否转运: Transshipment	□是 Yes	□否 No	转载运输工具: Per Conveyance		
费率: Rate	保费: Premium		免赔额/率: Deductible		
投保险别: Conditions					
赔偿地点: Claim Payable at					
备注: Remarks					

船的新旧程度:□新　　□旧　　自航/自运能力(指运输工具):□有　　□无
制造年份:　　　　年
进口起运地/出口目的地(国家名称):
包装类别:□箱装　□袋装　□托盘　□散装　□裸装　□桶装　□罐装　□盘卷包装
货物类别:□粮油食品类　□农产品、土畜产类　□轻工品类　□纺织品类
　　　　　□五金矿产资源类　□工艺品类　□机械设备类　□电子产品　□化工品类
　　　　　□危险品、特殊商品类　□木材、造纸　□其他

该投保单的填写或任何签名不应视为投保人或保险公司对该风险的接受,只作为风险评估及保险报价之用。如被接受,则构成保险合同的一部分。

填写规范

海运投保单填写方法与要求。

(1)被保险人(insured)即保险单的抬头,正常情况下应是 L/C 的受益人,填受益人名称。

(2)保险货物项目(description of goods)、唛头、包装及数量等货物规定应与提单保持一致。

(3)保险金额(amount insured)是所保险的货物发生损失时保险公司给予的最高赔偿限额,一般按 CIF/CIP 货价金额的110%投保。加成如超出 10%,超过部分的保险费由买方承担。办理 L/C 项下的保单必须符合 L/C 规定,保险金额的大小写应一致。

(4)保费(premium)和费率(rate)通常事先印就"as arranged"(按约定)字样,除非 L/C 另有规定,两者在保单上可以不具体显示。保险费通常占货价的比例为1% ~ 3%,险别不同,费率不一(水渍险的费率约相当于一切险的1/2,平安险约相当于1/3;保一切险,欧美等发达国家费率可能是 0.5%,亚洲国家是 1.5%,非洲国家则会高达3%以上)。

(5)运输方面的要求。开航日期(date of commencement)通常填提单上的装运日,也可填"As Per B/L"或"As per Transportation Documents";起运地、目的地、装载工具(per conveyance)的填写与提单上的操作相同。

(6)承保险别(conditions)。它是保险单的核心内容,填写时应与 L/C 规定的条款、险别等要求严格一致。

(7)赔付地点(claim payable At/In)。此栏按合同或 L/C 要求填制。如 L/C 中并未明确,一般将目的港/地作为赔付地点。

(8)日期(date)。日期指保单的签发日期。由于保险公司提供仓至仓(W/W)服务,因此出口方应在货物离开本国仓库前办结手续,保单的出单时间应是货物离开出口方仓库前的日期或船舶开航前或运输工具开行前。除另有规定,保单的签发日期必须在运输单据的签发日期之前。

(9)签章(authorized signature)。由保险公司签字或盖章以示保险单正式生效。

(10)保单的份数。当 L/C 没有特别说明保单份数时,出口公司一般提交一套完整的保险单,如有具体份数要求,应按规定提交。注意提交单据的正(original)、副本(copy)的不同要求。

(11)保单的其他规定。号码(policy number)由保险公司编制,投保及索赔币种以 L/C 规定为准,投保地点一般为装运港/地的名称。如 L/C 或合同对保单有特殊要求,也应在单据的适当位置加以明确。

组织实施

学生分组,以给出的背景材料为依据设计工作情境。

(1)各组按以下内容进行准备:

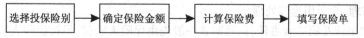

选择投保险别 → 确定保险金额 → 计算保险费 → 填写保险单

(2)各组上台展示。

(3)老师根据各组综合展示的情况和保单填写正确率为各组评分。

任务训练二

任务名称

索赔操作情景模拟训练。

训练目的和要求

通过本次实训,要求学生了解索赔员的职责范围,掌握索赔操作的基本流程,明确需要提交和准备的索赔单证,懂得如何发损失通知和怎样索赔。

背景材料

国际货运保险索赔案例,学生自己准备。

应用工具

保险单或保险凭证正本、运输凭证、发票、装箱单、磅码单、货物残损联合检验报告、向承运人等第三者责任方请求赔偿的函电或其他单证和文件、索赔清单、海事报告等。

注意规则

(1)对受损失货物应积极采取措施进行施救和整理。被保险货物受损后,作为被保险人,除了应及时通知保险公司或保险公司的代理人请求对受损货物进行联合检验之外,还应会同保险公司或其他代理人对受损的货物采取必要的施救和整理措施,以防止损失的扩大,因施救、阻止或减少货损的措施而支付的合理费用,可由保险公司补偿,但以不超过该批被救货物的保险金额为限。根据各国保险法令或保险条款的规定,如果被保险人没有采取必要的施救、整理措施所造成的继续扩大的损失,保险人不负赔偿的责任。另外,被保险人还负有处理受损货物的转售、修理、改变用途等义务。当然,被保险人必须在通知保险公司或征得保险公司的同意下才能对受损货物进行上述转售、修理、改变用途等处理。

(2)如果涉及第三者责任,虽然赔款一般先由保险人赔付,但被保险人应首先向责任方提出异议,以保留追偿权利。被保险人或其代理人在提取货物时,如果发现被保险货物的包装有明显的受损痕迹,或者整件短少,或者散装货物已经残损等情况,除了要向保险公司发出损失通知外,还应立即向承运人、受托人以及海关、港务局等索取货损货差证明。尤其是这些货损货差涉及承运人、码头、装卸公司等某一方或多方面的责任时,还应立即以书面向他们提出索赔,保留追偿权利。

组织实施

(1)由学生自己寻找货运保险索赔案例作为背景材料,并设计相应的工作情境。

(2)根据情境和角色需要组建模拟小组。

(3)准备相关材料(包括保险单正本、提单、发票、装箱单、磅码单、货损货差证明、检验报告及索赔清单等以及其他所需道具)。

(4)各组编写实训脚本,撰写表现台词。

(5)小组上台进行模拟表演。

(6)每组表现完毕,台下学生自由进行点评。

(7)老师为本组点评并评分。

第 5 章　国际海运代理业务

学习目标

- 了解国际货运代理的基本概念、类型、业务范围以及法律地位。
- 掌握国际海洋运输基础知识。
- 掌握班轮运输业务及主要货运单证。
- 掌握班轮运价与运费的计算方法。
- 掌握国际海上集装箱运输业务。
- 掌握国际海上集装箱货运代理业务及主要货运单证。
- 了解国际租船运输及其业务流程。

职业能力

- 能准确填制班轮运输的主要货运单证,并能进行班轮运输的货运业务操作。
- 能准确填制海上集装箱业务的主要货运单证,能从事国际海上集装箱货运代理业务。

案例导入

某货运代理作为进口商的代理人,负责从 A 港接受一批艺术品,在 222 240 m 外的 B 港交货。该批作品用于国际展览,要求货运代理在规定的日期之前于 B 港交付全部货物。由于货运卡车出现季节性短缺,一小部分货物无法及时运抵,于是,货运代理在卡车市场雇佣了一辆货运车,要求于指定日期到达 B 港。而后,该承载货物的货车连同货物一起下落不明。试问:该案例中货运代理是否承担责任?

5.1 认识国际货运代理

5.1.1 国际货运代理的产生与发展

1) 国际货运代理的产生

代理业是随着商品经济的不断发展而产生的。随着商品经济的不断发展,商人们的经济活动无论是在地域上还是在交易规模与频率上都有了显著加强。频繁的经济活动经常由于时间、空间、精力、知识技能等条件的限制,使当事人无法亲自完成全部的经济行为,代理行业便由此兴盛起来。

国际货运代理是处于国际贸易与国际运输之间的边缘或共生产业。它随着国际贸易与国际货物运输业的发展而发展。由于国际货物运输的业务范围遍布全球各地,涉及面广,环节多,情况复杂多变,任何一个运输业者或货主都不可能到世界各地亲自处理每一项具体业务,于是很多业务就需要委托代理人代为办理。为了适应这种需要,在国际贸易与国际运输之间便产生了国际运输代理。他们以自己在运输行业中的专门技能和广泛的社会联系渗透到运输领域内的各个环节,成为国际货物运输不可或缺的组成部分。

国际货运代理是国际运输代理中的一类,从公元 10 世纪起就开始存在,它随着公共仓库在港口与城市的建立、海上贸易的扩大、运输的发展而不断壮大。最初,国际货运代理作为厂家、商人的佣金代理,依附于货方,进行各种诸如联系装卸、结关、储运、销售、收款等经营管理事宜。12 世纪至 13 世纪,欧洲手工业和商品交换日益繁荣,海上贸易由地中海沿岸的意大利城邦逐渐扩展到西欧等国,不同的商品所有者通过各种契约关系组成专门经营海上运输的组织。由于海上贸易的特点,商人们往往不亲自出海,而将货物或其业务交给其代表或代理人经营。18 世纪,货运代理开始越来越多地把几家托运人运往同一目的地的货物集中起来托运,同时开始办理投保,逐步地由过去依附于货方开始发展成一个独立的行业。

2) 国际货运代理的国际合作与区域发展

国际货运代理由于其业务特点,十分注重国际间的合作和业务网络的建立。1880年,欧洲各地的国际货运代理在莱比锡召开了第一次国家级的国际货运代理协会代表大会。进入 20 世纪,国际货运代理的国际合作有了较大发展。为进一步推进国际货代业务的发展,1926 年 5 月 31 日,由 16 个国家的货运代理协会在维也纳成立了国际货运代理协会联合会(International Federation of Freight Forwarders Associations),法文缩写为 FIATA ,因此又称"菲亚塔"。

菲亚塔是国际货运代理的行业组织,总部设在瑞士苏黎世,目的是保障和提高货运代理在全球的利益。菲亚塔是全球范围内运输领域最大的非政府和非营利性组织,目前,该联合会有 96 个一般会员,2 700 多家联系会员,遍布 150 多个国家和地区。菲亚塔的最高权力机构是会员代表大会,两年举行一次大会,大会选举产生执行委员会,下设 10 个技术委员会。由于该联合会广泛的国际影响,菲亚塔是联合国经济及社会理事会和联合国贸易与发展大会的咨询者。

在国际货运代理业区域发展方面,欧美发达国家的货代公司借助于本国的经济实力控制着当今世界的国际货运代理业务。此外,一些市场经济不发达国家的货代公司因受到本国经济发展水平的限制,加上管理滞后、缺少培训、业务网络不健全等原因,影响了本国货代公司的发展,相对于发达国家的货代公司,它们在国际市场上的地位不高。值得一提的是,随着亚太地区经济的显著增长,联合国亚太经社理事会和菲亚塔对亚太地区给予了更多关注。1977 年,菲亚塔在孟买设立了亚洲秘书处,以推动会员在亚洲地区的活动。

3)中国货运代理行业的产生与发展

中国货运代理行业的出现,是在帝国主义列强变中国为半殖民地的背景下产生的。1840 年鸦片战争后,随着殖民主义者的入侵,现代意义上的贸易、海关、航运、保险等行业在中国建立起来,国际货运代理行业也逐渐形成。到 1949 年新中国成立前,中国的货代行业几乎全部被外国的洋行所控制和垄断,民族资本的货代企业无法与之抗衡。

新中国成立初期,我国就建立了国营的对外贸易运输企业即中国对外贸易运输总公司(简称中外运)。中外运从 1949 年到 1983 年期间成为我国唯一的外贸进出口专业公司的货运总代理。中国远洋运输公司于 1961 年 4 月 27 日成立,它是中国远洋运输(集团)公司(China Ocean Shipping Company,简称中远)的前身。中外运、中远在中国货代业的发展中起着非常重要的作用。

改革开放前,我国的外贸体制和货运代理体制越来越不适应新形势的要求,客观上需要以中远为主体的承运人和以中外运为主体的货运代理人建立新型的业务合作关系。从 1984 年开始,中远与中外运互相兼营,打破了中外运独家经营的局面。此外,货代的行业管理也有明显改善,货运代理市场整顿初见成效,货代行业管理规定及其实施细则以及外商投资货代企业审批办法等一系列法规相继出台。同时,行业自治管理也有了长足发展,截至 2008 年底,我国除国家级的国际货运代理协会以外,还有 20 多家地方性的货运代理协会。

5.1.2　国际货运代理的概念及分类

1）国际货运代理的概念

国际货运代理简称国际货代，其源于英文单词"the freight forwarder"，它是货主与承运人之间的中间人、经纪人或运输组织者。由于国际货代主要是根据客户的指示，并为客户的利益揽取货物，保证安全、迅速、经济地运送货物，因而国际货代被普遍认为是国际货物运输的组织者和设计者。目前，国际上关于国际货代的定义说法不尽统一。

根据国际货代协会（FIATA）关于货运代理的定义，国际货运代理是指根据客户的指示，为客户的利益而揽取货物的人，其本人并非承运人。货代也可以从事与运输合同有关的储货、报关、验收、收款等活动。

《中华人民共和国国际货物运输代理业管理规定》第2条指出，"国际货物运输代理业，是指接受进出口货物收货人、发货人的委托，以委托人的名义或者以自己的名义，为委托人办理国际货物运输及相关业务并收取服务报酬的行业。"

国际货运代理企业作为独立经营人从事国际货运代理业务，是指国际货运代理企业接受进出货物收货人、发货人或其代理人的委托，签发运输单证，履行运输合同并收取运费和服务费的行为。

2）国际货运代理的分类

根据国际货运代理的性质和范围不同，国际货代可分为租船代理、货运代理、船务代理和咨询代理四大类。

（1）租船代理（shipping broker）

租船代理又称租船经纪人，是指以船舶为商业活动对象而进行船舶租赁业务的人，主要业务是在市场上为租船人寻找合适的运输船舶或为船东寻找货运对象，以中间人身份使租船人和船东双方达成租赁交易，从中赚取佣金。根据租船代理所代表的委托人身份的不同又可分为租船代理人和船东代理人。

（2）船务代理（shipping agent）

船务代理是指接受承运人的委托，代办与船舶有关的包括船舶进出港、货运、供应及其他服务性工作等在内的一切业务的人。船方的委托和代理人的接受以每船一次为限，称为航次代理；若船方和代理人之间签订有长期代理协议，则称为长期代理。

（3）货运代理（freight forwarder）

货运代理是指接受货主的委托，代表货主办理有关货物报关、交接、仓储、调拨、检验、包装、转运、订舱等业务的人。货运代理主要有订舱揽货代理、货物装卸代理、货物报关代理、转运代理、理货代理、储存代理、集装箱代理等。

(4)咨询代理(consultative agent)

咨询代理是指专门从事咨询工作,按委托人的需要,以提供有关国际贸易运输情况、情报、资料、数据和信息服务而收取一定报酬的人。

上述各类代理之间的业务往往互相交错,如不少船务代理也兼营货运代理,有些货运代理也兼营船务代理等。

5.1.3 国际货运代理的性质及其法律地位

1)国际货运代理的性质

国际货运代理的性质可从两方面理解,从国际货运代理业的角度来说,它属于一个行业;从国际货运代理的角度来说,它属于运输中介人,并不参与实际运输。

2)国际货运代理的法律地位及其责任分析

(1)根据民法与合同法的委托代理制度界定货代的法律地位

根据民法与合同法的委托代理制度,结合国际货代在办理国际货运业务时使用名义的不同,其法律地位可以分为两种情况:

①以委托人名义为托运人办理国际货物运输及相关业务。这时的货代以单纯的托运人代理身份出现,产生的法律关系实际上就是民法上最普遍的直接代理。其法律关系如图5.1所示。

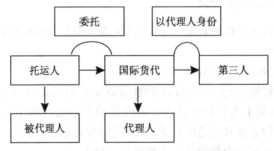

图5.1 国际货代法律关系图

但在适用民法有关代理制度的规定时,应注意到民法和商法的冲突。比如禁止双方代理的规定并不当然适用于货代业务,特别是考虑到提单流通性和标准化的特点,法律在认定此法律关系效力时应作变通解释。

②以自己的名义为托运人办理国际货物运输及相关业务。这时的货代能以自己的名义与第三人订立合同,其前提是他和托运人之间存在合同关系。依据该合同性质,是委托合同还是运输合同,可以具体分为以下两种情况:

第一,托运人与货代订立的是委托合同。如图5.2所示,国际货代根据自己与托运人的委托合同,经由托运人授权,以自己的名义办理货运。这时的货代若以自己的名义办理货运并表明其代理人身份,其法律地位等同于民法上一般意义的代理人;反之,若以自己的名义办理货运但不表明其代理人身份,则属于英美法系的未披露本人的代理。此时只有在因第三人或委托人的原因致使货代无法向对方履行义务时,货代才有义务披露该法律关系,并产生第三人的选择权,但并不因此而当然排除货代履行其他合同义务和承担责任。

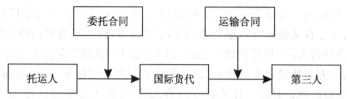

图5.2 托运人与货代订立委托合同时的法律关系

第二,托运人与货代订立的是运输合同。如图5.3所示,这时货运过程中存在两个运输合同。在合同 A 中,货代对托运人而言充当了承运人的角色;在合同 B 中,货代对实际承运人而言又充当了货主的角色。两个合同形成一个关系链,货代在其中分别处于不同的法律地位,承担不同的法律责任。如果发生纠纷首先要确定争议存在于哪一个合同中,再确定货代的角色与责任。这种法律关系特别是在货代充当无船承运人或多式联运经营人时更为常见。

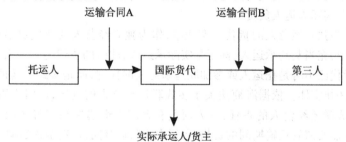

图5.3 托运人与货代订立运输合同时的法律关系

(2)根据货代行业的实践分析其法律地位

货代参与不同业务的经营,处于不同法律关系时,其法律地位有很大差异,可以分为传统意义上的货运代理、独立经营人以及综合服务提供者 3 种情况,其业务性质与作用也相距甚其。

①传统意义上的货代的法律地位。传统意义上货代的法律地位,即货主的代理人,是连接货主与承运人的中间人,并不参与实际运输。

传统意义上的货代的主要义务是接受托运人指示就有关货物的运输及相关环节提供服务,合理谨慎地代理托运人安排运输、选择承运人,只要履行了这项义务,就无需对所安排运输的货物的货损货差承担任何责任。此时,货主与货代的关系受民法和合同法有关代理、委托制度的调整,是单纯的代理人与被代理人、委托人与被委托人的法律关系。

②作为独立经营人的货代的法律地位。信息化的发展和客户需求的不断提高,使得传统货代纷纷拓展业务范围,使货代由"中间人"向独立经营人转变。2002年开始实施的《中华人民共和国国际货运代理行业管理规定实施细则》也在第二条中规定,"国际货代可以作为独立经营人从事国际货代业务"。一般来说,作为独立经营人的货代应具备以下法律特征:一是接受进出口货物收货人、发货人或代理人的委托;二是可以签发运输单证;三是有义务履行运输合同,承担承运人责任;四是收取运费及服务费。

作为独立经营人的"货运代理"已经突破了民法中"代理"的本意,处于相对独立于货主的地位,一方面接受货主的指示,为实现货主的利益而服务;另一方面在履行委托义务时也会为自己利益打算。作为独立经营人的货代,因业务经营范围的不同,其法律地位也会有所差异。

第一,作为无船承运人的货代。作为无船承运人的货代,是托运人和实际承运人之间特殊类型的中间人。对于托运人来说,货代以承运人的身份签发运输单证,承担运输责任,并按照自己的运价本向托运人收取运费;对于实际承运人来说,货代以托运人的身份接受实际承运人签发提单,并按照实际承运人的运价来支付运费。此时在责任承担上,货代一方面对货运中的货损货差或延迟交货,首先依据自己和承运人签订的运输合同追究实际承运人的责任,再对托运人承担有关责任;另一方面,应就托运人的基本义务向实际承运人负责。

第二,作为独立经营人的货代。实践中,作为独立经营人的货代更多地出现在多式联运经营中,充当契约承运人,甚至是实际承运人,此时的货代与承运人没有太大区别。这时,货代已不再是托运人或参加联运承运人的代理,而是多式联运的当事人,是一个独立的法律实体。依据海商法关于多式联运经营人的规定,此时在责任承担上,货代承担多式联运经营人的责任:一方面负有合理谨慎选择和监督区段承运人的责任;另一方面需要照管运输期间的货物,履行多式联运合同,负责全程运输。

③从事综合业务经营时的货代的法律地位。从事综合业务经营的货代是指货代在业务的不同阶段、不同环节,处于不同的法律地位,享有不同的权利,承担不同的义务和责任。这时货代的法律地位是当事人,而不是其他服务提供者的代理。服务的内容发展为集运、存货管理、分拨服务、加贴商标、订单实现、属地交货、分类和包装等,已经完全突破货物运输而成为了提供客户所需要的综合服务。此时,货代承担的责任应当结合具体行为的性质、活动身份和业务情况,按照各行业相应的法律规范综合加以确定。

总之,认定和识别货代的法律地位是一个需要综合考虑多方面因素的问题,需要具体考虑到个案的一系列事实以确定当事人意图并将其与合同的实际履行进行比拟。司法实践中,法院及仲裁机构往往会把合同约定、提单签发和货代具体业务活动内容视为实质性认定标准予以考虑,而将其他因素定性为辅助因素,确定货代的法律地位,合理分配各方的风险和利益,使国际货运代理工作更好地为促进国际贸易与航运的发展服务。

5.1.4　国际货运代理的服务对象、业务范围和作用

1) 国际货运代理的服务对象

国际货代所的服务对象主要有发货人、海关、承运人、航空公司、班轮公司等。

（1）为发货人服务

国际货代代替发货人完成在不同货物运输中的任何一项手续,其主要从事以下工作:

①以最快最省的运输方式,安排合适的货物包装,选择货物的运输路线。

②向客户建议仓储与分拨。

③选择可靠、效率高的承运人,并负责缔结运输合同。

④安排货物的计重和计量。

⑤办理货物保险。

⑥货物的拼装。

⑦装运前或在目的地分拨货物之前把货物存仓。

⑧安排货物到港口的运输,办理海关和有关单证的手续,并把货物交给承运人。

⑨代表托运人/进口商承付运费、关税税收。

⑩办理有关货物运输的任何外汇交易。

⑪从承运人那里取得各种签署的提单,并把他们交给发货人。

⑫通过承运人与货运代理在国外的代理联系,监督货物运输进程,并使托运人知道货物去向。

（2）为海关服务

当国际货代作为海关代理办理有关进出口商品的海关手续时,它不仅代表他的客户,而且代表海关当局。当得到了海关当局的许可后,国际货代可以办理海关手续,并对海关负责。

（3）为承运人服务

货代向承运人及时订舱,商定对发货人、承运人都公平合理的费用,安排适当时间交货,以及以发货人的名义解决和承运人的运费账目等问题。

（4）为航空公司服务

国际货代在空运业上,充当航空公司的代理。在这里,它一方面利用航空公司的货运手段为货主服务,并由航空公司付给佣金。同时,作为一个货运代理,它通过提供适于空运程度的服务方式,继续为发货人或收货人服务。

（5）为班轮公司服务

国际货代与班轮公司的关系,随业务的不同而不同,近几年来由货代提供的拼箱服务,即拼箱货的集运服务已建立了他们与班轮公司及其他承运人(如铁路)之间的较为密切的联系。

(6)提供集运和拼箱服务

集运和拼箱是指把一个出运地若干发货人发往另一个目的地的若干收货人的小件货物集中起来,作为一个整件运输的货物发往目的地的货代,并通过它把单票货物交各个收货人。在集运和拼箱服务中,货代担负起委托人的作用。货代签发提单,即将分提单或其他类似收据交给每票货的发货人;货代目的港的代理,凭初始的提单交给收货人。拼箱的收、发货人不直接与承运人联系,对承运人来说,货代是发货人,而货代在目的港的代理是收货人。因此,承运人给货代签发的是全程提单或货运单。如果发货人或收货人有特殊要求的话,货代也可以在出运地和目的地从事提货和交付的服务,提供门到门的服务。

(7)提供多式联运服务

在国际货运集装箱化的进程中,货代充当了主要承运人并承担了组织一个单一合同下,通过多种运输方式进行门到门货物运输的任务。他可以以当事人的身份,与其他承运人或其他服务提供者分别谈判,订立分拨合同。但是,这些分拨合同不会影响多式联运合同的执行。在货代作为多式联运经营人时,通常需要提供包括所有运输和分拨过程的一个全面的"一揽子"服务,并对他的客户承担一个更高水平的责任。

2)国际货运代理的业务范围及主要服务内容

国际货代通常是接受客户的委托完成货物运输的某一个环节或与此有关的各个环节,他可以直接或通过货运代理雇佣的其他代理机构为客户服务,也可以利用他的海外代理人提供服务。其业务范围及主要服务内容如下:

(1)国际货代为发货人(出口商)服务

①选择运输路线、运输方式和适当的承运人;

②向选定的承运人提供揽货、订舱;

③提取货物并签发有关单证;

④研究信用证条款和所有政府的规定;

⑤包装;

⑥储存;

⑦称重和量尺码;

⑧办理保险;

⑨办理出口结关手续并将货物交付承运人;

⑩做外汇交易;

⑪支付运费及其他费用;

⑫收取已签发的正本提单,并交给发货人;

⑬安排货物转运;

⑭通知收货人货物动态;

⑮记录货物灭失情况;

⑯协助收货人向有关责任方进行索赔。

（2）国际货代为收货人（进口商）服务

①报告货物动态；

②接收和审核所有与运输有关的单据；

③提货和付运费；

④安排报关和付税及其他费用；

⑤安排运输过程中的存仓；

⑥向收货人交付已结关的货物；

⑦协助收货人储存或分拨货物。

（3）国际货代为货主提供一揽子的运输服务

国际货代作为多式联运经营人，收取货物并签发多式联运提单，承担承运人的风险责任，对货主提供一揽子的运输服务。

在发达国家，由于国际货代发挥运输组织者的作用巨大，故有不少国际货代主要从事国际多式联运业务；而在发展中国家，由于交通基础设施较差，有关法规不健全以及货运代理的素质普遍不高，国际货代在作为多式联运经营人方面发挥的作用较小。

（4）国际货代从事其他服务

国际货代可根据客户的特殊需要进行监装、监卸，货物混装和集装箱拼装拆箱运输的咨询服务，特种货物装挂运输服务及海外展览运输服务等。

3）国际货运代理的作用

国际货代不仅可以促进国际贸易和国际运输事业发展，而且可以为国家创造外汇来源，对于本国国民经济的发展和世界经济的全球化都有重要的推动作用。国际货代通晓国际贸易环节，精通各种运输业务，熟悉有关法律、法规，业务关系广泛，信息来源准确，能及时地与各种承运人、仓储经营人、保险人、港口、机场、车站、堆场、银行等相关企业密切联系和沟通，同时还与海关、商检、卫检、动植检、进出口管制等有关政府部门存在着密切的业务关系。因而，对于进出口货物的收、发货人和承运人，以及港口、机场、车站、仓库经营人而言，国际货代有着重要的桥梁和纽带作用。同时，国际货代对于委托人而言，更有着特殊的意义。

知识扩展

对委托人而言，国际货代主要有以下作用：

（1）组织协调作用

国际货代凭借其拥有的运输知识及其他相关知识，组织运输活动，设计运输路线，选择运输方式和承运人（或货主），协调货主、承运人与仓储保管人、保险人、银行、港口、机场、车站、堆场经营人及其海关、商检、卫检、动植检、进出口管制等有关当局的关系，可以省却委托人的时间，减少许多不必要的麻烦，专心致力于主营业务。

(2)专业服务作用

国际货代的本职工作是利用自身专业知识和经验,为委托人提供货物的承揽、交运、拼装、集运、接卸、交付服务,接受委托人的委托,办理货物的保险、海关、商检、卫检、动植检、进出口管制等手续,甚至有时要代理委托人支付、收取运费,垫付税金和政府规费。国际货运代理人通过向委托人提供各种专业服务,可以使委托人不必在自己不够熟悉的业务领域花费更多的心思和精力,使不便或难以依靠自己力量办理的事宜得到恰当、有效的处理,有助于提高委托人的工作效率。

(3)沟通控制作用

国际货代拥有广泛的业务关系,发达的服务网络,先进的信息技术手段,可以随时保持货物运输关系人之间以及货物运输关系人与其他有关企业、部门的有效沟通,对货物进行运输的全过程进行准确跟踪和控制,保证货物安全、及时运抵目的地,顺利办理相关手续,准确送达收货人,并应委托人的要求提供全过程的信息服务及其他相关服务。

(4)咨询顾问作用

国际货代通晓国际贸易环节,精通各种运输业务,熟悉有关法律、法规,了解世界各地有关情况,信息来源准确、及时,可以就货物的包装、储存、装卸和照管,货物的运输方式、运输路线和运输费用,货物的保险、进出口单证和价款的结算,领事、海关、商检、卫检、动植检、进出口管制等有关当局的要求等向委托人提出明确、具体的咨询意见,协助委托人设计、选择适当处理方案,避免、减少不必要风险、周折和浪费。

(5)降低成本作用

国际货代掌握有货物的运输、仓储、装卸、保险市场行情,与货物的运输关系人、仓储保管人以及港口、机场、车站、堆场经营人和保险人有着长期、密切的友好合作关系,拥有丰富的专业知识和业务经验,有利的谈判地位,娴熟的谈判技巧。通过国际货运代理人的努力,可以选择货物的最佳运输路线、运输方式以及最佳仓储保管人、装卸作业人和保险人,争取公平、合理的费率,甚至可以通过集运效应使所有相关各方受益,从而降低货物运输关系人的业务成本,提高其主营业务效益。

(6)资金融通作用

国际货代与货物的运输关系人、仓储保管人、装卸作业人以及银行、海关当局等相互了解,关系密切,长期合作,彼此信任,国际货运代理人可以代替收、发货人支付有关费用、税金,提前与承运人、仓储保管人、装卸作业人结算有关费用,凭借自己的实力和信誉向承运人、仓储保管人、装卸作业人以及银行、海关当局提供费用、税金担保或风险担保,可以帮助委托人融通资金,减少资金占压,提高资金利用效率。

5.1.5　国际货运代理的权利与责任

1) 国际货运代理的权利

国际货代在从事其业务时,将享有以下权利:

①国际货代可向委托方收取因提供服务产生的一切费用。国际货代在从事其业务时,因货物的运送、保管、投保、报关、签证、办理单据,以及为其提供其他服务而引起的一切费用,可以要求委托方如实支付。

②国际货代还可向委托方收取因自身不能控制的原因致使合同无法履行而产生的其他费用。国际货代在从事其业务时,如果货物灭失或损坏属于保险人承保范围之内,货运代理人赔偿后,可依据民法中的代位求偿权从保险人及相关责任人那里得到补偿或偿还。当货运代理人对货物全部赔偿后,有关货物的所有权便转为货运代理人所有。

2) 国际货运代理的基本责任

(1)国际货代的基本责任

①作为承运人完成货物运输并承担责任。若由国际货代签发货运单据,并用自己掌握的运输,或委托他人完成货物运输,并收取运费时,国际货代直接承担责任。

②作为承运人完成货物运输不直接承担责任。若由他人签发货运单据,国际货代使用所掌握的运输工具,或租用他人的运输工具,或委托他人完成货物运输任务时,国际货代不直接承担责任。

③作为代理人以通常的责任完成授权范围内的委托事项。根据与委托方订立的协议或合同规定,或根据委托方指示进行业务活动时,国际货代应以通常的责任完成此项委托,尤其是在授权范围之内。

④如实汇报一切重要事项。在委托办理业务中,国际货代向委托方提供的情况、资料必须真实,如有任何隐瞒或提供的资料不实造成的损失,委托方有权向货运代理人追索并撤销代理合同或协议。

⑤负保密义务。货运代理过程中所得到的资料不得向第三者泄漏。同时,也不得将代理权转让与他人。

(2)国际货代的责任期限

国际货代的承担责任期限,从接收货物时开始至目的地将货物交给收货人为止,或根据指示将货物置于收货人指示的地点业已作为完成并以履行合同中规定的交货义务。

(3)国际货代对合同的责任

国际货运代理人应对自己因没有执行合同所造成的货物损失负赔偿责任。

（4）国际货代对仓储的责任

国际货代在接受货物准备仓储时，应在收到货后给委托方收据或仓库证明，并在货物仓储期间尽其职责，根据货物的特性和包装，选择不同的储存方式。

（5）国际货代的除外责任

在以下情况下，国际货代可以不承担责任：

①由于委托方的疏忽或过失；

②由于委托方或其他代理人在装卸、仓储或其他作业过程中的过失；

③由于货物的自然特性或潜在缺陷；

④由于货物的包装不牢固、标志不清；

⑤由于货物送达地质不清、不完整、不准确；

⑥由于对货物内容申述不清楚、不完整；

⑦由于不可抗力、自然灾害、意外原因。

但如能证明货物的灭失或损害是由货运代理人的过失或疏忽所致，国际货代对该货物的灭失、损害应付赔偿责任。

3）国际货运代理的赔偿责任

国际货代的赔偿责任，主要是指国际货代对合同的责任，即国际货运代理人应对自己因没有执行合同所造成的货物损失负赔偿责任。

知识扩展

国际货代协会的一般条款关于国际货代的赔偿责任包括两个方面：一是赔偿责任原则，二是赔偿责任限制。

①赔偿责任原则。收货人在收到货物发现货物灭失或损害，并能证明该灭失或损害是由货运代理人过失造成，即向货代提出索赔。一般情况下，索赔通知的提出不超过货到后若干天；否则，就作为货代已完成交货义务。货代的基本赔偿原则有：

a.如果货物交接地点的市价或时价与发票金额有差别，但又无法确定其差额，则按发票金额赔偿。

b.对古玩、无实际价值的货物，不予赔偿。（除非作特殊声明并支付了相应费用）

c.对于货物运费、海关税收，以及其他费用负责赔偿。但不赔偿进一步的损失。

d.货物部分灭失或损害，则按比例赔偿。

e.如货物在应交付日若干天内仍未交付，则构成延误交货，货代应赔偿因延误而可能引起的直接后果和合理费用。

②赔偿责任限制。根据现有的国际公约，国际货运代理人的赔偿方法有的采用单一标准的赔偿方法，但实际做法不一，差异较大。

5.2 国际海洋运输基础知识

5.2.1 国际海洋运输的概念和特点及分类

1) 国际海洋运输的概念

国际海洋运输是指使用船舶通过海上航道在不同国家和地区的港口之间运送货物的一种方式。国际海洋运输是国际货物运输中运用最广泛的运输方式,目前,国际贸易总运量的三分之二以上以及我国进出口货物运输总量的90%左右都是利用海上运输完成的。

2) 国际海洋运输的特点

①海洋货运运输量大。国际货物运输是在全世界范围内进行的商品运输,地理位置和地理条件决定了海洋货物运输是国际货物运输的主要手段。由于船舶向大型化发展,使得海洋运输成为运输能力最大的运输工具。

②海洋货运通过能力大。海洋运输利用天然航道四通八达,不像火车、汽车要受轨道和道路的限制,因而其通过能力要超过其他各种运输方式。如果因政治、经济、军事等条件的变化,还可随时改变航线驶往有利于装卸的目的港。

③海洋货运运费低廉。船舶的航道天然构成,船舶运量大,港口设备一般均为政府修建,船舶经久耐用且节省燃料,所以货物的单位运输成本相对低廉。据统计,海运运费一般约为铁路运费的1/5,公路汽车运费的1/10,航空运费的1/30,这就为低值大宗货物的运输提供了有利的竞争条件。

④海洋货运对货物的适应性强。海洋货物运输基本上适应各种货物的运输。如石油井台、火车、机车车辆等超重大货物,其他运输方式是无法装运的,船舶一般都可以装运。

⑤海洋货运运输的速度慢。由于船舶的体积大,水流的阻力大,加之装卸时间长等其他各种因素的影响,所以货物的运输速度比其他运输方式慢。

⑥海洋货运风险较大。由于船舶海上航行受自然气候和季节性影响较大,海洋环境复杂,气象多变,随时都有遇上狂风、巨浪、暴风、雷电、海啸等人力难以抗衡的海洋自然灾害袭击的可能。同时,海洋运输还存在着社会风险,如战争、罢工、贸易禁运等因素的影响。为转嫁损失,海洋运输的货物及船舶保险应当引起重视。

3)国际海洋运输的分类

国际海洋运输按照船舶的经营方式,可分为班轮运输和租船运输两大类。

(1)班轮运输(liner transport)

班轮运输(liner transport, liner service),又称定期船运输,是指船舶在固定的航线上和港口之间,按照事先公布的船期表(sailing schedule)航行,为非特定的货主提供规则的、反复的货物运输服务,从事客、货运输业务,并按照事先公布的费率收取运费的海运方式。

(2)租船运输(carriage of goods by chartering)

租船运输又称作不定期船运输(tramp shipping),是相对于班轮运输而言的另一种海上运输经营方式,其既没有固定的船舶班期,也没有固定的航线和挂靠港,而是按照货源的要求,以及货主或承租人对货物运输的要求,安排船舶航行计划,组织货物运输。租船费用较班轮低廉,且可选择直达航线,故大宗货物一般采用租船运输。租船运输的方式主要有定程租船、定期租船和光船租船3种。

5.2.2　国际海洋运输的作用

1)国际海洋货物运输是国际贸易运输的主要方式

国际海洋货物运输虽然存在速度较低、风险较大的不足,但是由于它的通过能力大、运量大、运费低,以及对货物适应性强等长处,加上全球特有的地理条件,使它成为国际贸易中主要的运输方式。由于集装箱运输的兴起和发展,不仅使货物运输向集合化、合理化方向发展,而且节省了货物包装用料和运杂费,减少了货损货差,保证了运输质量,缩短了运输时间,从而降低了运输成本。

2)国际海洋货物运输是国家节省外汇支付,增加外汇收入的重要渠道之一

我国运费支出一般占外贸进出口总额10%左右,尤其大宗货物的运费占的比重更大,贸易中若充分利用国际贸易术语,争取我方多派船,不但节省了外汇的支付,而且还可以争取更多的外汇收入。特别是把我国的运力投入到国际航运市场,积极开展第三国的运输,为国家创造外汇收入。目前,世界各国,特别是沿海的发展中国家都十分重视建立自己的远洋船队,注重发展海洋货物运输。一些航运发达国家,外汇运费的收入成为这些国家国民经济的重要支柱。

3)国际海洋货物运输业有利于改善国家的产业结构和国际贸易出口商品的结构

海洋运输是依靠航海活动的实践来实现的,航海活动的基础是造船业、航海技术

和掌握技术的海员。造船工业是一项综合性的产业,它的发展又可带动钢铁工业、船舶设备工业、电子仪器仪表工业的发展,促进整个国家的产业结构的改善。我国由原来的船舶进口国,近几年逐渐变成了船舶出口国,而且正在迈向船舶出口大国的行列。由于我国航海技术的不断发展,船员外派劳务已引起了世界各国的重视。随着海洋运输业的发展,我国的远洋运输船队已进入世界 10 强之列,并为今后大规模的拆船业提供了条件,这不仅可以为我国的钢铁厂冶炼提供了廉价的原料、节约能源和进口矿石的消耗,而且可以出口外销废钢。由此可见,由于海洋运输业的发展,不仅能改善国家产业结构,而且会改善国际贸易中的商品结构。

4)国际海洋货物运输所建立起来的海洋运输船队是国防的重要后备力量

海上远洋运输船队历来在战时都被用作后勤运输工具。美、英等国把商船队称为"除陆、海、空之外的第四军种",原苏联的商船队也被西方国家称之为"影子舰队"。正因为海洋运输占有如此重要的地位,世界各国都很重视海上航运事业,通过立法加以保护,从资金上加以扶植和补助,在货载方面给予优惠。

5.2.3 国际海洋运输合同中的装运条款

装运条款是国际买卖合同中的主要条款,它包括装运时间、装货港、卸货港、分批装运和转船等条款。有些装运条款还规定装船通知条款、滞期速遣条款,对美国贸易时还规定 O. C. P 条款等。

1)装运时间(time of shipment)

装运时间又称装运期,是指卖方将合同规定的货物装上运输工具或交给承运人的期限。严格地讲,装运时间与交货时间(time of delivery)并非同一概念,在以 DES,DEQ 等贸易术语达成的实际交货合同中,"装运"与"交货"是完全不同的,两者不能相互替代。

在实际业务中,规定装运时间的方法主要有以下 4 种:

①规定某月装运。例如,Shipment during March 2003。

②规定跨月装运。例如,Shipment during Feb. /Mar. 2003。

③规定在某月月底或某日前装运。例如,Shipment on or before July 15th 2003。该方法的特点是期限具体,含义明确,双方不易发生纠纷,在实际业务中使用得较普遍。

④规定在收到信用证后若干天内装运。例如,Shipment within 45 days after receipt of L/C。在采用这种装运期规定时,必须同时规定有关信用证开到的期限。在合同中,应尽量避免采用近期装运的表示方式,如"立即装运"(immediate shipment)、"尽快装运"(shipment as soon as possible)、"即刻装运"(prompt shipment)等。如使用此类词语,银行将不予置理。

2)装运港(port of shipment)和目的港

装运港是指货物起始装运的港口,目的港(port of destination)是指最终卸货的港口。装运港和目的港的规定方法主要有以下几种:

①规定一个装运港和一个目的港。例如,Port of shipment:Shanghai;Port of destination:New York。

②规定两个或两个以上的装运港和目的港。例如,Port of shipment:Qingdao and Shanghai;Port of destination:Lon-don/Liverpool。

③笼统规定。例如,Port of shipment:China ports;Port of destination:U. K. Ports。

④采用选择港(optional ports)办法。例如,CIF London/Hamburg/Rotterdam optional。即允许收货人在预先提出的两个或两个以上的卸货港中任选一个。

3)分批装运(partial shipment)和转船(transshipment)

(1)分批装运

分批装运是指一笔成交的货物,分若干批次装运。在大宗货物交易中,买卖双方根据交货数量、运输条件和市场销售需要等因素,可在合同中规定分批装运条款。

分批装运的方法主要有两种:其一,只规定允许分批装运,未规定分批的具体时间、批次及数量。例如,"允许分批装运"(portial shipments allowed)。这种做法有利于卖方。其二,既规定允许分批装运,又规定分批的具体时间、批次及数量。例如,2月至6月份分五批每月等额装运(shipment during Feb/June in five equal monthly lots)。这种规定有利于买方,给予卖方机动余地小,只要其中任何一批未按时按量装运均构成卖方违约。

(2)转船

如果货物没有直达船或一时无合适的船舶运输,而需通过中途港转运的称为转船。买卖双方可以在合同中商订"允许转船"条款。根据《跟单信用证同意惯例》的规定,除非信用证有相反的规定,可准许转船。

4)OCP 条款

"OCP"是 Overland Common Points 的简写,意即"内陆公共点地区",简称"内陆地区"。其含义是:根据美国费率规定,以美国西部9个州为界,也就是以洛矶山脉为界,其以东地区,均为内陆地区范围,这个范围很广,约占美国全国三分之二的地区。按OCP运输条款规定,凡是经过美国西海岸港口转往上述内陆地区的货物,或者从美国内陆地区启运经西海岸港口装船出口的货物均可享受比一般直达西海岸港口较低的优惠内陆运输费率,一般低3%~5%。同时,按OCP运输条款,尚可享受比一般正常运输为低的优惠海运运费,每吨低3~5美元。

知识扩展

采用 OCP 运输条款时必须满足以下条件：

①货物最终目的地必须属于 OCP 地区范围内，这是签订运输条款的前提。例如太平洋沿岸港口（如旧金山、西雅图、温哥华）等。

②货物必须经由美国西海岸港口中转。因此，在签订贸易合同时，有关货物的目的港应规定为美国西海岸港口，即为 CFR 或 CIF 美国西海岸港口条件。

③在提单备注栏内及货物唛头上应注明最终目的地 OCP×××城市。

例如，我国出口至美国一批货物，卸货港为美国西雅图，最终目的地是芝加哥。西雅图是美国西海岸港口之一，芝加哥属于美国内陆地区城市，此笔交易就符合 OCP 规定。经双方同意，就可采用 OCP 运输条款。在贸易合同和信用证内的目的港可填写"西雅图"（OCP），即"CIF Seattle（OCP）"。除在提单上填写目的港西雅图外，还必须在备注栏内注明"内陆地区芝加哥"字样，即"OCP Chicago"。

5）装运条款实例

装运：2003 年 1 月 31 日或以前装运，由中国连云港到美国长滩，允许转运和分批装运。Shipment：Shipment on or before Jan 31，2003，from Lian Yun Gang to Long Beach USA，allowing partial shipments and transshipment。

5.3　班轮运输业务及货运流程

5.3.1　班轮运输的基本概念

班轮运输（liner transport，liner service），又称定期船运输，是指船舶在固定的航线和港口之间，按照事先公布的船期表（sailing schedule）航行，为非特定的货主提供规则的、反复的货物运输服务，从事客、货运输业务，并按照事先公布的费率收取运费的海运方式。

班轮运输可分为两种形式：

①定线定期班轮，又称核心班轮，是指船舶严格按照预先公布的船期表运行，到离港的时间固定不变，就是定线定期班轮运输。这是班轮运输的主要形式。

②定线不一定定期，是指虽有船期表，但船舶到、离港口的时间有一定的伸缩性，也有固定的始发港和终到港，但中途挂靠港则视货源情况可能有所增减。

知识扩展

船期表

船期表就是船舶航行靠泊时间表,也称为班期表。其种类有:

第一种就是长期船期表—LTS(long term schedule),这是班轮运输中最常见的船期表,是某条航线或者某条船在整个年度中的班期计划。

第二种就是形式船期表—proforma schedule,这种比较专业,很多是由专业人员专门为班期设定、制作的。

第三种就是 coastal recovery schedule,因为船舶航线也有不确定因素导致脱班或者晚班,CRS 就是用来跳港加速保证船舶赶上 LTS 使用的。

5.3.2 班轮运输业务的特点及作用

1)班轮运输的特点

(1)"四固定"

"四固定"是班轮运输的基本特征,即是固定航线、固定港口、固定船期和固定费率。在这里,固定费率仅仅是指相对固定的费率,费率会随着季节、气候和洋流等各种各样的因素产生变化,所以班轮运输费率仅仅是在某一时间段内的固定,并非整年都采用唯一的费率。

(2)"一负责"

因为班轮运价内已经包括装卸费用,货物的装卸及理舱、平舱费用等已计入班轮费率表(班轮运价表)所规定的费用中,所以承运人负责装卸货和理、平舱,承运人与货主之间不规定装卸时间,也不计算滞期费和速遣费,仅约定托运人或收货人需按照船舶的装卸速度交货或提货。

(3)"船舷至船舷"(rail to rail)或"钩至钩"(tackle to tackle)原则

通常情况下,承运人会在指定的装货港(启运港)码头或仓库接货,并在卸货港(目的港)码头或仓库向收货人交货。"钩至钩原则"(tackle to tackle)规定,在使用装运船舶起重机起吊货物时,承运人承担在货物被吊离地面时起至货物被吊离船落地时止这一段时间内的风险。在不使用船上起重机时,使用岸上起重机的情况下,承运人的责任期间为船舷至船舷;在使用驳船装卸时,承运人的责任期间为货物被吊上钩起至全部货物被卸至驳船上止。

(4)承、托双方的权利义务和责任以签发的提单为依据

在货物装船后,由承运人或其代理人签发的提单来确定有关承运人、托运人或收货人的权力义务和责任,并据以处理运输过程中的有关问题。

（5）货物的形式多样

在班轮运输中,各类货物各种数量几乎都可接受,即班轮运输承运货物的品种、数量比较灵活,可接运一般货物,也可接运冷冻易腐散装、液体、危险品之类的货物,既可接运大宗货物,也可接运零星货物。

2）班轮运输的作用

（1）灵活方便

班轮运输有利于一般杂货和不足整船的小额贸易货物的运输。班轮只要有空余舱位,不论货物数量大小、挂港多少、直接运输或转船运输,都可接受承运。

（2）利于发展

由于班轮运输"四固定"的特点,其运输的时间有保证,运价相对固定,为贸易双方洽谈价格和装运条件提供了方便;同时,由于事先公布船期、运价费率,有利于贸易双方达成交易,减少磋商内容,有利于国际贸易及国际物流的发展。

（3）服务完备

班轮运输长期在固定航线上航行,有固定的设备和人员,人员和船只以及人员和人员之间都比较熟悉,团队协作能力突出,更能提供专门的、优质的服务。

（4）手续简单

由于承运人负责装卸和理、平舱,托运人只要把货物按要求交给承运人即可。

5.3.3 班轮运输货运流程

1）货运安排

货运安排包括揽货、订舱和确定航次货运任务。

（1）揽货

通常的做法是:船公司在所经营的班轮航线的各挂靠港口及货源腹地通过自己的营业机构或船舶代理人与货主建立业务关系;通过报刊、杂志刊登船期表;通过与货主、无船承运人或货运代理人等签订货物运输服务合同或揽货协议来争取货源,力争做到满舱满载。揽货的实际成绩如何,直接影响到班轮船公司的经营效益并关系着班轮经营的成败。

（2）订舱

托运人或其代理人向班轮公司或其代理人（即承运人）申请货物运输,承运人对这种申请给予承诺的行为。承运人与托运人之间不需要签订运输合同,而是以口头或订舱函电进行预约,只要船公司对这种预约给予承诺,并在舱位登记簿上登记,即表明承、托双方已建立有关货物运输的关系。

（3）确定航次货运任务

综合考虑各类货物的性质、包装和重量及尺码等因素,确定某一船舶在某一航次所装货物的种类和数量。

2)接货装船

按规定,通常都由托运人将其托运的货物送至船边,进行货物的交接和装船作业。对于特殊的货物,如危险货物、鲜活货、贵重货、重大件货物等,采取现装或直接装船的方式;对普通货物,由班轮公司在各装货港指定装船代理人在指定地点接受托运人送来的货物,将货物集中整理后按次序装船。

3)卸船交货

(1)卸货

将船舶所承运的货物在提单上载明的卸货港从船上卸下,并在船边交给收货人并办理货物的交货手续。船公司在卸货港的代理人根据船舶发来的到港电报,一方面编制有关单证,联系安排泊位和准备办理船舶进口手续,约定装卸公司,等待船舶进港后卸货;另一方面还要把船舶预定到港的时间通知收货人,以便收货人及时做好接受货物的准备工作。

(2)交货

这是指在实际业务中船公司凭提单将货物交付给收货人的行为。具体过程是,收货人将提单交给船公司在卸货港的代理人,经代理人审核无误后,签发提货单交给收货人,然后收货人再凭提货单前往码头仓库提取货物并与卸货代理人办理交接手续。交付货物的方式有仓库交付货物、船边交付货物、货主选择卸货港交付货物、变更卸货港交付货物、凭保证书交付货物等。

5.3.4 国际大型班轮公司简介

1)中国海运集团总公司(China Shipping Company)

中国海运(集团)总公司(简称"中国海运")成立于1997年7月1日,总部设在中国上海。中国海运是中央直接领导和管理的国有企业之一,是以航运为主业的跨国经营、跨行业、跨地区、跨所有制的特大型综合性企业集团。主营业务设有集装箱、油运、货运、客运、特种运输、汽车船运输等专业化船队,相关业务有码头经营、综合物流、船舶代理、环球空运、船舶修造、船员管理、集箱制造、供应贸易、金融投资和信息技术等产业体系。中国海运在海外设有北美、欧洲、香港、东南亚、西亚五大控股公司,在全球近100个国家和地区设立公司、代理、代表处、营销网点近400个。

2)中远集装箱运输有限公司 (COSCO)

中远集装箱运输有限公司,简称中远集运,是中国远洋运输集团(中远集团)所属专门从事海上集装箱运输的核心企业。截至2009年6月,中远集运拥有140多艘全集装箱船,总箱位超过 50 万标准箱;公司经营着 80 条国际航线,以及 21 条国内航线。船舶在全球 53 个国家和地区以及 155 个港口挂靠。集装箱运输业务遍及全球,在全球拥有 400 多个代理及分支机构。在中国本土,拥有货运机构近 300 个。在境外,网点遍及欧、美、亚、非、大洋洲五大洲,做到了全方位、全天候"无障碍"服务。承运能力排名世界前列。

3)长荣海运(Evergreen Marine Corp.)

长荣海运服务网络遍布全球 80 多个国家,服务据点多达 240 余处,所经营的远、近洋货柜定期航线涵盖全球五大区块:亚洲—北美航线/亚洲—加勒比海地区,亚洲—欧洲航线/亚洲—地中海、欧洲—美国东岸大西洋,亚洲—澳洲航线/亚洲—毛里求斯、南非、南美,亚洲区域航线/亚洲—中东、红海/亚洲—印度次大陆地区。除了主要航线外,亦开辟了区域性接驳船的服务网,如加勒比海及印度次大陆等地区,缩短运送时间,协助货主掌握商机。

4)东方海外(Orient Overseas Container Line,OOCL)

东方海外是东方海外(国际)有限公司〔Orient Overseas (International) Limited,OO-IL〕的全资附属公司。东方海外拥有超过 310 000 多个标准箱的集装箱队伍,2003 年第二季度两艘特大船只的投入使用使东方海外集装箱船只的最大吞吐量达到 7 700 个标准箱为世界最具规模的综合国际货柜运输、物流及码头的公司之一,亦为香港最为著名的环球商之一,为客户提供全面的物流及运输服务,航线联系亚洲 、欧洲、北美、地中海、印度次大陆、中东及大洋洲/新西兰等地。

其他世界上较为出名的海运公司还有,马士基—海陆公司(Maersk Sealand),南韩韩进海运株式会社(Hanjin Shipping Co. , Ltd),地中海航运公司(Mediterranean Shipping Company S. A. , MSC),日本邮船(NIPPON YUSEN KABUSHIKI KAISHA, NYK LINE),美国总统班轮(American President Lines, APL)等。

世界班轮公司目录,如表 5.1 所示。

知识扩展

班轮公会(Freight Conference)

作为国际航运竞争激化的产物,班轮公会是指在同一航线上营运的几家班轮公司为了限制竞争并控制和垄断该航线的货运,获取高额利润而组成的一种国际垄断组织,又称水脚公会。

世界上第一个班轮公会是 1875 年由 P&I,B. I. 等 7 家英国船公司在与印度加尔各答贸易中成立的"加尔各答班轮公会"(Calcutta Conference),它专门经营从英国至加尔各答班轮航线。此后,班轮公会组织发展很快,世界各航线都有班轮公会成立,参加公

表 5.1　世界班轮公司目录

国际班轮运输业务经营者名单（截止到 2010 年 5 月 11 日，按注册地排序）

Namelist of the Licensed International Liners（Updated by 11 May 2010）

公司中文名	公司英文名	注册地	班轮业务	证书编号
马鲁巴航运有限公司	MARUBA S. C. A.	阿根廷	集装箱	MOC-ML00081
阿联酋航运有限公司	EMIRATES SHIPPING LINE DMCEST	阿拉伯联合酋长国	集装箱	MOC-ML00190
亚利安莎航运有限公司	ALIANCA NAVEGACAO E LOGISTICA LTDA.	巴西	集装箱	MOC-ML00162
比利时南航集装箱班轮公司	SAFMARINE CONTAINER LINES N. V.	比利时	集装箱	MOC-ML00064
大连威兰德船务有限公司	WINLAND SHIPPING CO. , LTD.	大连	集装箱	MOC-ML00167
大连集装箱船务有限公司	DALIAN CONTAINER SHIPPING CO. , LTD.	大连	集装箱	MOC-ML00082
丹东航运集团有限公司	DANDONG SHIPPING GROUP CO. , LTD.	丹东	集装箱	MOC-ML00242
丹东国际航运有限公司	DANDONG INTERNATIONAL FERRY CO. , LTD.	丹东	客货	MOC-ML00094
A. P. 穆勒-马士基有限公司	A. P. MOLLER-MAERSK A/S	丹麦	集装箱	MOC-ML00015
赫伯罗特股份公司	HAPAG-LLOYD AKTIENGESELLSCHAFT	德国	集装箱	MOC-ML00007
汉堡南美航运公司	HAMBURG SUDAMERIKANISCHE DAMPFSCHIFFFAHRTS-GESELLSCHAFT KG	德国	集装箱	MOC-ML00151
俄罗斯远东海洋轮船公司	FAR-EASTERN SHIPPING COMPANY LTD.	俄罗斯	集装箱	MOC-ML00110
法国达飞海运集团	CMA CGM S. A.	法国	集装箱	MOC-ML00038
达贸股份有限公司	DELMAS S. A.	法国	集装箱	MOC-ML00061
福建外贸中心船务有限公司	FUJIAN FOREIGN TRADE CENTRE SHIPPING CO.	福州	集装箱	MOC-ML00050
东进商船株式会社	DONGJIN SHIPPING CO. , LTD.	韩国	集装箱	MOC-ML00156
长锦商船株式会社	SINOKOR MERCHANT MARINE CO. , LTD.	韩国	集装箱	MOC-ML00097
天敬海运株式会社	CK LINE CO. , LTD.	韩国	集装箱	MOC-ML00096
韩星海运株式会社	HANSUNG LINE CO. , LTD.	韩国	集装箱	MOC-ML00103
大荣商船株式会社	TAIYONG SHIPPING CO. , LTD.	韩国	集装箱	MOC-ML00218

公司名称	英文名称	国别	经营类型	编码
东英海运株式会社	DONG YOUNG SHIPPING CO., LTD.	韩国	集装箱	MOC-ML00027
泛洲海运株式会社	PAN CONTINENTAL SHIPPING CO., LTD.	韩国	集装箱	MOC-ML00028
高丽海运株式会社	KOREA MARINE TRANSPORT CO., LTD.	韩国	集装箱	MOC-ML00004
南星海运株式会社	NAMSUNG SHIPPING CO., LTD.	韩国	集装箱	MOC-ML00026
史特斯泛洋株式会社	STX PAN OCEAN CO., LTD.	韩国	集装箱	MOC-ML00025
现代商船株式会社	HYUNDAI MERCHANT MARINE CO., LTD.	韩国	集装箱	MOC-ML00046
兴亚海运株式会社	HEUNG-A SHIPPING CO., LTD.	韩国	集装箱	MOC-ML00024
韩进海运株式会社	HANJIN SHIPPING CO., LTD.	韩国	集装箱	MOC-ML00066
津川国际客货航运株式会社	TIANJIN-INCHON INTERNATIONAL PASSENGER&CARGO SHIPPING CO., LTD.	韩国	客货	MOC-ML00234
石岛国际航运有限公司	SHIDAO INTERNATIONAL FERRY CO., LTD.	韩国	客货	MOC-ML00214
泛营轮渡株式会社	PANKOREA YINGKOU FERRY CO., LTD.	韩国	客货	MOC-ML00217
韩国大仁轮渡有限公司	KOREA DA-IN FERRY CO., LTD.	韩国	客货	MOC-ML00030
荷兰塔斯曼东方航运公司	TASMAN ORIENT LINE C.V.	荷兰	集装箱	MOC-ML00158
尼罗河航运私有有限公司	NILE DUTCH AFRICA LINE B.V.	荷兰	集装箱	MOC-ML00201
阿拉伯联合国家轮船公司	UNITED ARAB SHIPPING CO. (S.A.G.)	科威特	集装箱	MOC-ML00118
皇家加勒比国际游轮公司	ROYAL CARIBBEAN CRUISES LTD.	利比里亚(经营地:美国)	旅游船	MOC-ML00208
连云港中韩轮渡有限公司	LIANYUNGANG C-K FERRY CO.,LTD	连云港	客货	MOC-ML00173
北欧亚货柜航运有限公司	NORASIA CONTAINER LINES LTD.	马耳他	集装箱	MOC-ML00106
马来西亚港业航运有限公司	HARBOUR-LINK LINES SDN. BHD.	马来西亚	集装箱	MOC-ML00197
德利航运有限公司	HUB SHIPPING SDN BHD	马来西亚	集装箱	MOC-ML00116
马航有限公司	MISC BERHAD	马来西亚	集装箱	MOC-ML00017
马来西亚大众海运有限公司	PERKAPALAN DAI ZHUN SDN. BHD.	马来西亚	集装箱	MOC-ML00153
美国海天航运有限责任公司	HORIZON LINES, LLC.	美国	集装箱	MOC-ML00207

续表

公司中文名	公司英文名	注册地	班轮业务	证书编号
美森轮船有限公司	MATSON NAVIGATION COMPANY, INC.	美国	集装箱	MOC-ML00181
美国总统轮船有限公司	AMERICAN PRESIDENT LINES LIMITED	美国	集装箱	MOC-ML00058
南京远洋运输股份有限公司	NANJING OCEAN SHIPPING CO., LTD.	南京	集装箱	MOC-ML00048
江苏远洋运输有限公司	JIANGSU OCEAN SHIPPING CO., LTD.	南京	集装箱	MOC-ML00231
宁波远洋运输有限公司	NINGBO OCEAN SHIPPING CO., LTD.	宁波	集装箱	MOC-ML00119
宁波海运(集团)总公司	NINGBO MARINE (GROUP) COMPANY	宁波	集装箱	MOC-ML00059
华轮-威尔森物流公司	WALLENIUS WILHELMSEN LOGISTICS AS	挪威	客货	MOC-ML00020
秦皇岛秦仁海运有限公司	QIN-IN FERRY CO., LTD.	秦皇岛	客货	MOC-ML00163
青岛海运信威有限公司	QINGDAO SHIPPING COMPANY LIMITED	青岛	集装箱	MOC-ML00145
山东海丰航运有限公司	SITC STEAMSHIPS CO., LTD.	青岛	集装箱	MOC-ML00124
捷尼克股份会社	GENEQ CORPORATION	日本	集装箱	MOC-ML00112
商船三井株式会社	MITSUI O. S. K. LINES LTD.	日本	集装箱	MOC-ML00019
常石整股株式会社	TSUNEISHI HOLDINGS CORPORATION	日本	集装箱	MOC-ML00034
南西海运株式会社	NANSEI KAIUN CO., LTD.	日本	集装箱	MOC-ML00039
上海快航株式会社	SHANGHAI SUPER EXPRESS CO., LTD.	日本	集装箱	MOC-ML00152
日本邮船株式会社	NIPPON YUSEN KABUSHIKI KAISHA	日本	集装箱,滚装船	MOC-ML00073
川崎汽船株式会社	KAWASAKI KISEN KAISHA LTD.	日本	集装箱,滚装船	MOC-ML00008
上海下关轮渡有限公司	SHANGHAI SHIMONOSEKI FERRY CO., LTD.	日本	客货	MOC-ML00196
奥林汽船株式会社	ORIENT FERRY, LTD.	日本	客货	MOC-ML00104
上海轮渡株式会社	SHANGHAI FERRY CO., LTD.	日本	客货	MOC-ML00225
运达航运股份有限公司	INTERASIA LINES. LTD.	日本	集装箱	MOC-ML0240
荣成大龙海运有限公司	RONGCHENG GREAT DRAGON SHIPPING CO., LTD.	荣成	客货	MOC-ML00088
地中海航运公司	MEDITERRANEAN SHIPPING COMPANY S. A.	瑞士	集装箱	MOC-ML00047

公司名称	英文名称	所在地	经营范围	编号
远东轮船集装箱运输有限公司	FESCO CONTAINER SERVICES COMPANY LIMITED	塞浦路斯	集装箱	MOC-ML00183
上海泛亚航运有限公司	SHANGHAI PANASIA SHIPPING CO., LTD.	上海	集装箱	MOC-ML00164
中外运集装箱运输有限公司	SINOTRANS CONTAINER LINES CO., LTD.	上海	集装箱	MOC-ML00084
上海海华轮船有限公司	SHANGHAI HAI HUA SHIPPING CO., LTD.	上海	集装箱	MOC-ML00115
中海集装箱运输股份有限公司	CHINA SHIPPING CONTAINER LINES CO., LTD.	上海	集装箱	MOC-ML00002
中远集装箱运输有限公司	COSCO CONTAINER LINES CO., LTD.	上海	集装箱	MOC-ML00001
上海浦海航运有限公司	SHANGHAI PUHAI SHIPPING CO., LTD.	上海	集装箱	MOC-ML00033
上海长江轮船公司	SHANGHAI CHANGJIANG SHIPPING CORP.	上海	集装箱	MOC-ML00056
上海市锦江航运有限公司	SHANGHAI JINJIANG SHIPPING CO., LTD.	上海	集装箱	MOC-ML00055
中国扬子江轮船股份有限公司	CHINA YANGTZE RIVER SHIPPING CO., LTD.	上海	集装箱	MOC-ML00193
上海仁川国际渡轮有限公司	SHANGHAI INCHON INTERNATIONAL FERRY CO., LTD.	上海	客货	MOC-ML00016
上海国际渡轮有限公司	SHANGHAI INTERNATIONAL FERRY CO., LTD.	上海	客货	MOC-ML00054
中日国际轮渡有限公司	CHINA-JAPAN INTERNATIONAL FERRY CO., LTD.	上海	客货	MOC-ML00057
中国远洋运输股份有限公司	CHINA COSCO HOLDINGS COMPANY LIMITED	天津	集装箱	MOC-ML00177
天津津海海运有限公司	TIANJIN JINHAI MARINE SHIPPING CO., LTD.	天津	集装箱	MOC-ML00184
天津市海运股份有限公司	TIANJIN MARINE SHIPPING CO., LTD.	天津	集装箱	MOC-ML00065
天津国际海运公司	TIANJIN INTERNATIONAL MARINE SHIPPING CO.	天津	集装箱	MOC-ML00241
天津津神客货轮船有限公司	TIANJIN JINSHEN FERRY CO., LTD.	天津	客货	MOC-ML00063
威海市威海通国际海运有限责任公司	WEIHAI WEITONG MARINE SHIPPING CO., LTD.	威海	集装箱	MOC-ML00205
荣成华东海运有限公司	HUADONG FERRY CO., LTD.	威海	客货	MOC-ML00087
威海威东航运有限公司	WEIHAI WEIDONG FERRY CO., LTD.	威海	客货	MOC-ML00032
威海胶东国际集装箱海运有限公司	WEIHAI JIAODONG INTERNATIONAL CONTAINER SHIPPING CO., LTD.	威海	客货	MOC-ML00228

续表

公司中文名	公司英文名	注册地	班轮业务	证书编号
中通国际海运有限公司	CENTRANS INT'L MARINE SHIPPING CO., LTD.	香港	集装箱	MOC-MI00161
新海丰集装箱运输有限公司	SITC CONTAINER LINES COMPANY LIMITED	香港	集装箱	MOC-MI00131
志晓船务有限公司	SWELLCHIEF SHIPPING COMPANY LIMITED	香港	集装箱	MOC-MI00206
德翔航运有限公司	T. S. LINES LIMITED	香港	集装箱	MOC-MI00091
新东船务有限公司	NEW ORIENT SHIPPING LTD.	香港	集装箱	MOC-MI00078
金星轮船有限公司	GOLD STAR LINE LTD.	香港	集装箱	MOC-MI00100
上海浦海航运(香港)有限公司	SHANGHAI PUHAI SHIPPING (HONGKONG) CO., LTD.	香港	集装箱	MOC-MI00216
顺发航运有限公司	SOFAST SHIPPING LIMITED	香港	集装箱	MOC-MI00179
正利航业有限公司	CNC LINE LIMITED	香港	集装箱	MOC-MI00222
吉舟船务有限公司	JI ZHOU SHIPPING COMPANY LIMITED	香港	集装箱	MOC-MI00187
京汉航运有限公司	COHEUNG MARINE SHIPPING CO., LTD.	香港	集装箱	MOC-MI00176
中海集装箱运输(香港)有限公司	CHINA SHIPPING CONTAINER LINES (HONG KONG) CO., LTD.	香港	集装箱	MOC-MI00139
东方海外货柜航运有限公司	ORIENT OVERSEAS CONTAINER LINE LTD.	香港	集装箱	MOC-MI00021
达通国际航运有限公司	EAS INTERNATIONAL SHIPPING CO., LTD.	香港	集装箱	MOC-MI00043
京汉海运有限公司	CO HEUNG SHIPPING CO., LTD.	香港	集装箱	MOC-MI00041
丰年航业(香港)有限公司	MAINLAND NAVIGATION (HONGKONG) CO., LIMITED.	香港	集装箱	MOC-MI00230
中通集装箱班轮航运有限公司	CENTRANS CONTAINER LINES CO., LIMITED	香港	集装箱	MOC-MI00232
共同海运国际有限公司	GOTO SHIPPING INTERNATIONAL LIMITED	香港	集装箱	MOC-MI00236
达鹰航运有限公司	GREAT EAGLE SHIPPING LINES LIMITED	香港	集装箱	MOC-MI00237
中国海洋豪华邮轮有限公司	CHINA OCEAN DELUXE CRUISES LIMITED	香港	旅游船	MOC-MI00098

中文名称	英文名称	地点	类型	编号
香港尊荣国际邮轮有限公司	HK HONORABLE INTERNATIONAL CRUISES LIMITED	香港	旅游船	MOC-ML00221
香港海洋豪华邮轮有限公司	HONG KONG OCEAN DELUXE CRUISES LIMITED	香港	旅游船	MOC-ML00192
丽星邮轮（香港）有限公司	STAR CRUISES (HK) LIMITED	香港	旅游船	MOC-ML00071
新加坡海运集团私人有限公司	SEA CONSORTIUM PTE LTD.	新加坡	集装箱	MOC-ML00157
安达船运有限公司	ADVANCE CONTAINER LINES (PTE) LTD	新加坡	集装箱	MOC-ML0239
ANL SINGAPORE PTE. LTD.	ANL SINGAPORE PTE. LTD.	新加坡	集装箱	MOC-ML00199
宏海箱运支线有限公司	RCL FEEDER PTE LTD	新加坡	集装箱	MOC-ML00203
万海航运（新加坡）有限公司	WAN HAI LINES (SINGAPORE) PTE. LTD.	新加坡	集装箱	MOC-ML00210
MCC运输新加坡有限公司	MCC Transport Singapore Pte. Ltd.	新加坡	集装箱	MOC-ML00211
玛丽亚那班轮私人有限公司	MARIANA EXPRESS LINES PTE. LTD.	新加坡	集装箱	MOC-ML00213
萨姆达拉船务公司	SAMUDERA SHIPPING LINE LTD.	新加坡	集装箱	MOC-ML00070
BENGAL TIGER LINE PTE. LTD.	BENGAL TIGER LINE PTE. LTD.	新加坡	集装箱	MOC-ML00220
SIMATECH SHIPPING PTE LTD.	SIMATECH SHIPPING PTE LTD.	新加坡	集装箱	MOC-ML00224
太平船务有限公司	PACIFIC INTERNATIONAL LINES (PTE) LTD	新加坡	集装箱	MOC-ML00011
长荣海运新加坡有限公司	EVERGREEN MARINE (SINGAPORE) PTE. LTD.	新加坡	集装箱	MOC-ML00226
MAXICON CONTAINER LINE PTE. LTD.	MAXICON CONTAINER LINE PTE. LTD.	新加坡	集装箱	MOC-ML00227
大新华轮船（烟台）有限公司	GRAND CHINA SHIPPING (YANTAI) CO., LTD.	烟台	集装箱	MOC-ML00219
烟台中韩轮渡有限公司	YANTAI ZHONGHAN FERRY CO., LTD.	烟台	客货	MOC-ML00018
洋浦中诚联合航运有限公司	CHINA UNITED LINES LTD.	洋浦	集装箱	MOC-ML00198
海南泛洋航运有限公司	HAINAN PAN OCEAN SHIPPING CO., LTD.	洋浦	集装箱	MOC-ML00233
伊朗伊斯兰共和国航运公司	ISLAMIC REPUBLIC OF IRAN SHIPPING LINES	伊朗	集装箱	MOC-ML00126

续表

公司中文名	公司英文名	注册地	班轮业务	证书编号
HAFIZ DARYA SHIPPING COMPANY	HAFIZ DARYA SHIPPING COMPANY	伊朗	集装箱	MOC-MI00235
以星综合航运有限公司	ZIM INTEGRATED SHIPPING SERVICES LTD.,	以色列	集装箱	MOC-MI00009
意大利海运股份有限公司	ITALIA MARITTIMA S. P. A.	意大利	集装箱	MOC-MI00013
歌诗达邮轮有限公司	COSTA CROCIERE S. P. A.	意大利	客运、旅游船	MOC-MI00185
印度国家航运公司	THE SHIPPING CORPORATION OF INDIA LTD.	印度	集装箱	MOC-MI00012
长荣海运英国有限公司	EVERGREEN MARINE (UK) LIMITED	英国	集装箱	MOC-MI00137
太古船务有限公司	SWIRE SHIPPING LIMITED	英国	集装箱	MOC-MI00223
太平船务（英国）有限公司	PIL (UK) LIMITED	英国	集装箱	MOC-MI00188
太阳神豪华邮轮有限公司	APOLLO LUXURY CRUISES CO., LTD	英属维尔京群岛	旅游船	MOC-MI00067
东海船务公司	BIEN DONG SHIPPING COMPANY	越南	集装箱	MOC-MI00200
智利航运国际有限公司	COMPANIA CHILENA DE NAVEGACION INTEROCEANICA S. A.	智利	集装箱	MOC-MI00113
智利南美轮船公司	COMPANIA SUD AMERICANA DE VAPORES S. A.	智利	集装箱、滚装船	MOC-MI00107
长荣海运股份有限公司	EVERGREEN MARINE CORP. (TAIWAN) LTD.	中国台湾	集装箱	MOC-MI00068
万海航运股份有限公司	WAN HAI LINES LTD.	中国台湾	集装箱	MOC-MI00006
阳明海运股份有限公司	YANG MING MARINE TRANSPORT CORP.	中国台湾	集装箱	MOC-MI00023
正利航业股份有限公司	CHENG LIE NAVIGATION CO., LTD.	中国台湾	集装箱	MOC-MI00062
重庆市海运有限责任公司	CHONGQING MARINE SHIPPING CO., LTD.	重庆	集装箱	MOC-MI00166
民生轮船有限公司	MIN SHENG SHIPPING COMPANY LTD.	重庆	集装箱	MOC-MI00022
浙江永跃海运集团有限公司	ZHEJIANG YONGYUE OCEAN SHIPPING GROUP CO., LTD.	舟山	集装箱	MOC-MI00229

会的轮船公司称为班轮公会会员。其中最具代表性的是1887年成立于伦敦的"远东班轮公会"，会员包括30多个国家的40多家航运公司。

班轮公会是按照特定航线划分和组织的，参加班轮公会的一些船公司，实际上常常同时经营着几条班轮航线，因而这些船公司也就可能同时为几个班轮公会的会员。因此，各班轮公会之间也就存在着密切关系。这种错综复杂的关系，常引起各班轮公会之间的利益冲突。不仅如此，即使在同一公会内部，各个会员之间也存在着各种矛盾。

为此，班轮公会确定了其主要业务为：一是限制和调解班轮公会内部会员相互竞争的业务活动；二是防止或对付来自公会外部的竞争，以达到垄断该航线载货业务的目的。

5.4 班轮运输的主要货运单证及其流转程序

5.4.1 主要货运单证

1）提单

（1）提单的基本知识

①提单的定义：

海运提单（marine bill of lading/ocean bill of lading），或简称为提单（bill of lading，B/L），是国际物流与货运代理中最重要的单据，如图5.4所示。

《中华人民共和国海商法》（1993年7月1日施行）第71条规定，"提单，是指用以证明海上货物运输合同和货物已经由承运人接收或者装船，以及承运人保证据以交付货物的单证。提单中载明的向记名人交付货物，或者按照指示人的指示交付货物，或者向提单持有人交付货物的条款，构成承运人据以交付货物的保证。"

②提单的功能：

a.提单是证明承运人已接管货物和货物已装船的货物收据。对于将货物交给承运人运输的托运人，提单具有货物收据的功能。所以，提单一经承运人签发，即表明承运人已将货物装上船舶或已确认接管。提单作为货物收据，不仅证明收到货物的种类、数量、标志、外表状况，而且还证明收到货物的时间，即货物装船的时间。

一般情况下，提单用于证明货物已收到并且处于承运人的监管之下，但几乎所有的信用证当中会有下列的规定"a full set of clean on board Bill of Lading"，"on board"意味着货物已经装船。而作出如下规定的原因是：在大部分情况下，货物装船象征卖方将货物交付给买方，这就意味着装船时间也是交货时间，装船与交货同时完成；其次，在国际贸易中常用的贸易术语条件下,风险的转移往往是在船舷,只有当货物完全越过船舷后,卖方才能完全地规避掉自身的风险;再次,按时交货是履行合同的必要条件,特别是在由买方负责租船订舱的贸易术语条件下,按时交货显得尤为重要。因此,用提单来证明货物的装船时间是非常重要的。

b.提单是承运人保证凭以交付货物和可以转让的物权凭证。对于合法取得提单的持有人,提单具有物权凭证的功能。物权凭证是指证明物权人拥有物权的证明、单据、证书等书面形式的具象,这就意味着提单的合法持有人有权在目的港以提单来提取货物。

提单所代表的物权可以随提单的转移而转移,提单中所规定的权利和义务也随着提单的转移而转移。即使货物在运输过程中遭受损坏或灭失,也因货物的风险已随提单的转移而由卖方转移给买方,只能由买方向承运人提出赔偿要求。

c.提单是海上货物运输合同成立的证明文件。提单的背面条款明确规定了承运人与托运人之间的权利、义务,而且提单也是法律承认的处理有关货物运输的依据,因而常被人们误认为提单本身就是运输合同。但是按照严格的法律概念,提单仅仅只是具有了经济合同的形式,并不具备经济合同应具有的基本条件。所以,如果将提单描述为运输合同的证明则更为准确。如果在提单签发之前,承托双方之间已存在运输合同,则不论提单条款如何规定,双方都应按原先签订的合同约定行事;但如果事先没有任何约定,托运人接受提单时又未提出任何异议,这时提单就被视为合同。

③提单的流通性:

提单作为物权凭证,只要具备一定的条件就可以转让。转让时,须经过背书这个行为,背书是票据的收款人或持有人在转让票据时,在票据背面签名或书写文句的手续。

a.提单转让条件:

第一,收货人的填写状况。根据是填写"交与持票人"(to bearer)字样,还是填写"凭指示"(to order),或填写"凭某人指示"(to order of…)字样,来决定提单的性质,是否能转让以及如何转让。

第二,出让人(assignor)与受让人(assignee)是否转让了货物所有权,取决于出让人的意图。可以转让所有权,也可以把提单交给银行作为借款抵押,也可以是交给目的港代理人代收货物。

b.提单转让方式:

一是,记名提单。不可转让。

二是,不记名提单。仅凭交付提单,就产生转让法律效力。

三是,指示提单。由提单持有人背书后,再交与受让人,就产生转让法律效力。

如果提单持有人背书时,仅仅签名,不写受让人,这就是空白背书(endorsement in blank),法律效力如不记名提单,仅凭交付就可以再度转让。

如果提单持有人背书时,不仅仅签名,还写受让人名字,这就是特定背书(special

endorsement),它必须经背书人背书才能再转让。

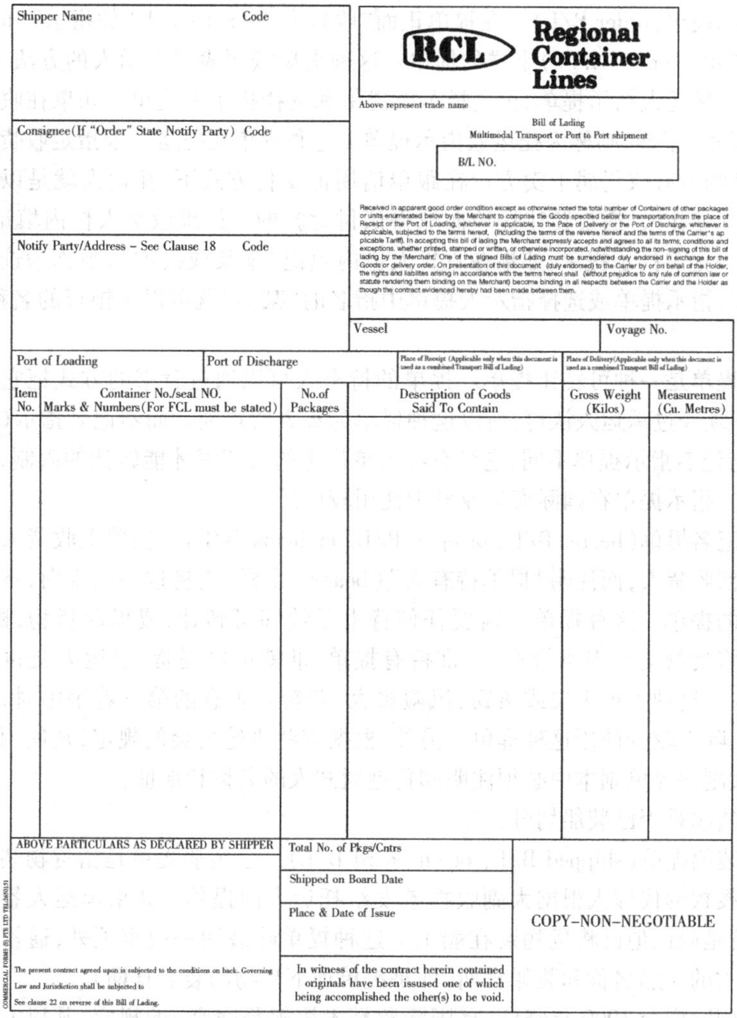
Shipper Name Code

Regional Container Lines

Above represent trade name

Bill of Lading
Multimodal Transport or Port to Port shipment

B/L NO.

Consignee(If "Order" State Notify Party) Code

Notify Party/Address - See Clause 18 Code

Received in apparent good order condition except as othorwise noted the total number of Containers of other packages or units enumerated below by the Merchant to comprise the Goods specitied below for transportation from the place of Receipt or the Port of Loading, whichever is applicable, to the Pace of Delivery or the Port of Discharge. whichever is applicable, subjected to the terms hereof, (Including the terms of the reverse hereof and the terms of the Carrier's ap plicable Tariff). In accepting this bill of lading the Merchant expressly accepts and agrees to all its terms, conditions and exceptions. whether printed, stamped or written, or otherwise incorporated. notwithstanding the non-signing of this bill of lading by the Merchant. One of the signed Bills of Lading must be surrendered duly endorsed in exchange for the Goods or delivery order. On presentation of this document (duly endorsed) to the Carrier by or on behalf of the Holder, the rights and liabilites arising in accordance with the terms hereol shall (without prejudice to any rule of common law or statute rendering them binding on the Merchant) become binding in all respects between the Carrier and the Holder as though the contract evidenced hereby had been made between them.

Vessel | Voyage No.

Port of Loading | Port of Discharge | Place of Receipt (Applicable only when this document is used as a combined Transport Bill of Lading) | Place of Delivery(Applicable only when this document is used as a combined Transport Bill of Lading)

Item No.	Container No./seal NO. Marks & Numbers(For FCL must be stated)	No.of Packages	Description of Goods Said To Contain	Gross Weight (Kilos)	Measurement (Cu. Metres)

ABOVE PARTICULARS AS DECLARED BY SHIPPER

Total No. of Pkgs/Cntrs

Shipped on Board Date

Place & Date of Issue

COPY-NON-NEGOTIABLE

The present contract agreed upon is subjected to the conditions on back. Governing Law and Jurisdiction shall be subjected to
See clause 22 on reverse of this Bill of Lading.

In witness of the contract herein contained originals have been issued one of which being accomplished the other(s) to be void.

COMMERCIAL FORMS (S) PTE LTD TEL:2650151

图 5.4 提单图例

(2)提单的种类

①按提单收货人的抬头划分:

a. 记名提单(straight B/L)。记名提单又称收货人抬头提单,是指提单上的收货人栏中已具体填写收货人名称的提单。提单所记载的货物只能由提单上特定的收货人提取,或者说承运人在卸货港只能把货物交给提单上所指定的收货人。如果承运人将货物交给提单指定的以外的人,即使该人占有提单,承运人也应负责。这种提单失去了代表货物可转让流通的便利,但同时也可以避免在转让过程中可能带来的风险。记名提单一般只适用于运输展览品或贵重物品,特别是短途运输中使用较有优势,而在国际贸易中较少使用。

b. 指示提单(order B/L)。在提单正面"收货人"一栏内填上"凭指示"(to order)或"凭某人指示"(order of...)字样的提单。这种提单按照表示指示人的方法不同,指示提单又分为托运人指示提单、记名指示人提单和选择指示人提单。如果在收货人栏内只填记"指示"字样,则称为托运人指示提单。这种提单在托运人未指定收货人或受让人之前,货物所有权仍属于卖方。在跟单信用证支付方式下,托运人就是以议付银行或收货人为受让人,通过转让提单而取得议付货款的。如果收货人栏内填记"某某指示",则称为记名指示提单,如果在收货人栏内填记"某某或指示",则称为选择指示人提单。记名指示提单或选择指示人提单中指名的"某某"既可以是银行的名称,也可以是托运人。

指示提单是一种可转让提单。提单的持有人可以通过背书的方式把它转让给第三者,而不须经过承运人认可,所以这种提单为买方所欢迎。而不记名指示(托运人指示)提单与记名指示提单不同,它没有经提单指定的人背书才能转让的限制,所以其流通性更大。指示提单在国际海运业务中使用较广泛。

c. 不记名提单(bearer B/L, or open B/L, or blank B/L)。提单上收货人一栏内没有指明任何收货人,而注明"提单持有人"(bearer)字样,或将这一栏空白,不填写任何人的名称的提单。这种提单不需要任何背书手续即可转让,或提取货物,极为简便。承运人应将货物交给提单持有人,谁持有提单,谁就可以提货,承运人交付货物只凭单,不凭人。这种提单丢失或被窃,风险极大,若转入善意的第三着手中时,极易引起纠纷,故国际上较少使用这种提单。另外,根据有些班轮公会的规定,凡使用不记名提单,在给大副的提单副本中必须注明卸货港通知人的名称和地址。

②按货物是否已装船划分:

a. 已装船提单(shipped B/L, or on board B/L)。已装船提单是指货物装船后由承运人或其授权的代理人根据大副收据签发给托运人的提单。如果承运人签发了已装船提单,就是确认他已将货物装在船上。这种提单除载明一般事项外,通常还必须注明装载货物的船舶名称和装船日期(即是提单项下货物的装船日期)。

根据国际商会1990年修订的《国际贸易术语解释通则》的规定,凡以 CIF 或 CFR 条件成立的货物买卖合同,卖方应提供已装船提单。在以跟单信用证为付款方式的国际贸易中,更是要求卖方必须提供已装船提单。国际商会1993年重新修订的《跟单信用证统一惯例》规定,如信用证要求海运提单作为运输单据时,银行将接受注明货物已装船或已装指定船只的提单。

b. 收妥待运提单(received for shipment B/L)。收妥待运提单又称备运提单、待装提单,或简称待运提单。它是承运人在收到托运人交来的货物但还没有装船时,应托运人的要求而签发的提单。签发这种提单时,说明承运人确认货物已交由承运人保管并存在其所控制的仓库或场地,但还未装船。所以,这种提单未载明所装船名和装船时间。在跟单信用证支付方式下,银行一般都不肯接受这种提单。但当货物装船,承运人在这种提单上加注装运船名和装船日期并签字盖章后,待运提单即成为已装船提单。同样,托运人也可以用待运提单向承运人换取已装船提单。我国《海商法》第七十四条对此作了明确的规定。

但这种提单同时也存在一定的缺陷,首先,因待运提单没有装船日期,很可能因到货不及时而使货主遭受损失;另一方面,待运提单上没有肯定的装货船名,致使提单持有人在承运人违约时难以向法院申请扣押船;第三,待运提单签发后和货物装船前发生的货损、货差由谁承担,也是提单所适用的法律和提单条款本身通常不能明确规定的问题,实践中引起的责任纠纷也难以解决。基于上述原因,在贸易实践中,买方一般不愿意接受这种提单。

随着集装箱运输的发展,承运人在内陆收货越来越多,而货运站不能签发已装船提单,货物装入集装箱后没有特殊情况,一般货物质量不会受到影响。港口收到集装箱货物后,向托运人签发"场站收据",托运人可持"场站收据"向海上承运人换取"待运提单",这里的待运提单实质上是"收妥待运提单"。由于在集装箱运输中,承运人的责任期间已向两端延伸,所以根据《联合国国际货物多式联运公约》和《跟单信用证统一惯例》的规定,在集装箱运输中,银行还是可以接受以这种提单办理货款的结汇。

我国《海商法》第七十四条规定,"货物装船前,承运人已经应托运人的要求签发收妥待运提单或者其他单证的,货物装船完毕,托运人可以将收妥待运提单或者其他单证退还承运人,以换取已装船提单,承运人也可以在收妥待运提单上加注承运船舶的船名和装船日期,加注后的收妥待运提单视为已装船提单。"

由此可见,从承运人的责任来讲,集装箱的"收妥待运提单"与"已装船提单"是相同的。因为集装箱货物的责任期间是从港口收货时开始的,与非集装箱装运货物从装船时开始不同。现在跟单信用证惯例也允许接受集装箱的"收货待运"提单。但是在目前国际贸易的信用证仍往往规定海运提单必须是"已装船提单",使开证者放心。

③按提单上有无批注划分:

a.清洁提单(clean B/L)。在装船时,货物外表状况良好,承运人在签发提单时,未在提单上加注任何有关货物残损、包装不良、件数、重量和体积,或其他妨碍结汇的批注的提单称为清洁提单。

使用清洁提单在国际贸易实践中非常重要,买方要想收到完好无损的货物,首先必须要求卖方在装船时保持货物外观良好,并要求卖方提供清洁提单。根据国际商会《跟单信用证统一惯例》第三十四条规定,"清洁运输单据,是指货运单据上并无明显地声明货物及/或包装有缺陷的附加条文或批注者;银行对有该类附加条文或批注的运输单据,除信用证明确规定接受外,当拒绝接受。"可见,在以跟单信用证为付款方式的贸易中,通常卖方只有向银行提交清洁提单才能取得货款。清洁提单是收货人转让提单时必须具备的条件,同时也是履行货物买卖合同规定的交货义务的必要条件。我国《海商法》第七十六条规定,"承运人或者代其签发提单的人未在提单上批注货物表面状况的,视为货物的表面状况良好。"由此可见,承运人一旦签发了清洁提单,货物在卸货港卸下后,如发现有残损,除非是由于承运人可以免责的原因所致,承运人必须负责赔偿。

b.不清洁提单(unclean B/L or fou B/L)。在货物装船时,承运人若发现货物包装不牢、破残、渗漏、玷污、标志不清等现象时,大副将在收货单上对此加以批注,并将此批注转移到提单上,这种提单称为不清洁提单。我国《海商法》第七十五条规定,"承运人或者代其签发提单的人,知道或者有合理的根据怀疑提单记载的货物品名、标志、包数或者件数、重量或者体积与实际接收的货物不符,在签发已装船提单的情况下怀疑与已装船的货物不符,或者没有适当的方法核对提单记载的,可以在提单上批注,说明不符之处、怀疑的根据,或者说明无法核对。"

④根据运输方式的不同划分:

a.直达提单(direct B/L)。直达提单,又称直运提单,是指货物从装货港装船后,中途不经转船,直接运至目的港卸船交与收货人的提单。直达提单上不得有"转船"或"在某港转船"的批注。凡信用证规定不准转船者,必须使用这种直达提单。如果提单背面条款印有承运人有权转船的"自由转船"条款者,则不影响该提单成为直达提单的性质。

b.转船提单(transhipment B/L)。转船提单是指货物从起运港装载的船舶不直接驶往目的港,需要在中途港口换装其他船舶转运至目的港卸货,承运人签发这种提单称为转船提单。在提单上注明"转运"或在"某某港转船"字样,转船提单往往由第一程船的承运人签发。由于货物中途转船,增加了转船费用和风险,并影响到货时间,故一般信用证内均规定不允许转船,但直达船少或没有直达船的港口,买方也只好同意可以转船。

c.联运提单(through B/L)。联运提单是指货物运输需经两段或两段以上的运输方式来完成,如海陆、海空或海海等联合运输所使用的提单。船船(海海)联运在航运界也称为转运,包括海船将货物送到一个港口后再由驳船从港口经内河运往内河目的港。

联运的范围超过了海上运输界限,货物由船舶运送经水域运到一个港口,再经其他运输工具将货物送至目的港,先海运后陆运或空运,或者先空运、陆运后海运。当船舶承运由陆路或飞机运来的货物继续运至目的港时,货方一般选择使用船方所签发的联运提单。

d.多式联运提单(multimodal transport B/L or intermodal transport B/L)。这种提单主要用于集装箱运输。是指一批货物需要经过两种以上不同运输方式,其中一种是海上运输方式,由一个承运人负责全程运输,负责将货物从接收地运至目的地交付收货人,并收取全程运费所签发的提单。提单内的项目不仅包括起运港和目的港,而且列明一程二程等运输路线,以及收货地和交货地。

⑤按提单内容的简繁划分:

a.全式提单(long form B/L)。全式提单是指提单除正面印就的提单格式所记载的事项,背面列有关于承运人与托运人及收货人之间权利、义务等详细条款的提单。由于条款繁多,所以又称繁式提单。在海运的实际业务中,大量使用这种全式提单。

b. 简式提单(short form B/L, or simple B/L)。简式提单,又称短式提单、略式提单,是相对于全式提单而言的。它是指提单背面没有关于承运人与托运人及收货人之间的权利、义务等详细条款的提单。这种提单一般在正面印有"简式"(short form)字样,以示区别。简式提单中通常列有如下条款:"本提单货物的收受、保管、运输和运费等事项,均按本提单全式提单的正面、背面的铅印、手写、印章和打字等书面条款和例外条款办理,该全式提单存本公司及其分支机构或代理处,可供托运人随时查阅。"

⑥按签发提单的时间划分:

a. 倒签提单(anti-dated B/L)。倒签提单是指承运人或其代理人应托运人的要求,在货物装船完毕后,以早于货物实际装船日期为签发日期的提单。当货物实际装船日期晚于信用证规定的装船日期,若仍按实际装船日期签发提单,托运人就无法结汇。为了使签发提单的日期与信用证规定的装运日期相符,以利结汇,承运人应托运人的要求,在提单上仍以信用证的装运日期填写签发日期,以免违约。

承运人签发这种提单是要承担一定风险的。但是为了贸易需要,在一定条件下,比如在该票货物已装船完毕,但所签日期是尚未装船的某一天;或签单的货物是零星货物而不是数量很大的大宗货;或倒签的时间与实际装船完毕时间的间隔不长等情况下,取得了托运人保证承担一切责任的保函后,才可以考虑签发。

b. 预借提单(advanced B/L)。预借提单是指货物尚未装船或尚未装船完毕的情况下,信用证规定的结汇期(即信用证的有效期)即将届满,托运人为了能及时结汇,而要求承运人或其代理人提前签发的已装船清洁提单,即托运人为了能及时结汇而从承运人那里借用的已装船清洁提单。

签发倒签或预借提单,对承运人的风险很大,由此引起的责任承运人必须承担,尽管托运人往往向承运人出具保函,但这种保函同样不能约束收货人。比较而言,签发预借提单比签发倒签提单对承运人的风险更大,因为预借提单是承运人在货物尚未装船,或者装船还未完毕时签发的。我国法院对承运人签发预借提单的判例,不但由承运人承担了由此而引起的一切后果,赔偿货款损失和利息损失,还赔偿了包括收货人向第三人赔付的其他各项损失。

c. 过期提单(stale B/L)。过期提单有两种含义,一是指出口商在装船后延滞过久才交到银行议付的提单。按国际商会600号出版物《跟单信用证统一惯例》2007年修订本规定,"如信用证无特殊规定,银行将拒受在运输单据签发日期后超过21天才提交的单据。在任何情况下,交单不得晚于信用证到期日。"二是指提单晚于货物到达目的港,这种提单也称为过期提单。因此,近洋国家的贸易合同一般都规定有"过期提单也可接受"的条款(stale B/L is acceptance)。

⑦按收费方式划分:

a. 运费预付提单(freight prepaid B/L)。以卖方负责订舱为条件成交的,按规定,货物托运时必须预付运费。在运费预付情况下,出具的提单称为运费预付提单。这种提单正面载明"运费预付"字样,运费付后才能取得提单;付费后,若货物灭失,运费不退。

b. 运费到付提单(freight to collect B/L)。以买方负责订舱成交的货物,不论是买方订舱还是买方委托卖方订舱,运费均为到付(freight payable at destination),并在提单上载明"运费到付"字样,这种提单称为运费到付提单。货物运到目的港后,只有付清运费,收货人才能提货。

c. 最低运费提单(minimum B/L)。最低运费提单是指对每一提单上的货物按起码收费标准收取运费所签发的提单。如果托运人托运的货物批量过少,按其数量计算的运费额低于运价表规定的起码收费标准时,承运人均按起码收费标准收取运费,为这批货物所签发的提单就是最低运费提单,也可称为起码收费提单。

⑧其他各种特殊提单:

a. 运输代理行提单(house B/L)。运输代理行提单是指由运输代理人签发的提单。由于集装箱运输的发展,运输代理人组织的拼箱货使用这种提单有利于提高效率,因此这种提单的使用正在扩展。一般情况下,除非提单表明运输行作为承运人(包括无船承运人)或承运人的代理人出具的提单,或国际商会批准的"国际货运代理协会联合会"的运输提单可以被银行接受外,银行将拒收这种提单。

b. 合并提单(omnibus B/L)。合并提单是指根据托运人的要求,将同一船舶装运的同一装货港、同一卸货港、同一收货人的两批或两批以上相同或不同的货物合并签发一份提单。

c. 并装提单(combined B/L)。这是将两批或两批以上品种、质量、装货港和卸货港相同,但分属于不同收货人的液体散装货物并装于同一液体货舱内,而分别为每批货物的收货人签发一份提单时,其上加盖有"并装条款"印章的提单,称为并装提单。

d. 分提单(separate B/L)。这是指承运人依照托运人的要求,将本来属于同一装货单上其标志、货种、等级均相同的同一批货物,托运人为了在目的港收货人提货方便,分开签多份提单,分属于几个收货人,这种提单称为分提单。只有标志、货种、等级均相同的同一批货物才能签发分提单。

e. 交换提单(switch B/L)。交换提单是指在直达运输的条件下,应托运人的要求,承运人承诺,在某一约定的中途港凭在启运港签发的提单另换发一套以该中途港为启运港,但仍以原来的托运人为托运人的提单。

f. 舱面货提单(on deck B/L)。舱面货提单又称甲板货提单。这是指货物装于露天甲板上承运时,并于提单注明"装于舱面"(on deck)字样的提单。为了减轻风险,买方一般不愿意把普通货物装在舱面上,有时甚至在合同和信用证中明确规定,不接受舱面货提单。银行为了维护开证人的利益,对这种提单一般也予以拒绝。

g. 包裹提单(parcel receipt B/L)。包裹提单是指以包裹形式托运的货物而签发的提单。这是承运人根据贸易上的特殊需要而设定的一种提单。它只适用于少量货物或行李,以及样品和礼品的运输。这种提单不能转让,对货物的灭失,承运人也不承担赔偿责任。

h. 集装箱提单(container B/L)。集装箱提单是集装箱货物运输下主要的货运单据,负责集装箱运输的经营人或其代理人,在收到集装箱货物后而签发给托运人的提单。它与普通货物提单的作用和法律效力基本相同。

（3）提单的内容填写

①承运人（carrier）。承运人即提单上端印就的船公司名称。提单是承运人收到货物的收据,也是代表货权的凭证,因此提单上承运人名称是非常重要的项目。《UCP600》对银行接受提单的条件首先规定提单表面要注明承运人的名称。

②发货人（shipper）,又称托运人。托收方式下的提单发货人栏应按合同规定的出口商作为发货人,填写托运人（发货人/出口商）的名称和地址。

③收货人（consignee）。收货人要按合同和信用证的规定来填写,又称"抬头人",与托运单收货人栏目的填写完全一致。一般的填法有下列几种:

a. 记名式。在收货人一栏直接填写上指定的公司或企业名称。该种提单不能背书转让,必须由收货人栏内指定的人提货或收货人转让。

b. 不记名式。即在收货人栏留空不填。这种方式只要持有提单就能提货。

c. 指示式（空白抬头）。指示式的收货人又分为不记名指示（to order/order）和记名指示（to order of）两种。不记名指示需经托运人背书后方可转让;记名指示须由收货人栏规定的人背书后方可转让。

[例1]如来证规定"made out to order and endorsed to ABC Bank …",则提单收货人栏的填写及背书手续如下:

提单收货人栏内填写:To Order

提单背面由托运人作记名背书:

Deliver to ABC Bank

For DNO Co.

×××（托运人签章）

[例2]如来证规定"…made out to our order and endorsed in blank …",则提单收货人栏的填写及背书手续如下（设开证行为 ABC 银行）:

提单收货人栏内填写:To Order of ABC Bank

提单背面由 ABC 银行作空白背书,即 ABC 银行签章即可。

④被通知人（notify party）。原则上,该栏一定要按信用证的规定填写。被通知人即收货人的代理人或提货人,货到目的港后承运人凭该栏提供的内容通知其办理报关提货等手续,因此,提单的被通知人一定要有详细的名称和地址。本栏目的填写与托运单相同栏目的内容一致。

⑤收货地点（place of receipt）。如货物需转运,则填写收货的港口名称或地点;若无需转运,则此栏空白。

⑥海运、船名、航次（voyage no. / ocean vessel / name of vessel）。即由承运人配载的装货的船名,班轮运输多加注航次（voy. no.）,没有航次的可以不填航次。

⑦装货港（port of loading）。原则上,L/C 项下提单卸货港一定要按 L/C 规定办理,

需转运的货物,则填写中转港口的名称。为防止引起歧义,港口名称后最好加注国家名称。如:"SHANGHAI, CHINA"。

⑧卸货港(port of discharge)。卸货港即目的港的名称。在转船情况下,可以在卸货港名称之后加注转船港名称,或在货名栏下方的空白处加注转船的说明。如有印就的转船港栏目,则直接填入转船港名称即可。

⑨最终目的港(place of delivery/final destination)。如属港至港提单,则本栏目可留空不填或仍填卸货港名称。

⑩B/L No.。海运提单编号。

⑪标志和号码、唛头(shipping marks / marks & nos.)。唛头即为了装卸、运输及存储过程中便于识别而刷在外包装上的装运标记,是提单的一项重要内容,是提单与货物的主要联系要素,也是收货人提货的重要依据。提单上的唛头应与发票等其他单据以及实际货物保持一致;否则,会给提货和结算带来困难。如果信用证有明确规定,则按信用证缮制;信用证没有规定,则按买卖双方的约定,或由卖方决定缮制,并注意做到单单一致。唛头应与信用证和其他单据一致,没有唛头,用"N/M"表示,不能空白。

⑫件数和包装种类(number and kind of packages)。按货物实际装运情况填写外包装的件数,如"100 cartons"、"250 rolls",在栏目下面的空白处或大写栏内加注大写件数,如,"SAY ONE HUNDRD CARTONS ONLY"。

散装货可注明"In bulk"字样,无需列明大写件数。

如果是裸装货,应加件数。如一辆汽车,填"1 unit"或"1 set";100 头牛,填"100 head"。

如有多种货物采用多种包装,则应分别列明各种货物的件数和包装种类并加列合计总件数。

⑬货物名称(description of goods)。提单上货物名称的描述可以只写总的名称,而不必如发票上描述的那样细致,统称不能与发票上货物的描述相矛盾。

⑭毛重(gross weight)。提单的重量应与发票、装箱单等单据保持一致,如果裸装货物没有毛重,只有净重时,则在净重千克数前加注"N. W."(Net Weight),或加注"gross for net"(以毛作净)即可。毛重以公斤(kg)为单位填写,公斤以下按四舍五入处理。

⑮尺码 m^3 [measurement(cubic meter)]。尺码即指货物的体积。应与其他单据保持一致。以立方米(m^3)为单位填写,立方米以下保留小数点后三位数。

⑯运费和费用(freight and charges)。除非有特别规定,本栏只填列运费的支付情况,不填具体金额。若信用证要求注明运费的金额,按实际运费支付额填写即可。若是以卖方订舱为条件成交,则该栏应注明"Freight Prepaid"或"Freight Paid";若是以买方订舱为条件成交,则该栏注明"Freight Collect"或"Freight Payable at Destination"。

⑰签单地点和日期(place and date of issue)。一般为承运人或实际装运的地点和时间,如果一批货物分几个装运港装于同一艘船上运往同一目的港,签发几个不同日

期的提单时,则以较迟的日期为装运日期,提单的签发日期与装运日期为同一天,应不迟于信用证或合同规定的最迟装运日期。

⑱正本提单份数(number of original B/L)。通常,信用证中会有明确的要求,如"Full Set 3/3 Original of Clean on Board B/L",这里的"3/3"意为:分子的数字指交银行的份数,分母的数字指应制作的份数。这时,该栏中用英文大写直接标注"THREE"。若信用证中并未作出规定,那么正本提单份数至少应该有一份。在多份正本的情况下,如果有一份正本已用于提货,那么其他各份自动失效。

⑲承运人或其代理人签字(signed for and on behalf of the carrier)。提单必须由承运人或其代理人签字才能生效,而且必须手签。此栏可以是承运人或其具名代理或代表,或船长或其具名代理或代表签署。承运人或船长的任何签字或证实,必须表明"承运人"或"船长"的身份;代理人代表承运人或船长签字或证实时,也必须表明所代表的名称和身份。

提单签字应根据签字人的不同情况批注不同内容。

⑳特殊条款(special condition in B/L)。例如:

Bill of lading must specifically state that the merchandise has been shipped or loaded on bard a named vessel and / or bill of lading must evidence that merchandise has been shipped or loaded on board a named vessel in the on‐board notation.

信用证要求在提单上特别地注明货物装上指定船名的船。虽然在提单上已有一个栏目填船名,但对方仍然坚持用文字证明,这是对方强调装载船的表示。一般托运人会接受,于是在提单的空白处打上"We certify that the merchandise has been shipped on a ship name ×××。"

Bill of lading should mark freight payable as per charter party, evidencing shipment from whampoa, China to U.S, gulf port.

这是要求强调运费根据租船契约支付,并强调装运由中国的黄埔至美国的哥尔夫波特港的特殊条款。在填写提单时,不应因这两项内容已注在栏目中填写而放弃重写一次,应在提单空白处打上"Fright has been payable as per charter party. 和 The shipment has been made from whampoa, China to U.S, gulf port"。

Terms as intended in relation to name of vessel, port of loading and port of arrival are not acceptable.

这是不允许在有关船名、装运港、目的港表达中出现"预计"字样的条款。在具体制作提单过程中应遵照办理。

Issuing company's certificate confirming that the vessel named in B/L is a vessel of a conference line. This document is only to be presented in case of shipment be sea freight.

这是一个限制托运人必须把货物交给班轮公会承运的条款。托运人在收到来证时就应根据实际情况决定是否能做得到。从制作提单的具体方式来看有两种处理办法:其一是由船公司出具一张船籍证,证明装载船是某班轮公会的;其二,船公司在签发提单时务必在提单上加注证明该船是某班轮公会的。

2)托运单

(1)托运单的概念

托运单(booking note, B/N)是指由托运人根据买卖合同和信用证的有关内容向承运人或他的代理人办理货物运输的书面凭证。经承运人或其他代理人根据托运单内容,并结合船舶的航线、挂靠港、船期和舱位等条件考虑对该单的签认,即表示已接受这一托运,承运人与托运人之间对货物运输的相互关系即告建立。托运单的样式如图5.5所示。

SHIPPER(托运人)

CTC: TEL: FAX:

BOOKING NO:托运单编码:

海泰國際通運有限公司
PEACE TRANSPORTATION LIMITED

托运单 BOOKING NOTE

TEL:86-20-81370900 81370901 81370902 81370903
FAX:86-20-81370905
订仓联系:ECHO WU 吴小姐 86-20-81370902

CONSIGNEE(收货人):

CTC: TEL: FAX:

NOTIFYPARTY(通知人):

CTC: TEL: FAX:

装货日期:
装货地址:
装货联系人/电话:
报关地址: 是否转关:
报关联系人/电话:

PRE-CARRLAGEBY(前程运输)	PLACEOFRECEIPT(收货地)
VESSEL/VOY(船名/航次)	PORTOFLOADING(装运港)
PORTOFDISCHARGE(卸货港)	PLACEOFDELIVERY(目的地)

FREIGHT & CHARGES 运费及附加费
( )PREPAm 预付 ( )COLLECT 到付
运费确认:
USD______ RMB______ HKD______
TOTAL 合计: EXCH-RATE 汇率:
PAYMENTDATE(付款期限)
( )交单付款 ( )货到港前 ( ) 即收

作业要求	1.( )X20' ( )X40' ( )X40'HQ ( )XCBM 2.运输条款( )DR-DR ( )DR-CY ( )CY-CY ( )CY-FO/LO 3.( )海运 ( )拖车 ( )报关 ( )保险 ( )仓储 ( )其它
单证要求	1.( )M.B/L 船东单 ( )H.B/L 货代单 ( )TELEXRELEASE 电放 2.

MARK & NO. 标记与号码	NUMBER AND KIND OF PACKAGES & DESCRIPTION OF GOODS 件数及包装种类与货名	GROSS WEIGHT(KGS) 重量(公斤)	MEASUREMENT(CBM) 尺码(立方米)

Above details declared by shipper(以上资料由托运人详细填写)

TOTAL(总数):

托运条款:

1. 本托运单是托运人委托货运代理人代理有关业务的重要依据;托运人必须依照《中华人民共和国海商法》及相关的运输惯例、法规要求正确填写本托运单及履行相关义务.
2. 囿托运单填写错误或资料子全引起的一切责任,风险,纠纷,产生的一切费用由托人承担.
3. 运费与附加费等,技双方协议的金额填写,运费支付人一栏不填写,托运人是当然的运费支付人,运费非托运人支付的,托运人负担保责任.
4. 托运人必须技我司要求的付款时间付清全部费用,如付款期限一栏不填写的,技付款交单执行。托运人如不能按时支付全部运费则每天按运费总金额的0.5%缴纳滞纳金,并且承运人有权采取任何有效措施收回运费,托运人必须承担由此引起的一切损失.
5. 托运人一栏,必须由经办人签名并加盖公司有效印章.

运费支付人:

支付方式:
( )汇票 ( )支票 ( )现金 ( )其它

托运人签名:

盖 章:

日 期:

图5.5 托运单图例

（2）托运单的内容

①托运人。填写托运人的全称、街名、城市、国家名称、电话、传真号。托运人可以是货主，也可以是其贸易代理人或是货运代理。在信用证方式下，一般是信用证的受益人。

②收货人，即收取货物的人。如果是实际收货人，可填写全称、地址等，表示此提单为记名提单，不可以转让。如果是指示提单，可以填写"TO ORDER"或"TO ORDER OF SHIPPER"，信用证下，凭银行指示，这种提单通过背书可以转让。不可以写两个收货人，如有第二收货人，填写在通知人栏内。

③通知人。信用证下，为开证申请人，即实际的收货人。可以填写第二收货人。

④装运港。填写实际货物装运的港口全称。

⑤卸货港。填写实际货物被卸离船舶的最终港口全称，对于信用证方式结算的交易，按信用证中规定的卸货港填写。

⑥目的地。填写货物最终的交货地的城市名称，或地区名称。

⑦运输编号，即委托书的编号。每个具有进出口权的托运人都有一个托运代号（通常也是商业发票号），以便查核和财务结算。

⑧货物名称和包装种类。应根据货物的实际名称，用中、英文两种文字填写，更重要的是实际货物的名称、规格、型号、成分要与信用证所载内容相符。

⑨箱数与件数。填写装入集装箱内货物的外包装件数或集装箱个数。件数要写出小写和大写。如果不同包装种类的货物混合在一个集装箱内，包装种类显示"件数"（packages）。

⑩标记及号码，又称唛头（shipping mark）。它是为了便于识别货物和防止错发货，通常由型号、图形或收货单位简称、目的港、件数或批号等组成。

⑪重量尺码。重量的单位为kg，尺码为m^3。

⑫托盘货要分别注明盘的重量、尺码和货物本身的重量、尺码，对超长、超重、超高货物，应提供每一件货物的详细的体积（长、宽、高）以及每一件的重量，以便货运公司计算货物积载因素，安排特殊的装货设备。

⑬运费付款方式。一般有运费预付（freight prepaid）和运费到付（freight collect）。有的转运货物，一程运输费预付，二程运费到付，要分别注明。

⑭可否转船，分批，以及装期，效期等均应按信用证或合同要求一一注明。

3）装货联单

在杂货班轮运输的情况下，托运人如果以口头形式预订舱位，而船公司对这种预约表示承诺，则运输合同关系即告建立，这种以口头形式订立的合同也符合法律的规定。但是，国际航运界的通常做法是由托运人向船公司提交详细记载有关货物情况及对运输要求等内容的装货联单。原则上，托运人应先将托运单交给船公司办理托运手续，船公司接受承运后在托运单上签章确认，然后发给托运人装货联单。但是，实务中,通常却是由货运代理人向船舶代理人申请托运,然后由货运代理人根据托运人委托,填写装货联单后提交给船公司的代理人。而货运代理人填写装货联单的依据是托运人提供的买卖合同和信用证的内容以及货运委托书或货物明细表等。

目前,我国各个港口使用的装货联单的组成不尽相同,但是,主要都是由以下各联所组成:

①托运单(booking note, B/N)及其留底(counterfoil);

②装货单(shipping order, S/O);

③收货单(mate's receipt, M/R)。

船公司或其代理人接受承运后,便予以编号并签发装货单。装货单签发后,船、货、港等方面都需要有一段时间来编制装货清单、积载计划、办理货物报关、查验放行、货物集中等装船的准备工作。因此,对每一航次在装货开始前一定时间应截止签发货单。若在截止签发装货单日之后,再次签发装货单,则称之为"加载"。

图5.6 装货单图例

装货单,亦称下货纸,是托运人(实践中通常是货运代理人)填制交船公司(实践中通常是船舶代理人)审核并签章后,据以要求船长将货物装船承运的凭证。由于托运人必须在办理了货物装船出口的海关手续后,才能要求船长将货物装船,所以装货单常称为"关单"。当每一票货物全部装上船后,现场理货员即核对理货计数单的数字,在装货单上签注实装数量、装船位置、装船日期并签名,然后随同收货单一起交船上大副,大副审核属实后在收货单上签字,留下装货单,将收货单退给理货长转交给托运人(或货运代理人)。装货单的样式如图5.6所示。

收货单是指某一票货物装上船后,由船上大副(chief mate)签署给托运人的证明船方已收到该票货物并已装上船的凭证。所以,收货单又称为"大副收据"或"大副收单"。托运人取得了经大副签署的收货单后,即可凭以向船公司或其代理人换取已装船提单。大副在签署收货单时,会认真检查装船货物的外表状况、货物标志、货物数量等情况。如果货物外表状况不良、标志不清、货物有水渍、油渍或污渍等情况以及数量短缺、货物损坏时,大副就会将这些情况记载在收货单上。这种在收货单上记载有关

中国外轮代理公司
CHINA OCEAN SHIPPING AGENCY
收货单
SHIPPING ORDER　　　S/O No.

船名　　　　　　　　航次　　　目的港
Vessel Name..................Voy........For......

托运人
Shipper.....................................

受货人
Consignee...................................

通　知
Notify......................................

下 列 完 好 状 况 之 货 物 业 已 收 妥 无 损
Received on board the following goods apparent in good order and condition :

标记及号码 Marks and Nos.	件数 Quantity	货名 Description of Goods	毛重/kg Gross Weight In Kilos	尺码/m³ Measurement Cu.M.

共计件数(大写)
Total Number of Packages in Writing

日期　　　　　　　　时间
Date...................Time..........

装入何舱
Stowed.....................................

实收
Received...................................

理货员签名　　　　　　　　大　　副
Tallied By................Chief Officer......

图 5.7　收货单图例

货物外表状况不良或有缺陷的情况称为"批注(remark)",习惯上称为"大副批注"。收货单样式如图5.7所示。

4)货物积载图

出口货物在装船前,要按货物的装船顺序以及货物在船上的装载位置等情况作出一个详细计划,以指导有关方面安排泊位、货物出舱、下驳、搬运等工作。这个计划以图表形式来表示货物在船舱内的积载情况,使每一票货物都能形象具体地显示其船舱内的位置。该图表就是积载图(stowage plan)。当每一票货物装船后,应重新标出货物在舱内的实际装载位置,最后绘制成一份"货物积载图"。货物积载图如图5.8所示。

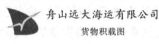

舟山远大海运有限公司
货物积载图

船名:

航次		自		载重量		吨
尾吃水		首吃水		日期		

	NO.3舱	NO.2舱	NO.1舱

备注: 1.本船排压载水需要( )小时左右;

2.请按顺序 装卸船;分 轮装卸船   tpc= t/cm

3.水尺装至首 米后 米暂停装货,视压载水排放情况再作处理;

4.要求各舱堆装进度平衡,船身平正保持尾倾配合打水;

5.最后请在 舱各 留吨调水尺;

6.本船封舱时间需要( )小时。

7.可附排水顺序表   大副签字:＿＿＿＿＿＿＿＿＿＿＿＿

图5.8 货物积载图例

5)提货单

提货单(delivery order, D/O)亦称小提单,是收货人凭以向现场(码头仓库或船边)提取货物的凭证。

提货单的性质与提单完全不同,它只不过是船公司指令码头仓库或装卸公司向收货人交付货物的凭证,不具备流通及其他作用。因此,提货单上一般记有"禁止流通"(non-negotiable)字样。提货单样式如图5.9所示。

中国上海外轮代理有限公司
CHINA OCEAN SHIPPING AGENCY, SHANGHAI
进口集装箱货物提货单
DELIVERY ORDER

Non-negotiable

港区场站				换单日期	
收货人名称			收货人开户 银行与账号		
船名	航次	起运港	目的港	船船预计到港时间	
提单号	交付条款	卸货地点	进库场日期	第一程运输	

标记与集装箱号	货名	集装箱数或件数	重量(KGS)	体积(m³)

船代公司重要提示:
(1) 本提货单中有关船、货内容按照提单的相关显示填制;
(2) 请当场核查本提货单内容错误之处,否则本公司不承担由此产生的责任和损失;
(3) 本提货单仅向承运人或承运人委托的雇佣人或替承运人报关货物订立合同的人提货的凭证,不得买卖转让;
(4) 在本提货单下,承运人代理人及雇佣人的行为,均应享受承运人享有的免
(5) 本货单所列的船船预计到港时间,算的一句,货主不及时换单和提货造

收货人章	海关章
1	2
检验检疫章	
3	4
5	6

注意事项:
1. 本提货单需盖有船代有效章和海关放行章,进口商品,必须向检验检疫机构申报。
2. 提货人到码头公司办理提货手续时,应出示单位证明或经办人身份证明。提货人若非本提货单记名提货人时,还应出示提货单记名收货人开具的证明,以标明其为有权提货的人。
3. 货物超过库存期,码头公司可以按《上海港口货物藏运管理条例》的有关规定处理,在规定期间无人提取的货物,按《海关法》和国家规定处理。

书刊检查 合格证 (1)

图5.9　提货单图例

6) 其他单据

(1) 装货清单

装货清单(loading list, L/L)是承运人根据装货单留底,将全船待装货物按目的港和货物性质归类,依航次、靠港顺序排列编制的装货单汇总清单,它是船上大副编制配载计划的主要依据,又是供现场理货人员进行理货,港方安排驳运,进出库场以及承运

人掌握情况的业务单据。

(2)载货清单

载货清单(manifest, M/F),亦称"舱单"。它是在货物装船完毕后,根据大副收据或提单副本编制的一份按卸货港顺序逐票列明全船实际载运货物的汇总清单。

载货清单是国际航运实践中一份非常重要的通用单证。船舶办理进出口报关手续时,必须递交载货清单,载货清单是海关对船舶所载货物进出境进行监管的单证。载货清单又是港方及理货机构安排卸货的单证之一。在我国,载货清单还是出口企业在办理货物出口后,申请退税,海关据以办理出口退税手续的单证之一;载货清单还是随船单证之一,以备中途挂港或到达卸货港时办理进口报关手续时使用。另外,进口货物的收货人在办理货物进口报关手续时,载货清单也是海关办理验放手续的单证之一。

如果在载货清单上增加运费项目,则可制成载货运费清单(freight manifest, F/M)。

(3)危险货物清单

危险货物清单是专门列出船舶所载运全部危险货物的明细表。该单主要作用是提供给港口、有关部门和船上注意危险品的作业和保管之用。

(4)过驳清单

过驳清单(boat note),是采用驳船作业时作为证明货物交接和表明所交货物实际情况的单证。过驳清单是根据卸货时的理货单证编制的,由收货人、卸货公司、驳船经营人等收取货物的一方与船方共同签字确认。

(5)货物溢短单

货物溢短单(overlanded & shortlanded cargo list),是指一票货物所卸下的数字与载货清单上所记载的数字不符,发生溢卸或短卸的证明单据。货物溢短单由理货员编制,并且必须经船方和有关方(收货人、仓库)共同签字确认。

(6)货物残损单

货物残损单(broken & damaged cargo list),是指卸货完毕后,卸货人根据卸货过程中发现的货物破损、水湿、水渍、渗漏、霉烂、生锈、弯曲变形等情况记录编制的,证明货物残损情况的单据。货物残损单必须经船方签认。

5.4.2 货运单证流转程序

货运单证流转程序如图 5.10 所示。在图 5.10 中,各项具体操作步骤如下:

第 1 项,托运人向装港船代(也可直接向船公司或其营业所)提出货物装运申请,递交托运单(B/N),填写装货联单。

第 2 项,船公司同意承运后,其代理人指定船名,核对 S/O 与托运单上的内容无误后,签发 S/O,将留底联留下后退还给托运人,要求托运人将货物及时送达指定的码头仓库。

第 3 项,托运人持 S/O 及有关单证向海关办理货物出口报关、验货放行手续,海关在 S/O 上加盖放行图单后,货物准予装船出口。

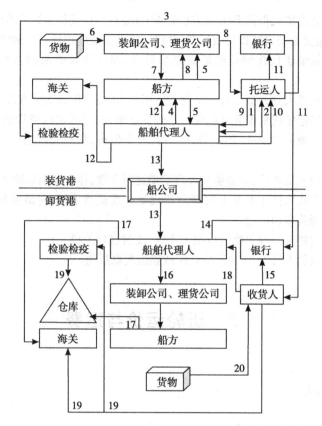

图 5.10　货运单证流转程序图

第 4 项,装船船代根据留底联编制装货清单(L/L)送船舶及理货公司、装卸公司。

第 5 项,大副根据 L/L 编制货物积载计划(stowage plan)交代理人分送理货、装卸公司等按计划装船。

第 6 项,托运人将经过检验及检量的货物送至指定的码头仓库准备装船。

第 7 项,货物装船后,理货长将 S/O 交大副,大副核实无误后留下 S/O 并签发收货单(M/R)。

第 8 项,理货长将大副签发的 M/R 转交给托运人。

第 9 项,托运人持 M/R 到装港船代处付清运费(预付运费情况下)换取正本已装船提单(B/L)。

第 10 项,装港船代审核无误后,留下 M/R 签发 B/L 给托运人。

第 11 项,托运人持 B/L 及有关单证到议付银行结汇(在信用证支付方式下),取得货款,议付银行将 B/L 及有关单证邮寄开证银行。

第 12 项,货物装船完毕后,装港船代编妥出口载货清单(M/F)送船长签字后向海关办理船舶出口手续,并将 M/F 交船随带,船舶起航。

第13项,装港船代根据 B/L 副本(或 M/R)编制出口载货运费清单(F/M)连同 B/L 副本、M/R 递交船公司结算代收运费,并将卸货港需要的单证寄交卸港船代。

第14项,卸港船代接到船舶抵港电报后,通知收货人船舶到港日期,做好提货准备。

第15项,收货人到开证银行付清货款取回 B/L(在信用证支付方式下)。

第16项,卸港船代根据装港船代寄来的货运单证,编制进口载货清单及有关船舶进口报关和卸货所需的单证,约定装卸公司、理货公司,联系安排泊位,做好接船及卸货准备。

第17项,船舶抵港后,卸港船代办理船舶进口手续,船舶靠泊后即开始卸货。

第18项,收货人持正本 B/L 向卸港船代处办理提货手续,付清应付费用后,换取代理人签发的提货单(D/O)。

第19项,收货人办理货物进口报关手续,支付进口关税。

第20项,收货人持 D/O 到码头仓库或船边提取货物。

5.5 班轮运价与运费

5.5.1 班轮运价

1)班轮运价及其特点

(1)班轮运价的概念

班轮运价是承运人为承运货物而收取的报酬,计算运费的单价(或费率)称班轮运价。班轮运价包括货物的运输费用以及装、卸费用。

班轮运价一般是以运价表的形式(如图 5.11 所示)公布的,比较固定但运价水平较高。它由基本运费和各种附加运费构成。

班轮运价表一般包含的内容有货物分级表、航线等级费率表、附加费率表、冷藏货费率表和活牲畜费率表,以及有关规定的说明和港口规定的条款。

(2)班轮运价的特点

①班轮运输的成本较高,因而班轮的运价水平也较高。

②班轮运输的货物对运费的负担能力较强。

③班轮运价相对稳定,在短期内不会剧烈波动。

④班轮运价是一种垄断价格。

⑤班轮运价按高值高运价,低值货物低运价的原则制定。

中远集团第一号运价表 COSCO GROUP TARIFF NO.1			
中国—日本航线集装箱费率表			美元
CHNA-JAPAN CONTAINER SERVICE			IN USD
上海—神户，大阪，名古屋，横滨，四日市，门司 SHANGHAI—KOBE, OSAKA, NAGOYA, YOKOHHAMA, YOKKAICHI, MOJI 宁波—神户，横滨 温州—横滨 NINGBO—KOBE, YOKOHAMA WENGZHOU—YOKOHAMA			

等 级 CLASS	LCL W/M	CY/CY	
		20'	40'
1 - 7	55.00	770.00	1 460.00
8 - 10	58.00	820.00	1 560.00
11 - 15	61.00	870.00	1 650 300
16 - 20	64.00	920.00	1 750.00
CHEMICALS, N.H.	61.00	870.00	1 650.00
SEMI-HAZARDOUS	68.00	1 200.00	2 280.00
HAZARDOUS		1 650.00	3 100.00
REEFER		2 530.00	4 800.00

图 5.11 班轮运价表图例

2) 班轮运价的种类

（1）根据其制定者的不同分类

①班轮公会运价（conference tariff）。由班轮公会制定，为参加公会的班轮公司所使用，规定的运价比较高，是一种垄断性的价格，如远东水脚公会运价表。

②班轮公司运价（non-conference tariff）。由经营班轮运输的船公司自行制定，如中远集团运价表。

③双边运价（bilateral tariff）。由船货双方共同商议制定，共同遵守的运价。如《中国对外贸易运输公司第3号运价表》，它是以中国对外贸易运输公司代表货主与在境外的一些主要侨资班轮船公司商议制定的。

④协议运价（freight agreement）或货方运价。它是由货方定价，船方遵守，但对运价的调整与修改要与船方协商的基础上进行，而货方却拥有较大决定权，这种定价一般是大货主常年向船方提供货源。

（2）根据费率结构分类

①等级运价（classification rate freight tariff）。将全部可能被运输的商品划分为若干等级，然后为不同等级的商品在不同航线或港口间的运输制定某一运价。如《中国远洋运输集团第1号运价表》。

②单项费率运价（commodity rate freight tariff），也称商品运价表。不同货物、不同航线分别制定运价；同航线、同运价的不同货物也逐一列明。如《中国远洋运输公司美

国航线第 17 号运价表》。

③航线运价(远洋运输)。不分运输距离的远近,只按航线、货物名称或等级制定的运价。远洋运输通常采用分航线、按货物种类或等级制定运价。

5.5.2 班轮运费的构成及计算

1)班轮运费的构成

(1)基本运费(basic freight)

班轮运输中,为在航线上船舶定期或经常挂靠的基本港口(base port)间的运输而制定的运价,它是计收班轮运输费用的基础。

(2)附加费(surcharges, additional)

由于船舶、货物、港口及其他种种原因,使得承运人在运输中增加了一定的营运支出或损失,为补偿这些开支而在基本运费外额外收取的费用。其包括了:

①超重附加费(over weight surcharge);

②超长附加费(over length surcharge);

③燃油附加费(bunker adjustment factor or bunker surcharge, BAF/BS);

④港口附加费(port surcharge);

⑤港口拥挤附加费(port congestion surcharge);

⑥货币贬值附加费(currency adjustment facto, CAF);

⑦绕航附加费(deviation surcharge);

⑧转船附加费(transshipment surcharge);

⑨直航附加费(direct additional);

⑩选择卸货港附加费(additional for optional destination);

⑪更改卸货港附加费(alteration surcharge);

⑫洗舱附加费(cleaning surcharge);

⑬超额责任附加费(additional for excess of liability)。

2)班轮运费的计算标准

(1)计费标准的概念

计费标准(freight basis)也称计算标准,是指计算运费时使用的计费单位,历来都是以容积和重量作为最基本的计费单位。计费的单位一般为运费吨(freight ton),又称计费吨,它是计算运费的一个特殊单位,指按每一种货物的重量或体积(尺码)计算运费的单位,分为重量吨和尺码吨。

(2)计费标准的表示

①按货物的毛重计收(gross weight),在运价表中以"W"表示,以公吨(1 T = 1 t)、长吨(1 长吨 = 1.016 t)或短吨(1 短吨 = 0.907 t)作为计费单位,故称重量吨。在国际

上,大多重量吨单位为"公吨(Metric Ton，M/T)"。

②按货物的体积计收(measurement)，在运价表中以"M"表示，以 m³、立方英尺
(1 立方英尺 = 0.028 3 m³)作为计费单位，故称尺码吨。因为其计费单位为"立方米
(cubic Metre，m³)"，为方便计算，通常将 1 m³ 作为 1 尺码吨。

③按货物的毛重或体积计收，在运价表中以"W/M"表示，以其较高者计收。

④按货的价值计收(value)，在运价表中以"Ad. Val"或"A. V."表示，一般按商品
FOB 价的 1% ~ 5% 来计算运费。

⑤按货物重量、体积或价值三者中最高的一种计收，在运价表中以"W/M or Ad.
Val"表示。

⑥按货物重量或体积择其高者，再加上从价运费计收，运费表中用"W/M plus Ad.
Val"表示。

⑦按货物的件数计收，在运价表中以"Per Unit/Head/Piece, etc"表示，一般只对包
装固定，包装内的数量、重量、体积也是固定不变的货物，才按每箱、每捆或每件等特定
的运费额计收。如火车头按辆，活牲畜按头，大型机车按台。

⑧按议价运费计收，以"Open Rate"字样表示，在班轮运价表中未规定具体费率。
这种方法通常是在承运粮食、豆类、矿石、煤炭等运量大、货价较低、装卸容易、装卸速
度快的农副产品和矿产品时采用。

⑨起码运费率(minimum rate)。指按每一提单上所列的货物重量或体积所计算出
的运费尚不足运价表中规定的最低费率时，则按最起码运费计收，多数班轮公司都以
其等级费率的第一级费率为起码费率。

3)班轮运费计算

(1)班轮运费的具体计算方法

①先根据货物的英文名称，从货物分级表中，查出有关货物的计算等级及其计算
标准；

②然后再从航线费率表中查出有关货物的基本费率；

③最后加上各项需支付的附加费率，所得的总和就是有关货物的单位运费(每重
量吨或每尺码吨的运费)，再乘以计费重量吨或尺码吨，即得该批货物的运费总额。如
果是从价运费，则按规定的百分率乘 FOB 货值即可。

(2)计算公式

运费总额 = 货运数量 × 基本费率 + 总附加费 = 货运数量 × 基本费率 × (1 + 附加
费率)

$$F = F_b + \sum S$$

在公式中，F 表示运费总额；F_b 表示基本运费；S 表示某一项或某几项附加费之和。

①基本运费是所运货物数量(重量或体积)与规定的基本费率的乘积，即 $F_b = f \cdot Q$。在公式中，f 表示基本费率；Q 表示货运量(运费吨)。

②附加费是指各项附加费的总和。在多数情况下,附加费按基本运费的一定百分比计算,其公式为:

$\sum S = (S_1 + S_2 + \cdots + S_n) \cdot F_b = (S_1 + S_2 + \cdots + S_n) \cdot f \cdot Q$,其中$S_1, S_2, \cdots, S_n$为各项附加费。

③示例。

[例1]某企业以CIF合同出口柴油机一批,共15箱,总毛重为5 650 kg,总体积为10.676 m³。在青岛装中国远洋运输公司轮船,经香港转船至苏丹港,试计算该企业应付船公司多少运费?

查表得知:柴油机(diesel engine)属10级货,计费标准为W/M;10级货自青岛至香港费率为22美元,香港中转费为13美元。香港至红海的费率为95美元,苏丹港收基本运费10%的港口拥挤附加费。

解:$V = 10.676$ m³ > $M = 5.65$ m³,故选用尺码吨计费。

单位运费 = (22 美元/m³ + 95 美元/m³) + (13 美元/m³ + 95 美元/m³ × 10%) = 139.5 美元

总运费 = 139.5 美元/m³ × 10.676 m³ = 1 489.302 美元

[例2]某公司出口箱装货物,报价为每箱50美元CFR伦敦。英商要求改报FOB价,我方应报价多少?(已知:该货物体积每箱长45 cm、宽40 cm、高25 cm,每箱毛重35 kg,运费计算标准为W/M,每运费吨基本运费为120美元,并加收直航附加费20%,港口附加费10%。)

解:每箱体积为0.45 m × 0.40 m × 0.25 m = 0.045 m³

每箱毛重为35 kg = 0.035 T

海运公司选择尺码吨计收运价:

1尺码吨运费 = 120 美元/m³ × (1 + 20% + 10%) = 156 美元/m³

每箱运费 = 0.045 m³ × 156 美元/m³ = 7.02 美元

每箱FOB价 = CFR - F = 50 美元 - 7.02 美元 ≈ 43 美元

我方应报每箱FOB价为43美元。

5.6 国际海上集装箱运输业务

5.6.1 集装箱基本知识

1)集装箱的定义

集装箱(container)的原义是一种专供使用并便于机械操作和运输的大型货物容

器。如图 5.12 所示,因其外形像一个箱子,又可以集装成组进行运输,故称"集装箱"。在我国的香港地区称之为"货箱",台湾地区则称之为"货柜"。

图 5.12 通用集装箱结构图

集装箱是用铝、钢、胶合板、玻璃钢或这些材料混合制定的,具有一定的强度和刚度,密封性能好。每个集装箱的造价在 5 000 美元以上。集装箱放在船上是货舱,放在火车上是车皮,放在卡车上是车厢。使用集装箱转运货物,可直接在发货人的仓库装货,运到收货人的仓库卸货,中途更换车、船时,无须将货物从箱内取出换装。

根据国际标准化组织(ISO)对集装箱的定义是,集装箱是一种运输设备,它应满足以下要求:

①具有耐久性,其坚固强度足以反复使用;

②便于商品运送而专门设计的,在一种或多种运输方式中运输时无需中途换装;

③设有便于装卸和搬运的装置,特别是便于从一种运输方式转移到另一种运输方式;

④设计时应注意到便于货物装满或卸空;

⑤内容积为 1 m^3 或 1 m^3 以上。

2)集装箱运输条款中的主要术语解释

集装箱运输条款中的主要术语包括 CY/CY, CY/FO, CY/LO,CY/TACKLE,CY/HOOK 几种。分别现解释如下:

①CY/CY。CY/CY 是指堆场到堆场方式,承运人在装货港集装箱堆场接收整箱货物并负责运至卸货港集装箱堆场整箱交付收货人。

②CY/FO(free out)。承运人在装货港集装箱堆场接收整箱货物并负责运至卸货港,但不负责卸货。

③CY/LO (line out)。承运人在装货港集装箱堆场接收整箱货物并负责运至卸货港卸货。

④CY/TACKLE。承运人在装货港集装箱堆场接收整箱货物并负责运至卸货港卸货至接货车上。

⑤CY/HOOK。承运人在装货港集装箱堆场接收整箱货物并负责运至卸货港卸货,此处当吊臂吊下货物后服务终止。

3) 集装箱的分类

①按集装箱所装货物种类分类。按集装箱所装货物种类划分,有杂货集装箱、散货集装箱、液体货集装箱、冷藏箱集装箱等。

②按集装箱的制造材料分类。按集装箱的制造材料划分,有木集装箱、钢集装箱、铝合金集装箱、玻璃钢集装箱、不锈钢集装箱等。

③按集装箱的结构分类。按集装箱的结构划分,有折叠式集装箱、固定式集装箱等。固定式集装箱还可分密闭集装箱、开顶集装箱、板架集装箱等。

④按集装箱的总重量分类。按集装箱的总重量划分,有 30 t 集装箱、20 t 集装箱、10 t 集装箱、5 t 集装箱、2.5 t 集装箱等。

⑤按规格尺寸分类。按规格尺寸划分,目前国际上通常使用的干货柜(drycontainer)有 20 尺柜、40 尺柜、40 尺高柜等。

知识扩展

集装箱按规格尺寸划分的干货柜(drycontainer)具体类型有:

20 尺柜:内容积为 5.69 m×2.13 m×2.18 m,配货毛重一般为 17.5 t,体积为 24~26 m³。

40 尺柜:内容积为 11.8 m×2.13 m×2.18 m,配货毛重一般为 22 t,体积为 54 m³。

40 尺高柜:内容积为 11.8 m×2.13 m×2.72 m。配货毛重一般为 22 t,体积为 68 m³。

45 尺高柜:内容积为:13.58 m×2.34 m×2.71 m,配货毛重一般为 29 t,体积为 86 m³。

20 尺开顶柜:内容积为 5.89 m×2.32 m×2.31 m,配货毛重 20 t,体积 31.5 m³。

40 尺开顶柜:内容积为 12.01 m×2.33 m×2.15 m,配货毛重 30.4 t,体积 65 m³。

20 尺平底货柜:内容积 5.85 m×2.23 m×2.15 m,配货毛重 23 t,体积 28 m³。

40 尺平底货柜:内容积 12.05 m×2.12 m×1.96 m,配货毛重 36 t,体积 50 m³。

4) 集装箱的计算单位 (twenty-feet equivalent units,简称 TEU)

集装箱的计算单位又称 20 英尺(1 英尺 = 0.304 8 m)换算单位。目前各国大部分集装箱运输,一般都采用 20 英尺和 40 英尺长的两种集装箱。为使集装箱箱数计算统一化,把 20 英尺集装箱作为一个计算单位。40 英尺集装箱作为两个计算单位,以利统一计算集装箱的营运量。也有超长集装箱 45 英尺,则换算为 2.25 个标箱。表 5.2 是第一系列集装箱规格尺寸和总重量表。

表 5.2　第一系列集装箱规格尺寸和总重量表

规格/英尺	箱型	长		宽		高		最大总重量	
		公制/mm	英制/Ft,in	公制/mm	英制/Ft,in	公制/mm	英制/Ft,in	kg	LB
40	1AAA 1AA 1A 1AX	12 192	40′	2 438	8′	2 896	9′6″	30 480	67 200
						2 591	8′6″		
						2 438	8′		
						<2 438	<8′		
30	1BBB 1BB 1B 1BX	9 125	29′11.25″	2 438	8′	2 896	9′6″	25 400	56 000
						2 591	8′6″		
						2 438	8′		
						<2 438	<8′		
20	1CC 1C 1CX	6 058	19′10.5″	2 438	8′	2 591	8′6″	24 000	52 900
						2 438	8′		
						<2 438	<8′		
10	1D 1DX	2 991	9′9.75″	2 438	8′	2 438	8′	10 160	22 400
						<2 438	<8′		

5.6.2　国际海上集装箱运输业务的产生、发展及主要航线

1)国际海上集装箱运输的产生和发展

(1)国际海上集装箱运输的产生和发展的原因

集装箱运输是在装配工具和运输工具实现机械化和自动化的基础上发展起来的,并随着运输生产的发展而发展。在国际货物运输装箱作业的发展进程中,货物由单件运输发展到成组运输,后来又发展到了托盘化运输,最后出现了集装箱运输。集装箱运输便由此发展起来。

(2)国际海上集装箱运输产生与发展的历史

集装箱运输兴起于 20 世纪 30 年代,发达于第二次世界大战后。海上集装箱运输的出现,使集装箱运输蓬勃发展。目前,全球有上百个国家和地区进入集装箱运输网,有集装箱港口 400 多个,泊位 1 万多个。另据有关资料介绍,1995 年底,世界集装箱船队(3 000 总吨级以上,载箱量在 150TEU 及以上者)总计为 2 092 艘,载箱能力为 2 970 万 TEU。同年,全球各港口进出口和中转的集装箱总量达 14 200 万 TEU,各主要航线

均已实现集装箱化。

2)国际海上集装箱运输业务的主要航线

目前,世界主要集装箱航运地区有远东、西欧、北美和澳大利亚,这4个地区货运量大,消费水平高,适于集装箱运输的货源充足,联结这几个地区的集装箱航线便成为全球海上集装箱航运干线,它们是北太平洋航线、北大西洋航线、远东—欧洲航线(印度洋航线)。

知识扩展

国际上主要集装箱航线介绍

北太平洋航线由远东—北美太平洋沿岸航线和远东—北美大西洋沿岸航线组成。本航线除承担太平洋沿岸附近地区货物运输外,还连接北美大西洋沿岸、墨西哥湾沿岸各港及通往美国中西部的内陆联合运输,是目前世界上最繁忙的航线。所联系的港口有亚太地区的东京、横滨、名古屋、神户、大阪、釜山、仁川、大连、天津、青岛、上海、香港、高雄、基隆、新加坡;北美太平洋沿岸的洛杉矶、长滩、奥克兰(旧金山)、西雅图、波特兰和温哥华;北美东岸(包括墨西哥湾沿岸)的休斯敦、新奥尔良、坦帕、杰克森维尔、诺福克、费城、纽约、波士顿、哈利法克斯、圣约翰等。

北大西洋航线以美国东岸为中心,由北美东岸、五大湖—西北欧、地中海之间的航线组成,开展对西北欧、地中海及澳大利亚地区(经印度洋)的集装箱运输。所联系的港口在欧洲一端主要有汉堡、鹿特丹、安特卫普、勒阿弗尔、南安普敦等。

远东—欧洲航线除联系远东和欧洲各港外,还把北美大西洋沿岸、加勒比海地区、地中海、中东、澳新等地连接起来。

除上述三大集装箱航线外,还有远东—澳新航线;澳新—北美航线以及欧洲、地中海—西非、南非航线。以上六条集装箱运输干线联结着世界主要贸易区,构成了世界海上集装箱运输网络的骨架,它和分布于全球各地的集装箱运输支线一起构成覆盖全球的集装箱运输网。干支线运输网由中转港联结起来。

目前,世界集装箱海运干线中转港主要有:远东地区的中国香港、高雄,联结中国内地、菲律宾和越南;东南亚地区的新加坡,联结泰国、印尼和马来西亚;印度洋上的索科特拉岛,联结缅甸、南亚各国、东非沿海各国;地中海上的马耳他岛,联结地中海和黑海沿岸各港;波多黎各和牙买加,联结加勒比海、南美各国。

5.6.3 集装箱货物运输的交接方式及交接地点(receiving and delivery system)

1)集装箱货物运输的装箱方式

根据集装箱货物装箱数量,集装箱货物的装箱方式主要有整箱和拼箱两种。

（1）整箱（full container load，FCL）

这是指货方自行将货物装满以后，以箱为单位托运的集装箱。这种情况在货主有足够货源装载一个或数个整箱时通常采用，除有些大的货主自己备有集装箱外，一般都是向承运人或集装箱租赁公司租用一定的集装箱，空运到工厂或仓库后，在海关人员的监督下，货主把货装入箱内，加镁、铝封后交承运人并取得站场收据，最后凭收据换取提单或运单。

（2）拼箱（less than container load，LCL）

这是承运人（或代理人）接受货主托运的数量不足整箱的小票货运后，根据货物性质和目的进行分类整理，把去同一目的地的货，集中到一定数量后装入箱。由于箱内有不同货主的货拼装在一起，因此叫拼箱。这种情况在货主托运数量不足满箱时采用。拼箱货的分类、整理、集中、装箱（拆箱）、交货等工作均在承运人码头集装箱货运站或内陆集装箱转运站进行。

2）集装箱货物的交接方式

由于集装箱分为整箱和拼箱两种，因此在货物交接方式上也有所不同，综观国际上的通常做法，大致有以下4类：

（1）整箱交，整箱接（FCL/FCL）

这种方式是指货主在工厂或仓库把装满货后的整箱交给承运人，收货人在目的地以同样整箱接货。换句话说，就是承运人以整箱为单位交接。总之，货物的装箱和拆箱均由货方负责。

（2）拼箱交，拆箱接（LCL/LCL）

这种方式是指货主将不足整箱的小票托运货物在集装箱货运站或内陆转运站交给承运人，由承运人负责拼箱和装箱（stuffing，vanning）运到目的地货站或内陆转运站，由承运人负责拆箱（unstuffing/devanning），拆箱后，收货人凭单接货。货物的装箱和拆箱均由承运人负责。

（3）整箱交，拆箱接（FCL/ LCL）

这种方式是指货主在工厂或仓库把装满货后的整箱交给承运人，在目的地的集装箱货运站或内陆转运站由承运人负责拆箱后，各收货人凭单接收。

（4）拼箱交，整箱节（LCL/FCL）

这种方式是指货主将不足整箱的小票托运货物在集装箱货运站或内陆转运站交给承运人，由承运人分类调整把同一收货人的货集中拼装成整箱，运到目的地后，承运人以整箱交，收货人以整箱接。

上述各种交接方式中，以整箱交，整箱接效果最好，也最能发挥集装箱的优越性。

3）集装箱货物的交接地点

根据集装箱货物运输的装箱方式和交接方式，集装箱货物的交接地点主要有以下几种：

(1)门到门(door to door)

由托运人负责装载的集装箱,在其货仓或仓库交承运人验收后,负责全程运输,直到收货人的货仓或工厂仓库交箱为止。这种全程连线运输,称为"门到门"运输。

(2)门到场(door to cy)

由发货人货仓或工厂仓库至目的地或卸箱港的集装箱装卸区堆场。

(3)门到站(door to cfs)

由发货人货仓或工厂仓库至目的地或卸箱港的集装箱货运站。

(4)场到门(cy to door)

由起运地或装箱港的集装箱装卸区堆场至收货人的货仓或工厂仓库。

(5)场到场(cy to cy)

由起运地或装箱港的集装箱装卸区堆场至目的地或卸箱港的集装箱装卸区堆场。

(6)场到站(cy to cfs)

由起运地或装箱港的集装箱装卸区堆场至目的地或卸箱港的集装箱货运站。

(7)站到门(cfs to door)

由起运地或装箱港的集装箱货运站至收货人的货仓或工厂仓库。

(8)站到场(cfs to cy)

由起运地或装箱港的集装箱货运站至目的地或卸箱港的集装箱装卸区堆场。

(9)站到站(cfs to cfs)

由起运地或装箱港的集装箱货运站至目的地或卸箱港的集装箱货运站。

这里的"门"指收发货人工厂或仓库,"场"指港口的集装箱堆场,"站"指港口的集装箱货运站。

5.6.4 国际海上集装箱运输业务的特点

与其他运输方式相比,集装箱运输业务具有以下特点：

1)高效益的运输方式

集装箱运输经济效益高主要体现在以下几方面：

①简化包装,大量节约包装费用。为避免货物在运输途中受到损坏,必须有坚固的包装,而集装箱具有坚固、密封的特点,其本身就是一种极好的包装。使用集装箱可以简化包装,有的甚至无须包装,实现件杂货无包装运输,可大大节约包装费用。

②减少货损货差,提高货运质量。由于集装箱是一个坚固密封的箱体,集装箱本身就是一个坚固的包装。货物装箱并铅封后,途中无须拆箱倒载,一票到底,即使经过长途运输或多次换装,不易损坏箱内货物。集装箱运输可减少被盗、潮湿、污损等引起的货损和货差,深受货主和船公司的欢迎。并且由于货损货差率的降低,减少了社会财富的浪费,也具有很大的社会效益。

③减少营运费用,降低运输成本。由于集装箱的装卸基本上不受恶劣气候的影响,船舶非生产性停泊时间缩短,又由于装卸效率高,装卸时间缩短,对船公司而言,可提高航行率,降低船舶运输成本;对港口而言,可以提高泊位通过能力,从而提高吞吐量,增加收入。

2)高效率的运输方式

集装箱运输改变了传统的运输方式所存在的装卸环节多、劳动强度大、装卸效率低、船舶周转慢等缺点,实现了高效率。

首先,普通货船装卸,一般每小时为 35 t 左右,而集装箱装卸,每小时可达 400 t 左右,装卸效率大幅度提高。同时,由于集装箱装卸机械化程度很高,因而每班组所需装卸工人数很少,平均每个工人的劳动生产率大大提高。

此外,由于集装箱装卸效率很高,受气候影响小,船舶在港停留时间大大缩短,因而船舶航次时间缩短,船舶周转加快,航行率大大提高,船舶生产效率随之提高,从而提高了船舶运输能力,在不增加船舶艘数的情况,可完成更多的运量,增加船公司收入,这样,高效率导致高效益。

3)高投资的运输方式

集装箱运输虽然是一种高效率的运输方式,但是它同时又是一种资本高度密集的行业。

首先,船公司必须对船舶和集装箱进行巨额投资。根据有关资料表明,集装箱船每立方英尺(1 立方英尺 = 0.028 3 m^3)的造价为普通货船的 3.7~4 倍。集装箱的投资相当大,开展集装箱运输所需的高额投资,使得船公司的总成本中固定成本占有相当大的比例,高达三分之二以上。

其次,集装箱运输中的港口投资也相当大。专用集装箱泊位的码头设施包括码头岸线和前沿、货场、货运站、维修车间、控制塔、门房,以及集装箱装卸机械等,耗资巨大。

再者,为开展集装箱多式联运,还需有相应的内陆设施及内陆货运站等,为了配套建设,这就需要兴建、扩建、改造、更新现有的公路、铁路、桥梁、涵洞等,这方面的投资更是惊人。因而,要实现集装箱化,必须根据国力量力而行。

4)高协作的运输方式

集装箱运输涉及面广、环节多、影响大,是一个复杂的运输系统工程。集装箱运输系统包括海运、陆运、空运、港口、货运站以及与集装箱运输有关的海关、商检、船舶代理公司、货运代理公司等单位和部门。如果互相配合不当,就会影响整个运输系统功能的发挥;如果某一环节失误,必将影响全局,甚至导致运输生产停顿和中断。因此,要求搞好整个运输系统各环节、各部门之间的高度协作。

5)适于组织多式联运

由于集装箱运输在不同运输方式之间换装时,勿需搬运箱内货物而只需换装集装箱,这就提高了换装作业效率,适于不同运输方式之间的联合运输。在换装转运时,海关及有关监管单位只需加封或验封转关放行,从而提高了运输效率。

此外,由于国际集装箱运输与多式联运是一个资金密集、技术密集及管理要求很高的行业,是一个复杂的运输系统工程,这就要求管理人员、技术人员、业务人员等具有较高的素质,才能胜任工作,才能充分发挥国际集装箱运输的优越性。

5.6.5 国际海上集装箱运费的计算

1)集装箱运价构成的特点

集装箱运输中,货物交接向内陆延伸,承运人的责任和风险范围扩大到内陆某点(内陆港口、车站、货运站、货主仓库和工厂),集装箱运价构成不仅包括集装箱的海上运费、船边的集装箱装卸费、集装箱堆场作业费,而且还包括集装箱的内陆集疏运费、内陆站的中转费,以及拆装箱费用等。习惯上,海上承运人将前三项费用都包括在集装箱的海运费之中,形成了承运人的包箱运价。当集装箱向内陆延伸时,不同交接方式运价的范围相应有所扩大。具体可以分为下列三种情况:

①场交接方式:运费 = 海运运费;
②站交接运费:运费 = 海运运费 + 内陆集疏运费 + 内陆站中转费 + 拆装箱费;
③门交接方式:运费 = 海运运费 + 内陆集疏运费。

2)集装箱运输的费用项目

目前我国集装箱运输,由于内陆疏运条件较差,"门到门"运输比重较小,各船公司的集装箱运价多以场到场(CY to CY)交接方式承运,单独收取海运费,其主要费用有以下几项:

①内陆运输费。内陆运输费主要包括公路拖车费、铁路运费、内河运费等。
②拼箱服务费。拼箱服务费包括 CFS 到 CY 之间的空、重箱运输和理货,CFS 内搬运、分票、堆存、装拆箱以及缮制和签发场站收据、集装箱装箱单等各项服务费。
③堆场服务费。也称码头管理费,在装货港包括 CY 接受来自货主或 CFS 的整箱货,以及堆存和搬运至船边的费用。同样,在卸货港包括从船边将箱子搬运到堆场和在堆场的堆存费用,也包括装卸港的有关单证费用,一般按装卸包干费率计收。
④其他费用。其他费用主要包括集装箱及其设备使用费。当货主使用的集装箱及底盘车等设备是由承运人提供时,就会发生这笔费用,它还包括集装箱从底盘车上吊下吊上的费用。

3）集装箱运费的计算

国际集装箱海运运费的计算办法与普通班轮运费的计算办法一样,有基本运费和附加费之分,也是根据相对固定的费率和计费办法计算运费。不过,由于集装箱货物既可以交集装箱货运站(CFS)装箱,也可以由货主自行装箱整箱托运,因而在运费计算方式上也有所不同。主要表现在当集装箱货物是整箱托运,并且使用的是承运人的集装箱时,集装箱海运运费计收有"最低计费吨"和"最高计费吨"的规定。此外,对于特种货物运费的计算以及附加费的计算也有其规定。

（1）拼箱货海运运费的计算

目前,各船公司对集装箱运输的拼箱货运费的计算,基本上是依据件杂货运费的计算标准,按所托运货物的实际运费吨计费,即尺码大的按尺码吨计费,重量大的按重量吨计费;另外,在拼箱海运运费中还要加收与集装箱有关的费用,如拼箱服务费等。由于拼箱货涉及不同的收货人,因而拼箱货不能接受货主提出的有关选港或变更目的港的要求,因此,在拼箱货海运运费中没有选港附加费和变更目的港附加费。

（2）整箱货海运运费的计算

对于整箱托运的集装箱货物运费的计收:一种方法是同拼箱货一样,按实际运费吨计费;另一种方法,也是目前采用较为普遍的方法是,根据集装箱的类型按箱计收运费。

在整箱托运集装箱货物且所使用的集装箱为船公司所有的情况下,承运人则按"集装箱最低利用率"(container minimum utilization)和"集装箱最高利用率"(container maximum utilization)支付海运运费。

5.7　国际海上集装箱货运代理业务及主要货运单证

5.7.1　国际海上集装箱货运进口代理业务的主要流程

国际海上集装箱货运进口代理业务的主要流程如图 5.13 所示。

在图 5.13 中,各项的具体操作如下:

（1）接受委托

货运代理人接受集装箱货物进口商(委托人)的委托并签订《海运进口货物国内港口货运委托代理合同》,开始履行集装箱货物的进口代理业务。该代理合同可以是长期或临时委托代理合同。

（2）卸货准备

根据我国有关规定,对进口集装箱货物,海上承运人应在船舶抵港前一定时间(近

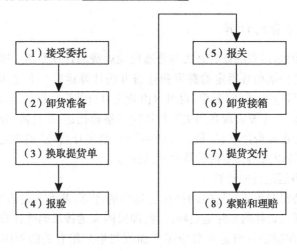

图 5.13 国际海上集装箱进口货运流程

洋航线船舶在抵港 24 h 前,远洋航线船舶在抵港 7 天前),采用传真、电传、邮寄方式向卸货港的船舶代理人提供完整准确的提单副本、舱单、集装箱装箱单、场站收据副本、积载图、危险货物集装箱清单、危险货物说明书、冷藏集装箱清单等必要的卸船资料。并于 24 h 内制作船舶预计到港通知书、交货通知、集装箱舱单等单证,并将这些资料分送港口、外轮理货、海关等单位,同时用《提货通知》通知收货人或其代理人。

收货人或其代理人在收到海上承运人或其代理人提供的进口单证资料后的次日应向港口提供货物流向和实际收货人,并做好卸船接货准备。

港口的装卸公司、集装箱堆场或货运站的经营人接到上述单证后,为船舶进港和卸箱做好准备。码头堆场则据此安排卸船计划。

(3)换取提货单

船舶代理人在收到进口货物单证资料并通知收货人或其代理人后,根据集装箱货物运达提单注明收货人或货运代理人提供的交货地点,海上承运人或其代理人在规定的时间内(远洋航线船舶为抵港前 7 天,近洋航线船舶为抵港后 36 h)向提单通知人或收货人发出到货通知书,收货人应在收到通知后凭提单办理提货手续。

(4)报验

收货人或货运代理人凭提货单、合同副本、正本提单复印件、商业发票、产地证明等相关单证,于规定的期限内向商检、卫检、动植检等口岸监管检验机构办理报验手续。这些监管检验机构根据商品特性对申报内容进行审核,对免检商品在提货单上加盖免检章后直接放行;对需查验商品则开出查验通知,经查验或消毒处理后再出具有关证书,并在提货单上加盖查验章后放行。

(5)报关

收货人或货运代理人持提货单、进口货物报关单、贸易合同副本、提单、商业发票、货物明细单、免税证明书、产地证明书等相关单证,于规定期限之内向海关办理申报手续。根据贸易性质、商品特性和海关的有关规定,必要时还需要提供进口许可证、核销手册等文件。经海关审核后,根据不同情况分别予以直接放行或查验后出具证书放行,并在提货单上加盖放行章。

(6)卸货接箱

收货人向海关申请并放行后,方可卸船。船舶卸箱时,外轮理货公司代表海上承运人与港口交接。凡卸船前发生的残损认定为原残,由外轮理货公司填制《设备交接单》,并经船方大副或值班驾驶员签认。

一般情况下,集装箱货物卸船后先堆放在码头集装箱堆场(CY),然后,再将整箱货交给收货人;拼箱货交给集装箱货运站(CFS),进行拆箱分拨,然后通知收货人前来领取,也可凭收货人委托送货上门。

货物卸下后,往往在船边或码头集装箱堆场与收货人或货运代理人进行交接。收货人提取进口重箱时,应持海关放行的《提货单》到集装箱承运人指定地点办理集装箱交接手续。

(7)提货交付

①整箱货提运。收货人或货运代理人将整箱集装箱货提离码头堆场前,须先向箱子承运人委托的管箱单位办理放箱手续。经管箱单位在设备交接单上加盖放箱章后,收货人或货运代理人再向营业所办理整箱提离手续。

若集装箱在码头直接由铁路或水运向内陆运输,收货人或货运代理人还要凭交货记录、集装箱作业申请单、铁路计划申请单或水路托运单向码头堆场或铁路办理托运手续。为此,提单上除填写通知方外,还必须填明实际收货人。码头堆场或铁路加盖受理章并与水运船公司、铁路或其代理人取得联系后,再把集装箱交给内陆承运人。

②整箱货拆箱提货。当交货地点不具备整箱运输条件而必须拆箱散件运输时,收货人或货运代理人须凭经海关放行的交货记录并填写整箱拆箱申请单,向码头陆运机构申请,经审核同意拆箱并加盖认可章后,方可在海关监管下进行拆箱作业。同时,收货方与码头堆场办理箱、货交接手续。

若整箱货拆箱在货运代理人或其他非承运人集装箱货运站拆箱提货时,可按整箱提运至集装箱货运站,在海关监管下拆箱后进行货运站与收货人的交接,空箱由货运站负责返回。

③拼箱货在码头堆场或货运站提货。拼箱货在码头堆场提货,在提货前则先向船公司委托的集装箱货运站或码头堆场取得联系,凭海关放行的交货记录从堆场领取货箱,并办理货箱交接手续。

收货人或货运代理人至货运站提货应出示船公司或其代理人签发的提货单。货运站对提货单记载内容与货物核对无误后,即可交货。交货时,货运站与收货人应共同在交货记录上签字。

(8)索赔和理赔

货主在接收货物时,发现有货损货差,若是承运方原因造成的,进口货代可根据货主委托项目规定,代表货主向承运方或其代理人提出索赔。

由于托运人对集装箱货物申报不实或集装箱货物包装不当,造成人员伤亡,运输工具、货物自身或其他货物、集装箱损坏的,由托运人负责。

由于装箱人或拆箱人的过失,造成人员伤亡,运输工具、集装箱、集装箱货物损坏的,由装箱人或拆箱人负责。

集装箱货物发生灭失或损坏,对外索赔时需要商检部门鉴定出证的,应按《中华人民共和国进出口商品检验法》和有关规定办理。

集装箱、集装箱货物发生灭失、损坏,应按其交接方式或委托关系,由外轮理货公司向海上承运人、陆运承运人、港口或委托人提供理货凭证,作为索赔的依据。

承运人与托运人或收货人之间要求赔偿的时效,从集装箱货物交付之日起算不超过180天,但法律另有规定的除外。

5.7.2 国际海上集装箱出口货运代理业务的主要流程

国际海上集装箱出口货运代理业务的主要流程如图5.14所示。

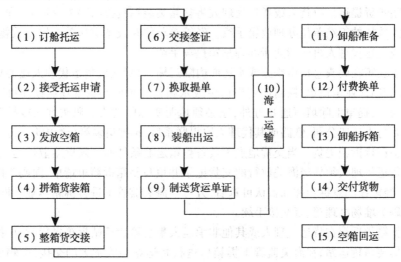

图5.14 国际集装箱出口货运流程

在图5.14所示流程中,各项具体操作如下:

(1)订舱托运

发货人根据贸易合同或信用证条款规定,在货物托运前一定时间内填制好集装箱货物托运单(container booking note)委托其代理人或直接向船公司申请订舱。

(2)接收托运申请

船公司或其代理公司根据自己的运力、航线等具体情况考虑发货人的要求,决定接受与否。若接受申请,就着手编制订舱清单,然后分送集装箱码头堆场(CY)、集装箱货运站(CFS),据以安排空箱及办理货运交接。

（3）发放空箱

通常，整箱货货运的空箱由发货人到集装箱码头堆场领取，有的货主有自备箱；拼箱货货运的空箱则由集装箱货运站负责领取。

（4）拼箱货装箱

发货人将一整箱的货物交至货运站，由货运站根据订舱清单和场站收据负责装箱，然后由装箱人编制集装箱装箱单（container loading plan）。

（5）整箱货交接

由发货人自行负责装箱，并将已加海关封志的整箱货运到 CY。CY 根据订舱清单，核对场站收据（dock receipt D/R）及装箱单验收货物。

（6）集装箱的交接签证

集装箱交接签证有以下几种情况：

①整箱货的交接和签收。无论是由货主自行装箱的整箱货物，还是由货运代理人安排装箱的整箱货物，或者是由承运人以外的集装箱货运站（CFS）装运的整箱货物，经海关监装并施加海关关封后的重箱，随同按装箱顺序缮制的装箱单、设备交接单（进场），以及场站收据，通过内陆的公路、铁路或水运送交港口的集装箱堆场。集装箱堆场的检查桥或门卫同送箱人（专职业务员或卡车司机）对进场的重箱检验后，双方签署设备交接单，集装箱堆场业务人员则在校对集装箱清单（或订舱清单）、场站收据和装箱单后，接收货物并在场站收据上签字，然后将经过签署的场站收据的装货、收货单两联留下，场站收据正本退还送箱人。集装箱入港站堆场等待装船。承运人从在港站接收装箱时起就应对其负责。

②拼箱货的交接和签收。凡不属于承运人的集装箱货运站的拼箱货，其交接和签收的程序与整箱货相同。

在承运人的集装箱货运站或港站集装箱堆场装运的拼箱货，承运人自从有关发货人或其货运代理人手中收到拼箱货时起，就应对货物负责，承担费用，将拼箱货装箱，并将集装箱装上船。

（7）换取提单

发货人凭 D/R 向集装箱运输经营人或其代理换取提单（combined transport bill of lading），然后去银行办理结汇。

（8）装船出运

集装箱装卸区根据装货情况，制订装船计划，并将出运的箱子调整到集装箱码头前方堆场（marshalling yard），待船靠岸后，即可装船出运。

（9）制送货运单证

货物装船后，货代应缮制好所需的各种货运单证，并寄交目的港的集装箱码头堆场。

（10）海上运输

海上承运人对装船的集装箱负有安全运输、保管、照料之责任，并依据集装箱提单条款划分与货主之间的责任、权利、义务。

(11)卸船准备

集装箱码头根据装船港承运人代理寄来的有关货运单证制订出卸船计划,作好卸船准备。

(12)付费换单

发货人凭借签署的场站收据,向负责集装箱运输的人或其代理换取提单,然后去银行结汇。

(13)卸船拆箱

船舶靠泊后,集装箱码头即可以将货物卸离海船。

(14)交付货物

对于整箱货,集装箱码头堆场根据收货人出具的提货单将整货箱交与收货人。对于拼箱货,集装箱码头堆场则在货运站掏箱后,根据收货人出具的提货单将货物交收货人。

(15)空箱回运

收货人和集装箱货运站在掏箱完毕后,应及时将空箱回运至集装箱码头堆场。

5.7.3 国际海上集装箱货运进出口代理业务的主要货运单据

1)国际集装箱运输单证的特点

与普通货物运输单证相比,集装箱运输单证的特点主要体现在以下几个方面:

(1)使用的是与普通海运提单有本质区别的集装箱联运提单

由于国际集装箱运输具有联运的特点,因此一般使用集装箱联运提单。普通海运提单由海上承运人即船舶所有人或船舶承租人签发,规定海上承运人的责任范围是"船边—船边";而集装箱联运提单是由海上承运人或多式联运经营人签发,规定承运人的责任范围须延伸到"码头—码头"或"装船港内陆收货地—卸船港交货地"。在提单栏目设置上,集装箱联运提单有集装箱号、封志号、箱数、收货地、交货地等栏目,背面条款中订有"不知条款""封志完整交货条款"以及集装箱在舱面装载等同于舱内装载的条款,上述栏目和条款都是普通海运提单上所没有的。而且,集装箱联运提单既可以是装船提单也可以是待装提单,以"装船备忘录"是否填注内容为区别,只要买卖双方在信用证中规定可以接受待装提单,发货人可以持待装提单到银行结汇。

(2)使用了一些在传统件杂货运输中未曾使用过的新单证

在集装箱运输中使用的一些新的单证主要有设备交接单、集装箱货物托运单、场站收据、交货记录、装箱单、集装箱装载清单。这些新单证的使用是实现运输正规化管理,充分发挥集装箱运输高效率和高效益的优越性所必不可少的。

(3)集装箱运输单证的制作与传送的电子化已成为发展趋势

与传统的件杂货运输相比,集装箱船舶运输对班期及停港时间的要求更高,而集装箱运输单证处理工作量更大,为提高工作效率和工作质量,国际上已开始广泛使用计算机进行单证与信息的处理和传送,从根本上简化了书面单证的数量与单证的流转程序。可以说,电子数据交换将是国际集装箱运输单证处理的发展方向。

2)国际海上集装箱货运进出口代理业务的主要货运单证

根据国务院 1990 年 12 月 5 日第 68 号令发布的《中华人民共和国海上国际集装箱运输管理规定》,以及交通部 1992 年 6 月 9 日第 35 号令发布的《中华人民共和国海上国际集装箱运输管理规定实施细则》等的规定,在集装箱货物进出口业务中,除海运提单外,主要还包括以下货运单证:

(1)订舱单

订舱单是承运人或其代理人在接受发货人或货物托运人的订舱时,根据发货人的口头或书面申请托运货物的情况并据以安排集装箱货物运输而制订的单证。该单证一经承运人确认,便作为承、托双方订舱的凭证。

(2)进出口货物海关申报单

进出口货物海关申报单的主要内容包括:①发货人的名称和地址;②收货人的名称和地址;③交货人地点、装货地点;④途经中转地点;⑤运输方式;⑥装箱日期,箱量、填表日期、份数;⑦单证申报人名称、地址;⑧有关货物情况(货名、件数、标志、种类、包装、货运单位);⑨海关、单证申请人签署;⑩有关备注、附件说明。

(3)空箱提交单(equipment despatch order)

空箱提交单又称集装箱发放通知单(container release order),俗称提箱单,是船公司或其代理人指示集装箱堆场将空集装箱及其他设备提交给本单持有人的书面凭证。

集装箱的空箱提交单一式 3 份,发货人或其代理人凭订舱委托书,接受订舱委托后,由船公司或其代理人签发,除自留一联备查外,发货人或其代理人和存箱的集装箱堆场或空箱储存场各执一联。

(4)集装箱装箱单(container load plan)

集装箱装箱单是详细记载集装箱和货物名称、数量等内容的单据,每个载货的集装箱都要制作这样的单据,它是根据已装进集装箱内的货物制作的。不论是由货主装箱,还是由集装箱货运站负责装箱,集装箱装箱单是详细记载每个集装箱内所装货物情况的唯一单据。

装箱单的主要内容包括船名、船次、装卸港、收交地点、集装箱号和规格、铅封号、场站收据或提单号、发货人、收货人、通知人及货名、件数、包装种类、标志、号码、重量和尺码等。对危险品还应作出特殊要求说明。

装箱单一般一式数份,分别由货主、货运站、装箱人留存和交船代、海关、港方、理货公司使用。另外,还需要准备足够份数交船方随带往卸货港以便交接货物、报关和拆箱使用。制作装箱单时,装箱人负有装箱单内容与箱内货物一致的责任。如需理货公司对整箱货物理货时,装箱人应会同理货人员共同制作装箱单。装箱单流转程序如图 5.15 所示。

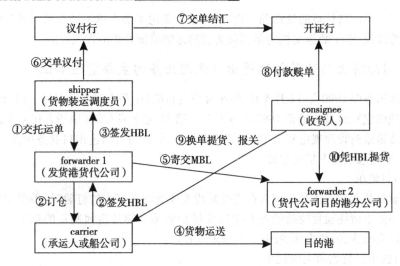

图 5.15　国际货运代理操作流程图

①货物装运调度员(shipper)把托运单传给发运港货代公司(forwarder 1),写明整箱还是拼箱。

②发运港货代公司(forwarder 1)向船公司订舱。货物上船后,船公司签发 MBL 给发运港货代公司(forwarder 1)。MBL 的货物装运调度员(shipper)是起运港的货代公司,一般是货代公司(forwarder)目的港的分公司或代理。

③发运港货代公司(forwarder 1)签 HBL 给货物装运调度员(shipper)。HBL 的托运人是真正的货主。

④承运人或船公司(carrier)在船开后将货物运达目的港。

⑤发运港货代公司(forwarder 1)将 MBL 通过 DHL/UPS/TNT 等寄往目的港分公司。

⑥货物装运调度员(shipper)拿到提单后,在交单期之内向国内义付行交单,结汇。如果做 T/T,shpper 则直接寄单据给国外客人。

⑦议付行把全套单据向开证行结汇。

⑧收货人(consignee)向开证行付款赎单。

⑨货代公司(forwarder)凭 MBL 向船公司换单提货,清关。

⑩收货人(consignee)凭 HBL 向货代公司目的港分公司(forwarder 2)提货。

(5)场站收据(dockrecipt,D/R)

场站收据又称码头收据,是由发货人或其代理人编制,是承运人签发的,证明船公司已从发货人处接收了货物,并证明当时货物状态,船公司对货物开始负有责任的凭证,托运人据此向承运人或其代理人换取待装提单或装船提单。

场站收据的内容包括:①集装箱、机械设备归还日期、时间;②集装箱、机械设备归还时外表状况;③集装箱、机械设备归还人名称、地址;④整箱货交箱货主名称、地址;

⑤进堆场目的;⑥拟装船舶的船名、航次、航线、卸箱港。

场站收据的填制要求:

第一,场站收据由发货人填制,由发货人或其代理人交船舶代理确认订舱。场站收据中的收货人、通知人、箱号、封志号、箱数、收货方式和交货方式应如实申报,不允许一票场站收据上同时出现两种收货方式、两种交接方式。

第二,对填制栏目内容如有任何变更或整票退关,应向船公司或船舶代理人和其他有关单位分送更正通知单。

第三,发货人或其代理人应在海关放行后将货物装箱。各装箱点应将每票场站收据的箱号、封志号、箱数及时报告发货人或其代理人,发货人或其代理人应在场站收据正本和副本的相应栏目上填明箱号、封志号、箱数。

第四,场站业务员在集装箱进场时,重点核对场站收据装货单上的海关放行章、箱号、封志号、箱数等,并在实收栏目内批注、签字,在签章栏目注明签章日期,加盖场站章。

(6)特殊货物清单

在集装箱内装运危险货物、动物货、植物货,以及冷冻货物等特殊货物时,托运人在托运这些货物时,必须根据有关规章,事先向船公司或其代理人提交相应的危险货物清单、动物货清单、植物货清单和冷冻(藏)货集装箱清单,或称为装货一览表。

知识扩展

几种特殊货物清单介绍

①危险品清单(dangerous cargo list)。危险货物的托运人在装运危险货物时,必须根据有关危险货物运输和保管的规章,事先向船公司或其代理人提交危险品清单。

危险品清单一般须记载以下一些主要内容:船名、航次、船籍、装货港、卸货港、提单号、货名、国际危规类别、标志、页号、联合国编号、件数及包装、货重、集装箱号、铅封号、运输方式和装船位置等。为了安排危险货物在集装箱堆场的堆存位置和装船的需要,托运人在将危险货物移入集装箱堆场和货运站时,都须提交危险品清单,由堆场经营人汇总交船方。

此外,所有危险货物都必须粘贴规定的危险品标志,内装危险货物的集装箱也必须有规定的危险品标志。

②冷藏集装箱清单(list of reefer container)。冷藏集装箱清单是装载冷冻货物或冷藏货物的冷藏集装箱的汇总清单。冷藏集装箱清单由货运代理人或装箱人缮制。它记载的内容主要包括:船名、航次、船籍、装货港、开航日期、卸货港、集装箱号码、铅封号、规格、提单号、货物名称、货物重量、箱重、总重、要求温度等。

托运人在托运冷冻货物或冷藏货物时,都要求承运人和集装箱堆场在运输和保管过程中,将冷藏箱的箱内温度保持在一定范围内。为了要尽到这种义务,承运人或集装箱堆场要求托运人或其代理人提供冷藏集装箱清单,而承运人或其代理人对于这些货物要按箱明确货物名称和指定的温度范围,以引起船舶和卸货港的充分注意。

③动物货清单(zoological cargo list)和植物货清单(botanical cargo list)。动物及其尸体、骨、肉、皮、毛和装载这些货物的容器和包装等,以及植物、种子、新鲜水果和装载这些货物的容器和包装等货物的进口,根据进出境动植物检疫法,需要由动植物检疫机构检查和批准方可进出口。这些检查和进出口是由收、发货人或其代理人来申请办理的,但船公司或其代理人必须在船舶卸货以前,按接受检疫的货物和集装箱,分别编制动物货清单、植物货清单提交给检疫机构。

(7)提货通知书(delivery notice)

提货通知是船公司在卸货港的代理人向收货人或通知人(往往是收货人的货运代理人)发出的船舶预计到港时间的通知。它是船公司在卸货港的代理人根据掌握的船舶动态和装箱港的代理人寄来的提单副本或其他货运单证、资料编制的。

(8)交货记录(delivery record)

交货记录共五联,包括到货通知书一联,提货单一联,费用账单二联,交货记录一联。

交货记录的填制要求:交货记录在船舶抵港前由船舶代理依据舱单、提单副本等卸船资料预先制作。到货通知书除进库日期外,所有栏目由船舶代理填制,其余四联相对应的栏目同时填制完成。提货单盖章位置由责任单位负责盖章,费用账单剩余项目由场站、港区填制,交货记录出库情况由场站、港区的发货员填制,并由发货人、提货人签名。

(9)其他单证

①卸货报告(outturn report)。卸货报告是集装箱堆场或货运站在交付货物后,将交货记录中记载的批注,按不同装载的船名,而分船编制的交货状态的批注汇总清单。

②待提集装箱(货物)报告(report of undelivery container(cargo))。待提集装箱(货物)报告是集装箱堆场或货运站编制并送交船公司的,表明经过一段时间尚未能疏运的,仍滞留在堆场或货运站的重箱或货物的书面报告。据此,船公司或其代理人可向收货人及其代理人发出催提货物的通知,以利疏港和加速集装箱的周转。

5.8 租船运输及其业务流程

5.8.1 租船运输的概念及当事人

1)租船运输的概念

租船运输(charter-transport)又称作不定期船运输(tramp shipping),是相对于班轮运输而言的另一种海上运输经营方式,其既没有固定的船舶班期,也没有固定的航线和挂靠港,而是根据船货双方签订的租船合同,由船方按照承租人(货方)的要求,来安排船舶的航线和停靠的港口、运输货物的种类以及航行时间等,运费或租金也由双方根据租船市场行情在租船合同中加以约定。对于批量较大、货物价值相对较低的大宗散货而言,货主往往采用租船运输的方式。

租船运输是通过船货双方签订的租船合同来进行的。租船合同既是确定船货双方权利、义务的依据,也是处理船货双方纠纷的依据。一旦船舶所有人与货物所有人签订了租船合同,那么双方就要受到该合同的约束,而这份租船合同不仅是双方履行义务和享有权利的来源,同时也是双方处理合同执行过程中所出现的问题的依据。

2)租船合同的当事人

租船合同的当事人是指对租船合同的履行享有权利和承担义务及责任的人。租船合同的当事人主要包括船舶出租人、船舶承租人和租船经纪人。租船合同中须列明各当事人的名称、住址和主要营业场所的地址。

(1)船舶出租人

船舶出租人是指根据租船合同的规定,向承租人出租船舶或者船舶的部分舱位从事货物运输的人,或者将船舶出租给承租人,由承租人从事货运经营的人。

租船运输的出租人既可能是将自有船舶用于租船运输的船舶所有人,也可能是以定期租船或光船租船甚至航次租船的形式将租用的船舶再次用于租船运输的船舶经营人。在租船实务中,将其所拥有的船舶进行出租的人称做船舶所有人或船东(ship owner);以定期租船或光船租船甚至航次租船的形式租进的船舶被承租人转租时,原租约中的承租人称做二船东(despondent owner)。

(2)船舶承租人

船舶承租人是指根据租船合同的规定,从船舶出租人处租进船舶或者船舶的部分舱位,由船舶出租人从事货物运输的人,或者由承租人从事货运经营的人。租船运输的承租人即可能是国际贸易合同中的卖方或买方,也可能是专门从事租船业务的经营人或船公司。在租船实务中,船舶承租人也被称之为租船人或租家。

(3)租船经纪人

①租船经纪人的概念。在航运市场中专门从事租船订舱等经纪业务的经纪人,称为租船经纪人。由于租船经纪人对于租船市场的信息掌握全面、及时,具有租船业务的特殊知识和谈判技能,船舶出租人或承租人通过租船经纪人开展业务的做法已十分普遍。

②租船经纪人的身份。租船经纪人的身份性质具有不确定性,根据其从事的业务来看,一方面可以将其认定为代理人,而另一方面又可以将其认定为居间人。

知识扩展

在租船市场上,租船经纪人的身份:

①船舶出租人经纪人(the owner's broker)。指根据船舶出租人的授权和指示,代表船舶出租人利益在租船市场上从事船舶出租或承揽货源的人。

②船舶承租人经纪人(the chatterer's broker)。指根据承租人的授权和指示,代表承租人利益在租船市场上为承租人洽租合适船舶的人。

③双方当事人经纪人(both parties' broker)。指以中间人身份尽力促成船舶出租人和承租人双方达成船舶租赁交易,从中赚取佣金的人。

船舶出租人或承租人指定了租船经纪人后,则处于"本人(the principal)"的地位,拥有对租船经纪人进行任何有关租船业务指示的权利。对于这些指示,租船经纪人,不管是代理人还是居间人,都必须如实照办,不得损害委托人的任何利益。不过在实践中,"本人"与租船经纪人之间往往没有相互约束的协议或合同,而以业务来往中的文件作为委托的依据和确定责任的证据。

③租船经纪人进行租船业务洽谈的方式。租船经纪人进行租船业务洽谈的方式有以下三种情况:

a.由船舶出租人和承租人各自指定一个租船经纪人,由其代表各自委托人的利益进行洽谈。这时,双方租船经纪人处于代理人的地位。

b.由船舶出租人和承租人共同指定一个租船经纪人进行洽谈。这时,租船经纪人就是居间人。

c.由船舶出租人或承租人的一方与他方指定的租船经纪人进行租船业务洽谈。

当租船经纪人以代理人的身份出现,且代表其"本人"在租船合同上签字时,必须在合同上注明其代理人身份,实际的合同当事人仍然是船舶出租人或承租人。租船经纪人超出授权范围或在没有得到授权的情况下采取的决定,其后果应由租船经纪人承担。因此,在"本人"的授权范围内从事租船业务洽谈是租船经纪人的工作原则。相应的授权文件也就成为区分责任的依据。同时,租船经纪人对"本人"还具有忠实的义务,不得向"本人"提供错误虚假信息,也不得向任何第三方泄露"本人"的业务机密。

④租船经纪人的佣金。在通过租船经纪人成功地签订了租船合同时,通常由船舶出租人向租船经纪人支付"经纪人佣金"。佣金的多少在国际上没有统一的标准,一般是运费或租金的1%~4%。航次租船下,一个经纪人的佣金通常为1.25%,有两个经纪人时的佣金通常为2.5%。在签订租船合同后,船舶出租人按照租船合同中佣金条款规定的时间支付给经纪人佣金。

5.8.2 租船业务的特征及种类

1)租船业务的特征

租船业务具有以下一些基本特征:

(1)租船运输的营运组织取决于各种租船合同

船舶经营人与船舶承租人双方首先须签订租船合同才能安排船舶营运,合同中除了规定船舶就航的航线、载运的货物种类及停靠的港口外,还需具体订明双方的权利和义务。一般由船东与租方通过各自或共同的租船经纪人洽谈成交租船业务。

(2)租船运输的运费或租金水平的高低受租船合同签订时的航运市场行情波动的影响

世界的政治经济形势、船舶运力供求关系的变化,以及通航区域的季节性气候条件等,都是影响运费或租金水平高低的主要因素。

(3)租船运输中的相关费用及开支取决于不同的租船方式

租船运输中的有关船舶营运费用及开支,取决于不同的租船方式,由船舶所有人和船舶承租人分担,并在租船合同中订明。

(4)不定航线,不定船期

租船运输中,船东对于船舶的航线、航行时间和货载种类等均按照租船人的要求来确定。

(5)租船运输主要服务于专门的货运市场

租船运输主要承运大宗类货物,如谷物、油类、矿石、煤炭、木材、砂糖、化肥、磷灰土等,并且一般都是整船装运的。

(6)各种租船合同均有相应的标准合同格式

(7)租船运输适宜大宗货物运输,不适宜零星杂货的运输

(8)租船运输的租金率或运费率是根据租船市场行情来决定

(9)租船运输装卸费的分担根据租船合同商定的条款决定

(10)租船合同条款大多数为技术性的条款,涉及法律性的较少

2)租船运输的种类

国际上租船运输方式主要分为以下三大类:

(1)航次租船(voyage /trip charter)

航次租船是指船东负责提供一条船舶,在指定的港口之间或区域之间(多个装货港或卸货港)进行一个航次或数个航次承运租船人指定的货物,租船人向船东支付相应运费的租船运输方式。它又可以分为单航次租船(single voyage charter)、往返航次租船(return voyage charter)、连续单航次或连续来回航次租船(consecutive single or consecutive return voyage charter)、包运合同(contract of affreightment)等形式。

(2)定期租船(time charter)

定期租船是指船舶所有人将船舶租给承租人使用一定时期的租船方式,它又可以分为定期租船(time charter)和航次期租船(time charter on trip basis)两种形式。

(3)光船租船(bareboat/demise charter)

光船租船又称租船。船东在租期内将一艘空船出租给租船人使用,并将船舶的控制权和占有权也一并交给租船人。租船人按合同规定在租期内按期向船东支付租金,负责提供船员、供应和装备船舶、承担船舶的营运管理和费用。它又可以分为光船租

船(voyage/trip charter)和光船租购(leasing and purchase contract)两种形式。

3)各种租船方式的性质和特点

(1)航次租船的性质、特点及分类

①航次租船的性质、特点。航次租船是船东负责提供一条船舶,在指定的港口之间或区域之间(多个装货港或卸货港)进行一个航次或数个航次承运租船人指定的货物,租船人向船东支付相应运费的租船运输方式。它一般有下列特点:

a.船东占有和控制船舶,负责船舶的营运调度工作。租船人指定装卸港口和货物。

b.租船人向船东支付运费(freight),不称租金(hire)。运费的确定以货物品种、数量、航线和装卸港条件好坏、租船市场行情等多种因素综合考虑每吨货物的运费率或者采用包干运费(lump sum)方式,不按每吨费率计收运费,而提出一笔总运费,让租船人装足为止。若租船人装不足该轮也得支付包干总运费。在承运某些难以精确计算吨位或容积的货物时,船东往往喜欢包干运费,如木材运输等。

c.船东负责营运费用,除装卸费由谁支付可协商之外,其余的营运费用都是船东负担的。例如,船员工资和伙食、维修保养营运费、物料、供应品及设备、润滑油、燃油费、港口使费、船舶保险费、淡水费、船舶折旧费、公司管理费、扫舱费、垫舱费、代理费、佣金、货物索赔等。

d.航次租船中都规定可用于在港装卸货物的时间(laytime)、装卸时间的计算方法、滞期及规定(demurrage and regulation)。这是因为船东要计算该轮在港装卸货约需多少天,这与航次的经济效益有关。若装卸时间超过规定的天数,租船人要支付滞期费;反之,船东则要向租船人支付速遣费。但双方也可以不规定装卸时间而按港口习惯装卸速度,由船东承担时间风险。

②航次租船的分类。航次租船方式根据双方约定的航次数可分下列几种方式:

a.单航次租船。这是仅仅洽租一个单程航次的租船方式。船东负责履行将指定的货物从一个或几个装货港运往另一个或几个卸货港,货物运抵卸货港,卸货完毕合同即告终止。航次租船中以单航次租船为多。

b.来回航次租船。它是洽租一个往返航次的租船。所租用的船舶在完成一个单航次后,即在本合同中的卸货港装上回程货运回原装货港,卸完货后合同才告终止。由于货物流向以及船舶适宜货载等因素,对租船人来说,回程货一般不易找到,因此这种来回航次租船很少见。

c.连续单航次或连续来回航次租船。这是洽租连续完成几个单航次或几个来回航次的租船。这种方式下,同一艘船舶在同一航线上连续完成合同规定的两个或两个以上的单航次或来回航次,则合同终止。一般,连续完成几个单航次的合同占绝大多数,空放回程航次的费用就由船东负担。当然也往往会有给予船东指定另一船(但要大致相同)或作代替的权力。

d.包运合同。它是指在规定的期限内,在船东和租船人预先同意的港口或区域内,船东指派船舶将规定的货物数量在规定的期限内平均分多个航次有规律地运完。履行各航次的船舶分别由船东指派同一或不同的船舶。

(2)定期租船的性质及特点

定期租船是指船舶所有人将船舶租给承租人使用一定时期的租船方式,它又可以分为定期租船(time charter)和航次期租船(time charter on trip basis)两种形式。它具有以下特点如下:

①定期租船是租船人在某段期间需要船舶承运货物或补充船队运力不足,又不想投入大笔资金购买船舶以及不想承担船舶的驾驶管理责任,从而向船东租进船舶为己用。

②定期租船合同究竟属于财产租赁合同还是属于运输合同,在国际上还存在解释分歧。有人认为,定期租船下船东将船舶出租给租船人使用,非常相似于财产出租,因而应属于财产租赁合同;但也有人认为,船东对船舶仍然拥有控制权,对驾驶和管理船舶负有责任,船东提供船舶给租船人在一定的租期内独家承运货物来赚取租金,因而应属于运输合同。根据国际判例和仲裁案例,当期租船人将租船承揽运输他人货物时,船东和期租船人为共同承运人,船东对承运的货物仍承担部分责任和风险。这也部分体现承揽运输的特点。

③船东对船舶仍然有占有权和控制权,因为船东通过自己配备的船员来行使对该轮的占有和控制。船东负责船员的工资和伙食,负责船舶的驾驶和管理责任。租船人在租期内拥有使用船舶运力的权利,负责船舶的调度和营运。租船人既运输自己的货物,也可承揽他人货物运输赚取运费。他在租期内按约支付船东租金。因此租赁期间的风险属于租船人。

④租金率的确定是以船舶的装载能力为基础,结合市场行情等因素治谈。有些合同规定租金率为每天每载重吨若干美元,也有不少规定每天租金率为若干美元。同时,对租金的支付期限也在合同中规定下来,有规定每半个月预付一次,或每一日历月预付一次,或每30天预付。

⑤期租船经营费用划分。根据联合国贸发会议出版《租约》一书,定期租船中船东和期租船人应负担的费用划分如表5.3所示。

表5.3 期租船经营费用划分表

船东负担的费用	租船人负担的费用
船员工资	燃油费
船员伙食	港口使用费
维修保养费	扫舱洗舱费
物料,供应品和设备费	货物装卸费
润滑油	垫舱物料费
淡水△	空航费

续表

船东负担的费用	租船人负担的费用
船舶保险费	淡水 △
企业—船管理费	承运货物产生的经纪费和代理费
船舶折旧费	部分货损差索赔 △
经纪费	
部分货损货差索赔	

注:"△"符号表示该项费用视合同规定由谁负责。

对船东来说,上述负担费用是考虑租金率时的最低保本费率(break even time charter rate)所应包括的费用,还要根据市场行情以及自己的谈判地位来确定报价的租金率。

⑥租期较长的合同中常订有"自动递增条款(escalation clause)"。由于租金率一旦在合同中确定后,整个租期内将一成不变,但船舶的各种劳动费用如船员工资、船舶修理费、保险费等日后可能会增长,这就有可能造成船东日后的赢利损失,甚至赔本。由于不能中途毁约,因此精明的船东在洽谈长期的定期租约时往往力争订立"自动递增条款(escalation clause)"来保护自己,避免在订约后因费用上升而减少赢利的风险。该条款能说明当租期内船东费用上涨,租金率也应相应提高或者由租方补偿船东所增加的费用部分。

⑦定期租船中有一种特殊的方式,称为航次期租(TCT)。它以一个航次运输为目的,按完成该航次的日数和合同规定的日租金率计算并支付租金,以一个固定的航次为限,将货物从装货港运到卸货港。这种形式看起来好似航次租船方式,但它仍是定期租船方式,只不过租期的时间以完成一个航次为限。合同格式采用期租格式。

(3)光租租船方式的性质和特点

①光船租船方式是由船东和租船人的特殊目的而形成。对船东来说,他们本身不是常规的航运公司,没有一套经营航运的管理人员,而仅把船舶作为投资的对象。他们造好船后就将船舶长期光租给航运公司,以此收取租金作为投资回收和赚取利润。另外,一些不愿经营运输业务的船公司,由于经营管理能力较差,不愿冒竞争的风险,也有可能将船舶以光租形式出租给其他船公司以获得稳定的租金收入。

对于租船人来说,愿意光船租进的原因之一可能是他们在某段时期内缺少船舶或希望扩充船队而又不愿化大笔钱去买船,或者贷款有困难而买不起船舶;原因之二是对租进的船舶拥有完全的控制权,包括控制船舶的航行驾驶和管理。

②光船租船是一种财产租赁方式,并不具有运输承揽的性质。这种方式如同房东将空房出租给房客一样。光船租船合同完全是一种财产租赁合同。船东对出租的船舶仅拥有财产所有权,而无船舶的控制权和占有权。船东对运输过程中产生的责任和费用,包括承运货物的责任、风险和费用等不负责。

③租船人负责雇佣船只,负担船员工资和伙食等。一般情况下,船长和船员都由租船人雇佣和任命,船东出租的是一艘船壳。但在国际上偶尔也会出现由船东自己雇佣和任命船长,其余高级船员和普通船员则由租船人雇佣。在这种情况下,船东通过自己雇佣的船长对船舶也有所掌握,可维护船东的利益。

④租船人负责船舶的调度和营运安排,并负担所有营运费用。租赁期间的风险属于租船人,船东只按期收取租金,因此船舶的使用效率与船东毫不相干。

⑤租金率的确定是根据船舶装载能力和租期等因素由双方协商定下。租金支付方式通常以每月或每半月预付租金率乘以一个月时间为一次预付的租金数。

⑥若光租的船舶是一艘船厂要建造的新船,那么船东和船厂的造船合同及建造规范必须事先征得租船人同意才可与船厂签约建造。另外,在建造中,未取得租船人同意,船东不能自作主张与船厂更改船舶的规范标准。

⑦光船租船经营中的费用划分。作为船东,在考虑租金率时,应将表5.4中的各项费用作为起码的保本费率(break-even bareboat charter rate),再加上预期盈利来洽谈租金率。

表5.4　光船租船经营中的费用划分

船东负责的费用	租船人负责的费用
折旧费	燃油费
船舶保险费△	港口使用费
船舶检验费△	货物装卸费
经纪费	扫舱洗轮、垫舱物料费
	空航费(若产生的话)
	代理费和经纪费
	货物索赔费
	船员工资、伙食
	维修保养费
	物料、供应品和设备费
	润滑油
	淡水
	船舶保险费△
	船舶检验费△
	企业—船管理费

注:"△"符号为项目表示根据合同规定由船东负责或由租船人负责。

⑧光船租购是光船租船的另一种方式。光船租购方式是指在光船租船合同中规

定一条分期付款协议(hire/purchase agreement)或叫租购协议。一旦船舶租期届满,此船就被认为已卖给租船人。

5.8.3 货代租船业务流程

货代从事租船业务的流程主要包括以下几个环节:

1)询价

询价是指租船人根据自己对货物运输的需要或对船舶的特殊要求,将基本租船要求和货物信息用传真或电传通过经纪人传送到租船市场上,寻找合适的船东,并要求感兴趣的船东答复能否提供合适船舶以及报价。

(1)询价的主要程序

货主询价,引发货运程序→货代向船公司询价→货代向货主报价→货主传真订仓委托单,即货主与货代的委托契约。

(2)询价的主要内容

询价的一般内容如表5.5所列。

表5.5 租船业务询价的一般内容

航次租船询价		定期租船询价	
询价内容	注释	询价内容	注释
①租船人姓名全称和地址		①租船人姓名全称和地址	
②货物名称和数量		②船舶吨位和船型	
③装货港和卸货港		③租船期	
④船舶受载期和解约日		④交/还船地点	
⑤装卸时间		⑤交船日期和解约日	
⑥装卸费用		⑥对船舶的特殊要求	
⑦运费率	有些询价中不报运费率,而写明请船东报运费率	⑦租船人建议的标准合同范本	有时不提供标准范本,而由船东在报价时提出
⑧对船舶类型和尺码特殊要求		⑧佣金	
⑨租方建议的标准合同范本	有时询价不提标准合同范本,而由船东在报价时提出		
⑩佣金			

2）货代订舱

货运代理代替委托人与船方签订租船订仓合同,其基本程序是:

货代审核订单为货主选择合适的船公司→货代订舱,缮制自己的订舱委托单→船公司给货代订单号(适航提单)。

3）代理报关、商检及拖车等事项

货代代理报关的基本程序是:

货代凭货主的装箱单、发票向海关申请→货代安排拖车去工厂装箱并运到场地。

4）船公司安排上船

船公司安排上船的基本程序:

货代确认提单内容,告诉货主船况→缮制提单,核对费用→箱上船后,货代于第二天可以向船公司索要提单(付款提单)→船公司签发海运提单→货代向货主收取费用,发提单给货主→如果是货代自己缮制提单,在目的港请代理收回自己的提单。

5.8.4 租船合同

1）航次租船合同的概念和种类

(1)航次租船合同(voyage charter party)的定义

航次租船合同是指货主或货运代理人以承租人的身份向船舶所有人租用船舶或舱位运输约定货物,明确船舶提供、货运条件、要求以及运费支付,规定当事人双方权利、义务与责任的书面契约。租船实务中,为加快合同谈判进程、简化条款审核程序、节省签订合同而发生的各项费用,在合同条款中体现和保障当事人的利益,常常选用格式合同作为洽谈合同条款的基础。

(2)航次租船合同的格式

航次租船合同格式很多,当事人根据运输货物、航线等情况,可以选用不同的合同格式。目前,实际业务中使用较多的航次租船合同格式有:

①"统一杂货租船合同"(uniform general charter,GENCON)。该合同的代号为"金康"(GENCON),它是波罗的海国际航运公会的前身"波罗的海白海航运公会"(The Baltic and White Sea Conference)于1922年制定,经英国航运公会采用后作过几次修改,1976年和1994年又进行两次修订。现在使用较多的是1994年格式版本,但1976年版本也有使用。该合同格式不分货种和航线,适用范围比较广泛。

②"谷物泊位租船合同"(berth grain charter party),简称"巴尔的摩C式"(baltime form C),它是北美地区向世界各地进行整船谷物运输的航次租船的合同格式。合同格式由设在纽约的北美粮食出口协会和设在伦敦的北美托运人协会以及纽约土产交易

所联合制定。当前普遍使用的是 1974 年的修订本。

③"北美谷物航次租船合同,1989 年"(North American Grain Charter Party 1973,1989 年修订),简称"NORGRAIN",是专用于美国与加拿大出口谷物的航次租船合同格式。该合同格式,由北美粮食出口协会、波罗的海国际航运公会和英联合王国航运委员会、船舶经纪人和代理人全国联盟等制定,内容较新、条款全面。

④"澳大利亚谷物租船合同"(Australian Grain Charter Party),简称"AUSTRAL",此合同格式主要用于从澳大利亚到世界各地进行谷物整船运输的航次租船活动。

⑤"斯堪的纳维亚航次租合同,1956 年"(Scandinavian Voyage Charter Party 1956年),简称"SCANCON",是波罗的海国际航运公会于 1956 年制定并经 1962 年修改的用于斯堪的纳维亚地区的杂货航次租船合同格式。

⑥"美国威尔士煤炭合同"(Americanized Walsh Coal Charter Party)。它是美国船舶经纪人和代理人协会于 1953 年制定的专门用于煤炭的航次租船合同格式。

⑦"普尔煤炭航次租船合同"(Coal Voyage Charter Party),简称"POLCOALVOY",是波罗的海国际航运公会于 1971 年制定,经 1978 年修订的用于煤炭的航次租船合同格式。

⑧"北美化肥航次租船合同,1978 年"(North American Fertilizer Charter Party 1978),简称"FERTIVOY",是波罗的海国际航运公会和国际航运委员会制定的用于化肥的航次租船合同格式。

⑨"C(矿石)7 租船合同"(C < ORE >7 Mediterranean Iron Ore),是英国政府在第一次世界大战期间制定的用于进口铁矿石的航次租船合同格式。

2)定期租船合同的概念及主要合同范本

(1)定期租船合同的概念

定期租船合同是指船舶出租人向承租人提供约定的由出租人配备船员的船舶,由承租人在约定的期间内按照约定的用途使用,并支付租金的合同。

(2)定期租船合同的主要范本

目前,国际上广泛使用的定期租船合同范本主要有:

①"巴尔的摩统一定期租船合同"(uniform time charter),简称 BALTIME,由波罗的海国际航运公会于 1909 年制定,该条款有偏于船东。

②由美国纽约土产交易所于 1913 年制定,并经 1921 年、1931 年、1946 年、1981 年和 1993 年五次修订,由美国政府批准使用的"纽约土产交易所定期租船合同"(Time Charter-New York Produce Exchange, NYPE)。现在使用的是 1993 年格式,代码为"NYPE93"。此条款在维护船舶出租人与承租人的双方的权益上,显得比较公正。

③"中租用 1980 年定期租船合同"(SINOTIME 1980),是中国租船公司于 1980 年制定专供中租使用的自备范本。该范本现已为船东熟悉、接受和使用。此范本条款对承租人较有利。

本章小结

国际货运代理是货主与承运人之间的中间人、经纪人或运输组织者,它属于国际运输代理中的一类,是处于国际贸易与国际运输之间的边缘或共生产业。国际货运代理既为发货人服务,也为海关、承运人、航空公司、班轮公司服务,并提供集运和拼箱服务。

国际海洋运输是指使用船舶通过海上航道在不同国家和地区的港口之间运送货物的一种方式。国际海洋运输具有运输量大、通过能力大、运费低廉、适应性强等特点,因而是国际货物运输中运用最广泛的运输方式。

班轮运输是指船舶在固定的航线上和港口之间,按照事先公布的船期表航行,为非特定的货主提供规则的、反复的货物运输服务,从事客、货运输业务,并按照事先公布的费率收取运费的海运方式。班轮运输具有"四固定"即固定航线、固定港口、固定船期和固定费率等特点,因而适合于件杂货的运输。班轮运输包括货运安排、接货装船、卸船交货等环节。

班轮运输的主要货运单证包括托运单、装货联单、货物积载图、提货单等相关单证。提单,是指用以证明海上货物运输合同和货物已经由承运人接收或者装船,以及承运人保证据以交付货物的单证。提单既是证明承运人已接管货物和货物已装船的货物收据,也是承运人保证凭以交付货物和可以转让的物权凭证,还是海上货物运输合同成立的证明文件。托运单则是指由托运人根据买卖合同和信用证的有关内容向承运人或他的代理人办理货物运输的书面凭证。

班轮运价是承运人为承运货物而收取的报酬,它包括货物的运输费用以及装、卸费用。班轮运价由基本运费和附加费两部分构成。

集装箱的原义是一种专供使用并便于机械操作和运输的大型货物容器。集装箱运输兴起于20世纪30年代,发达于第二次世界大战后。集装箱是一种高效益、高效率、高协作的运输方式,适于组织多式联运。

国际海上集装箱进口货运程序主要包括货运代理人接受委托、卸货准备、换取提货单、报检、报关、卸货接箱、提取货物、索赔和理赔等环节。国际海上集装箱出口货运代理业务的基本操作程序主要包括订舱托运、接受托运申请、发放空箱、拼箱货装箱、整箱货装箱、交接提单、换取提单等环节。国际海上集装箱运输的主要单证包括订舱单、进出口货物海关申报单、空箱提交单、集装箱装箱单、场站收据、特殊货物清单、提货通知单、交货记录等。

租船运输是根据租赁双方签订的租船合同,由船方按照承租人(货方)的要求,来安排船舶的航线和停靠的港口、运输货物的种类以及航行时间等,运费或租金也由双方根据租船市场行情在租船合同中加以约定。租船运输包括航次租船、定期租船、光船租船三种类型。租船运输没有固定的港口和固定的船期,其营运组织、运费及相关费用的规定等均取决于租船合同,因而适合于大宗货物的运输。

知识检测

1. 单选题

(1) FIATA 成立于( )年。

A. 1926   B. 1927   C. 1945   D. 1920

(2) 在国际货运代理业区域发展方面,( )的货代公司控制着当今世界的国际货运代理业务。

A. 亚洲国家   B. 市场经济不发达国家   C. 欧美发达国家   D. 非洲国家

(3) ( )是指接受货主的委托,代表货主办理有关货物报关、交接、仓储、调拨、检验、包装、转运、订舱等业务的人。

A. 租船代理   B. 货运代理   C. 船务代理   D. 咨询代理

(4) 以下哪种术语是指堆场到堆场方式( )。

A. CY/CY   B. CY/FO   C. CY/LO   D. CY/HOOK

(5) ( )是详细记载集装箱和货物名称、数量等内容的单据。

A. 场站收据   B. 装箱单   C. 订舱单   D. 空箱提交单

(6) 《UCP600》规定全套提单为( )。

A. 一式两份   B. 一式三份   C. 一式四份   D. 一式五份

(7) 预借提单签发日期会( )货物实际装运日期。

A. 早于   B. 晚于   C. 等于   D. 无法确定

(8) 在提单正面"收货人"一栏内填上"凭指示"(to order)或"凭某人指示"(order of …)字样的提单属于( )。

A. 记名提单   B. 不记名提单   C. 清洁提单   D. 指示提单

(9) 集装箱运输兴起于( ),发达于第二次世界大战后。

A. 20 世纪 30 年代   B. 20 世纪 50 年代

C. 20 世纪 60 年代   D. 20 世纪 70 年代

(10) 托运人或其代理人向班轮公司或其代理人(即承运人)申请货物运输,承运人对这种申请给予承诺的行为属于( )。

A. 卸船   B. 揽货   C. 订舱   D. 交货

2. 多选题

(1)国际货代的基本责任包括(　　)。

A.作为承运人完成货物运输并承担责任。

B.作为承运人完成货物运输不直接承担责任。

C.作为代理人以通常的责任完成授权范围内的委托事项。

D.如实汇报一切重要事项。

E.负保密义务。

(2)集装箱运输业务的特点有(　　)。

A.高效益的运输方式　　　　　　　B.高效率的运输方式

C.高投资的运输方式　　　　　　　D.高协作的运输方式

E.适于组织多式联运

(3)班轮运输的特点有(　　)。

A.固定航线、固定港口、固定船期和固定费率

B."一负责"

C."船舷至船舷"

D.承托双方的权利义务和责任以签发的提单为依据

E.货物的形式多样

(4)按提单上有无批注划分,提单可以分为(　　)。

A.清洁提单　　　　　　　　　　　B.不清洁提单

C.记名提单　　　　　　　　　　　D.指示提单

E.可转让提单

(5)托运单的主要内容包括(　　)。

A.托运人的全称　　　B.城市　　　C.国家名称

D.电话、传真号　　　　E.街名

(6)班轮运价的特点包括(　　)。

A.班轮运输的成本较高,因为班轮的运价水平也较高。

B.班轮运输的货物对运费的负担能力较强。

C.班轮运价相对稳定,在短期内不会剧烈波动。

D.班轮运价是一种垄断价格。

E.班轮运价按高值高运价,低值货物低运价的原则制定。

3. 判断题

(1)国际货代的承担责任期限,从接收货物时开始至目的港码头卸货为止。

(　　)

(2)租船合同既是确定船货双方权利、义务的依据,也是处理船货双方纠纷的依据。

　　　　　　　　　　　　　　　　　　　　　　　　　　　　　　　(　　)

(3)集装箱运输兴起于 20 世纪 50 年代,发达于第二次世界大战后。　(　　)

(4)对于批量较大、货物价值相对较低的大宗散货而言,货主往往采用租船运输的方式。

　　　　　　　　　　　　　　　　　　　　　　　　　　　　　　　(　　)

(5)海运提单可在 CONSIGNEE 一栏记载为 TO ORDER。　　　　　(　　)

(6)运单可以作为物权凭证。　　　　　　　　　　　　　　　　　(　　)

(7)凡信用证规定不准转船者,必须使用直达提单。　　　　　　　(　　)

(8)提单作为物权凭证,可以无条件转让。　　　　　　　　　　　(　　)

(9)国际货运代理是处于国际贸易与国际运输之间的边缘或共生产业。(　　)

(10)多式联运提单主要适用于集装箱运输。　　　　　　　　　　(　　)

4. 思考题

(1)什么是国际货运代理? 它的法律地位如何?

(2)简述国际货代的作用。

(3)简述国际货代的权利与责任。

(4)简述海洋运输的基本特点与作用。

(5)何谓班轮运输? 班轮运输有哪些特点?

(6)班轮公司计收运费的标准和办法有哪些?

(7)集装箱货物的交接方式有哪些?

(8)简述国际海上集装箱货运进口代理业务的基本流程。

(9)简述国际海上集装箱货运出口代理业务的基本流程。

(10)简述货代租船的业务流程。

5. 计算题

　　我方采用班轮运输出口商品 100 箱,每箱的尺寸为 30 cm × 60 cm × 50 cm,毛重 40 kg,查运费表知该货为 9 级,计费标准为 W/M,基本运费为每运费吨 109 美元,另加收燃油附加费 20%,货币贬值附加费 10%。请计算该批货物的总运费。

6. 案例题

　　(1)某年我公司与非洲客户签订一项商品销售合同。当年 12 月起至次年 6 月交货。每月等量装运一定量大米,凭不可撤销信用证,提单签发后 60 天付款。对方按时开来信用证,其装运条件仅规定:最迟装运期为 6 月 30 日,分数批装运。我经办人员见证内未有“每月等量装运 10 万 T 大米”字样,为了早日出口,早收汇,便不顾合同装运条款,除当年 12 月按合同规定等量装运第一批外,其余货物分别与次年 1 月底、2 月底装完,我银行凭单认附。问题:这样交货有无问题?

（2）A货主委托B货代公司出运一批货物，从青岛到新加坡。B货代公司代表A货主向C船公司订舱，货物装船后，B货代公司从C船公司处取得提单。C船公司要求B货代公司暂扣提单，直到A货主把过去拖欠该船公司的运费付清以后再放单。随后A货主向海事法院起诉B货代公司违反代理义务，擅自扣留提单而造成其无法按时结汇产生的损失。

根据上述案例，请分析：

①B货代公司对A货主的损失是否承担责任？为什么？

②C船公司本身是否有权暂扣提单？为什么？

（3）我国货主A公司委托B货运代理公司办理一批服装货物海运出口，从青岛港到日本神户港。B公司接受委托后，出具自己的House B/L给货主。A公司凭此到银行结汇，提单转让给日本D贸易公司。B公司又以自己的名义向C海运公司订舱。货物装船后，C公司签发海运提单给B公司，B/L上注明运费预付，收、发货人均为B公司。实际上C公司并没有收到运费。货物在运输途中由于船员积载不当，造成服装玷污受损。C公司向B公司索取运费，遭拒绝，理由是运费应当由A公司支付，B仅是A公司的代理人，且A公司并没有支付运费给B公司。A公司向B公司索赔货物损失，遭拒绝，理由是其没有诉权。D公司向B公司索赔货物损失，同样遭到拒绝，理由是货物的损失是由C公司过失造成的，理应由C公司承担责任。问：

货物的损失到底应该由谁承担？为什么？

任务训练

任务名称

填单。

训练内容

提单的填制。

训练目的和要求

通过本次训练，要求学生根据合同中的相关信息，正确完整地填写提单所载内容。了解如何在合同中查找有用信息以填制单据。

背景材料

SALES CONTRACT

BUYER: Jae & Sons Papers Company   NO. ST05-016

203 Lodia Hotel Office 1546, Dong-Gu,   DATE: August 08, 2005

Busan, Korea   SIGNED AT: Nanjing, China

SELLER: Wonder International Company Limited

   No. 529, Qijiang Road He Dong District,

Nanjing, China

This Contract is made by the Seller; where by the Buyers agree to buy and the Seller agrees to sell the under-mentioned commodity according to the terms and conditions stipulated below:

(1) COMMODITY: UNBLEACHED KRAET LINEBOARD.

UNIT PRICE: USD390.00/PER METRIC TON, CFR BUSAN KOREA

TOTAL QUANTITY: 100METRIC TONS, ±10% ARE ALLOWED.

PAYMENT TERM: BY IRREVOCABLE L/C 90 DAYS AFTER B/L DATE

(2) TOTAL VALUE: USD39,000.00 (SAY U.S. DOLLARS THIRTY NINE THOUSAND ONLY. * * * 10% MORE OR LESS ALLOWED.)

(3) PACKING: To be packed in strong wooden case(s), suitable for long distance ocean transportation.

(4) SHIIPPING MARK: The Seller shall mark each package with fadeless paint the package number, gross weight, measurement and the wording: "KEEP AWAY FROM MOUSTURE", "HANDLE WITH CARE", etc., and the shipping mark:

ST05-016

BUSAN KOREA

(5) TIME OF SHIPMENT: OCTOBER 02, 2005

(6) PORT OF SHIPMENT: MAIN PORTS OF CHINA

(7) PORT OF DESTINATION: BUSAN, KOREA

(8) INSURANCE: To be covered by the Buyer after shipment. (F.O.B Terms)

(9) DOCUMENT:

+ Signed invoice indicating LC No and Contract No.

+ Full set (3/3) of clean on board ocean Bill of Lading marked "Freight to Collect"/ "Freight Prepaid" made out to order blank endorsed notifying the applicant.

+ Packing List/Weight List indicating quantity/gross and net weight.

+ Certificate of Origin.

+ No solid wood packing certificate issued by manufacturer.

(10) OTHER CONDIGTIONS REQD IN LC:

+ All banking charges outside the opening bank are for beneficiary's a/c.

+ Do not mention any shipping marks in your L/C.

+ Partial and transshipment allowed.

(11)REMARKS：The last date of L/C opening：20 August, 2005.

Buyer：   Seller：

Jae & Sons Papers Company   Wonder International Company Limited

Additional Information：

B/L No.：86441402CN033

Vessel Name：Maria Queen V.029

QTY：2000CTNS

MEA：600CBM

应用工具

提单样本

Shipper Wonder International Company Limited No.529, Qijiang Road He Dong District, Nanjing, China		RCL Regional Container Lines Bill of Lading Multimodal Transport or Port to Port Shipment B/L NO.：86441402CN033	
Consignee： TO ORDER OF SHIPPER			
Notify party： JAE & SONS PAPERS COMPANY 203 LODIA HOTEL OFFICE 1546, DONG-GU, BUSAN, KOREA			
Pre-carriage by	Place of Receipt	Ocean Vessel, Voy. No. Maria Queen V.029	
Port of loading NANJING, CHINA	Port of Discharge BUSAN, KOREA	Port of destination BUSAN, KOREA	No. of Original B/L THREE
Marks & Nos. No. & kind of pkgs Description of goods Gross weight Measurement			

ST05-016	UNBLEACHED KRAET LINEBOARD		
BUSAN KOREA 2000CNTS			
SAY TWO THOUSAND CARTONS ONLY 100 M/T 600CBM			
* *			
Freight and Charges FREIGHT REPAID	Place and date of issue：	OCTOBER 02 , 2005	
	Signed by		

组织实施

学生分组或单独分析背景资料并筛选信息。

各组按以下内容进行准备：

老师根据各组或学生信息筛选的情况和填制提单正确率进行评分。

第6章 国际空运代理业务

学习目标

- 能运用航空货运的基本知识进行空运方式选择。
- 能运用航空运价有关知识进行航空运费的计算。
- 能运用航空货运的有关知识和根据相关材料,正确填制航空运单。
- 能运用航空货运流程的知识处理航空货代业务。

职业能力

- 能代表航空货运代理办理国际航空货运进出口业务。
- 能代表航空货运代理结算航空货物运输运费、填制相关单据。

案例导入

重庆内陆国际贸易大通道航空货运枢纽建设正式起步

2009 年 9 月 14 日,由翡翠货运航空公司执飞的以重庆为圆心,以维也纳(奥地利)、布雷西亚(意大利)、迪拜、香港为航点,直达欧洲、通达中东,连接香港的国际货运航班正式起飞。至此,重庆每周将有 2 班维也纳、2 班布雷西亚、3 班迪拜、7 班香港的货运航班,形成辐射欧洲、中东和东南亚的空中货运网络,标志着重庆内陆国际贸易大通道航空货运枢纽建设正式起步。这是重庆市认真贯彻落实国务院 3 号文件精神,加快内陆国际贸易大通道建设,献礼国庆 60 周年的一份厚礼。

2009 年以来,为加快重庆航空货运发展,通过网上招商,邀请国内外航空公司来渝进行货运航线战略布局,共同打造西部航空货运枢纽,得到了国货航、中货航、南航、海航和翡翠货运航空公司的积极回应。目前,翡翠航空公司正式取得了国家民航局关于重庆至欧洲航权批复,与香港等国际货运代理及重庆航空物流企业签订了货运合同。翡翠航空是深圳航空与德国汉萨航空公司合资组建,其管理水平和运力保障、航线网络匹配及欧洲等二程中转实力强,目前以深圳为基地,并在上海、天津建设大货场,重庆将是其进军西部的重要选择地。

通过与翡翠航空的合作,开通如此高度的国际货运航线,在内陆地区乃至全国尚属首次。特别是这些航线以重庆为枢纽,把香港以及周边地区航空货物集散至重庆运往欧洲等地,提升重庆口岸过货量,发挥空港保税区功能,增强口岸功能,使重庆成为辐射周边、连通香港、直飞欧洲和中东的空中货运枢纽。目前,航空口岸各地面保障、通关查验单位已做好准备,将提供高效率、优质的地面通关保障服务,创造良好的口岸环境,使货运航线健康发展。

(引自重庆市政府公众信息网)

6.1　认识国际航空运输与航空货运代理

6.1.1　国际航空货运的特点

航空货运虽然起步较晚,但发展异常迅速,特别受到现代化企业管理者的青睐。其原因之一就在于它具有许多其他运输方式所不能比拟的优越性。概括起来,航空货物运输的主要特征有:

1)运送速度快

从航空业诞生之日起,航空货运就以快速而著称。到目前为止,飞机仍然是最快捷的交通工具,常见的喷气式飞机的经济巡航速度大都在 850~900 km/h。快捷的交通工具大大缩短了货物在途时间,对于那些易腐烂、变质的鲜活商品;时效性、季节性强的报刊、节令性商品;抢险、救急品的运输,这一特点显得尤为突出。快速加上全球密集的航空货运网络才有可能为我们从前可望而不可即的鲜活商品开辟远距离市场,使消费者享有更多的利益。运送速度快,在途时间短,也使货物在途风险降低,因此许多贵重物品、精密仪器也往往采用航空货运运输的形式。当今国际市场竞争激烈,航空货运所提供的快速服务也使得供货商可以对国外市场瞬息万变的行情即刻作出反应,迅速推出适销产品占领市场,获得较好的经济效益。

2)不受地面条件影响,但受天气条件影响

深入内陆地区的航空货运利用天空这一自然通道,不受地理条件的限制。对于地面条件恶劣、交通不便的内陆地区非常合适,有利于当地资源的出口,促进当地经济的发展。航空货运使本地与世界相连,对外的辐射面广,而且航空货运与公路运输和铁路运输比较,具有占用土地少的优点,对寸土寸金、地域狭小的地区发展对外交通无疑是十分适合的。

航空运输受到天气的影响较大,如遇雷雨、大雾、大雪等恶劣天气,考虑航行的安

全性,飞机往往不能准点起飞,影响了运输的时效性。

3)安全、准确

与其他运输方式相比,航空货运的安全性较高。1997 年,世界各航空公司共执行航班 1 800 万架次,仅发生严重事故 11 起,风险率约为三百万分之一。航空公司的运输管理制度也比较完善,货物的破损率较低,如果采用航空货运集装箱的方式运送货物,则更为安全。

4)节约包装、保险、利息等费用

由于采用航空货运方式,货物在途时间短,周转速度快,企业存货可以相应地减少。一方面有利资金的回收,减少利息支出;另一方面企业仓储费用也可以降低。又由于航空货物运输安全,准确,货损、货差少,保险费用较低,与其他运输方式相比,航空货运的包装简单,包装成本少,这些都使企业隐性成本下降,收益增加。当然,航空货运也有局限性,主要表现在航空货运的运输费用较其他运输方式更高,不适合低价值货物;航空货运运载工具——飞机的舱容有限,对大件货物或大批量货物的运输有一定的限制;飞机飞行安全容易受恶劣气候影响等。但总的来讲,随着新兴技术得到更为广泛的应用,产品更趋向轻泡、短小、高价值,管理者更重视运输的及时性、可靠性,相信航空货运将会有更大的发展前景。

5)载重容量小、运价高,受飞机本身的容积限制

航空货运的载重容积比海运要小很多,运输速度快捷,技术要求较高,运营成本加大,国家航空运价相对于其他运输方式来说也更高,甚至是海运运价的 10 倍以上。

航空货运代理在操作中,要能根据货物特点和运输要求,结合国际航空货运的特点进行选择,正确选择适合国际航空货运的商品。一般而言,高附加值、精密加工、贵重物品、时令鲜活物品、紧急物资等都比较适合航空运输。

6.1.2 国际航空运输组织及有关当事人

1)国际民用航空组织——ICAO

1944 年 11 月 1 日至 12 月 7 日,52 个国家在美国芝加哥举行国际民用航空会议,签订了《国际民用航空公约》,并决定成立过渡性的临时国际民用航空组织。1947 年 4 月 4 日"芝加哥公约"生效,国际民用航空组织正式成立。同年 5 月 13 日,它正式成为联合国的一个专门机构,简称国际民航组织。其总部设在加拿大的蒙特利尔,负责制定国际空运标准和条例,是 185 个缔约国在民航领域中开展合作的媒介。国际民航组织的最高权力机构是成员国大会,常设机构为理事会,常设执行机构为秘书处,下设航行、航空运输、技术援助、法律、行政服务 5 个局。截至 1990 年,国际民航组织共有 162

个成员国。

2）国际航空运输协会——IATA

国际航空运输协会（International Air Transport Association，IATA）于 1945 年 4 月 16 日在哈瓦那成立，是世界上的航空公司及空运承运人组成的国际民间组织，总部设在加拿大蒙特尔，执行机构设在日内瓦，其最高权力机构是年会。

国际航协从组织形式上是一个航空企业的行业联盟，属非官方性质组织，但是由于世界上的大多数国家的航空公司是国家所有，即使非国有的航空公司也受到所属国政府的强力参预或控制，因此航协实际上是一个半官方组织。它制定运价的活动，也必须在各国政府授权下进行，它的清算所对全世界联运票价的结算是一项有助于世界空运发展的公益事业，因而国际航协发挥着通过航空运输企业来协调和沟通政府间政策，解决实际运作困难的重要作用。

IATA 在全世界近 100 个国家设有办事处，280 家会员航空公司遍及全世界 180 多个国家。在中国有 13 家会员航空公司（除香港、澳门和台湾的会员之外）。凡国际民航组织成员国的任一经营定期航班的空运企业，经其政府许可都可成为该协会的会员。经营国际航班的航空运输企业为正式会员。

3）国际航空电信协会（SITA）

国际航空电信协会（Societe Internationale de Telecommunications Aeronautiques，SITA）是一个专门承担国际航空公司通信和信息服务的合资性组织，1949 年 12 月 23 日由 11 家欧洲航空公司的代表在比利时的布鲁塞尔创立。

SITA 经营着世界上最大的专用电信网络，这个网络由 400 多条中高速通信干线和相互连接的 210 个通信中心组成。各航空公司的用户终端系统通过各种不同形式的集中器连接至 SITA 的网状干线网络。SITA 的网络有 4 个主要的系统构成，即：数据交换和接口系统、用户接口系统、网络控制系统和取贮转发报系统。

此外，SITA 还建立并运行着两个数据处理中心。一个是位于美国的亚特兰大的旅客信息处理中心，主要提供自动订座、离港控制、行李查询、航空运价和旅游信息；另一个是设在伦敦的数据处理中心，主要提供货运、飞行计划处理和行政事务处理业务的相关信息。

中国民航于 1980 年 5 月加入 SITA，中国国际航空公司、中国东方航空公司、中国南方航空公司都是 SITA 的会员。

6.1.3　国际航空运输有关当事人

国际航空货物运输当事人主要有发货人、收货人、承运人、代理人以及地面运输公司。

1）承运人

承运人一般指航空公司，拥有飞机办理客货运输业务。多数航空公司有定期航班，像开航我国的法航、日航、德航、瑞航、联合航空等公司；有些则无定期航班，只提供包机服务，如卢森堡货运航空公司、马丁航空公司等。

2）代理人

代理人，即航空货代，一般指航空货运公司，是从事航空货物在始发站交给航空公司之前的揽货、接货、报关、订舱及在目的地从航空公司手中接货、报关、交付或送货上门业务的公司。航空货运公司可以是货主代理，也可以是航空公司的代理，也可身兼二职。

随着航空货运业务的发展，航空货运代理业应运而生。采用航空货运形式进出口货物，需要办理一定的手续，如出口货物在始发地交航空公司承运前的订舱、储存、制单、报关、交运等；进口货物在目的地机场的航空公司或机场接货、监管储存、制单、报关、送货及转运等。航空公司一般不负责上述业务，由此，收、发货人必须通过航空货运代理公司办理航空货运业务，或自行向航空公司办理航空货运业务。

航空公司主要业务为飞行保障，它们受人力、物力等诸因素影响，难以直接面对众多的客户，这就需要航空货运代理公司为航空公司处理出口揽货、组织货源、出具运单、收取运费、进口疏港、报关报验、送货、中转等航运前和航运后繁杂的服务项目，使航空公司集中精力，做好自身业务，进一步开拓航空运输。

航空货运代理公司的工作是整个航空运输中不可缺少的一环，其服务功能为货主及航空公司双方均带来方便和好处。近年来，随着我国对外贸易的大幅度增长，航空货运代理业得以迅速发展。

航空货运代理公司作为货主和航空公司之间的桥梁和纽带，一般具有两种职能：一是为货主提供服务的职能，即代替货主向航空公司办理托运或提取货物；二是航空公司的代理职能，即它还代替航空公司接受货物，出具航空公司的总运单和自己的分运单。

航空货运代理公司大多对航空运输环节和有关规章制度十分熟悉，并与各航空公司、机场、海关、商检、卫检、动植物检验检疫及其他运输部门有着广泛而密切的联系，具有代办航空货运的各种设施和必备条件。同时，各航空货运代理公司在世界各地或有分支机构，或有代理网络，能够及时联络，掌握货物运输的全过程，因此，委托航空货运代理公司办理进出口货物运输比较便利。

航空货运公司的优点有：

①使航空公司能更加集中精力搞好空中运输业务，而不必担心货源；

②方便货主，货主可以及时托运、查询、跟踪货物；

③将零散货物集中拼装托运，简便手续，降低运输成本。

6.1.4 国际航空运输方式

1）班机运输（scheduled air line）

（1）含义

班机运输是指在固定航线上飞行的航班运输,它有固定的始发站、途经站和目的站。一般航空公司都使用客货混合机型,一些较大的航空公司在一些航线上也开辟定期的货运航班,使用全货机运输。

（2）特点

班机运输具有以下特点：

①班机由于固定航线、固定停靠港和定期开飞航,因此国际间货物流通多使用班机运输方式,能安全迅速地到达世界上各通航地点。

②收、发货人可确切掌握货物起运和到达的时间,这对市场上急需的商品、鲜活易腐货物以及贵重商品的运送是非常有利的。

③班机运输一般是客货混载,因此,舱位有限,不能使大批量的货物及时出运,往往需要分期分批运输。这是班机运输不足之处。

2）包机运输（chartered carrier）

包机运输是指航空公司按照约定的条件和费率,将整架飞机租给一个或若干个包机人（包机人指发货人或航空货运代理公司）,从一个或几个航空站装运货物至指定目的地。包机运输适合于大宗货物运输,费率低于班机,但运送时间则比班机要长。

（1）包机运输的方式

包机运输分整机包机与部分包机两种方式：

①整机包机。整机包机即包租整架飞机,航空公司按照与租机人事先约定的条件及费用,将整架飞机租给包机人,从一个或几个航空港装运货物至目的地。包机人一般要在货物装运前一个月与航空公司联系,以便航空公司安排运载和向起降机场以及有关政府部门申请、办理过境或入境的有关手续。包机的费用,一次一议,随国际市场供求情况变化。原则上包机运费,是按每一飞行公里固定费率核收费用,并按每一飞行千米费用的80%收取空放费。因此,大批量货物使用包机时,均要争取来回程都有货载,这样费用比较低。只使用单程,运费比较高。

②部分包机。由几家航空货运公司或发货人联合包租一架飞机或者由航空公司把一架飞机的舱位分别卖给几家航空货运公司装载货物,就是部分包机。它主要运用于托运不足一架飞机,但货量又较重的货物运输。这种部分包机适合于1 t以上但不足装一整架飞机的货物,其运费较班机低,但运送的时间比班机长。

（2）部分包机与班机运输对比

①部分包机时间比班机长,尽管部分包机有固定时间表,往往因其他原因不能按

时起飞。

②各国政府为了保护本国航空公司利益,常对从事包机业务的外国航空公司实行各种限制。如包机的活动范围比较狭窄,降落地点受到限制。需降落非指定地点外的其他地点时,一定要向当地政府有关部门申请,同意后才能降落(如申请入境、通过领空和降落地点)。

3)集中托运(consolidation)

(1)含义

航空集中托运是指航空货运代理公司把若干批单独发运的货物组成一批向航空公司办理托运,填写一份总运单将货物发运到同一目的站,由航空货运代理公司在目的站的代理人负责收货、报关,并将货物分别拨交给各收货人的一种运输方式。集中托运既可采用班机方式,也可以采用包机运输方式。由于航空运输的运费按不同重量标准确定不同运费率,运量越多,费率越低。例如有 10 批货物空运至美国芝加哥,每批 20 kg,单批发运,运价为每千克人民币 19.34 元;若将此 10 批货物集中托运,开列一张运单,按 200 千克级运价,每千克仅为 13.69 元。因此,这种托运方式,可争取较低的运价,在航空运输中使用较为普遍,同时也是航空货运代理的主要业务之一。

(2)集中托运的特点

①节省运费。航空货运公司的集中托运运价一般都低于航空协会的运价。发货人可得到低于航空公司的运价,节省费用。

②提供方便。将货物集中托运,可使货物送达航空公司到达地点以外的地方,延伸了航空公司的服务范围,方便了货主。

③提早结汇。发货人将货物交与航空货运代理后,即可取得货物分运单,可持分运单到银行尽早办理结汇。

集中托运方式已在世界范围内普遍开展,形成较完善、有效的服务系统,为促进国际贸易发展和国际科技文化交流起到了良好的作用。集中托运成为我国进出口货物的主要运输方式之一。

(3)集中托运的具体做法

国际航空集中托运的服务流程如图6.1所示。

在图6.1所示的示意图中,各具体操作步骤如下:

①将每一票货物分别制订航空运输分运单,即出具货运代理的运单 HAWB(house airway bill)。

②将所有货物区分方向,按照其目的地相同的同一国家、同一城市来集中,制订出航空公司的总运单 MAWB(master airway bill)。总运单的发货人和收货人均为航空货运代理公司。

③打出该总运单项下的货运清单(manifest),即注明总运单下有几个分运单,它们的号码各是什么,其发货的件数和重量各是多少等。

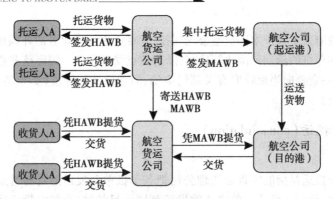

图 6.1　国际航空集中托运示意图

④把该总运单和货运清单作为一整票货物交给航空公司。一个总运单可视货物具体情况随附分运单(也可以是一个分运单,也可以是多个分运单)。如一个 MAWB 内有 5 个 HAWB,说明此总运单内有 5 票货,发给 5 个不同的收货人。

⑤货物到达目的地站机场后,当地的货运代理公司作为总运单的收货人负责接货、分拨,按不同的分运单制订各自的报关单据并代为报关,为实际收货人办理有关接货、管货事宜。

⑥实际收货人在分运单上签收以后,目的站货运代理公司以此向发货的货运代理公司反馈到货信息。

(4)集中托运的限制

①集中托运只适合办理普通货物,对于等级运价的货物,如贵重物品、危险品、活动物以及文物等不能办理集中托运。

②目的地相同或临近的可以办理,如某一国家或地区;而其他则不宜办理,如不能把去韩国的货发到欧洲。

4)联运方式(combined transport)

联运方式是指包括空运在内的两种以上的运输方式的联合运输,具体做法有陆-空-陆联运方式,简称 TAT(train-air-truck)和陆-空联运方式,简称 TA(train-air)。

5)航空快递(air express)

航空快递是指具有独立法人资格的企业将进出境的货物从发货人所在地通过自身或代理的网络运达收货人的一种快速运输方式。航空快递与其他运输方式相比,具有如下特点:

①航空快递以运送文件单证和小包裹为主;

②航空快递环节少,速度快于普通的航空货运;

③航空快递中存在一种比普通空运分运单应用更为广泛的交付凭证;

④办理快递业务的大都是国际性的跨国公司。

航空快递的主要业务形式有机场到机场、桌到桌或门到门、派专人送货。

6）送交业务（delivery business）

送交业务通常用于样品、目录、宣传资料、书籍报刊之类的空运业务,由国内空运代理委托国外代理办理报关、提取、转送和送交收货人。有关费用均先由国内空运代理垫付,然后向委托人收取。由于这项业务十分方便,许多私人物品运送也采用了这一方式。

7）货到付款（cash on delivery）

货到付款这一方式是由发货人或其代理人与承运人之间达成协议,由承运人在货物到达后交收货人的同时,代发货人收取航空运单上所记载的货款,然后寄给发货人或其代理人。承运人在办理一批货到付款的货物时,按货到付款总额的一定百分比计收劳务费。货到付款的劳务费、航空运费、声明价值费等可由发货人预付,也可由收货人到付。

6.1.5 国际航空货运代理的责任和业务范围

1）航空货运代理存在的必然性

随着航空货运业务的发展,航空货运代理业应运而生。航空货运代理业之所以能得以存在并发展,是因为它所提供的服务为货主及航空公司双方均带来方便和好处。

①从航空公司的角度来看,空代的存在,使航空公司能更好地致力于自身主业,无需负责处理航运前和航运后繁杂的服务项目。航空公司主要业务为飞行保障,它们受人力、物力等诸因素影响,难以直接面对众多的客户,处理航运前和航运后繁杂的服务项目,这就需要航空货运代理公司为航空公司出口揽货、组织货源、出具运单、收取运费、进口疏港、报关报验、送货、中转,使航空公司可集中精力,做好其自身业务,进一步开拓航空运输。

②从货主的角度来看,可使货主不必花费大量的精力去熟悉繁复的空运操作流程。采用航空货运形式进出口货物,需要办理一定的手续,如出口货物在始发地交航空公司承运前的出舱、储存、制单、报关、交运等;进口货物在目的地机场的航空公司或机场接货、监管储存、制单、报关、送货及转运等。但航空公司一般不负责上述业务,由此,收发货人必须通过航空货运代理公司办理航空货运业务,或自行向航空公司办理航空货运业务。

③空代在办理航空托运方面具有无可比拟的优势。空代大多对航空运输环节和有关规章制度十分熟悉,并与各航空公司、机场、海关、商检、卫检、动植检及其他运输部门有着广泛而密切的联系;具有代办航空货运的各种设施和必备条件;同时各航空

货运代理公司在世界各地或有分支机构,或有代理网络,能够及时联络,掌握货物运输的全过程。因此,货主委托航空货运代理公司办理进出口货物运输比自行安排货物出运来得更为便利。

2)国际航空货运代理当事人的责任划分

(1)以纯粹代理人的身份出现时的责任划分

国际航空货代公司作为纯粹代理人,在货主和承运人之间起牵线搭桥的作用,由货主和承运人直接签运输合同。货代公司收取的是佣金,责任小。当货物发生灭失或损坏的时候,货主可以直接向承运人索赔。图6.2为空运当事人的责任划分图。

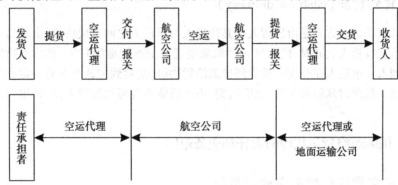

图6.2　空运当事人的责任划分图

(2)以无船承运人的身份出现时的责任划分

当货运代理从事无船承运业务并签发自己的无船承运人提单时,便成了无船承运经营人,被看作是法律上的承运人,他一身兼有承运人和托运人的性质。

同理,当航空货运代理成为集中托运人时,它就是以自己的名义向承运人签订运输合同,并向托运人签发分运单,同时以托运人身份,向航空公司托运,航空公司签发主运单给航空货代。此时,国际航空货代就兼有承运人和托运人的性质。

3)航货运代理的业务范围

航空货运代理除了提供订舱、租机、制单、代理包装、代刷标记、报关报验、业务咨询等业务之外,还提供以下服务:

①集中托运业务。
②地面运输。
③多式联运服务。

6.2　国际航空货运代理进出口业务操作流程

6.2.1　国际航空运输出口业务流程

航空货物出口运输代理业务流程,是指航空货运代理公司从托运人手中接货,直到把货交给航空公司或机场货运站这一过程中,对物流、信息流、单证流和资金流的控制和管理,所以需要做通过的环节、办理的手续以及必备单证的准备。

航空货运出口代理业务通过以下环节进行运作:市场销售→委托运输→审核单证→预配舱→预订舱→接单接货→配舱→订舱→制单→报关报检→出仓单→提板箱与装货→签单→交接发运→信息传递→费用结算。

1) 市场销售

承揽货物是空代业务的核心。

在具体操作时,需及时向出口单位介绍本公司的业务范围、服务项目、各项收费标准,特别是向出口单位介绍优惠运价,介绍本公司的服务优势等。

货代常识

空运询价八要素

货代向货主进行询价,必须了解以下方面的情况:
①品名(是否危险品)。
②重量(涉及收费)、体积(尺寸大小及是否泡货)。
③包装(是否是木箱,有无托盘)。
④目的机场(是否是基本点)。
⑤要求时间(直飞或转飞)。
⑥要求航班(各航班服务及价格差异)。
⑦提单类别(主单及分单)。
⑧所需运输服务(报关方式、代办单证、是否清关派送等)。

而另一方面,从货主的角度来看,委托空代办理航空运输要比自己亲自办理来得更为便利,更有效率。因而,发货人一般也更愿意委托航空货运代理办理货物托运。

2) 委托运输

在双方就航空货运代理事宜达成意向后,航空货运代理就可以向发货人提供一份自己所代理的航空公司的空白"国际货物托运书",让发货人填写。

根据《华沙公约》的相关规定,托运书必须由托运人自己填写,并在上面签字或盖章。

某些特种货物,如活动物、危险品由航空公司直接收运。

在接受托运人委托后,航空货运代理公司通常会指定专人对托运书进行审核。审核重点应看价格和航班日期。

审核后,审核人员必须在托运书上签名并注明日期以示确认。

委托时,发货人除应填制"国际货物托运书",还应提供贸易合同副本、出口货物明细发票、装箱单以及检验、检疫和通关所需要的单证和资料给航空货运代理。

知识扩展

对于一次批量较大,要采用包机运输的,需提前办理包机手续。

一般情况下,至少需在发运1个月前与航空公司洽谈,并签订协议(以便航空公司安排运力,办理包机过境、入境、着陆等有关手续)。如货主找空运代理办理包机,则应在货物发运前40天提出申请,并应填写"包机委托书"。

3)审核单证

空代从发货人处取得单据后,应指定专人对单证进行认真核对,看单证是否齐全,内容填写是否完整规范。

单证应包括发票、装箱单、托运书、报关单、外汇核销单、许可证、商检证、进料/来料加工核销本、索赔/返修协议、到会保函、关封。

4)预配舱

代理人汇总所接受的委托和客户的预报,并输入电脑,计算出各航线的件数、重量、体积,按照客户的要求和货物重、泡情况,根据各航空公司不同机型对不同板箱的重量和高度要求,制定预配舱方案,并对每票货配上运单号。

5)预订舱

代理人根据所指定的预配舱方案,按航班、日期打印出总运单号、件数、重量、体积,向航空公司预订舱。

货代常识

关于预订航班舱位

货物订舱需根据发货人的要求和货物标志的特点而定。一般来说,大宗货物、紧急物资、鲜活易腐物品、危险品、贵重物品等,必须预订舱位。非紧急的零散货物,可以不预订舱位。

通常,对下列货物应当预订航班舱位,否则,承运人可以不予受理:

(1)货物在中转时需要特殊对待。

(2)不规则形状或者尺寸超限的货物。

(3)批量较大的货物。

(4)特种货物,如危险品、活动物等。

(5)需要两家及其以上承运人运输的联运货物。

(6)货物的声明价值超过 10 万美元或者其等价货币。

6)接受单证

接受托运人或其代理人送交的已经审核确认的托运书及报送单证和收货凭证。将收货记录与收货凭证核对,制作操作交接单,填上所收到的各种报关单证份数,给每份交接单配一份总运单或分运单。将制作好的交接单、配好的总运单或分运单、报关单证移交制单。

7)填制货运单

直接运输的货物,填制航空公司运单即可,并将收货人提供的货物随机单据订在运单后面。

如果是集中托运的货物,必须先为每票货物填开航空货运代理公司的分运单,然后再填开航空公司的总运单。还需要制作集中托运货物舱单,并将舱单、所有分运单及随行单据装入一个信袋,订在运单后面。

最后制作《空运出口业务日报表》,供制作标签用。

8)接受货物

接收货物,是航空货运代理公司把即将发运的货物从发货人手中接过来并运送到自己的仓库。

接收货物一般与接单同时进行。对于通过空运或铁路从内地运往出境地的出口货物,货运代理按照发货提供的运号、航班号及接货地点日期,代其提取货物。如货物已在始发地办理了出口海关手续,发货人应同时提供始发地海关的关封。

接货时,应对货物进行过磅和丈量,并根据发票、装箱或送货单清点货物,核对货物的数量、品名、合同号或唛头等是否与货运单上所列一致。

9)标记和标签

标记包括:托运人及收货人的姓名、地址、联系电话、传真,合同号,操作(运输)注意事项,单件超过 150 kg 的货物。

航空公司的标签如图 6.3 所示。航空公司标签上三位阿拉伯数字代表所承运航

AIR CHINA 中国国际航空公司 CARGO		
AWB 999		
目的地 DESTINATION		
件数 PCS.		总重/kg TOTAL.WT/kg
由 FROM	北京 PEK	至 VLA

图 6.3　航空公司标签

空公司的代号,后八位数字是总运单号码。分标签是代理公司对出具分标签的标志,分标签上应有分运单号码和货物到达城市或机场的三字代码。一件货物贴一张航空公司标签,有分运单的货物还要再贴一张分标签。

10)配舱

配舱时,需运出的货物都已入库。这时需要核对货物的实际件数、重量、体积与托运书上预报数量的差别;应注意对预订舱位、板箱的有效领用和合理搭配,按照各航班机型、板箱型号、高度、数量进行配载。同时,对于货物晚到、未到情况及未能顺利通关放行的货物作出调整处理,为制作配舱单做准备。实际上,这一过程一直延续到单、货交接给航空公司后才完毕。

11)订舱

订舱就是将所接收空运货物向航空公司正式提出运输申请并订妥舱位。

接到发货人的发货预报后,向航空公司吨控部门领取并填写订舱单,同时提供相应的信息,如货物的名称、体积、重量、件数、目的地和要求出运的时间等。航空公司根据实际情况安排舱位和航班。货运代理订舱时,可依照发货人的要求选择最佳的航线和承运人,同时为发货人争取最低、最合理的运价。为此,就要求空代必须掌握每家航空公司、每条航线、每个航班甚至每个目的港的运价和航班日期的信息。

货运代理要优先选择本国家、本洲或是本地区的航空公司,优先选择全程均可承运的承运人。如最后一程或两程航班为新的承运人,须先征得一程承运人的确认。

在订舱过程中,货代要与货主保持密切联系。订舱前,就航班选择、运价情况要先征求货主同意;订舱后,要及时向客户确认航班以及相关信息(即将订舱情况通知委托人),以便及时备单、备货。

订舱后,航空公司签发舱位确认书(舱单),同时给予装货集装器领取凭证,以表示舱位订妥。

12）出口报检报关

出口报关报检原则是"先报检,后报关"。

首先将发货人提供的出口货物报关单的各项内容输入电脑,即电脑预录入。在通过电脑填制的报关单上加盖报关单位的报关专用章;然后将报关单与有关的发票、装箱单和货运单综合在一起,并根据需要随附有关的证明文件;以上报关单证齐全后,由持有报关证的报关员正式向海关申报;海关审核无误后,海关官员即在用于发运的运单正本上加盖放行章,同时在出口收汇核销单和出口报关单上加盖放行章,在发货人用于产品退税的单证上加盖验讫章,粘上防伪标志;完成出口报关手续。

13）出仓单

配舱方案制订后就可着手编制出仓单。出仓单内容包括出仓的日期、承运航班的日期、装载板箱形式及数量、货物进仓顺序编号、总运单号、件数、重量、体积、目的地三字代码和备注。

14）提板箱

向航空公司申领板、箱并办理相应的手续。提板、箱时,应领取相应的塑料薄膜和网。对所使用的板、箱要登记、消号。

15）货物装箱装板

装板,俗称"打板"。装板时,应注意:不要用错集装箱、集装板,不要用错板型、箱型;不要超装箱板尺寸;要垫衬,封盖好塑料纸,防潮、防雨淋;集装箱、板内货物尽可能配装整齐,结构稳定,并接紧网索,防止运输途中倒塌;对于大宗货物、集中托运货物,尽可能将整票货物装一个或几个板、箱内运输。

16）签单

货运单在盖好海关放行章后还需要到航空公司签单,只有签单确认后才允许将单、货交给航空公司。

17）交接发运

交接是向航空公司交单交货,由航空公司安排航空运输。

交单就是将随机单据和应由承运人留存的单据交给航空公司。随机单据包括第二联航空运单正本、发票、装箱单、产地证明、品质鉴定证书。

交货即把与单据相符的货物交给航空公司。交货前,必须粘贴或拴挂货物标签,清点和核对货物,填制货物交接清单。大宗货、集中托运货,以整板、整箱称重交接;零散小货按票称重,计件交接。

18)航班跟踪

需要联程中转的货物,在货物运出后,要求航空公司提供二程、三程航班中转信息,确认中转情况,并及时将上述信息反馈给客户,以便遇到有不正常情况及时处理。

业界动态

国内几大航空公司都使用了货物追踪查询系统。如国航、东航、南航、上航都可以使用网络查询,货物追踪。

要进行货物追踪,首先要确认货物是通过哪家航空公司来承运的。得到其相应的提单号码,通过相应航空公司的对应网站的货物在线追踪系统即可得知。若有些尚未在网上使用在线追踪系统的,可以通过相关的查询电话进行追踪。

19)信息服务

空运信息服务提供的信息包括订舱信息、审单及报关信息、仓库收货信息、交运称重信息、一程二程航班信息、单证信息。

20)费用结算

费用结算主要涉及向发货人、承运人和国外代理人三方面的结算。

(1)与航空公司结算费用

向航空公司支付航空运费及代理费,同时收取代理佣金。

(2)机场地面代理结算费用

向机场地面代理支付的各种地面杂费。

(3)与发货人结算费用

向发货人收取以下费用:

①航空运费(在运费预付的情况下);

②地面杂费;

③各种服务费和手续费。

(4)与国外代理人结算

与国外代理人结算到付运费和利润分成。

注:目前中国民航的各航空公司暂不办理运费到付业务。

6.2.2 国际航空运输出口业务流程

1)代理预报

在国外发货前,由国外代理公司将运单、航班、件数、重量、品名、实际收货人及其他地址、联系电话等内容发给目的地代理公司。这一过程被称为预报。代理预报的注意事项包括：

①注意中转航班。中转点航班的延误会使实际到达时间和预报时间出现差异。

②注意分批货物。从国外一次性运来的货物在国内中转时，由于国内载量的限制，往往采用分批的方式运输。

2）交接单、货

航空货物入境时，与货物相关的单据也随机到达，运输工具及货物处于海关监管之下。货物卸下后，将货物存入航空公司或机场的监管仓库，进行进口货物舱单录入，将舱单上总运单号、收货人、始发站、目的站、件数、重量、货物品名、航班号等信息通过电脑传输给海关留存，供报关用。同时根据运单上的收货人地址寄发取单、提货通知。

交接时，做到单、单核对，即交接清单与总运单核对；单、货核对，即交接清单与货物核对。

核对后，出现问题的处理方式如表6.1所列。

表6.1　交接单货核对处理表

总运单	清单	货物	处理方式
有	无	有	清单上加总运单号
有	无	无	总运单退回
无	有	有	总运单后补
无	有	无	清单上划去
有	有	无	总运单退回
无	无	有	货物退回

另外，还需注意分批货物需要做好空运进口分批货物登记表。

总之，货代在与航空货站办理交接手续时，应根据运单及交接清单核对实际货物，若存在有单无货或有货无单的情况，应在交接清单上注明，以便航空公司组织查询并通知入境地海关。

发现货物短缺、破损或其他异常情况，应向民航索要商务事故记录，作为实际收货人交涉索赔事宜的依据。也可以接受收货人的委托，由航空货运代理公司代表收货人向航空公司办理索赔。

3）理货与仓储

航空货运公司自航空公司接货后，即短途驳运进自己的监管仓库，组织理货及仓储。

（1）理货

逐一核对每票件数，再次检查货物破损情况，确有接货时未发现的问题，可向民航提出交涉;按大货、小货、重货、轻货、单票货、混载货、危险品、贵重品、冷冻品、冷藏品分别堆存和进仓;登记每票货储存区号,并输入电脑。

理货条款解读

《华沙公约》第26条规定,"除非有相反的证据,如果收货人在收受货物时没有异议,就被认为货物已经完好地交付,并和运输凭证相符。"此规定对收货人不利。

后《海牙议定书》(即《华沙公约》修正本)中第15条有规定,"关于损坏事件,收货人应于发现损坏后立即向承运人提出异议⋯⋯最迟应在收到货物后14天内提出。"

(2)仓储

注意防雨、防潮、防重压、防变形、防温长变质、防暴晒,独立设危险品仓库。

4)理单与到货通知

(1)理单

集中托运,总运单项下拆单;分类理单、编号;编制种类单证。

(2)到货通知

尽早、尽快、尽妥地通知货主到货情况。

(3)正本运单处理

电脑打制海关监管进口货物入仓清单一式五份用于商检、卫检、动检各一份,海关二份。

5)制单与报检报关

(1)制单、报关、运输的形式

制单、报关、运输的形式包括:

①货代公司代办制单、报关、运输;

②货主自行办理制单、报关、运输;

③货代公司代办制单、报关,货主自办运输;

④货主自行办理制单、报关后,委托货代公司运输;

⑤货主自办制单,委托货代公司报关和办理运输。

(2)制单

货物代理公司制单时,一般程序为:

①长期协作的货主单位,有进口批文、证明手册等存放于货运代理处的,在货物到达、发出到货通知后,即可制单、报关,通知货主运输或代办运输。

②部分进口货,因货主单位(或经营单位)缺少有关批文、证明的,可于理单、审单后,列明内容,向货主单位催寄有关批文、证明,亦可将运单及随机寄来单证、提货单以快递形式寄货主单位,由其备齐有关批文、证明后再决定制单、报关事宜。

③无需批文和证明的,可即行制单、报关,通知货主提货或代办运输。

④部分货主要求异地清关时,在符合海关规定的情况下,制作《转关运输申报单》办理转关手续。报关单上需由报关人填报的项目有进口口岸、收货单位、经营单位、合同号、批准机关及文号、外汇来源、进口日期、提单或运单号、运杂费、件数、毛重、海关统计商品编号、货品规格及货号、数量、成交价格、价格条件、货币名称、申报单位、申报日期等。若转关运输申报单内容少于报关单,亦需按要求详细填列。

(3)报验

需要做商检的货物,先向商检局申报,经商检局查验合格后出具证明文件,由报关行或者货主/货代交海关,再进行进口报关海关程序。

(4)报关

进口报关一般分为初审、审单、征税、验放4个主要环节。

进口货物报关期限为自运输工具进境之日起的14日内。超过这一期限报关的,由海关征收滞报金,征收标准为货物到岸价格的万分之五。

开验工作的实施:客户自行报关的货物,一般由货主到货代监管仓库借出货物,由代理公司派人陪同货主一并协助海关开验;客户委托代理公司报关的,代理公司通知货主,由其派人前来或书面委托代办开验。开验后,代理公司须将已开验的货物封存,运回监管仓库储存。

6)收费、发货

办完报关、报验等进口手续后,货主须凭盖有海关放行章、检验检疫章(进口药品须有药品检验合格章)的进口提货单到所属监管仓库付费提货。

(1)收费

货代公司仓库在发放货物前,一般先将费用收妥。收费内容包括:到付运费及垫付佣金;单证、报关费;仓储费;装卸、铲车费;航空公司到港仓储费;海关预录入、动植物检验检疫报验等代收代付费;关税及垫付佣金。

(2)发货

办完报关、报检等手续后,货主须凭盖有海关放行章、动植物报验章、卫生检疫报验章的进口提货单到所属监管仓库付费提货。

货物交接不当将会导致纠纷及索赔,应予以特别注意:

①分批到达货,收回原提货单,出具分批到达提货单,待后续货物到达后即通知货主再次提取;

②航空公司责任的破损、短缺,应由航空公司签发商务记录;

③货运代理公司责任的破损、短缺,应由代理公司签发商务记录;

④遇有货代公司责任的破损事项,应尽可能会同货主、商检单位立即在仓库作商品检验,确定货损程度,要避免后面运输中加剧货损的程度。

7)送货与转运

送货上门业务主要指进口清关后货物直接运送至货主单位,运输工具一般为汽车。

转运业务主要指将进口清关后货物转运至内地的货运代理公司,运输方式主要为飞机、汽车、火车、水运、邮政运输。

进口货物转关及监管运输是指货物入境后不在进境地海关办理进口报关手续,而运往另一设关地点办理进口海关手续,在办理进口报关手续前,货物一直处于海关监管之下。转关运输亦称监管运输,意谓此运输过程置于海关监管之中。

6.3　国际航空货物运价与运费

国际航空货物运价,又称费率,是指承运人对所运输的每一重量单位货物所收取的自始发地机场至目的地机场的航空费用。国际航空货物运费是指航空公司将一票货物自始发地机场运至目的地机场所应收取的航空运输运费。该费用根据每票货物所适用的运价和货物的计费重量计算而得,不包括其他费用。航空货物运输的费用包括运费和附加费。附加费包括声明价值附加费、地面运费、中转手续费、制单费、货到付款手续费、提货费、送货费等。

计算空运货物运费时,主要考虑 4 个因素,即计费重量、运价种类、货物的声明价值及其他规定。

6.3.1　计费重量

所谓计费重量就是据以计算航空运费的货物的重量。航空公司规定,在货物体积小、重量大时,按实际重量计算;在货物体积大、重量小时,按体积计算。在集中托运时,一批货物由几件不同的货物组成,有轻泡货,也有重货。其计费重量则采用整批货物的总毛重或总的体积计量,按两者之中较高的一个计算。

1)重货(high density cargo)

重货是指那些每 6 000 cm^3 或每 366 立方英寸(1 立方英寸 = 16. 387 cm^3)重量超过 1 kg,或者每 166 立方英寸重量超过一磅(1 磅 = 0. 453 6 kg)的货物。重货的计费重量就是它的毛重。

如果货物的毛重以千克表示,计费重量的最小单位是 500 g。当重量不足 500 g 时,按 500 g 计算;超过 500 g 不足 1 000 g 时按 1 000 g 计算。如果货物的毛重以磅(1 磅 = 0. 453 6 kg)表示,当货物不足一磅时,按一磅计算。例如,101. 204 kg→101. 5 kg,

101. 504 kg→102 kg。

2)轻货(low density cargo)

轻货或轻泡货物是指那些每6 000 cm³ 或每366 立方英寸重量不足1 kg,或者每166 立方英寸重量不足1 磅的货物。

轻泡货物以它的体积重量(volume weight)作为计费重量,计算方法是:

①不考虑货物的几何形状,分别量出货物的最长、最宽、最高的部分,单位为厘米或英寸,测量数值的尾数四舍五入。

②将货物的长、宽、高相乘得出货物的体积。

③将体积折合成千克或磅,即根据所使用不同的度量单位分别用体积值除以6 000 cm³ 或366 立方英寸或166 立方英寸。体积重量尾数的处理方法与毛重尾数的处理方法相同。计算公式如下:

体积重量 =(最长×最宽×最高)/6 000(或者366)

一般情况下,靠实际的经验是可以判断出一批货物是属于轻泡货物还是重货,但在有疑义时,最好是将实际毛重和体积重量两者比较一下。

例如,一批货物的实际毛重是250 kg,体积是1 908 900 cm³。计算出体积重量为1 908 900 cm³/6 000 cm³/kg =318. 15 kg;因318. 15 kg 大于250 kg,故计费重量为318. 5 kg。

3)多件货物

在集中托运的情况下,同一运单项下会有多件货物,其中有重货也有轻货,此时货物的计费重量就按照该批货物的总毛重或总体积重量中较高的一个计算。也就是首先计算这一整批货物总的实际毛重;其次,计算该批货物的总体积,并求出体积重量;最后,比较两个数值,并以高的作为该批货物的计费重量。

6.3.2　航协区

与其他各种运输方式不同的是,国际航空货物运输中与运费的有关各项规章制度、运费水平都是由国际航协统一协调、制定的。

在充分考虑了世界上各个不同国家、地区的社会经济、贸易发展水平后,国际航协将全球分成3 个区域,简称为航协区(IATA Traffic Conference Areas),每个航协区内又分成几个亚区。由于航协区的划分主要从航空运输业务的角度考虑,依据的是不同地区不同的经济、社会以及商业条件,因此和我们熟悉的世界行政区划有所不同。

1)一区(TC1)

一区包括北美、中美、南美、格陵兰、百慕大和夏威夷群岛。

2)二区(TC2)

二区由整个欧洲大陆(包括俄罗斯的欧洲部分)及毗邻岛屿,冰岛,亚速尔群岛,非洲大陆和毗邻岛屿,亚洲的伊朗及伊朗以西地区组成。本区也是和我们所熟知的政治地理区划差异最多的一个区,它主要有3个亚区:

非洲区,包含非洲大多数国家及地区,但非洲北部的摩洛哥、阿尔及利亚、突尼斯、埃及和苏丹不包括在内。

欧洲区,包括欧洲国家和摩洛哥、阿尔及利亚、突尼斯3个非洲国家和土耳其(既包括欧洲部分,也包括亚洲部分)。俄罗斯仅包括其欧洲部分。

中东区,包括巴林、塞浦路斯、埃及、伊朗、伊拉克、以色列、约旦、科威特、黎巴嫩、阿曼、卡塔尔、沙特阿拉伯、苏丹、叙利亚、阿拉伯联合酋长国、也门等。

3)三区(TC3)

三区由整个亚洲大陆及毗邻岛屿(已包括在二区的部分除外),澳大利亚、新西兰及毗邻岛屿,太平洋岛屿(已包括在一区的部分除外)组成。其中:

南亚次大陆区,包括阿富汗、印度、巴基斯坦、斯里兰卡等南亚国家。

东南亚区,包括中国(含港、澳、台)、东南亚诸国、蒙古、俄罗斯亚洲部分及土库曼斯坦等独联体国家、密克罗尼西亚等群岛地区。

西南太平洋洲区,包括澳大利亚、新西兰、所罗门群岛等。

日本、朝鲜区,仅含日本和朝鲜。

6.3.3　国际航空货物运价的种类

国际航空货物主要的航空运价有以下4类:

1)一般货物运价(general cargo rate,GCR)

一般货物运价也称普通货物运价。不含有贵重元素,并按普通货物运价收取运费的货物称普通货物。为普通货物而制定的运价,称普通货物运价。如果一批货物既没有可适用的等级运价,也没有特种货物运价,就必须使用一般货物运价。一般货物运价的适用范围最为广泛。

通常,各航空公司针对所承运货物的数量的不同,规定了几个计费重量分界点。最常见的是以45 kg为划分点,将货物分为45 kg以下包括45 kg(N)和45 kg以上(Q)两种。在世界上的许多地区对更高的重量又进一步公布更低的运价,如100 kg、200 kg、300 kg,甚至1 500 kg等各栏运价。运价的数额随运输量的增加而减少。

它包括以下几个等级:

①N(normal rate)45 kg以下[即100磅以下];

②Q(quantity rate)45 kg以上(含45 kg);

③45 kg 以上,如 Q100,Q500 等,运价代号仍然为 Q。

2)特种货物的运价(special cargo rate,SCR)

特种货物运价又叫作指定商品运价,是指适用于自规定的始发地至规定的目的地运输特定品名货物的运价。

通常情况下,指定商品运价低于相应的普通货物运价。就其性质而言,该运价是一种优惠性质的运价。鉴于此,指定商品运价在使用时,对于货物的起讫地点、运价使用期限、货物运价的最低重量起点等均有特定的条件。

指定商品运价的原因可归纳为以下两方面:其一,在某特定航线上,一些较为稳定的货主经常地或者是定期地托运特定品名的货物,托运人要求承运人提供一个较低的优惠运价;其二,航空公司为了有效地利用其运力,争取货源并保证飞机有较高的载运率,向市场推出一个较有竞争力的优惠运价。有些指定商品运价也公布了不同的重量等级分界点,旨在鼓励货主托运大宗货物,并意识到选择空运的经济性及可行性。

指定商品货物的分组及品名编号如下:

0001—0999,可食用的动植物产品;

1000—1999,活动物及非食用的动植物产品;

2000—2999,纺织品、纤维及其制品;

3000—3999,金属及其制品,不包括机器、汽车和电器设备;

4000—4999,机器、汽车和电器设备;

5000—5999,非金属材料及其制品;

6000—6999,化工材料及其相关产品;

7000—7999,纸张、芦苇、橡胶和木材制品;

8000—8999,科学仪器、专业仪器、精密仪器、器械及配件;

9000—9999,其他。

知识扩展

从中国始发的常用指定商品代码

国际航协指定商品代码非常多,但我们主要了解从北京始发的货物的指定商品代码,并记住常用的指定商品代码。

0008— 新鲜的水果,蔬菜;

0300— 鱼,海鲜、海产品;

2199— 纱、线、纤维、纺织原料。

[例1]

Routing; Beijing,CHINA(BJS)to NAGOYA,JAPAN(NGO)

Commodity: FRESH ORANGES

Gross weight： EACH 47.8 kg,TOTAL 6 PIECES

Dimensions： 128 cm×42 cm×36 cm×6

公布运价如下表中所列：

BEIJING	CN		BJS
Y. RENMINBI	CNY		kg
NAGOYA	JP	M	230
		N	37.51
		45	28.13
	0008	300	18.80
	0300	500	20.61
	1093	100	18.43
	2195	500	18.80

要求：请计算其航空运费。

解：

Volume： 128 cm×42 cm×36 cm×6=1 161 216 cm^3

Volume weight： 1 161 216 cm^3÷6 000 cm^3/kg=193.536 kg=194.0 kg

Gross Weight： 47.8 kg×6=286.8 kg

Chargeable weight： 287.0.0 kg

分析：由于计费重量没有满足指定商品代码 0008 的最低重量要求 300 kg,因此只能先用普货来算。

①按普通运价使用规则计算：

Applicable rate： GCR Q45 28.13 CNY/KG

Weight charge： 287.0 kg×28.13=CNY 8 073.31

②按指定商品运价使用规则计算：

Actual gross weight： 286.8 kg

Chargeable weight： 300.0 kg

Applicable rate： SCR 0008/Q300 18.80 CNY/kg

Weight charge： 300.0 kg×18.80=CNY 5 640.00

对比①与②,取运费较低者。

Weight charge：CNY 5 640.00

3)等级货物运价(class cargo rate,CCR)

等级货物运价是指适用于规定地区或地区间指定等级的货物所适用的运价。等级货物运价是在普通货物运价的基础上增加或减少一定百分比而构成的。它包含两种类型：

①等级运价加价,用"S"表示,适用商品包括活动物、贵重物品、尸体。上述物品的运价是按 45 kg 以下的普通货物的运价的 200% 计收。

②等级运价减价,用"R"表示,适用商品包括报纸、杂志、书籍和出版物,以及作为货物托运的行李。上述物品的运价是按 45 kg 以下的普通货物运价的 50% 计收。

4)起码运费(minimum charges, M)

起码运费是航空公司办理一批货物所能接受的最低运费,不论货物的重量或体积多少,在两点之间运输一批货物应收取的最低金额。一批货物的运费计算,是使用计费重量乘上所适用的运价,不管使用哪一种运价,运费数不能低于公布的起码运价。不同地区有不同的起码运费。

[例2]A 至 B 点,普通货物 4 kg,M 级运费 37.50 元,而 45 kg 以下 N 级运价 7.50 元,求运费。

解:普通货物运费:7.50 元/kg × 4 kg = 30 元

起码运费为 37.50 元,故应收运费 37.50 元。

5)使用各种运价时的具体注意事项

①航空运费计算时,首先适用指定商品运价,其次是等级货物运价,最后是普通货物运价;

②无论使用何种运价,最后计算出的总运费低于起码运费时,按起码运费计收;

③运价是指从一机场到另一机场,而且只适用于单一方向;

④不包括其他额外费用,如提货、报关、接交和仓储费用等;

⑤运价通常以当地货币为计价标准;

⑥运价一般以千克或磅为计算单位;

⑦航空运单中的运价是按出具运单之日所适用的运价。

6.3.4 航空附加费

1)货物的声明价值费

根据《华沙公约》的规定,由于承运人的失职而造成货物损坏、丢失或延误等应承担责任,其最高赔偿限额每千克(毛重)为 20 美元或 7.675 英镑或等值的当地货币。如果货物的价值毛重每千克超过 20 美元,这样就增加了承运人的责任。这种情况下,托运人在交运货物时,可向承运人或其代理人声明货物的价值,称为货物的声明价值。同时,必须向承运人支付一定的费用,通常为 0.5%,这笔费用就成为货物的声明价值附加费。其计算公式如下:

声明价值费 =(整批货物声明价值 − 货物毛重 × 20 美元)× 0.5%

2)其他附加费

其他附加费包括制单费、货到付款劳务费、中转手续费等,一般只有在承运人或航空货运代理人或集中托运人提供服务时才收取。

6.4　国际航空运单

6.4.1　国际航空运单的概念

航空运单是由托运人或者以托运人名义填制的,托运人和承运人之间在承运人的航线上运输货物所订立的运输契约。它是航空货运中的一种重要单据,但不代表货物所有权,不可转让,是不可议付的单据。

一张货运单只能用于一个托运人在同一时间、同一地点的托运,由承运人运往同一目的地站同一收货人的一件或者多件货物。集中托运的分运单应有集中托运人自制,不得使用承运人的货运单。

6.4.2　航空运单的性质和作用

航空运单的性质体现在以下几方面:

1)运输合同

在双方共同签署后生效,与海运提单不同,航空运单不仅证明航空运输合同的存在,而且航空运单本身就是发货人与航空承运人之间缔结的货物运输合同,并在货物到达目的地交付给运单上的收货人后失效。

2)货物收据

在发货人将货物交给承运人或其代理人以后,承运人或其代理人就会将航空运单中"发货人联"交给发货人,作为已经接收货物的证明。除非另外注明,它也是承运人收到货物并在良好条件下装运的证明。

3)运费账单

它记载着收货人应负担的费用和属于代理的费用,是承运人据以核收运费的账单。

4) 报关单证

它是必备的报关单证之一,也是海关最后检查放行的基本单证。

5) 保险书

如果承运人承办保险,航空货运单也可以用来作保险书。

6) 内部流转单据

它是承运人内部业务的依据。

6.4.3 航空货运单的种类

在集中托运的情况下,存在着两种航空货运单,一种是主运单(master air way bill,MAWB),一种是分运单(house air way bill,HAWB)。

1) 主运单

集中托运人(代理人)把来自不同收货人的货物集中到一起向航空公司订舱并交付货物时,航空公司需要给代理人一个凭证,这个凭证就是主运单。主运单是代理人和承运人之间交接货物的凭证,也是承运人组织货物运输全过程的依据。

主运单只能由航空公司颁发,任何代理人都不得自行印制。

主运单上记载的货物托运人栏和收货人栏都是集中托运人,分别为始发地的托运商和目的地的分拨商,承运人是航空公司。

由于在起运地货物由集中托运人将货物交付航空运输公司,在目的地由集中托运人或其代理从航空运输公司处提取货物,再转交给收货人,因而货主与航空运输公司也没有直接的货物交接关系。

2) 分运单

在集中托运时,各个货主、托运人将来自各地的货物交给集中托运人进行托运时,集中托运人(代理人)需要给货主、托运人一个凭证,即分运单。它是代理人和托运人之间的货物交接凭证。

分运单由代理人自行印制,不受航空公司的限制,格式参照航空公司的主运单。

分运单上的托运人栏和收货人栏填写的是货物的实际托运人和收货人,承运人是集中托运人。

6.4.4 航空货运单的构成

我国国际航空货运单由一式12联组成,其中,1,2,3联为正本,其背面印有运输契约条件,4~9联为副本,10~12联为额外副本。根据需要,还可以增加额外副本。按装订顺序,各联的分配使用如表6.2。

表6.2　国际航空货运单各联分配使用表

序　号	名　称	分配使用	颜　色
1	正本3	交托运人	蓝色
2	副本9	交代理人	白色
3	正本1	交承运人或代理人	绿色
4	正本2	交收货人	粉红色
5	副本4	提取货物收据	黄色
6	副本5	交目的地机场	白色
7	副本6	交第三承运人	白色
8	副本7	交第二承运人	白色
9	副本8	交第一承运人	白色
10	额外副本10	供承运人使用	白色
11	额外副本11	供承运人使用	白色
12	额外副本12	供承运人使用	白色

6.4.5　航空货运单的填制

1)填制要求

规范的航空货物单填制的要求包括:

①填开货运单要求使用计算机,使用英文大写字母打印。

②各栏内容必须准确、清楚、齐全,不得随意涂改。如需修改,必须在旁边注明修改货运单的空运企业名称、地址、日期,同时将其他各联一并修改。

③货运单的各栏目中,有些栏目印有阴影。其中,有标题的阴影栏目仅供承运人填写;没有标题的阴影栏目一般不需填写,除非承运人特殊需要。

2)各栏目的填写说明

航空货运单的样表如图6.4所示。

填写图6.4所示航空货运单的要求如下:

①始发站机场。需填写IATA统一制定的始发站机场或城市的三字代码,这一栏应该和11栏相一致。

1A:IATA统一编制的航空公司代码,如我国的国际航空公司的代码就是999;

1B:运单号。

MAWB

(1A)	(1)	(1B)		(1A)	(1B)

<table>
<tr>
<td colspan="3">
(2)Shipper's Name and Address
</td>
<td colspan="3">
(3) Shipper's Account Number
</td>
<td colspan="6">
Not Negotiable

Air Waybill
Issued by
</td>
<td colspan="6">
中国东方航空公司
CHINA EASTERN AIRLINES
2550 HONGQIAO ROAD
SHANGHAI CHINA
</td>
</tr>
</table>

(4) Consignee's Name and Address — (5) Consignee's Account Number

Copy 1,2 and 3 of this Air Waybill are originals and have the same validity

(6) Issuing Carrier's Agent Name and City

It is agreed that the goods described herein are accepted in apparent good order and condition (except as noted) for carriage subject to the conditions of contract on the reverse hereof. All goods may be carried by any other means including road or any other carrier unless specific contrary instructions are given hereon by the shipper, and shipper agrees that the shipment may be carried via intermediate stopping places which the carrier deems appropriate. The shipper's attention is drawn to the notice concerning carrier's limitation of liability. The shipper may increase such limitation of liability by declaring a higher value for carriage and paying a supplemental charge if required.

(7) Agent's IATA Code   (8) Account No.

(9) Airport of Departure (Add. of First Carrier) and Requested Routing   (10) Accounting Information

To (11A)	By First Carrier (11B)	Routing and Destination	To (11C)	By (11D)	To (11E)	By (11F)	Currency (12)	CHGS Code (13)	WT/VAL		Other		Declared Value for Carriage (16)	Declared Value for Customs (17)
									PPD (14A)	COLE. (14B)	PPD (15A)	COLE. (15B)		

Airport of Destination (18)	Flight /Date (19A)	For Carrier Use Only	Flight /Date (19B)	(20) Amount of Insurance	INSURANCE — If shipper requests insurance in accordance with conditions on reverse hereof, indicate amount to be insured in figures in box marked amount of insurance.

(21) Handling Information

No. of Pieces RCP	Gross Weight	Kg lb	Rate	Class Commodity Item No.	Chargeable Weight	Rate / Charge	Total	Nature and Quantity of Goods (incl. Dimensions or Volume)
(22A)	(22B)	(22C)	(22D)	(22E)	(22F)	(22G)	(22H) (22I)	
(22J)	(22K)							

Prepaid	Weight Charge	Collect	Other Charges (23)
(24A)		(24B)	

	Valuation Charge		Shipper certifies that the particulars on the face hereof are correct and agrees THE CONDITIONS ON THE REVERSE HEREOF.
(25A)		(25B)	

	Tax		(31)
(26A)		(26B)	Signature of Shipper or His Agent

	Total Other Charges Due Agent		Carrier certifies that the goods described hereon are accepted for carriage subject to THE CONDITION OF CONTRACT ON THE REVERSE HEREOF, the goods then being in apparent good order and condition except as noted hereon.
(27A)		(27B)	

	Total Other Charges Due Carrier		(32A) (32B) (32C)
(28A)		(28B)	
(29A)		(29B)	

Total Prepaid	Total Collect	Executed on (date) at (place) Signature of issuing Carrier or His Agent
(30A)	(30A)	

Currency Conversion Rates	cc charges in Dest.Currency	
(33A)	(33B)	

(33)For Carrier's Use Only At Destination	Charges at Destination	Total Collect Charges
	(33C)	(33D)

图 6.4　航空货运单样式

②发货人姓名、住址(shipper's name and address)。填写发货人姓名、地址、所在国家及联络方法。

③发货人账号。只在必要时填写。

④收货人姓名、住址(consignee's name and address)。应填写收货人姓名、地址、所在国家及联络方法。与海运提单不同,因为空运单不可转让,所以"凭指示"之类的字样不得出现。

⑤收货人账号。同第③栏一样只在必要时填写。

⑥承运人代理的名称和所在城市(issuing carrier's agent name and city)。

⑦代理人的 IATA 代号。

⑧代理人账号。

⑨始发站机场及所要求的航线(airport of departure and requested routing)。这里的始发站应与第①栏填写的相一致。

⑩支付信息(accounting information)。此栏只有在采用特殊付款方式时才填写。

⑪A(C,E).去往(To)。分别填入第一(二、三)中转站机场的 IATA 代码;

B(D,F).承运人(By)。分别填入第一(二、三)段运输的承运人。

⑫货币(currency)。填入 ISO 货币代码。

⑬收费代号。表明支付方式。

⑭运费及声明价值费(WT/VAL,weight charge/valuation charge)。此时可以有两种情况,即预付(PPD,prepaid)或到付(COLL collect)。如为预付,则在 14A 中填入"×";否则,填在 14B 中。需要注意的是,航空货物运输中运费与声明价值费支付的方式必须一致,不能分别支付。

⑮其他费用(other)。也有预付和到付两种支付方式。

⑯运输声明价值(declared value for carriage)。在此栏填入发货人要求的用于运输的声明价值。如果发货人不要求声明价值,则填入"NVD(No value declared)"。

⑰海关声明价值(declared value for customs)。发货人在此填入对海关的声明价值,或者填入"NCV(No customs valuation)",表明没有声明价值。

⑱目的地机场(airport of destination)。填写最终目的地机场的全称。

⑲航班及日期(flight/date)。填入货物所搭乘航班及日期。

⑳保险金额(amount of insurance)。只有在航空公司提供代保险业务而客户也有此需要时才填写。

㉑操作信息(handling information)。一般填入承运人对货物处理的有关注意事项,如"Shipper|s certification for live animals(托运人提供活动物证明)"等。

㉒22A—22L,货物运价、运费细节:

22A,货物件数和运价组成点(No. of Pieces RCP,Rate Combination Point)。填入货物包装件数。如 10 包即填"10"。当需要组成比例运价或分段相加运价时,在此栏填入运价组成点机场的 IATA 代码。

22B,毛重(gross weight)。填入货物总毛重。

22C,重量单位。可选择千克(kg)或磅(lb)。

22D,运价等级(rate class)。针对不同的航空运价共有 6 种代码,它们是 M(minimum,起码运费)、C(specific commodity rates,特种运价)、S(surcharge,高于普通货物运价的等级货物运价)、R(reduced,低于普通货物运价的等级货物运价)、N(normal,45 kg 以下货物适用的普通货物运价)、Q(quantity,45 kg 以上货物适用的普通货物运价)。

22E,商品代码(Commodity Item No.)。在使用特种运价时,需要在此栏填写商品代码。

22F,计费重量(Chargeable Weight)。此栏填入航空公司据以计算运费的计费重量,该重量可以与货物毛重相同,也可以不同。

22G,运价(rate/charge)。填入该货物适用的费率。

22H,运费总额(total)。此栏数值应为起码运费值或者是运价与计费重量两栏数值的乘积。

22I,货物的品名、数量,含尺码或体积(nature and quantity of goods incl. dimensions or volume)。货物的尺码应以厘米或英寸为单位,尺寸分别以货物最长、最宽、最高边为基础。体积则是上述三边的乘积,单位为立方厘米或立方英寸。

22J,该运单项下货物总件数。

22K,该运单项下货物总毛重。

22L,该运单项下货物总运费。

㉓其他费用(other charges)。其他运费指除运费和声明价值附加费以外的其他费用。根据 IATA 规则,各项费用分别用 3 个英文字母表示。其中前两个字母是某项费用的代码,如运单费就表示为 AW(air waybill fee);第三个字母是 C 或 A,分别表示费用应支付给承运人(carrier)或货运代理人(agent)。

㉔—㉖分别记录运费、声明价值费和税款金额,有预付与到付两种方式。

㉗—㉘分别记录需要付给货运代理人(due agent)和承运人(due carrier)的其他费用合计金额。

㉙需预付或到付的各种费用。

㉚预付、到付的总金额。

㉛发货人的签字。

㉜签单时间(日期)、地点、承运人或其代理人的签字。

㉝货币换算及目的地机场收费记录。

以上所有内容不一定要全部填入空运单,IATA 也并未反对在运单中写入其他所需的内容。但这种标准化的单证对航空货运经营人提高工作效率,促进航空货运业向电子商务的方向迈进有着积极的意义。

本章小结

　　航空货运虽然起步较晚,但发展异常迅速,特别受到现代化企业管理者的青睐,其原因之一就在于它具有许多其他运输方式所不能比拟的优越性。随着货物对时间的要求的加快,高价值货物的需求量的增大,国际航空货运将成为未来重要的一种货物运输方式。国际航空货运有着复杂的操作流程、费用结算和单据,国际航空货代在托运人和航空公司之间架起了一座便利的桥梁。本章介绍了航空货物运输的基础知识,认识了国际航空货运代理这一货代类型,讲述了国际航空货物运输进出口的操作流程,阐述了航空货物运费的计算依据和计算方法,说明了航空运单及相关单据的作用和填写方式。

知识检测

1. 单选题

　　(1)航空货代具有(　　)身份。

　　A. 货运代理　　　　　　　　　B. 航空公司代理

　　C. 货运代理和航空公司代理　　　D. 国内外收发货人代理

　　(2)空运的集运商要会填(　　)。

　　A. HAWB　　　　B. MAWB　　　　C. Main Deck　　　D. Upper Deck

　　(3)空运时,国际货物托运单应由(　　)填具。

　　A. 货主　　　　　B. 空代　　　　C. 承运人　　　　D. 航空公司

　　(4)托运单上声明价值一栏,如货物毛重每千克未超过 20 美元则此栏可填(　　)。

　　A. 20 美元　　　B. 未超过 20 美元　C. NVD　　　　D. ALSO NOTIFY

　　(5)航空公司的运价类别,以"M"表示(　　)。

　　A. 最低运价　　　B. 指定商品运价　C. 附加运价　　　D. 附件运价

　　(6)航空公司的运价,以"N"表示(　　)。

　　A. 最低运价　　　B. 指定商品运价　C. 附加运价　　　D. 附减运价

　　(7)国际空运货物的计费重量以(　　)为最小单位。

　　A. 0.3 kg　　　　B. 0.5 kg　　　　C. 0.8 kg　　　　D. 1 kg

(8)空运单共一式十二联,其中正本为(　　)。

A. 一联　　　　　　B. 二联　　　　　　C. 三联　　　　　　D. 四联

(9)空运承运人对没有办理声明价值的货物损失,其最高赔偿限额为毛重每千克为(　　)。

A. 15 美元　　　　B. 20 美元　　　　C. 25 美元　　　　D. 30 美元

(10)航空快运中一项必不可少的重要单据是(　　)。

A. CCA　　　　　　B. IRP　　　　　　C. POD　　　　　　D. AWA

2. 多选题

(1)航空运输的特点有(　　)。

A. 速度快　　　　B. 安全准确　　　　C. 节省运杂费　　　D. 不受气候影响

(2)空运的主要经营方式有(　　)。

A. 班机　　　　　　B. 包机　　　　　　C. 集中托运　　　　D. 快递

(3)空运货物的计算重量分(　　)。

A. 按实际毛重　　　　　　　　　B. 按体积重量

C. 按较高重量分界点的重量　　　D. 按较低重量分界点的重量

(4)航空货运单的作用,除是承运人与托运人之间缔结的运输契约和承运人收运货物的证明文件之外,还是(　　)。

A. 运费结算凭证及运费收据　　　B. 承运人在货物运输全过程中的依据

C. 办理清关的证明文件　　　　　D. 保险证明

(5)航空快运业务的形式分(　　)。

A. 门到门服务　　　　　　　　　B. 机场到机场服务

C. 专人派送　　　　　　　　　　D. 货到付款

3. 问答题

(1)航空运单的作用有哪些?

(2)航空运单中 M,N,Q,C,R,S 各是哪种含义?

(3)航空货运代理的职能是什么?

(4)航空货运的特点有哪些?

(5)直接运输与集中托运货物的区别是什么?

(6)TACT 是何含义?它分级部分内容是什么?

(7)出口运输代理业务的程序包括哪些环节?

(8)进口运输代理业务的程序包括哪些环节?

4. 计算题

(1)有四台精密仪器都需从北京空运至香港。它们的重量分别为 10 kg,20 kg,

35 kg,40 kg。如分别托运各需多少运费？如集中托运又需多少运费？（设：一般货物的起码运费为 15 港元,45 kg 以下每千克 3 港元,45 kg 以上每千克 2.5 港元）。

（2）某公司空运出口一批商品（普货）供给 115 箱,每箱重 15 kg,体积为 40 cm × 44 cm×60 cm。从北京运往美国迈阿密。问该批货物的空运运费为多少？（设 M 为 11.81 美元,N 为 28.65 美元,Q 为 21.62 美元;100 kg 为 18.82 美元,500 kg 为 15.35 美元,1 000 kg 为 15.00 美元,2 000 kg 为 14.60 美元）。

任务训练一

任务名称

填制航空运单。

训练目的和要求

根据航空货物委托书填制航空货物运单。

训练内容

根据下述资料和表 6.3 所示的国际货物托运书,填写表 6.4 所示的航空货运单。

背景材料

（1）航空公司收取 CNY50 元的货运单费。
（2）该批货物按普通货物计收运费,对应的运价为 CNY77.00/KG。

北京首都国际机场:PEK

纽约肯尼迪国际机场:JFK

应用工具

国际货物托运书（表 6.3）和航空货运单（表 6.4）。

注意规则

航空运单的相关知识、航空货运基本知识。

组织实施

请依照所提供的资料及所附国际货物托运书,将航空货运单填制完整。

任务训练二

任务名称

航空出口货运代理流程。

训练目的和要求

通过实训,使学生熟悉航空出口货运代理流程,并能熟练填制各种单证。按流程进行操作,并提交操作结果。

应用工具

电脑、航空货运代理软件。

注意规则

航空出口货运代理流程知识。

组织实施

实训室上机操作。

表6.3　国际货物托运书(SHIPPERS LETTER OF INSTRUTION)

托运人姓名及地址 SHIPPER NAME AND ADDRESS CHINA INDUSTRY CORP.,BEIJING. P.R.CHINA TEL:86(10)64596666 FAX:86(10)6459888	托运人账号 SHIPPERS ACCOUNT NUMBER	供承运人用 FOR CARRIAGE USE ONLY
		班期/日期　　　　　航班/日期 FLIGHT/DAY　　　　FLIGHT/DAY
		CA921/30 JUL, 2002
收货人姓名及地址 Consigncer's NAME AND ADDRESS NEWYORK SPORT IMPORTERS, NEWYORK,U.S.A TEL:78789999	收货人账号 CONSIGNEE ACCOUNT NUMBER	已预留吨位 BOOKED
		运费　CHARGES CHARGES PREPAID
代理人的名称和城市 Issuing Carriers Agent Name and City KUNDA AIR FRIGHT CO.LTD 始发站 AIRPORT OF DEPARTURE CAPTIAL INTERNATIONAL AIRPORT 到达站 AIRPORT OF DESTINATION JOHN KENNEDY AIRPORT（JFK）		ALSO notify

托运人声明价值 SHIPPERS　DECLARED VALUE		保险金额 AMOUNT OF INSURANGE	所附文件 DOCUMENT TO ACCOMPANY AIR WAYBILL
供运输用 FOR CARRIAGE NVD	供海关用 FOR CUSTOMS NCV	× × ×	1 COMMERCIAL INVOICE

处理情况（包括包装方式、货物标志及号码）
HANDING INFORMATION(INGL METHOD OF PACKING IDENTFYING AND NUMBERS)

KEEP UPSIDE

件数 NO. OF PACKAGES	实际毛重 ACTUAL GROSS WEIGHT(KG.)	运价种类 RATE CLASS	收费重量 CHARGEABLE WEIGHT	费率 RATE/CHAR GE	货物品名及数量(包括体积或 尺寸) NATURE AND QUANTITY OF GOODS (INCL. DIMENSION OF VOLUME)
4	53.8				MECHINERY DIMS:70 cm × 47 cm × 35 cm × 4

表 6.4 航空货运单

MAWB

(1A)	(1)	(1B)	(1A)	(1B)

<table>
<tr>
<td>(2)Shipper's Name and Address</td>
<td>(3) Shipper's Account Number</td>
<td colspan="2">Not Negotiable

Air Waybill
Issued by

中国东方航空公司
CHINA EASTERN AIRLINES
2550 HONGQIAO ROAD
SHANGHAI CHINA</td>
</tr>
<tr>
<td>(4) Consignee's Name and Address</td>
<td>(5) Consignee's Account Number</td>
<td colspan="2">Copy 1,2 and 3 of this Air Waybill are originals and have the same validity
It is agreed that the goods described herein are accepted in apparent good order and condition (except as noted) for carriage subject to the conditions of contract on the reverse hereof. All goods may be carried by any other means including road or any other carrier unless specific contrary instructions are given hereon by the shipper, and shipper agrees that the shipment may be carried via intermediate stopping places which the carrier deems appropriate. The shipper's attention is drawn to the notice concerning carrier's limitation of liability. The shipper may increase such limitation of liability by declaring a higher value for carriage and paying a supplemental charge if required.</td>
</tr>
<tr>
<td colspan="2">(6) Issuing Carrier's Agent Name and City</td>
<td colspan="2" rowspan="2"></td>
</tr>
<tr>
<td>(7) Agent's IATA Code</td>
<td>(8) Account No.</td>
</tr>
</table>

(9) Airport of Departure (Add. of First Carrier) and Requested Routing | (10) Accounting Information

To (11A)	By First Carrier (11B)	Routing and Destination	To (11C)	By (11D)	To (11E)	By (11F)	Currency (12)	CHGS Code (13)	WT/VAL		Other		Declared Value for Carriage (16)	Declared Value for Customs (17)
									PPD (14A)	COLE. (14B)	PPD (15A)	COLE. (15B)		

Airport of Destination (18)	Flight /Date (19A)	For Carrier Use Only	Flight /Date (19B)	(20) Amount of Insurance	INSURANCE — If shipper requests insurance in accordance with conditions on reverse hereof, indicate amount to be insured in figures in box marked amount of insurance.

(21) Handling Information

No. of Pieces RCP	Gross Weight	Kg lb	Rate Class Commodity Item No.		Chargeable Weight	Rate / Charge	Total	Nature and Quantity of Goods (incl. Dimensions or Volume)
(22A)	(22B)	(22C)	(22D)	(22E)	(22F)	(22G)	(22H)	(22I)
(22J)	(22K)							

Prepaid	Weight Charge		Collect	Other Charges
(24A)		(24B)		(23)
Valuation Charge				Shipper certifies that the particulars on the face hereof are correct and agrees THE CONDITIONS ON THE REVERSE HEREOF.
(25A)		(25B)		
Tax				(31)
(26A)		(26B)		Signature of Shipper or His Agent
Total Other Charges Due Agent				Carrier certifies that the goods described hereon are accepted for carriage subject to THE CONDITION OF CONTRACT ON THE REVERSE HEREOF, the goods then being in apparent good order and condition except as noted hereon.
(27A)		(27B)		
Total Other Charges Due Carrier				
(28A)		(28B)		(32A) (32B) (32C)
(29A)		(29B)		
Total Prepaid		Total Collect		Executed on (date) at (place) Signature of issuing Carrier or His Agent
(30A)		(30A)		
Currency Conversion Rates		cc charges in Dest.Currency		
(33A)		(33B)		
(33)For Carrier's Use Only At Destination		Charges at Destination	Total Collect Charges	
		(33C)	(33D)	

第 7 章　国际陆运代理业务

学习目标

●能运用国际公路、铁路运输的特点及类别等相关知识进行国际货物陆运方式的最佳选择,在保证货物安全的前提下最大限度地节省时间和费用。

●掌握国际公路、铁路运输业务的基本操作程序,了解整个处理过程和大致内容,能够熟练办理相关业务。

●学会应用国际铁路货物联运的范围、运到期限、运输限制、法律责任等知识正确把握好整个货运过程,避免或减少损失发生。

●能够运用有关规定准确地进行运费及相关费用的计算。

●能够按照要求正确填写公路及铁路货运运单。

职业能力

●能代替发货人选择最佳运输方式,办理国际公路、铁路运输不同阶段的各种手续(包括托运、报关、报检、保险等),为客户安排货物、包装、刷唛头、代收代付各种费用等,并与运输有关方保持联系,跟踪货物运输全过程。

●能代表承运人的利益,揽货、办理相关业务,合理安排运输等,尽量缩短货物运输及储存时间,提高作业效率。

●熟知国际陆运常识,并具有一定的预见性,能够防止或减少运输中的问题发生,以保证安全、高效、经济运作。

案例导入

有一批自我国铁路发送过境蒙古铁路到达俄罗斯的整车合装货物,其品名和数量如下:①等运价货物"皮运动手套""皮带"和"订书机"共计 10.8 t,装车最低计费总重量为 15 t;②等运价货物"牛皮纸"和"防冻剂"共计 18.4 t,装车最低计费总重量为 30 t。请问:该批货物在蒙古境内的计费重量和运价等级该如何确定? 为什么?

7.1　国际公路货物运输代理

7.1.1　国际公路货物运输概述

公路运输(road transportation)是现代运输主要方式之一,也是构成陆上运输的两大基本方式之一。它既是一个独立的运输体系,又是连接铁路、水路和航空运输起端和末端不可缺少的运输方式。公路运输一般以汽车作为运载工具,所以它实际是公路汽车运输。

国际公路货物运输是指国际货物借助一定的运载工具(主要是汽车),沿着公路作跨及两个或两个以上国家或地区的转移过程。

公路联运进出口贸易是指借助运载工具,沿口岸公路在两国之间的移动,以实现货物的贸易交接,并根据国家的法律、法规完成货物的报关、报检、报验、纳税等一切相关手续。它是国际货物联运的重要组成部分,是一个国家公路运输结束到另一个国家公路运输的开始。

7.1.2　国际公路运输的特点

货物运输可采用公路、铁路、水路、航空等多种方式,公路汽车运输与这些运输方式比较,具有以下特点:

1)汽车运输的长处

(1)适应性强

汽车运输具有车辆形式多样、技术性能各异、受地理和气候限制较小、运行范围较广等特长,与其他运输方式相比有较强的适应性,可以弥补其他运输方式的不足。

(2)机动灵活

汽车运输单位运量小,易于集中和分散,调度灵活,突击性强,能提供及时有效的服务。

(3)直达、便捷

水路、铁路、航空运输只能到达港站,两头都需要汽车运输,装卸环节多,只有汽车能够直达运输,中间不需要倒载换装,较为方便。

(4)运输速度快,便于周转流通

短途运输是汽车运输特有的优势,短途货运批量小、时间紧、要求急,对装卸机具和场地要求不高,最宜采用汽车运输,其他运输方式难以替代。

（5）可以广泛参与联合运输

汽车运输是沟通铁路、水路和航空运输的常用方式，可以为其他运输方式分流，特别是在集装箱多式联运中具有独特的优势。汽车拖挂的集装箱，既可以直接开上滚装船，也可以直接开上滚装火车的底盘，通过水路和铁路到达终点，再进行公路运输，直到把货物交到收货人手中。

汽车运输具有诸多的长处，但是也有其短处。

2）汽车运输的短处

（1）运输成本较高

汽车运输的成本、运价相对较高，在此方面竞争力弱于铁路和水运。

（2）载重量较小

与铁路、水运相比，汽车载重量较小，因此它不适应大量货物的运输。

（3）平均运程较短

汽车运输持续性较差，平均运程较短。

3）国际公路运输的特点

国际公路汽车运输除具有上述一般汽车运输的特点外，又具有自身的特点，主要表现在以下几方面：

（1）政治性、政策性强

国际汽车运输质量的优劣，不仅关系着客户的切身利益，而且直接影响到国家的声誉以及国与国之间的关系，因而对车辆装备、人员素质、运输质量等各运输环节都提出了严格要求。国际汽车运输必须严格执行双方就运输路线、班次、时间、货物类别、起讫点、运输单证等事项签订的协议，严格遵守国家的出入境管理规定及对方国家的法律。因此，政治性、政策性较强。

（2）纵横关系复杂

国际汽车运输的中间环节多，在运输全过程中，根据不同货物的特点，可能涉及代理商、港口、业主、海关、商检、保险公司和国家有关主管部门等，因此，组织工作难度大，纵横关系比较复杂。

（3）时间性强，风险较大

国际市场商品竞争激烈，贸易机会稍纵即逝，商品运输路线长、环节多、不确定因素多，一旦误期，将造成很大损失，发生交通事故也较国内难以处理。因此，要求国际汽车运输人员必须加强时间观念，提高预见性，并应具有较丰富的国际汽车运输实务经验。

7.1.3 国际公路货物运输的类别

国际公路货物运输有多种类别，可从以下两大方面进行划分：

1)按汽车货物运输方式划分

(1)整批货物运输

整批货物运输即托运人一次托运的货物,其计费重量在3 t以上或不足3 t,但按其性质、体积、形状等需要由一辆汽车运输的方式。

(2)零担货物运输

它是指托运人一次托运的货物,其计费重量在3 t及其以下,不需要单独用一辆车,可与其他货物合用一辆汽车运输的方式。零担货物运输按其性质和运输要求,可分为普通零担货物和特种零担货物。普通零担货物是指《公路价规》中列明的并适于零担汽车运输的一等、二等、三等普通货物。特种零担货物分长、大、笨重零担货物,危险、贵重零担货物,以及鲜活零担货物等。

按件托运的零担货物,单件体积一般不得小于0.01 m³;货物长度、宽度、高度分别不得小于3.5 m、1.5 m和1.3 m。

(3)特种货物运输

与普通货物相比,特种货物运输是指被运输货物本身的性质特殊,在装卸、储存、运送过程中有特殊要求,以保证货物完整无损及安全性。一般需要以大型汽车或挂车(核定吨位为40 t及以上的)以及罐装车、冷藏车、保温车等车辆运输,这种货物运输又分为长、大、笨重货物运输,贵重货物运输,鲜活易腐货物运输和危险货物运输4种。每种又分为若干类,各类运输都有不同的要求和不同的运输方法,它需要使用专门车辆并向有关管理部门办理准运证方得起运。

(4)集装箱汽车运输

集装箱汽车运输是指以集装箱为单位办理托运并且由专用汽车载运的方式。

(5)包车货物运输

包车货物运输是指把车辆包给托运人安排使用的货物运输方式。通常有两种形式:

①计程包车。即运费按货物运输里程结算。

②计时包车。即按包车时间结算运费。

2)按国际汽车货物运输业务性质划分

(1)出口物资的集港(站)运输

集港(站)运输是指出口商品由产地至外贸中转仓库、由中转仓库至港口仓库、由港口仓库至船边(铁路专用线或航空港收货点)的运输。

(2)货物的疏港(站)运输

疏港(站)运输是指按出口货物代理人的委托,将进口货物由港(站)送达指定交货地点。

(3)国际多式联运的首末段运输

它是指国际多式联运国内段的运输,即将出口货物由内陆装箱点装运至出运港(站),将进口货物由港(站)运至最终交货地的运输。

(4)边境公路过境运输

经向海关申请办理指定车辆、驾驶员和过境路线,在海关规定的地点停留,接受海关监管和检查,按有关规定办理报验、完税、放行后运达目的地的运输。

(5)"浮动公路"运输

它是指利用一段水运衔接两段陆运,即将车辆开上船舶,以整车货载完成这一段水运,到达另一港口后,车辆开下继续陆运的联合运输形式,又称车辆渡船方式。其特点是在陆运与水运之间,不需要将货物转换运输工具,而仍利用原来的车辆作为货物载体,使两种运输工具之间有效衔接,运输方式转换速度快,而且在转换时,避免了装卸和触碰货物,可减少或防止货损,因此是一种省时省力的现代化运输方式。

知识扩展

"浮动公路"小议

在国际物流中,海运常常是主力运输方式,海运向陆运及陆运向海运的转换就显得十分重要,"浮动公路"实际上是"滚上滚下"装卸搬运方式与"车辆渡船"方式的结合,也是陆运与水运的巧妙衔接,它在国际物流中被大量采用,并发挥了独特的作用。

7.1.4 国际公路货运代理业务基本程序

国际公路货运业务主要涉及托运手续的办理、运输合同的签订、费用的结算、货物的交接等项工作,基本程序如图7.1所示。

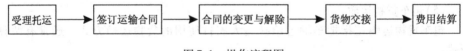

图 7.1 操作流程图

程序1,受理托运

受理托运包括受理装车和编制单据等项工作。

发货人(货主、货运代理人)在托运货物时,应按承运人的要求填写货物托运单,以此作为货物托运的书面申请和正式凭证。货物托运单是发货人托运货物和承运人承运货物的原始依据。承运人接到托运单后,应认真审核,在确认各项内容正确无误后,应在运单上签章,表示接受托运。在公路汽车运输中,由于发货人与承运人一般具有长期的货运关系,托运人可利用电话等联络方式进行托运申请。在这种情况下,承运人必须了解所承运货物的重量、体积及有关管理部门发放的进出口许可证(批文)、装卸货地点、收发货人详细地址、联络人及电话等情况。由承运人按托运人提供的资料填制《承运凭据》,交给司机到托运人指定的地点装卸货物。

程序2,签订运输合同

在国际公路货运业务中,运单即是运输合同,运单的签发则是运输合同成立的体现。《国际公路货物运输合同公约》中对运单所下的定义是,运单是运输合同,是承运人收到货物的初步证据和交货凭证。

运单一式三份,第一份交发货人,第二份随货转移,第三份由承运人留存。

发货人应对运单内容的准确性负责,运单须经承托双方正式签字方能生效。

根据是否签订定期运输合同或一次性运输合同,分别由托运人或承运人按以下要求填写运单:

①准确填写托运人和收货人的名称、地址、电话、邮政编码,以及货物的名称、性质、数量、包装方式和有关事项。

②运单应用钢笔或圆珠笔填写,字迹清楚、内容准确。需要更改时,必须在更改处签字盖章。

③一张运单托运的货物,必须是同一托运人和收货人。

承运人受理货物时,应根据运单记载的货物名称、数量等内容进行核对,确认无误,方可办理交接手续。

程序3,合同的变更与解除

运输合同签订后,如遇情况变化,在承运人未将货物交付收货人之前,托运人可以要求承运人中止运输、返还货物、变更到达地或者将货物交付给其他收货人,但应当赔偿承运人因此受到的损失。

当发生下列情况时,允许变更或解除运输合同:

①由于不可抗力使运输合同无法履约的。

②由于合同当事人一方的原因,在合同约定的期限内确实无法履行运输合同的。

③合同当事人违约,使合同的履行成为不可能或不必要的。

④经合同当事人双方协商同意解除或变更运输合同的。但承运人提出解除运输合同的,应退还已收的运费。

程序4,货物交接

货物的交接是公路运输合同的履行过程。在此过程中,为确保货物的及时、安全运输,运输部门应遵守如下要求:

①车辆到达发货地点,发货人交付货物时,驾驶员应负责点数、监装,发现包装破损、异状,应提出更换或重新整理的建议,如发货人给予更换或整理,则应在发货票上说明,并要在《承运货物签收单》上签字。

②承运货物时,要有发货人开具的与实物相符的发货票及随车转移的文件、单据。发货票与实物不符时,要立即予以纠正。

③货物运抵目的地时,驾驶员应向收货人交清货物,由收货人开具证明(或以发货票代替)。收货人应在《承运货物签收单》上签字并加盖收货单位公章。

④交货时,如发现货物短缺、丢失、损坏等情况,驾驶员应会同收货人和有关部门认真核实,并作出原始记录,分别由驾驶员和装卸人员开具证明文件。

⑤若是集装箱送到装货点装货,驾驶员仍要按上述要求办理货物交接;若是由发货人提供自备箱,并在驾驶员不在场的情况下装好箱,驾驶员有权要求发货人掏箱,在驾驶员行使监装权力的情况下重新装箱。

⑥若是集装箱装运中转货物,驾驶员无法监装、监卸,只要集装箱上标志完好,集装箱内所装货物是否与单证相符以及箱内货物是否灭失、损坏则与驾驶员无关,货物的交接以集装箱标志是否完好为准。

程序5,费用结算

①计费办法。首先要确定所运货物等级和计费重量,其次是核查货物的计费率,然后是计算计费里程,最后是其他杂费的核算,包括装卸费、过渡费、保管费、手续费等。

计算公式:运费 =(货物计费重量 × 计费里程 × 运价率) +(货物计费重量 × 计费里程 × 运价率 × 加成率)

或者是:

运费 =(货物计费重量 × 运价率) +(货物计费重量 × 运价率 × 加成率)

两个公式区别在于,前者是以"吨公里"计费,后者是以"吨"计费。如果车辆无法计算里程或者车辆速度难以测定时,计费办法是按时间计算。

②特种货物计费。特种货物的计费要按特定运价来计算。

a. 托运易碎、超长(货物长度 ≥7 m)、烈危货物,按质量计费。

b. 超重(每件货物重量 ≥250 kg)及轻泡货物,按整车计费。

c. 同一托运人托运的双程运输货物,按其运价率的85%计费。

d. 超重货物按运价加成30%计费,而烈危货物按运价加成110%计费。

e. 过境公路运输采用的是全程包干计费,或者按合同条款规定办理。

f. 对于特大型货物,则采用协商议价办法。

g. 对于同一托运人以去程或返程运送所装货物包装的,按其运价的50%计费。

③收款办法。运杂费的收款办法主要有以下几种:

a. 预收费用方式。即托运人在货物运输之前将运杂费预付给承运人,结算时多退少补。

b. 现金结算方式。是指按每次实际发生的运杂费总额向托运人收取现金。

c. 托收结算方式。指承运人先垫付运杂费,定期凭运单回执汇总所有费用总额,通过银行向托运人托收运费。

d. 预交转账支票方法。

7.2　国际铁路货物联运

铁路运输是现代运输业的主要方式之一,已经有150多年的历史。与其他运输方式比较,它具有运量大、速度快、安全可靠、运输成本低、运输准确性和连续性强、受气候影响较小等一系列特点,它联系着工业和农业,城市和乡村,内地和沿海,是我国运输网中的骨干。目前,我国经由铁路运输的进出口货量,仅次于海洋运输而居于第二位,铁路运输在国际货物运输中,起着非常重要的作用。

7.2.1　国际铁路货物联运的概念、特点与作用

1)国际铁路货物联运的概念

国际铁路货物联运(international railway through goods traffic)是指国际贸易货物经铁路由启运地发送经国境口岸站按规定办理手续和经过技术处理后进入他国境内或过境路直至运抵目的地的跨及两个及两个以上国家铁路的货物全程联运。这种方式,货物在两个或两个以上国家之间进行铁路联运,使用一份联运单据,并以连带责任办理货物的全程运送,货物从一国铁路向另一国铁路移交时,无需发、收货人参加。多式联运条件下,全程运输经营人按照多式联运要求组织运输,协调多式联运各方之间的货运和业务关系,保证铁路联运的顺利进行。

2)国际铁路货物联运的特点

(1)涉及面广、运输条件高

凡是办理国际联运,每运送一批货物都要涉及两个或两个以上国家,有时还要通过与《国际货协》有关的国家,向与《国际货协》无关的西北欧国家办理转发送,才能完成全程的运送工作,最后运到目的地。由于国际联运参加国多,涉及多个国家的铁路、车站和国境站,有时还有收转人参加,这就要求每批货物的运输条件如包装、转载、票据的编制、添附文件及车辆使用等都要符合有关国际联运的规章、规定;否则,将造成货损、货差、延迟交货等运输事故。

(2)运输时间短、成本低

国际铁路联运的始发站和最终目的站大多是内陆车站,或发、收货的铁路专用线。货物从发货人的专用线或就近的车站出发,直接到达收货人的专用线或就近的车站。对内陆收发货人来讲,铁路运输时间比海运少,运输成本也比海运低。

(3)使用一份铁路联运票据完成货物的跨国运输

在国际铁路货物联运中,参加联运国铁路作为统一的承运人使用一份运输票据对

发货人或收货人负责办理从一国铁路始运站至另一国铁路终到站的全过程运输。即使是在由一国铁路向另一国铁路移交货物时,其交接工作也纯属联运国铁路之间的内部作业而无需发货人或收货人参加。

(4)在运输责任方面采用统一责任制

自铁路承运货物起到交付货物或到达某一转发送站时止的全部运送过程,无论国际铁路联运货物的灭失、毁损、短件等或延迟交付的责任是发生在哪一个参加联运国铁路路区段,均按联运国铁路共同签署的国际统一公约或协议对发货人或收货人负责。

(5)仅使用铁路一种运输方式

国际铁路货物联运不涉及其他运输方式,因而在具备铁路运输一般特点的基础上,该种运输方式在国际运输的连贯性、持续性等方面有其特有的优势,货物甚至可以不经换装就可实现长距离的陆上跨国运输而运抵目的地。

3)国际铁路货物联运的作用

(1)简化手续、方便发货人(收货人)

国际铁路货物联运为参加联运的国家开辟了一条对外经济、文化交流的重要渠道。虽然货物在全程运送中要经过多个国家,涉及多次交接甚至多次换装等作业,但作为发货人只需在始发站办理一次性托运手续即可将货物运抵另一个国家的铁路终点,发货人或收货人无须在国境站重复办理托运的烦琐手续,大大地方便了发货人或收货人。

(2)便于在国际贸易中充分利用铁路运输的优势

铁路运输具有成本较低、运输连续性强、运输风险小和不易受天气季节变化的影响等优势,实行国际联运后,参加联运国的铁路联成一体,形成国际铁路运输网络,便于发货人根据货物的运输要求,充分利用铁路运输优势和选择运输径路,既可加快其送达速度,又能节省有关费用。

(3)可及早结汇

发货人利用国际联运办理完出口货物的托运手续后,即可凭车站承运后开具的有关联运凭证和其他商务单证办理结汇,而无需等待货物到达目的地后才能办理。这样,既能保证发货人收取货款,又加速了资金的周转,便于国际贸易的开展,对贸易双方均为有利。

(4)促进铁路沿线外向型经济及铁路运输业的发展

通过开展国际联运,为铁路沿线发展外向型经济提供了有利的条件,特别是亚欧第二大陆桥的贯通,为沿线的我国东西部地区及中亚国家的经济发展又提供了一次良好的机遇。此外,国际联运将各国铁路联成一体,促进了国与国铁路之间各方面的交流,对提高有关国家的铁路运输水平产生积极的影响。同时,通过办理国际联运进出口及过境运输,为铁路部门自身增加运输收入和赚取外汇拓展了途径。

7.2.2 国际铁路货物联运的基本条件

1）国际铁路联运的产生和发展

19 世纪中期，有关国家签订协约开展国际铁路客货联运。1890 年，欧洲国家在瑞士首都伯尔尼签订了《国际铁路运送规则》，并于 1893 年开始生效。1934 年，该公约修改后称为《国际铁路货物运送公约》，并于 1938 年 9 月开始实行。现在参加该公约的国家已达到 30 多个，在国际铁路货物运输的影响也日益扩大。

1951 年，在北大西洋公约组织欧洲各国部长运输会议上，由苏联代表提议，起草并通过了《国际货协》和《国际客协》，最初有 8 个国家参加。1954 年，中国、朝鲜、蒙古正式参加，随后越南也参加进来。从此，国际铁路联运成为连接亚欧各国客货运输的重要纽带。

知识扩展

21 世纪人类最理想的交通工具——"磁悬浮列车"

我国从 20 世纪 70 年代开始进行磁悬浮列车的研制。1995 年 5 月，我国第一台载人磁悬浮列车在轨道上空平稳地运行起来。

目前，美国正在研制地下真空磁悬浮超音速列车。这种神奇的"行星列车"设计最高时速为 2.25 万 km，是音速的 20 多倍。它横穿美国大陆只需 21 分钟，而喷气式客机则需 5 h。这项计划要求首先在地下挖设隧道，铺设 2 至 4 根直径为 12 m 的管道，然后抽出管道中的空气，使其接近真空状态，最后再用超导方式行使磁悬浮列车。

展望未来，随着现代高科技的发展，高速、平稳、安全、无污染的磁悬浮列车，将成为 21 世纪人类最理想的交通工具。

2）国际铁路货物联运的范围

（1）在参加《国际货协》的铁路或适用《国际货协》规定的铁路间的货物运送

与《国际货协》有关的国家有两类，一类是参加《国际货协》的国家，另一类是不参加但适用《国际货协》规定的国家。在参加或适用《国际货协》的国家间的货物运送，可按《国际货协》的运送条件开展国际铁路货物联运。

参加《国际货协》的各国铁路（个别国家除外）开办国内货运营业的所有各站间，都办理国际铁路货物联运。我国各站的营业办理限制按国内《铁路货物运价规则》（简称《价规》）的规定办理。由于阿尔巴尼亚铁路与其他国家铁路不连接，我国运往阿尔巴尼亚的货物，可发至东欧某一国家铁路车站，由发货人或收货人委托的代理人领取后，以其他运输工具继续运往阿尔巴尼亚。

在参加或适用《国际货协》的国家铁路之间的铁路货物运送，全程均可采用《国际

《货协》运单办理。

(2)参加《国际货协》的国家同未参加并且不适用《国际货协》规定的国家铁路间的货物运送

从参加《国际货协》的国家铁路办理发送,按《国际货协》的运送条件运至某一国家铁路国境站,在该国境站由其站长或与发货人预先签有收转合同的收转人办理转发送。国境站站长或相应的收转人即根据运送票据上的有关记载,以发货人全权代理人的资格负责用接续施行的运输法的运送票据,将货物转发送至最终到站。

例如,我国铁路通过保加利亚铁路向土耳其或希腊运送货物时,用《国际货协》运单办理至保加利亚国境站斯伦格勒或库拉塔站,继续运送时,由该国境站站长或代理人办理转发送。

(3)通过港口的货物运送

我国铁路可通过爱沙尼亚铁路及其港口塔林或拉脱维亚铁路及港口向芬兰、瑞典、挪威和丹麦等国发运货物。参加或适用《国际货协》的国家通过我国铁路及其大连、新港和黄浦等港口往日本、韩国等国及相反方向运送货物时,发站(或到站)与港口间用《国际货协》运单办理,由发货人或收货人委托的代理人在港口站办理转发送。

(4)我国过境朝鲜铁路的运输

由我国铁路经我方国境站过境朝鲜铁路向云峰发电厂(中朝合办,在中方国境线一侧)及相反方向运送的货物,视为国际铁路联运货物,按《国际货协》的规定办理。发货人应按每一货物运单填制"中华人民共和国经朝鲜社会主义人民共和国过境转运清单"一式四份,没有随附清单的货物,发站拒绝承运。

自我国铁路通过图们国境站过境朝鲜铁路经由清津东港站运送的我国进出口货物,按《国际货协》规定办理。

各发站和出口国境站对装运过境朝鲜铁路运输的货物车辆,应尽量连挂在一起。

3)国际铁路货物联运办理的类别

国际铁路货物联运办理类别主要分为整车、零担和大吨位集装箱三种。

(1)整车

是指按一份运单托运的,按其体积或种类需要单独车辆运送的货物。

(2)零担

是指按一份运单托运的一批货物,重量不超过5 000 kg,按其体积或种类不需要单独车辆运送的货物。但如有关铁路间另有商定条件,也可不适用国际货协整车和零担货物的规定。

(3)大吨位集装箱

是指按一份运单托运的,用大吨位集装箱运送的货物或空的大吨位集装箱。

4)国际铁路货物联运的运输限制

(1)在国际铁路直通货物联运中,下列货物不准运送

①属于参加运送的铁路的任一国家禁止运送的物品。

②属于应当参加运送的铁路的任一国家邮政专运物品。

③炸弹、弹药和军火(但狩猎和体育用的除外)。

④爆炸品、压缩气体、液化气体或在压力下溶解的气体、自燃品和放射性物质(指《国际货协》附件第2号之附件1中1表、3表、4表、10表中没有列载的)。

⑤一件重量不足10 kg,体积不超过0.1 m³的零担货物。

⑥在换装联运中使用不能揭盖的棚车运送一件重量超过1.5 t的货物。

⑦在换装联运中使用敞车类货车运送的一件重量不足100 kg的零担货物,但此项规定不适用附件第2号《危险货物运送规则》中规定的一件最大重量不足100 kg的货物。

(2)下列货物,只有在参加运送的各铁路间预先商定后才准运送

①一件重量超过60 t的;而在换装运送中,运往越南重量超过20 t的。

②长度超过18 m的;而运往越南长度超过12 m的。

③超限的。

④在换装运送中用特种平车装运的。

⑤在换装运送中用专用罐车装运的化学货物。

⑥用罐车运往越南的一切罐装货物。

(3)下列货物的运送必须按特殊规定办理

①危险货物。

②押运人押运的货物。

③易腐货物。

④集装箱货物。

⑤托盘货物。

⑥不属于铁路或铁路出租的空、重车。

⑦货捆货物。

5)国际铁路货物联运的运到期限

(1)运到期限的定义和组成

货物运到期限是指铁路运输部门在现有技术设备条件和组织工作水平下,对按照一定种类办理承运的货物,从起运地点运送至目的地所需最大限度的期限。它是反映货物运输质量的指标之一。

国际铁路货物联运的运到期限由发送期间、运送期间、换装或换车辆转向架作业期间组成,可用下列计算公式表示:

$$T(运到) = T(发) + T(运) + T(换)$$

式中　　T(运到)——货物运到期限(天),运送超限货物时延长100%;

　　　　T(发)——货物在发送期间所需时间(天);

　　　　T(运)——货物在运送期间所需时间(天);

　　　　T(换)——货物需换装或换车辆转向架作业所需时间(天)。

(2)运到期限的计算与确定

①计算标准(见表7.1)。发运期间,由发送路和到达路平分;运送超限货物时,运到期间(算出整天数后)延长100%。实际运到期间从承运货物的次日零时起算,到铁路通知收货人货物到达和可以将货物交给收货人处理时止。若承运的货物在发送前需预先保管,则运到期间应从指定装车的次日零时起算。货物在国境站换装时,若一部分货物用补送运行报单补送,则运到期限按随原运单到达的部分货物计算。

表7.1　货物运到期限的计算标准

运送速度	发送期间	运送期间			换装或换车辆转向架期间
		零担	整车或大吨位集装箱	随旅客列车挂运的整车和大吨位集装箱	
慢运	1天	每150运价公里计1天	每200运价公里计1天		每次作业计2天
快运	1天	每200运价公里计1天	每320运价公里计1天	每420运价公里计1天	

②运到期限的最终确定。若在运送途中发生下列情况时,运到期限除按上述方法计算求得后,还需根据货物运单上的有关记载相应延长其时间:

a.为履行海关和其他规章而滞留的时间。

b.非因铁路过失而造成的暂时中断运输的时间。

c.因变更运输合同而发生的滞留时间。

d.因检查而发生的滞留时间(即检查货物同运单记载是否相符,或检查按特定条件运送的货物是否采取了预防措施,而在检查中确实发现不符时)。

e.由于发货人的过失而造成多出重量的卸车、货物或其容器与包装的修整以及倒装或整理货物的装载所需的滞留时间。

f.因牲畜饮水、溜放或兽医检查而造成的站内滞留时间。

g.由于发货人或收货人的过失发生的其他滞留时间。

凡铁路有权据以延长运到期限的货物滞留原因和滞留时间,均应记入运单"运到期限延长"栏内。

(3)货物运到逾期的罚款

在货物全程实际运送天数超过所确定的总运到期限天数,则该批货物运到逾期。货物运到逾期后,铁路应按表7.2的标准向收货人支付运到逾期罚款。

表7.2　运到逾期罚款计算标准

逾期百分率(S)	罚款率
$S \leqslant 10\%$	6%
$10\% < S \leqslant 20\%$	12%
$20\% < S \leqslant 30\%$	18%
$30\% < S \leqslant 40\%$	24%
$40\% < S$	30%

在表7.2中：

$$逾期百分率 = \frac{（全程实际运送天数 - 总运到期限天数）}{总运到期限天数} \times 100\%$$

罚款额 = 运到逾期发生路运费 × 罚款率

如果是在数个铁路上发生货物运输逾期,则应按所有铁路的总逾期日数,确定计算罚款的统一百分率。每一逾期铁路按各自所收运费和统一百分率支付罚款。

运到逾期罚款是铁路运输部门执行运送合同,保证发、收货人权益的一个体现。但是,如果自铁路通知收货人货物到达和可以将货物移交收货人处理时一昼夜内,收货人未将货物领出,便失去领取货物运到逾期罚款的权利。

7.2.3　我国办理国际铁路运输的适用规章

1)《国际货协》

《国际货协》是参加国铁路和发、收货人办理货物联运都必须遵守的基本协议。它规定了货物运送条件、运送组织、运送费用计算核收办法及铁路与发、收货人之间的权利和义务等内容。此外,《国际货协》附件中附有多项规则,如《危险货物运送规则》《敞车类货车货物装载和加固规则》《易腐货物运送规则》《集装箱运送规则》等。

2)《国际铁路货物联运协议办事细则》(以下简称《货协细则》)

它具体规定了参加《国际货协》的铁路及其工作人员在办理货物联运业务时所应遵守的铁路内部的办事程序,系调整各参加国铁路内部往来业务关系的规则。它适用于铁路内部工作关系的处理,但不能用于调整发货人(收货人)同铁路之间法权上的相互关系。

3)《关于统一过境运价规程的协约》及其附件《统一过境运价规程》(以下简称《统一货价》)

它明确了参加国铁路按照《国际货协》的条件运送过境货物时计算过境运杂费、过境里程和确定货物分等的有关规定。它从1991年9月开始被赋予独立的法律地位,不再从属于《国际货协》,其计价单位也由原来采用的"卢布"改为"瑞士法郎"。它对参加国铁路和发、收货人均有约束力。

4)《关于国际联运车辆使用规则的协约》及其附件《国际联运车辆使用规则》(以下简称《车规》)

它规定了其参加国铁路的一切客车、货车、集装箱、托盘和运送工具在有关国家国际联运中的交接要求及内容。它从 1992 年 1 月开始被赋予独立的法律地位,不再从属于《国际货协》。它主要对铁路车辆部门和国境站适用。

5)《关于国际旅客和货物联运清算规则的协约》及其附件《国际旅客联运和货物联运清算规则》(以下简称《清算规则》)

它规定了其参加国铁路之间的有关费用的互相清算办法及其修改、补充和争执问题的解决办法。它从 1991 年 9 月开始被赋予独立的法律地位,不再从属于《国际货协》。它主要对铁路财务清算部门和国境站适用。

6)国境铁路协定或议定书

它是两相邻国家铁路部门签订的双边协议或议定书,对有关国境站联运货物、车辆的交接条件和方法以及交接列车、机车运行办法和服务方法等进行了规定。我国铁路与俄罗斯、蒙古、朝鲜、越南等国家的铁路均订有国境铁路协定或议定书。它主要对国境铁路间适用,同时有关的条文对发、收货人也有约束力。

上述国际铁路联运规章和有关补充规定未列事项,适用国内规章的规定。

我国铁路部门为便于工作自行汇编的《国际铁路联运办法》则属不具法律效力的规章,它仅供国内各车站办理国际铁路货物联运时使用,在铁路同发、收货人以及国与国之间办理联运业务和交涉时,需依据国际联运的有关规章处理,不得援引《国际铁路联运办法》的规定。

7.2.4 货运事故的处理与赔偿

在国际铁路货物联运过程中,发生货损、货差等不正常情况后,铁路应及时作出事故记录。联运合同的各方当事人,违反运输合同者,应承担法律责任。受损害的一方有权提出索赔,责任方应当赔偿损失。

1)事故记录的编写

在联运过程中发生货运事故后,发现站应在发现事故的当日作出记录。记录应如实反映事故现状,作为基本的原始材料和处理赔偿的依据。

记录分为商务记录、普通记录和技术记录三种。

（1）商务记录

它是具体分析事故原因、责任和请求赔偿的基本文件。遇有下列情况之一者，均应编写商务记录：

①货物全部或部分灭失，重量不足、毁损、腐坏或因其他原因降低质量。

②运单中所记载的货物名称、重量、件数和其他事项同实际货物不符。

③有票无货、有货无票或运单缺页。

④运单中所记载的发货人运送用具没有或短少。

⑤在国境站换装时发现货物容器或包装不良。

⑥遇有国内《铁路货运事故处理规则》第8条第2、第3款规定情况和事故的货物在国内段回送时。

商务记录一式四份。发站和中途站编写的，其中两份附在运单上，一份留本站存查，一份送责任单位调查；到站编写的，其中两份留本站存查，一份交收货人，一份送责任单位调查。属本站责任的，将商务记录中一份报主管局。

（2）普通记录和技术记录

在货物运送过程中，发现上述商务记录情况以外的一切情况，如有需要，则车站应编写普通记录。普通记录不作为赔偿的依据。

当查明货物毁损的原因是车辆不良所致，则除编写商务记录外，还应按该铁路国内规章的规定和格式编写关于车辆状态的技术记录。技术记录应随附于商务记录。

2）违反运输合同的法律责任

根据运输合同的内容，各方当事人违反合同的责任主要有以下几个方面：

（1）承运方的责任

承运方应在规定的运到期限内将货物交付给规定的收货人，逾期到达交付应承担违约罚款。自铁路通知货物到达和可以将货物移交给收货人处理时起，一昼夜内如收货人未将货物领出，即失去领取货运逾期罚款的权利。

（2）发货人的责任

①发货人对自己所填写的货物运单的真实性负完全责任，发货人伪报，捏报货物品名、重量，应负违约责任。除按违章处理外，造成铁路运输设备的损坏或第三者产生损失的，还应赔偿损失。例如，某单位自装一车生铁，少报50 t。承运后，列车在运行中车轴发生漏油事故，经检查系超重所致，因而该单位要负责赔偿铁路修理车辆费的损失。

②发货人应按规章规定缴纳运送费用。如发货人无故不缴纳运送费用，铁路部门有权拒绝承运，或按规定核收延期付款费。

③发运前取消运输的，应承担违约责任，支付铁路部门已发生的各项费用。

④由于包装不良，铁路承运部门无法从外部发现的，造成货损货差，责任自负，如果给铁路或他人造成损失，还应依法负责赔偿。

（3）收货人的责任

收货人在运输合同中的主要义务是提取货物。如果收货人超过期限提货,应向承运人支付规定的保管费。

3）货运事故的赔偿

（1）赔偿请求的提出与受理

发货人和收货人有权根据运送合同提出赔偿请求,赔偿请求应附有相应根据并注明款额,按每批货物,以书面方式由发货人向发送路或收货人向到达路提出。

从《国际货协》参加路所属国,按统一货价的规定,向非《国际货协》参加路所属国运送货物,而发送路又未参加货物到达国所参加的国际联运协定,在这种情况下,如货物毁损发生在非《国际货协》参加路时,则应由收货人直接向未参加国际货协的到达路或其他路提出赔偿请求。

从非《国际货协》参加路所属国,向《国际货协》参加路所属国运送货物时,应由收货人直接向到达铁路提出赔偿请求。铁路在审查属于《国际货协》参加路责任的赔偿请求后,应将结果通知赔偿请求人,如发现赔偿请求部分或全部属于非《国际货协》参加路的责任,则应部分或全部予以拒绝,同时应将赔偿请求书随附的文件退还赔偿请求人。以便向未参加《国际货协》的责任路直接提出。

由全权代理人代表发货人或收货人提出赔偿请求时,应有发货人或收货人的委托书证明这种赔偿请求权,委托书应符合受理赔偿请求铁路所属国的法令和规章。

自赔偿请求提出之日起（以发信邮局戳记或铁路在收到直接提出的请求书时出具的收据为凭）,铁路必须在180天内审查这项请求,并给赔偿请求人以答复,在全部或部分承认赔偿请求时,支付应付的款额。

（2）提赔的依据及随附文件

赔偿请求人在向铁路提出赔偿请求时,必须同时提出下列文件:

货物全部灭失时,由发货人提出,同时需提出运单副本;或由收货人提出,同时需提出运单副本或运单正本和货物到达通知单。

货物部分灭失、毁损、腐坏或由于其他原因降低质量时,由发货人或收货人提出,同时需提出运单正本和货物到达通知单以及铁路在到站交给收货人的商务记录。

货物运到逾期时,由收货人提出,同时需提出运单正本和货物到达通知单以及货物运到逾期赔偿请求书一式两份。

多收运送费用时,由发货人按其已交付的款额提出,同时需提出运单副本或发送路国内规章规定的其他文件;或由收货人按其所交付的运费提出,同时需提出运单正本和货物到达通知单。我国铁路承运的联运进出口货物,如多收了运送费用,可由发货人或收货人提出正式函件,注明运单号码、发站、到站、货物名称、件数、重量、承运日期、已付款额和要求退还款额等。此时,发货人可不提出运单副本,但收货人仍需提出运单正本和货物到达通知单。

发货人或收货人提出赔偿请求时,除需提交运单正本和货物到达通知单或运单副本外,有时还应添附商务记录、证明货物灭失或毁损的价格的文件,以及能作为赔偿请求依据的其他文件。

(3)赔偿请求的时效

发货人或收货人根据运输合同向铁路提出赔偿请求,以及铁路对发货人或收货人关于支付运送费用、罚款和赔偿损失的要求,可在 9 个月期间内提出;货物运到逾期的赔偿请求,应在 2 个月期间内提出。上述期限按如下方法计算:

关于货物部分灭失、毁损、重量不足、腐坏或由于其他原因降低质量以及运到逾期的赔偿请求,自货物交付之日起算;

关于货物全部灭失的赔偿请求,自货物运到期限期满后 30 天起算;

关于补充支付运费、杂费、罚款的赔偿请求,或关于退还上述款额的赔偿请求,或由于运价适用不当以及费用计算错误所发生的订正清算的赔偿请求,自付款之日起算。如未付款时,从货物交付之日起算。

关于支付变卖货物的余款的赔偿请求,自变卖货物之日起算。

(4)赔偿金额的确定与支付

①货物全部或部分灭失的赔偿额。铁路对货物全部或部分灭失的损失赔偿应按外国售货者账单中所列的价格,或按从该账单中摘录的价格计算。如不能按上述办法确定全部或部分灭失货物的价格,则货物的价格应由国家鉴定机关确定。

声明价格的货物全部或部分灭失时,铁路应按声明价格,或相当于货物灭失部分的声明价格的款额给予赔偿。

除货物灭失的赔偿外,灭失货物或其灭失部分的运送费用、海关费用以及与运输有关的其他费用,如未纳入货物价格内,则均应予以赔偿。但同运输合同无关的费用和损失则不予赔偿。

②货物毁损、腐坏或由于其他原因降低质量的赔偿额。货物毁损、腐坏或由于其他原因降低质量时,铁路应支付相当于货物价格减低额的款额,但不赔偿其他损失。

声明价格的货物毁损、腐坏或由于其他原因降低质量时,铁路应按照相当于货物由于毁损、腐坏或由于其他原因降低质量而减低价格的百分数,支付声明价格的部分赔偿。

③货物运到逾期的赔偿额。货物运到逾期时,铁路应按照造成逾期铁路的运费,向收货人支付罚款(参见货物运到期限的计算方法)。

以上各项赔偿额,均以支付这些款项的铁路所属国的货币支付。如用某一国货币表示的款额,在另一国支付,则该项款额应按付款地、付款当日的牌价,折合为支付路国家的货币支付。

如从接到赔偿请求之日起,经过 180 天后,才对赔偿请求给予答复,此时铁路对应付的款额加算年利率 4%的利息。

4)诉讼与司法管理

(1)诉讼的提出

凡有权向铁路提出赔偿请求的人,即有权根据运输合同提起诉讼。但诉讼的提出仅限于特定的情况:一是铁路自赔偿请求提出之日起(以发信邮局戳记或铁路在收到直接提出的赔偿请求书时出具的收据为凭)180 天内未给予答复;二是铁路在 180 天内已将全部或部分拒绝赔偿请求一事通知请求人。只有在这两种情况下,有起诉权的人才可对受理赔偿请求的铁路提起诉讼。

(2)诉讼时效

发货人或收货人根据运输合同向铁路提出诉讼,与赔偿请求时效一样,可在 9 个月期间内提出;但货物运到逾期的诉讼,应在 2 个月期间内提出。

从发货人或收货人向铁路提出赔偿请求书之时起,时效期间即行中止。但从铁路将关于全部或部分拒绝赔偿请求一事已通知请求人之日起(以发信邮局戳记上注明的日期或赔偿请求人收到拒绝赔偿通知书的日期为准),时效期间仍然继续。时效期间已过的赔偿请求和要求,不得以诉讼形式提出。

(3)受理诉讼的法院

按规定,只能在受理赔偿请求铁路的国家的适当法院提出诉讼。

7.3　国际铁路货物联运业务操作程序

在办理国际铁路货物联运业务中,主要涉及托运、承运、发运的办理、国境站的交接、费用的结算、货物的交付等项工作,基本操作程序如图 7.2 所示。

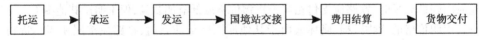

图 7.2　国际铁路货物联运业务操作流程图

程序 1,办理托运与承运

货物的托运,是发货人组织货物运输的一个重要环节。发货人在托运货物时,应向车站提出货物运单,以此作为货物托运的书面申请和正式凭证。

国际铁路联运运单是铁路承运人与发货人、收货人之间缔结的运输合同,除载明了货物有关信息外,还载明了参加联运各铁路名称和发货人、收货人以及各方的权利、义务和责任。运送国际联运货物时,需使用国际铁路货物联运运单,发货人在托运时,应按每批货物逐项填写运单,签字后向铁路始发站提出。

每份运单一式五联,各联名称和主要作用如下:

①运单正本(运单第 1 联),作为货物运送合同,随同货物至终到站,并与"货物到

达通知单"和货物一起交给收货人。

②运行报单(运单第2联),是参加联运的各国铁路办理货物交接、划分运送责任以及清算有关费用、统计运量和运输收入的原始依据,它随同货物至到站,并留存到达铁路。

③运单副本(运单第3联),于货物承运后返回发货人,它是铁路已接收货物的凭证,发货人可凭此作为向收货人结算货款的依据之一,也可据此行使变更运输要求以及在货物和随行运单全部丢失时向铁路提出赔偿要求。

④货物交付单(运单第4联),随同货物至到站,并留存到达站,作为铁路已履行运输合同的凭证。

⑤货物到达通知单(运单第5联),随同货物至到站,并同货物一起交给收货人。

运单应当按照铁路的规定填写。

知识扩展

运单填写的基本要求:

①正确。要求填记的内容和方法符合规定。

②完备。要求填记的事项齐全,不得遗漏。如危险货物不但要求填写货物的名称,而且要填写其编号。

③真实。要求实事求是地填写,内容不得虚假隐瞒。如不能错报、匿报货物品名、数量(重量)等。

④详细。要求填写的品名应具体,有具体名称的不填概括名称。如双人床、沙发、立柜等不能填写为"家具"。

⑤清楚。要求字迹清晰,应使用钢笔、毛笔、圆珠笔、加盖戳记、打字机打印或印刷等方法填写,不能用红色笔填写,文字规范,以免造成办理上的错误。

⑥更改盖章。运单内填写各栏有更改时,在更改处,属于托运人填记事项,应由托运人盖章证明;属于承运人记载事项,应由车站加盖站名戳记。

车站接到运单后,应针对具体情况进行认真审核。整车货物办理托运,车站应检查是否有批准的月度、旬度运输计划和要车计划,检查货物运单各项内容是否正确,如确认可以承运,应予签证。车站在运单上签证,表明货物应进入车站日期或装车日期,表示铁路已受理托运。发货人应按签证指定的日期将货物搬入车站或指定的货位,铁路应根据货物运单上的记载查对实货。凡由国际铁路货物联运的货物,认为符合国际货协和有关规章制度的规定,车站方接收货物并担负保管责任。整车货物一般在装车完毕,发站在货物运单上加盖承运日期戳,即为承运。

发运零担货物时,发货人不必像整车货物托运那样办理手续。如发货人在托运时,不需要编制月度、旬度要车计划,可凭运单直接向车站申请托运。车站受理托运后,发货人应按签证指定的日期将货物搬进货场,送到指定的货位上,经查验、过磅后,即交由铁路保管。当车站将发货人托运的货物,连同货物运单一同接收完毕,在货物运单上加盖承运日期戳时,即表示货物已承运。铁路对承运后的货物负保管、装车和发运责任。

托运、承运完毕,铁路运单作为运输合同即开始生效,铁路应按《国际货协》的规定对货物担负保管、装车并运送到指定目的地的一切责任。

程序2,货物发运

货物办理完托运和承运手续后,接下来是装车发运。货物的装车,应在保证货物和人身安全的前提下,做到快速进行,以缩短装车作业时间,加速车辆周转和货物运送。

按铁路运输的规定,在车站公共装卸场所内的装卸工作,由铁路负责组织;其他场所如专用线装卸场,则由发货人或收货人负责组织。但某些性质特殊的货物,如易腐货物、未装容器的活动物等,即使在车站的货场内,也均由发货人组织装车或卸车。

货物装车发运的主要步骤如下:

①货物进站。货物应按铁路规定的时间进站。进站时,发货人应组织专人在车站接货,并会同铁路货运员对货物的包装状况、品名、件数、标记与运单及随附单证等逐件进行检查,如发现问题或相互不符,要设法修复或更换,或者查明原因予以更正。货物全部搬入车站并经货运员验收完毕、符合运送要求,发货人即同货运员办理货物交接手续,并在运单上签证确认。零担货物经铁路货运员查验与过磅,发货人按运单交付运杂费用后,货物在站内的保管和装车发运工作即由铁路负责。在专用线装车时,发货人应在货车调送前一日将货物搬至货位,并做好装车前一切准备工作。

②请车和拨车。由铁路负责装车的货物,有关请车和拨车均由铁路自行处理。由发货人负责装车时,不论在车站的货场内装车或是在专用线装车,发货人应按铁路批准的要车计划,根据货物的性质和数量,向车站请拨车辆。发货人要正确合理地选择车种和车辆吨位,尽量做到车种适合货种、车吨适合货吨,在保证安全的前提下充分利用车辆的载重量与容积,提高运输经济效益。铁路在货车调送到装货地点或车辆交接地点期间,应事先通知发货人,发货人根据送车通知按时接车,同时组织装车力量,在规定时间内完成装货工作,按时交车,并将装货完毕时间通知车站。

③货物装车。货物装车应具备三个基本条件:第一,货物包装完整、清洁、牢固,货物标志与标记清晰完善;第二,车辆车体完整清洁,技术状况良好,具备装货条件;第三,单证齐全,内容完备、准确。由发货人装车的货物,发货人应对其负责装车的货物进行现场监装,对铁路负责装车的货物一般应由铁路监装,在必要时可要求发货人在车站货场检查装载情况。现场监装工作的内容有以下几方面:

a.装车前,复核点数,检查货位上的货物是否符合装车条件。

b.货车调到时,会同铁路货运员检查车辆是否符合装车要求。

c.合理装载。装车时,对配载货物做到心中有数,计算准确,装载合理,保证货物全部装车。检查货物是否装载恰当,确保货物运输安全。

d.装车完毕,检查车辆是否封闭、加固,检查通风以及相应的安全措施。

e. 记录车号,做好发运登记,并在出口货物明细单上填写车号、运单号和装车日期。如实际车数与原单记载有出入时,应及时做好修改和更正。

f. 装车结束后,及时向车站交付运费,取回盖有发站承运戳记的运单副本和运单副本抄件。

④货物加固。对于敞车、平车及其他特种车辆装运超限货物、箱装和裸体的机械设备以及车辆等货物,应在装车时放置稳妥,捆绑牢固,以防运送途中发生移动、坠落、倒塌及互相撞击,保证安全运送。

货物出口加固工作,应由铁路负责(自装车和专用线装车由发货人负责),但发货人应检查加固情况,如不合要求,应提醒铁路方面重新加固。

⑤货车施封。施封是保证货物运输安全的重要措施之一,以便分清铁路与发、收货人之间,铁路内部之间的相互责任。一般来说,装运国际联运出口货物的棚车、冷藏车、罐车都必须施封。

货车施封后,应使用只有在毁坏后才能启开的封印。

铁路装车时由铁路施封,发货人装车由发货人施封或委托铁路施封,此时发货人应在运单"铅封"栏内注明"委托铁路施封"字样。

对出口货物和换装接运的进口货物,各发站和进口国境站必须用10号铁丝将车门上部门扣和门鼻拧紧,在车门下部门扣处施封。

⑥印制运输标志。运输标志又称"唛头",一般印制在货物外包装上。按照我国规定,联运进口货物在订货工作开始前,由商务部统一编制向国外订货的代号,作为"收货人唛头",分别通知各订货部门使用,各进出口公司必须按照统一规定的收货人唛头对外签订合同。

⑦向国境站寄送合同资料。当铁路运载的货物属于联运进出口货物时,向国境站寄送合同资料是必不可少的一步。合同资料是国境站核放货物的重要依据,各进出口公司在对外合同签妥后,要及时向货物经由国境站的外运分支机构寄送合同的中文抄本。对于由外运分支机构接收分拨的小额订货,必须在抄寄合同的同时,按合同内容添附货物分类表。

寄送的合同资料应包括合同中文抄本及其附件、补充协议书,变更申请书、更改书和有关确认函电,提前交货清单等。合同资料的内容应包括合同号、订货号、品名、规格、数量、单价以及经由国境站、到达路局、到站、收货人唛头、包装和运输条件等项目。向国外提出的合同变更资料,应同时寄送国境站外运分支机构参考。如改变货物的经由国境站,必须将更改后中文合同的抄本寄送新经由国境站外运分支机构,并通知原经由国境站外运分支机构注销合同资料。

⑧办理货物发出后事项:

a. 登记。发货人的运输人员在发货后,要将发货经办人员的姓名、货物名称、数量、件数、毛重、净重、发站、到站、经由口岸、运输方式、发货日期、运单号、车号及运费等项目,详细登记在发运货物登记表内,作为原始资料。

b. 通知及上报。如合同规定发货后发货人要通知收货人,则发货人要及时通知;如规定要上报总公司和当地有关主管部门的,则要及时上报。总之,要做好必要的通知和报告工作。

c. 修正和更改。如果货物发出后,发现单证错误,要及时电告货物经由口岸的外运分支机构,要求代为更正;如发货后需要变更收货人、到站或其他事项的,应及时按规定通知原发站办理变更。

程序3,办理国境站交接

国境站是指在相邻国家铁路的终点,从一国铁路向另一国铁路办理移交或接收货物和车辆的车站。国际铁路联运进出口货物在国境站的交接由两国铁路负责进行,并负有连带责任。国际铁路联运进出口货物在国境站交接程序一般是:

①国境站货运调度根据国内前方站和邻接国境站的货物列车到达预报和确报,通知交接主管处和海关做好列车的接车及检查准备工作。

②进出口货物列车到达进站后,铁路会同海关接车,并将列车随带的运送票据送交接主管处处理,货物及列车接受海关的监管和检查。

③交接主管处内部联合办公。由铁路、海关、外运分公司等单位按照业务分工进行流水作业,密切配合协作,加速单证和车辆的周转。各部分工作分别是:

a. 铁路主要负责整理和翻译运送票据,编制货物和车辆交接单,并以此作为向邻国铁路办理货物和车辆交接的原始凭证。

b. 外运分公司负责审核货运单证,纠正单证差错和错发、错运事故,并将进出口货物报关单、运单及其他随附单证送海关办理报关手续。

c. 海关根据报关单查验货物,在单、证、货相符,合乎国家政策法令规定的条件下,即准予解除监督、海关放行。最后,由双方铁路具体办理货物和车辆的交接手续,并签署交接证件。

④有关进出口货物交接中的几个问题:

a. 进出口货物单证资料的审核。审核进出口货物单证是国境交接站的一项重要工作,它对正确核放货物,纠正单证差错和错发、错运事故,保证进出口货物顺利交接都具有重要意义。

进出口货物运抵国境站后,交接所应将全部货运单证送外运公司进行审核,外运公司作为国境站的货运代理公司,审核单证时,要以运单内容为依据,审核进出口货物报关单、装箱单、商检证书等记载的项目是否正确、齐全。如进出口货物报关单项目遗漏或记载错误,或份数不足,应按运单记载订正或补制;如运单、进出口货物报关单、商检证三者所列项目不符时,有关运单项目的订正或更改,由国境站联系发站并按发站通知办理;需要更改、订正商检证、品质证明书或动植物检疫证书时,应由出证单位通知国境站商检或检疫部门办理;海关查验实货,如发现货物与单证不符,需根据合同和有关资料进行订正,必要时应联系发货人解决。总之,国境站外运公司在订正、补制单据时,只限于代发货人缮制单证,而对运单内容和项目,以及商检证书、品质证明书、检疫证、兽医证等国家行政管理机关出具的证件,均不代办订正或补制。

进出口货物单证经复核无误后,应将进出口货物报关单、运单及其他随附单证送海关,作为向海关申报和海关审核放行的依据。

b.办理报检、报关等法定手续。铁路运输的进出口货物的报关,由发货人委托铁路在国境站办理。发货人应填制进出口货物报关单,作为向海关申报的主要依据。

进出口货物报关单格式由我国海关总署统一制定。发货人或其代理人须按海关规定逐项填写,要求内容准确、详细,并与货物、运单及其他单证记载相符,字迹端正、清晰,不可任意省略或简化。对于填报不清楚或不齐全的报关单,以及未按海关法的有关规定交验进出口许可证等有关单证者,海关将不接受申报;对于申报不实者,海关将按违章案件处理。

铁路车站在承运货物后,即在货物报关单上加盖站戳,并与运单一起随货同行,以便国境站向海关办理申报。

需办理商品检疫的货物,要向当地商品检验局办理商品检验检疫手续,取得证书。

上述证书在发站托运货物时,需连同运单、报关单一并随车同行,在国境站由海关执行监管,查证放行。

c.凭铅封交接与按实物交接。货物的交接可分为凭铅封交接和按实物交接两种情况。

凭铅封交接的货物,根据铅封的站名、号码或发货人简称进行交接。交接时,应检查封印是否有效或丢失,印文内容、字迹是否清晰可辨,同交接单记载是否相符,车辆左、右侧铅封是否一致等,然后由双方铁路凭完整铅封办理货物交接手续。

按实物交接的货物可分为按货物重量、按货物件数和按货物现状交接三种方式。按货物重量交接的,如两国铁路间使用敞车、平车和砂石车散装煤、石膏、焦炭、矿石等货物;按货物件数交接的,如两国铁路间用敞车类货车装载每批不超过100件的整车货物;按货物现状交接的,一般是难以查点件数的货物。

在办理货物交接时,交付方必须编制"货物交接单",没有编制交接单的货物,在国境站不得办理交接。

d.进出口货物事故的处理。联运进出口货物在国境站换装交接时,如发现货物短少、残损、污染、湿损、被盗等事故,国境站外运公司应会同铁路查明原因,分清责任,分别加以处理。由于铁路原因造成的,要提请铁路编制商务记录,并由铁路负责整修,整修所需包装物料,由国境站外运公司根据需要与可能协助解决,但费用由铁路承担;由于发货人原因造成的事故,在国境站条件允许的情况下,由国境站外运公司组织加工整修,但须由发货人提供包装物料,负担所有的费用和损失。因技术条件限制,无法在国境站加工整修的货物,应由发货人到国境站指导,或将货物返回发货人处理。

程序4,铁路货运费用结算

铁路货运费用的结算是整个联运业务中的一项关键内容,既是重点又是难点,它涉及托运、承运双方的合法权益和经济利益,必须严格按照有关规定进行。

①在参加国际货协和未参加国际货协但采用国际货协规定的铁路间运送货物时，运送费用按下列规定核收：

a.发送路运送费用。即我国国内铁路运送费用，按承运当日"价规"规定计算，由发货人以人民币向车站支付。

b.过境路运送费用。过境路是指在国际铁路联运中，货物发送路和到达路以外的途经铁路。过境路运送费用按承运当日《统一货价》规定计费，以瑞士法郎算出的款额，按支付当日规定的兑换率折成当地货币，由发货人向发站支付。当货物需要通过几个过境铁路运送时，准许由发货人支付一个或几个过境铁路的运送费用，其余铁路的运送费用，由收货人支付。两个以上国家过境铁路的运送费用，按《统一货价》的规定以国境线为起讫点分开计算。

c.到达路运送费用。到达路是指在国际铁路联运中，货物到达国家铁路的简称。到达路运送费用按承运当日（我国进口货物，按进口国境站在运单上加盖日期戳为当日）到达路国内规章规定，由收货人以到达国货币，向到站支付。

②往未参加国际货协的国家或地区运送货物时，运送费用按下列规定核收：

a.我国铁路的运送费用按我国国内规章规定计算，在发站向发货人核收。

b.参加国际货协的各过境铁路的运送费用，按《统一货价》计算，在发站向发货人核收（相反方向运送时，在到站向收货人核收）。

c.往未参加国际货协国家运送时，办理转发送国家铁路的运送费用，可以在发站向发货人核收或者在终点站向收货人核收。

d.未参加国际货协的过境铁路和到达铁路的运送费用，按这些铁路所参加的国际联运协定计算，在到站向收货人核收（相反方向运送时，在发站向发货人核收）。

③通过港口站运送货物时，运送费用按下列规定核收：

a.我国通过参加国际货协铁路的港口站往其他国家（和相反方向）运送货物时，我国铁路的运送费用按我国国内规章规定计算，在发站向发货人核收（相反方向运送时，在到站向收货人核收）。

b.参加国际货协的国家通过我国铁路港口站往其他国家运送货物时，过境我国的运送费用按《统一货价》规定计算，并且必须在发站向发货人核收；相反方向运送时，则必须在这些铁路的到站向收货人核收。只有在港口站发生的杂费和其他费用，可在该港口站向代理人核收。

④我国进出口货物在国内铁路段运送费用的计算。

第一，计算货物运输费用的程序：

a.按《价规》的附件"货物运价里程表"计算出发站至到站的运价里程。

b.根据货物运单上填写的货物名称查找《价规》的附件"铁路货物运输品名分类与代码表"和"铁路货物运输品名检查表"确定适用的运价号。

c.整车、零担货物按货物适用的运价号，集装箱货物根据箱型，冷藏车货物根据车种，分别在《价规》的附件"货物运价率表"中查出适用的发到基价和运行基价。

d.货物适用的发到基价,加上运行基价与货物的运价里程相乘之积后,再与按《价规》确定的计费重量(集装箱为箱数)相乘,计算出运费。

其计算公式如下:

整车货物每吨运价 = 发到基价 + 运行基价 × 运价里程

零担货物每 10 kg 运价 = 发到基价 + 运行基价 × 运价里程

集装箱货物每箱运价 = 发到基价 + 运行基价 × 运价里程

e.按《价规》规定的费率计算杂费、电气化附加费、新路新价均摊费和铁路建设基金等的费用。

第二,计算国际联运货物国内段运送费用应注意的主要问题:

a.运价里程。运价里程应按国内发(到)站至出(进)口国境站最短径路确定(但《价规》的"货物运价里程表"内规定有计费径路的,应按规定计费径路计算运价里程),并将出(进)口国境站至我国与邻国国境线的运价里程计算在内。进口货物在国境站应收货人的代理人的要求受理货物运输变更时,运价里程按进口国境线至新到站的里程通算。

b.货物运价号。货物运价号应按《价规》的"铁路货物运输品名检查表"和"铁路货物运输品名分类与代码表"进行判定。当货物名称属于上述表中规定的具体名称时,适用该具体名称的类别和运价号;不属于其具体名称的不能比照,但由于货物别名、俗名和地方名等不同,而实际属于该具体名称的,仍按具体名称确定适用的类别和运价号。当上述表中未列有该货物的具体名称,但属于概括名称范围时,则适用该概括名称类别和运价号。若在上述表中既无该货物的具体名称,又无概括名称或难以判定概括名称时,按小类—中类—大类的顺序逐层次判定其归属的类目以确定运价号。

c.货物运价率。出口货物按发站承运当日实行的运价率计算;进口货物按进口国境站在运单上加盖日期戳当日实行的运价率计算。一批托运的货物有多个品名的货物时,应择其运价率高者计费,同时,应按《价规》的有关规定确定适用其运价率的加减成百分比。

d.计费重量。货物计费重量的单位,整车货物应以吨为单位,吨以下四舍五入;零担货物以 10 kg 为单位,不足 10 kg 进整为 10 kg;集装箱以箱为单位。确定整车货物的计费重量时,除《价规》中另有规定外,一律按货车标记载重量计算运费,货物重量超过其标记载重量时按货物重量计费。确定零担货物的计费重量时,应按货物重量或货物体积折合重量择其大者为计费重量,即每 1 m^3 体积重量不足 500 kg 的轻浮货物,按每 1 m^3 体积折合重量 500 kg 计算,但《价规》中另有规定者除外。

此外,《价规》还对进口整车货物的计费重量分别各种情况进行了规定。

⑤按《统一货价》计算的过境运送费用。

第一,计算过境运送费用的程序:

a.查阅《统一货价》的"过境里程表",根据应通过的国境站或港口站确定所过境国家铁路的过境里程。

b. 查阅《统一货价》的"国际铁路货物联运通用货物品名表",确定所适用的运价等级。

c. 查阅《统一货价》的"通过参加统一货价铁路慢运货物运费计算表",根据过境运价里程和运价等级查出相应的基本运费费率。

d. 确定计费重量,并将该重量折合成100 kg的倍数作为折算后的计费重量。

e. 将折算后的计费重量与已查到的基本运费费率相乘,即为货物的基本运费。

f. 按货物运送种别确定所适用的运费加减成百分率。

g. 将基本运费与其适用的运费加减成百分率计算货物运费。

h. 计算杂费和其他费用。

第二,计算过境运送费用应注意的主要问题:

a. 过境里程。过境里程应按每一过境路里程单独计算,不得通算。过境一国铁路的过境里程是指从进口国境站(国境线)到出口国境站(国境线)或以港口站为起讫的里程。《统一货价》的"过境里程表"中的过境里程已将国境线至国境站的里程加算在内,可直接作为计算所过境铁路的过境运价里程。

b. 计费重量。计算货物运费和杂费时,不论是整车或是零担货物,其计费重量原则上按货物实际重量折算成100 kg的倍数,其尾数不足100 kg的按100 kg计算。但整车货物不得少于车辆装车的最低计费标准,四轴车的装车最低计费标准为一等货物为20 t、二等货物为30 t。使用集装箱运送零担或整车货物时,其计费重量不包括集装箱的自重,但计算其杂费和其他费用时应另按《统一货价》的有关规定办理。

c. 加减成百分率。按《统一货价》对过境货物运费的计算,是以慢运整车货物的运费为基本运费,其他非慢运整车货物按不同的加减成百分率计算。零担慢运货物需加成50%计算其杂费;快运货物需加成100%,以客运速度运送的货物(随旅客列车挂运的整车货物)需加成200%,超限货物(在实际超限的铁路)需加成100%分别计算其运费。

d. 合装货物(即按一张运单运送不同名称的货物)运费计算:

其一,按整车发送的合装货物运费计算。对同一运价等级的货物,按照这批合装货物的总重量计算,但不得少于车辆装车最低计费重量标准;对运价等级不同的货物,按照该批合装货物的总重量和按这批货物中最大重量货物的运价等级计算,但不得少于该批货物中最大重量货物车辆装车最低计费重量标准。同时,将实际重量最大名称相同的货物或属同一运价等级且实际总重量最大名称不同的货物作为最大重量货物。若有两种或数种相同最大重量的货物时,应按照其具有较高运价费率的货物计算。对于整车合装货物,发货人必须在运单中记载每种名称货物的实际重量。如果发货人未予记载,则运费按照该批货物的总重量,以该批货物规定的较高运价等级计算,但不得少于该运价等级货物的装车最低计费重量标准。

其二,按零担发送的合装货物运费计算。对同一运价等级的货物,按照该批合装货物总重量计算出的运费额加50%计算。对不同运价等级的货物,如果分别注明每种货物的重量,而且货物又分别包装,则根据每种货物重量,按照对这种货物所定的运价等级计算出的运费额加50%计算,但同一运价等级货物的实际重量应合并计算;如果仅注明总重量或者这些包装为一件,则根据该批货物的总重量,按照定有较高运价等级货物的费率算出的运费额加50%计算。

程序5,铁路货物交付

货物抵达到站后,铁路应通知运单所记载的实际收货人,发出货物到达通知,通知收货人提取货物。收货人接到到货通知后,必须向车站领取货物并支付运送费用。收货人领取货物时,应在运单"货物交付收货人"栏内填记货物领取日期,并加盖收货戳记。收货人只在货物因毁损或腐坏而使质量发生变化,以致部分货物或全部货物不能按原用途使用时,才可以拒绝领取货物。在运单中所载的货物部分短少时,收货人也应按运单向铁路支付应付的全部款额。在这种情况下,收货人按赔偿请求手续,有权对未付的货物领回其按运单所付的款额。在收货人付清运单所载的一切应付运送费用后,铁路必须将货物连同运单一起交付收货人。

货物交付的主要步骤如下:

①提前通知。货运调度根据前方站列车到达预报,通知前方站做好接车准备工作。

②及时接车。货物列车进站后,铁路方面及时接车并检验列车随车带交的运送票据。

③通知收货。及时通知收货方接货,并办清相关手续。

案例分析

自哈萨克斯坦铁路按整车快运发送的一批不锈钢线材共计50 420 kg,经阿拉山口国境站进入我国铁路后运至连云港,再转海运继续运往韩国。试计算该批货物在我国铁路段按《统一货价》确定的过境运费。

解答:

①查过境里程,自阿拉山口国境站(国境线)至连云港的过境里程为4 143 km;

②"不锈钢线材"所适用的运价等级为2等;

③查出基本运费费率为945分 / 100 kg;

④将货物50 420 kg的重量折为100 kg的倍数,其值为504.2,进整后为505;

⑤货物的基本运费:$945 \times 505 = 477\ 225$(分);

⑥快运整车货物需加成100%,则货物过境运费为:$(1 + 100\%) \times 477\ 225$ 分 $= 954\ 450$ 分,即9 544.5瑞士法郎。

本章小结

国际陆运代理业务包括公路运输和铁路运输两个方面。

公路运输是现代运输主要方式之一,也是构成陆上运输的两个基本运输方式之一。它既是一个独立的运输体系,又是连接铁路、水路和航空运输起端和末端不可缺少的运输方式。国际公路货物运输是指国际货物借助一定的运载工具(主要是汽车),沿着公路作跨及两个或两个以上国家或地区的转移过程。

国际公路货物运输部分主要介绍了其概念、特点、类别以及货运代理业务。其基本程序主要包括:受理托运→签订运输合同→合同的变更与解除→费用结算→货物交接,每个步骤包括若干具体内容及有关规定。

国际铁路货物联运是指国际贸易货物经铁路由启运地发送路经国境口岸站按规定办理手续和经过技术处理后进入他国境内或过境路直至运抵目的地的跨及两个或两个以上国家铁路的货物全程联运。铁路运输部分主要介绍了其概念、特点、基本条件、有关规章和文件以及联运业务操作程序,具体包括:托运与承运→货物发运→国境站交接→费用结算→货物交付,每个步骤包括若干具体内容及有关规定。

国际陆运代理业务重点应掌握公路、铁路货物运输基本操作程序以及费用结算方法、运单填写方法等。

知识检测

1. 单选题

(1)以下哪项不属于铁路运输的优点( )。

A. 速度较快   B. 受气候影响较小

C. 运输成本低   D. 需固定线路

(2)国际铁路运输中,凡一件长度超过( )m 的货物,均属超长货物。

A. 18   B. 20   C. 19   D. 15

(3)国际铁路运输中,凡一件重量超过( )t 的货物,均属超重货物。

A. 80   B. 60   C. 50   D. 40

(4)国际公路运输中按件托运的零担货物,单件体积一般不得小于( )。

A. 1 m³   B. 0.1 m³   C. 0.01 m³   D. 0.5 m³

(5)集装箱汽车运输是以集装箱为单位办理托运且由（　　）载运的。

A.挂车 　　　　B.专用汽车 　　　　C.大型汽车 　　　　D.罐车

2. 多选题

(1)以下（　　）为国际货协中不准运送的货物。

A.属于参加运送的铁路的任一国家禁止运送的物品

B.属于参加运送铁路的任何一国邮政专运的物品

C.炸弹、弹药和军火，但体育和狩猎用的除外

D.一件重量不足 10 kg，并且体积不超过 0.1 m³ 的零担货物

(2)具有（　　）性质的货物属于危险货物。

A.爆炸 　　　　B.易燃 　　　　C.有毒 　　　　D.放射、腐蚀

(3)国际铁路运输中，以下（　　）属于发货人要求变更运输的范围。

A.在发站将货物领回

B.变更到站

C.变更收货人

D.将货物返还发站

(4)汽车包车货物运输通常有（　　）两种形式。

A.计费包车 　　　　B.计程包车 　　　　C.计量包车 　　　　D.计时包车

(5)汽车运输的局限性有（　　）。

A.直达性差 　　　　B.运价较高 　　　　C.载重量较小 　　　　D.平均运程较短

3. 判断题

(1)货物运到逾期的赔偿请求，应在 3 个月期间内提出。　　　　　　（　　）

(2)由于包装不良，铁路部门无法从外部发现的，造成货损货差的，铁路方面只负责少部分责任。　　　　　　（　　）

(3)目前，我国经由铁路运输的进出口货物，仅次于海运而居于第二位。（　　）

(4)国际公路运输中，烈危货物按运价加成100%计费。　　　　　　（　　）

(5)过境里程应按每一过境里程单独计算，不得通算。　　　　　　（　　）

(6)使用集装箱运送零担或整车货物时，计费重量包括集装箱的自重。（　　）

(7)某单位自装一车钢材，伪报 60 t。承运后，列车在运行中发生车轴裂缝，经检查系超重所致，因而该单位要负责赔偿铁路修理车轴的损失。　　（　　）

(8)集装箱装运货物的交接，以集装箱标志是否完好为准。　　　　（　　）

4. 名词解释

(1)"浮动公里"运输

(2)国际铁路货物联运

(3)特种货物运输

(4)商务记录

(5)货物运到期限

5. 思考题

(1)国际公路货物运输的类别有哪些?

(2)哪些货物类别是国际铁路货物联运禁止办理的? 哪些是限制办理的?

(3)国际铁路联运范围包括哪些?

(4)国际铁路联运赔偿请求的时效如何规定? 货物运到逾期的赔偿额如何确定?

6. 计算题

(1)自哈萨克斯坦铁路按整车快运发送的一批散装煤共计 1 200 t,经阿拉山口国境站进入我国铁路后运至连云港,再转海运继续运往日本,试计算该批货物在我国铁路段按统一货价确定的过境运费。

(2)从俄罗斯铁路发送一批合装零担货物过境中国铁路(从满洲里至丹东)运抵朝鲜,各种货物分别包装并已注明,其品名和重量如下:①等运价货物"电影胶片"与"电动剃须刀",其重量合并后为 1 770 kg;②等运价货物"砂布",其重量折成 100 kg 的倍数,其值为 3.8。请计算该批货物在中国段的过境运费。

任务训练

任务名称

国际铁路联运业务实例模拟训练。

训练内容

(1)准备国际铁路联运案例资料。

(2)根据案例资料选择铁路联运办理的类别(整车、零担、集装箱)。

(3)根据货物运到期限的计算标准计算货物运到期限。

(4)根据运费计算的有关规定计算运费及相关费用。

(5)根据有关规则和要求正确填写铁路运单。

训练目的和要求

通过本次实训,要求学生了解国际铁路联运业务的具体过程、基本内容,懂得怎样选择类别,掌握货物运到期限及费用的计算方法,能够准确填写运单,能够办理相关业务。

背景材料

国际铁路联运业务案例,教师给予案例、样本及相关规则。

应用工具

国际铁路联运类别的区分特点、货物运到期限的计算标准、费用计算的有关规定(以上内容在教材中有),铁路联运运单样本、钢笔、圆珠笔等。

注意规则

(1)计算货物运输费用的程序:

①按《价规》的附件"货物运价里程表"计算出发站至到站的运价里程。

②根据货物运单上填写的货物名称查找《价规》的附件"铁路货物运输品名分类与代码表"和"铁路货物运输品名检查表",确定适用的运价号。

③整车、零担货物按货物适用的运价号,集装箱货物根据箱型,冷藏车货物根据车种,分别在《价规》的附件"货物运价率表"中查出适用的发到基价和运行基价。

④货物适用的发到基价,加上运行基价与货物的运价里程相乘之积后,再与按《价规》确定的计费重量(集装箱为箱数)相乘,计算出运费。

计算公式:

整车货物每吨运价 = 发到基价 + 运行基价 × 运价里程

零担货物每 10 kg 运价 = 发到基价 + 运行基价 × 运价里程

集装箱货物每箱运价 = 发到基价 + 运行基价 × 运价里程

⑤按《价规》规定的费率计算杂费、电气化附加费、新路新价均摊费和铁路建设基金等的费用。

(2)填写运单时,先阅读填写规则,严格按要求认真填写,字迹清晰,勿涂改。

注意下列记号的含义:

"X"——应由发货人填写;

"O"——应由铁路填写;

"XO"——由发货人或铁路填写。

组织实施

(1)由学生自己寻找铁路联运业务案例作为背景材料,设计工作情境。

(2)根据情境和角色需要组建模拟小组。

(3)准备相关材料。包括有关规定(教材上有)、运单样本、钢笔、圆珠笔等。

(4)各组成员进行操作,各自作出自己的答案,并互相检查、核对。

(5)教师检查学生所作结果,评分,并进行总结。

第8章 国际多式联运代理业务

学习目标

- 理解国际多式联运和多式联运经营人的含义,能够区分国际多式联运与一般国际货物运输。
- 熟悉国际多式联运的主要业务程序、组织方法。
- 能运用国际多式联运单证相关知识签发多式联运单证。
- 了解国际多式联运的责任形式与责任期间。
- 了解大陆桥运输的含义和特点,掌握主要的大陆桥运输和功能。

职业能力

- 能操作国际多式联运业务流程。包括:代表货主选择多式联运经营人,签订多式联运合同;掌握多式联运提单的流转程序。
- 能够熟知国际多式联运发展的基本情况,掌握铁-海多式联运出口业务程序和海-铁多式联运进口业务程序。
- 能根据多式联运经营人的相关赔偿规定进行索赔与诉讼。

案例导入

随着我国社会经济和对外贸易的快速发展,特别是1978年正式开辟第一条国际集装箱航线以来,我国国际集装箱多式联运得到了较快的发展。我国最大规模的国际集装箱多式联运,是由交通部中国远洋运输总公司和铁道部运输局联合开办的国际集装箱海铁联运业务。其主要业务包括通过双方确定的沿海港口和内陆火车站开办进出口货物国际集装箱海铁联运业务,以及经我国港口和铁路过境的第三国集装箱货物运输。在这期间,交通部沿海主要的国际集装箱港口均参加了国际集装箱海铁联运,铁道部开放了办理国际集装箱海铁联运的铁路站点40多处,建立国际集装箱海铁联运线12条。由于受一些条件的制约,分段运输的运量占我国国际物流总运量的90%以上,国际多式联运所占份额很少。分段运输业务由远洋、沿海、内河、铁路、港、站等运输、装卸及货代企业分营,其经营范围受到一定限制。国内市场格局,部门间条块分割和在国外缺乏竞争力的弊端,也无形中为多式联运增加了障碍。虽然当前运输企业已经出现了横向联合的趋势,但整体实力雄厚、能进行集约化运作的多式联运企业还很少,国际多式联运在我国尚处于刚刚起步状态。

8.1 国际多式联运概述

8.1.1 国际多式联运和多式联运经营人

1)国际多式联运的定义

国际多式联运(international multimodal transport)简称多式联运,是一种以实现货物整体运输的最优化效益为目标的联运组织形式。它通常是以集装箱为运输单元,将不同的运输方式有机地组合在一起,构成连续的、综合性一体化的货物运输。通过一次托运、一次计费、一份证单、一次保险的形式,由各运输区段的承运人共同完成货物的全程运输,即将货物的全程运输作为一个完整的单一运输过程来安排。国际多式联运与传统的单一运输方式又有很大的不同。

根据1980年《联合国国际货物多式联运公约》(简称"多式联运公约")以及1997年我国交通部和铁道部共同颁布的《国际集装箱多式联运管理规则》的定义,国际多式联运是指"按照多式联运合同,以至少两种不同的运输方式,由多式联运经营人将货物从一国境内接管货物的地点运至另一国境内指定地点交付的货物运输"。

2)多式联运经营人

(1)国际多式联运经营人的含义

1980年联合国多式运输公约和1992年生效的贸发会议和国际商会规则采用"Multi-modal transport operator"(MTO)作为多式联运经营人的名称。1980年公约规定,"多式联运经营人是指本人或通过其代表订立多式联运合同的任何人,他是事主,而不是发货人的代理人或代表或参加多式联运的承运人的代理人或代表,并且负有履行合同的责任"。

(2)国际多式联运经营人的分类

根据多式联运经营人是否参加海上运输,把多式联运经营人分为有船多式联运经营人和无船多式联运经营人两类:

①以船舶运输经营为主的多式联运经营人,或称有船多式联运经营人。他们通常承担海运区段的运输,而通过与有关承运人订立分合同来安排公路、铁路、航空等其他方式的货物运输。

②无船多式联运经营人。无船多式联运经营人可以是除海上承运人以外的运输

经营人,也可以是没有任何运输工具的货运代理人、报关经纪人或装卸公司。

(3)国际多式联运经营人应具备的条件

①多式联运经营人本人或其代表就多式联运的货物必须与发货人本人或其代表订立多式联运合同。

②从发货人或其代表那里接管货物时起即签发多式联运单证。

③承担多式联运合同规定的运输和其他服务有关的责任。

④对运输全过程中所发生的货物灭失或损害,多式联运经营人负首要责任。

⑤多式联运经营人应具备与多式联运所需要的、相适应的技术能力。

3)国际多式联运的特征

多式联运是在集装箱运输的基础上发展起来的,这种运输方式并没有新的通道和工具,而是利用现代化的组织手段,将各种单一运输方式有机地结合起来,打破了各个运输区域的界限,是现代管理在运输业中运用的结果。国际多式联运适用于水路、公路、铁路和航空多种运输方式。在国际贸易中,由于85%~90%的货物是通过海运完成的,故海运在国际多式联运中占据主导地位。

根据国际多式联运的定义,结合国际上的实际做法,可以得出,构成国际多式联运必须具备以下特征或称基本条件:

①必须具有一份多式联运合同。该运输合同是多式联运经营人与托运人之间权利、义务、责任与豁免的合同关系和运输性质的确定,也是区别多式联运与一般货物运输方式的主要依据。

②必须使用全程多式联运单据(multimodal transport documents,MTD,我国现在使用的是 CTB/L)。该单据既是物权凭证,也是有价证券。

③必须是全程单一运价。这个运价一次收取,包括运输成本(各段运杂费的总和)、经营管理费和合理利润。

④须由一个多式联运经营人对货物运输的全程负责。该多式联运经营人不仅是订立多式联运合同的当事人,也是多式联运单证的签发人。当然,在多式联运经营人履行多式联运合同所规定的运输责任时,可将全部或部分运输委托他人(分承运人)完成,并订立分运合同。但分运合同的承运人与托运人之间不存在任何合同关系。

⑤必须是两种或两种以上不同运输方式的连贯运输。如海海、铁铁、空空联运,虽为两程运输,但仍不属于多式联运,这是一般联运与多式联运的一个重要区别。同时,在单一运输方式下的短途汽车接送也不属于多式联运。

⑥必须是跨越国境的国际间货物运输。这是区别国内运输和国际运输的限制条件。

由此可见,国际多式联运的主要特点是,由多式联运经营人对托运人签订一个运输合同,统一组织全程运输,实行运输全程一次托运,一单到底,一次收费,统一理赔和全程负责。它是一种以方便托运人和货主为目的的先进的货物运输组织形式。

8.1.2　国际多式联运的优越性

国际多式联运是一种比区段运输高级的运输组织形式。20 世纪 60 年代末，美国首先试办多式联运业务，受到货主的欢迎。随后，国际多式联运在北美、欧洲和远东地区开始采用；20 世纪 80 年代，国际多式联运已逐步在发展中国家实行。目前，国际多式联运已成为一种新型的重要的国际集装箱运输方式，受到国际航运界的普遍重视。1980 年 5 月，在日内瓦召开的联合国国际多式联运公约会议上产生了《联合国国际多式联运公约》。该公约将在 30 个国家批准和加入一年后生效。它的生效对于以后国际多式联运的发展产生了积极的影响。

国际多式联运是今后国际运输发展的方向，这是因为开展国际集装箱多式联运具有许多优越性，主要表现在以下几个方面：

1) 简化托运、结算及理赔手续，节省人力、物力和有关费用

在国际多式联运方式下，无论货物运输距离有多远，由几种运输方式共同完成，且不论运输途中货物经过多少次转换，所有一切运输事项均由多式联运经营人负责办理。而托运人只需办理一次托运，订立一份运输合同、一次支付费用、一次保险，从而省去托运人办理托运手续的许多不便。同时，由于多式联运采用一份货运单证，统一计费，因而也可简化制单和结算手续，节省人力和物力。此外，一旦运输过程中发生货损货差，由多式联运经营人对全程运输负责，从而也可简化理赔手续，减少理赔费用。

2) 缩短货物运输时间，减少库存，降低货损货差事故，提高货运质量

在国际多式联运方式下，各个运输环节和各种运输工具之间配合密切，衔接紧凑，货物所到之处中转迅速及时，大大减少货物的在途停留时间，从根本上保证了货物安全、迅速、准确、及时地运抵目的地，也相应地降低了货物的库存量和库存成本。同时，多式联运是以集装箱为运输单元进行直达运输，尽管货运途中须经多次转换，但由于使用专业机械装卸，且不涉及箱内货物，因而货损货差事故大为减少，从而在很大程度上提高了货物的运输质量。

3) 降低运输成本，节省各种费用支出

由于多式联运可实行门到门运输，对货主来说，在货物交由第一承运人以后即可取得货运单证，并据以结汇，大大缩短了结汇周期。这不仅有于加速货物占用资金的周转速度，而且可以减少利息的支出。此外，由于货物是在集装箱内进行运输的，从某种意义上来看，可相应地节省货物的包装、理货和保险等费用的支出。

4) 提高运输管理水平，实现运输合理化

对于区段运输而言，由于各种运输方式的经营人各自为政，自成体系，因而其经营

业务范围受到限制,货运量也相应有限。一旦由不同的经营人共同参与多式联运,经营的范围可大大扩展,同时可以最大限度地发挥其现有设备的作用,选择最佳运输线路组织合理化运输。

5)加强政府宏观调控的能力,保护生态环境

采用国际多式联运有利于加强政府部门对货物整个运输链的监督与管理,保证本国在整个货物运输过程中获得较大的运费收入分配比例,有助于引进新的先进运输技术,减少外汇支出,改善本国基础设施的利用状况,通过国家的宏观调控与指导职能保证使用对环境破坏最小的运输方式,最终达到保护本国生态环境的目的。

8.1.3 国际多式联运与一般国际货物运输的区别

国际多式联运极少由一个经营人承担全部运输。往往是接受货主的委托后,联运经营人自己办理一部分运输工作,而将其余各段的运输工作委托其他的承运人完成。但这又不同于单一的运输方式,这些接受多式联运经营人负责转托的承运人,只是依照运输合同关系对联运经营人负责,与货主不发生任何业务关系。因此,多式联运经营人可以是实际承运人,也可是"无船承运人"(non-vessel operating carrier,简称NVOC)。国际多式联运与一般国际货物运输的不同点主要有以下几个方面:

1)货运单证的内容与制作方法不同

国际多式联运大都为"门到门"运输,故货物于装船、装车或装机后应同时由实际承运人签发提单或运单,多式联运经营人签发多式联运提单,这是多式联运与任何一种单一的国际货运方式的根本不同之处。在此情况下,海运提单或运单上的发货人应为多式联运的经营人,收货人及通知方一般应为多式联运经营人的国外分支机构或其代理;多式联运提单上的收货人和发货人则是真正的、实际的收货人和发货人,通知方则是目的港或最终交货地点的收货人或收货人的代理人。

多式联运提单上除列明装货港、卸货港外,还要列明收货地、交货地或最终目的地的名称以及第一程运输工具的名称、航次或车次等。

2)多式联运提单的适用性与可转让性与一般海运提单不同

一般海运提单只适用于海运,从这个意义上说,多式联运提单只有在海运与其他运输方式结合时才适用,但现在它也适用于除海运以外的其他两种或两种以上的不同运输方式的连贯的跨国运输(国外采用"国际多式联运单据"就可避免概念上的混淆)。

多式联运提单把海运提单的可转让性与其他运输方式下运单的不可转让性合二为一,因此多式联运经营人根据托运人的要求既可签发可转让的也可签发不可转让的多式联运提单。如属前者,收货人一栏应采用指示抬头;如属后者,收货人一栏应具体列明收货人名称,并在提单上注明不可转让。

3）信用证上的条款不同

根据多式联运的需要,信用证上的条款应有以下三点变动:

①向银行议付时,不能使用船公司签发的已装船清洁提单,而应凭多式联运经营人签发的多式联运提单,同时还应注明该提单的抬头如何制作,以明确可否转让。

②多式联运一般采用集装箱运输(特殊情况除外,如在对外工程承包方式下,运出机械设备则不一定会使用集装箱),因此,应在信用证上增加指定采用集装箱运输的条款。

③如不由银行转单,改由托运人、发货人或多式联运经营人直接寄单,以便收货人或代理人能尽早取得货运单证,加快在目的港(地)提货的速度,则应在信用证上加列"装船单据由发货人、多式联运经营人直寄收货人或其代理人"之条款。如由多式联运经营人寄单,发货人出于议付结汇的需要,应由多式联运经营人出具一份"收到货运单据并已寄出"的证明。

4）海关验放的手续不同

一般国际货物运输的交货地点大都在装货港,目的地大都在卸货港,因此办理报关和通关的手续的地点都是在货物进出境的港口。而国际多式联运货物的起运地大都在内陆城市,因此内陆海关只对货物办理转关监管手续,由出境地的海关进行查验放行。进口货物的最终目的地如为内陆城市,进境港口的海关一般不进行查验,只办理转关监管手续,待货物到达最终目的地时由当地海关查验放行。

8.1.4　国际多式联运的运输组织形式

国际多式联运是采用两种或两种以上不同运输方式进行联合运输的运输组织形式。这里说的"至少两种运输方式"可以是海陆、陆空、海空等两种运输形式的联合。这与一般的海海、陆陆、空空等形式的联运有着本质的区别:后者虽也是联运,但仍是同一种运输工具之间的运输方式。众所周知,各种运输方式均有自身的优点与不足,一般来说,水路运输具有运量大、成本低的特点;公路运输则具有机动灵活,便于实现货物门到门运输的特点;铁路运输的主要优点是不受气候影响,可深入内陆和横贯内陆实现货物长距离的准时运输;而航空运输的主要优点是可实现货物的快速运输。由于国际多式联运严格规定必须采用两种和两种以上的运输方式进行联运,因此这种运输组织方式可综合利用各种运输方式的优点,充分体现社会化大生产大交通的特点。

由于国际多式联运具有其他运输方式无可比拟的优越性,因而这种国际运输新技术已在世界各主要国家和地区得到广泛的推广和应用。目前,具有代表性的国际多式联运主要有远东/欧洲,远东/北美等海陆空联运,其组织形式包括:

1)海陆联运

海陆联运是国际多式联运的主要组织形式,也是远东/欧洲多式联运的主要组织形式之一。目前组织和经营远东/欧洲海陆联运业务的主要有班轮公会的三联集团、北荷、冠航和丹麦的马士基等国际航运公司,以及非班轮公会的中国远洋运输公司、台湾长荣航运公司和德国那亚航运公司等。这种组织形式以航运公司为主体,签发联运提单,与航线两端的内陆运输部门开展联运业务,与大陆桥运输展开竞争。

2)海空联运

海空联运又被称为空桥运输。在运输组织方式上,空桥运输与陆桥运输有所不同,陆桥运输在整个货运过程中使用的是同一个集装箱而不用换装,空桥运输的货物通常要在航空港换入航空集装箱。不过,两者的目标是一致的,即以低费率提供快捷、可靠的运输服务。

海空联运方式始于20世纪60年代,但到80年代才得以较大的发展。采用这种运输方式,运输时间比全程海运少,运输费用比全程空运便宜。在20世纪60年代,将远东船运至美国西海岸的货物,再通过航空运至美国内陆地区或美国东海岸,从而出现了海空联运。当然,这种联运组织形式是以海运为主,只是最终交货运输区段由空运承担。1960年底,苏联航空公司开辟了经由西伯利亚至欧洲航空线;1968年,加拿大航空公司参加了国际多式联运;20世纪80年代,出现了经由中国香港、新加坡、泰国等至欧洲航空线。目前,国际海空联运线主要有:

①远东—欧洲。目前,远东与欧洲间的航线有以温哥华、西雅图、洛杉矶为中转地;也有以中国香港、曼谷、海参崴为中转地;此外,还有以旧金山、新加坡为中转地。

②远东—中南美。近年来,远东至中南美的海空联运发展较快,因为此处港口和内陆运输不稳定,所以对海空运输的需求很大。该联运线以迈阿密、洛杉矶、温哥华为中转地。

③远东—中近东、非洲、大洋洲。这是以中国香港、曼谷为中转地至中近东、非洲的运输线路。在特殊情况下,还有经马赛至非洲、经曼谷至印度、经中国香港至大洋洲等联运线,但这些线路货运量较小。

总的来讲,运输距离越远,采用海空联运的优越性就越大,因为同完全采用海运相比,其运输时间更短;同直接采用空运相比,其费率更低。因此,将从远东出发至欧洲、中南美以及非洲作为海空联运的主要市场是合适的。

3)陆空联运

陆空联运包括陆空联运和陆空陆联运。陆空联运广泛采用"卡车航班"运输形式,即空运进出境航班与卡车内陆运输相结合。由于航空公司对其编制固定的航班号,确定班期和时刻并对外公布,作为飞机航班运输的一种补充方式,完成飞机运输的功能。

卡车航班弥补了全程空运费用高的弊端和空运固定航班在机型、航线以及航班时间等方面的弱点,同时有效地发挥陆运卡车装载能力大、运输路线灵活的优势,通过卡车航班建立非枢纽机场与枢纽机场之间的联系,发挥了联程运输实行"一次报关、一次查验、一次放行"的直通式通关服务,大大节省了通关时间,降低了运输成本。

4) 陆桥运输

在国际多式联运中,陆桥运输(land bridge service)起着非常重要的作用。它是远东/欧洲国际多式联运的主要形式。所谓陆桥运输是指采用集装箱专用列车或卡车,把横贯大陆的铁路或公路作为中间"桥梁",使大陆两端的集装箱海运航线与专用列车或卡车连接起来的一种连贯运输方式。严格地讲,陆桥运输也是一种海陆联运形式。只是因为它在国际多式联运中的独特地位,故在此将其作为一种单独运输组织形式予以介绍。目前,远东/欧洲的陆桥运输线路有西伯利亚大陆桥和北美大陆桥两条:

(1)西伯利亚大陆桥(siberian landbridge)

西伯利亚大陆桥(SLB)又称第一欧亚大陆桥,是指使用国际标准集装箱,将货物由远东海运到俄罗斯东部港口,再经跨越欧亚大陆的西伯利亚铁路运至波罗的海沿岸(如爱沙尼亚的塔林或拉脱维亚的里加)等港口,然后再采用铁路、公路或海运运到欧洲各地的国际多式联运的运输线路。

西伯利亚大陆桥于1971年由原全苏对外贸易运输公司正式确立。现在全年货运量高达10万标准箱(TEU),最多时达15万标准箱。使用这条陆桥运输线的经营者主要是日本、中国和欧洲各国的货运代理公司。其中,日本出口欧洲杂货的1/3,欧洲出口亚洲杂货的1/5是经这条陆桥运输的。由此可见,它在沟通亚欧大陆,促进国际贸易中所处的重要地位。

西伯利亚大陆桥运输包括"海铁铁"、"海铁海"、"海铁公"和"海公空"等四种运输方式。由俄罗斯的过境运输总公司(SOJUZTRANSIT)担当总经营人,它拥有签发货物过境许可证的权利,并签发统一的全程联运提单,承担全程运输责任。至于参加联运的各运输区段,则采用"互为托、承运"的接力方式完成全程联运任务。可以说,西伯利亚大陆桥是较为典型的一条过境多式联运线路。

西伯利亚大陆桥是目前世界上最长的一条陆桥运输线。它大大缩短了从日本、远东、东南亚及大洋洲到欧洲的运输距离,并因此节省了运输时间。从日本横滨到欧洲鹿特丹,采用陆桥运输不仅可使运距缩短1/3,运输时间也可节省1/2。此外,在一般情况下,运输费用还可节省20%~30%,因而对货主有很大的吸引力。

由于西伯利亚大陆桥所具有的优势,随着它的声望与日俱增,也吸引了不少远东、东南亚以及大洋洲地区到欧洲的运输,使西伯利亚大陆桥在短短的几年时间中就有了迅速发展。但是,西伯利亚大陆桥运输在经营上管理上存在的问题,如港口装卸能力不足、铁路集装箱车辆的不足以及严寒气候的影响等在一定程度上阻碍了它的发展。

(2)第二欧亚大陆桥

第二欧亚大陆桥是与哈萨克斯坦铁路接轨的经我国兰新、陇海铁路的新欧亚大陆桥,是目前亚欧大陆东西最为便捷的通道。由于所经路线很大一部分是经原"丝绸之路",因此人们又称作现代"丝绸之路"。

新欧亚大陆桥东起我国黄海之滨的连云港和日照等港群,向西经陇海、兰新线的徐州、武威、哈密、吐鲁番到乌鲁木齐,再向西经北疆铁路到达我国边境的阿拉山口,进入哈萨克斯坦,再经俄罗斯、白俄罗斯、波兰、德国,西止世界第一大港荷兰的鹿特丹港。

这条大陆桥跨越欧亚两大洲,联结太平洋和大西洋,全长约10 800 km,通向中国、中亚、西亚、东欧和西欧30多个国家和地区,是世界上最长的一条大陆桥。它已于1992年12月1日正式投入国际集装箱运输业务。新亚欧大陆桥的贯通不仅便利了我国东西交通与国外的联系,更重要的是对我国的经济发展产生了巨大的影响。

(3)北美大陆桥(north american landbridge)

北美大陆桥是指利用北美的大铁路从远东到欧洲的"海陆海"联运。该陆桥运输包括美国大陆桥运输和加拿大大陆桥运输。美国大陆桥有两条运输线路:一条是从西部太平洋沿岸至东部大西洋沿岸的铁路和公路运输线;另一条是从西部太平洋沿岸至东南部墨西哥湾沿岸的铁路和公路运输线。美国大陆桥于1971年底由经营远东/欧洲航线的船公司和铁路承运人联合开办"海陆海"多式联运线,后来美国几家班轮公司也投入营运。目前,主要有四个集团经营远东经美国大陆桥至欧洲的国际多式联运业务。这些集团均以经营人的身份,签发多式联运单证,对全程运输负责。加拿大大陆桥与美国大陆桥相似,由船公司把货物海运至温哥华,经铁路运到蒙特利尔或哈利法克斯,再与大西洋海运相接。

北美大陆桥是世界上历史最悠久、影响最大、服务范围最广的陆桥运输线。据统计,从远东到北美东海岸的货物有大约50%以上是采用双层列车进行运输的,因为采用这种陆桥运输方式比采用全程水运方式通常要快1~2周。例如,集装箱货从日本东京到欧洲鹿特丹港,采用全程水运(经巴拿马运河或苏伊士运河)通常需5~6周时间,而采用北美陆桥运输仅需3周左右的时间。

随着美国和加拿大大陆桥运输的成功营运,北美其他地区也开展了大陆桥运输。墨西哥大陆桥就是其中之一。该大陆桥横跨特万特佩克地峡,连接太平洋沿岸的萨利纳克鲁斯港和墨西哥湾沿岸的夸察夸尔科斯港,陆上距离182 n mile(1 n mile = 1 852 m)。墨西哥大陆桥于1982年开始营运,目前服务范围还很有限,对其他港口和大陆桥运输的影响还很小。

在北美大陆桥强大的竞争实力面前,巴拿马运河可以说是最大的输家之一。随着北美西海岸陆桥运输服务的开展,众多承运人开始建造不受巴拿马运河尺寸限制的超巴拿马型船,从而放弃使用巴拿马运河。可以预见,随着陆桥运输的效率与经济性的不断提高,巴拿马运河将处于更为不利的地位。

(4)其他陆桥运输形式

北美地区的陆桥运输不仅包括上述大陆桥运输,而且还包括小陆桥运输和微桥运输等运输组织形式。

小陆桥运输从运输组织方式上看与大陆桥运输并无大的区别,只是其运送的货物的目的地为沿海港口。目前,北美小陆桥运送的主要是日本经北美太平洋沿岸到大西洋沿岸和墨西哥湾地区港口的集装箱货物。当然也承运从欧洲到北美西海岸及海湾地区各港的大西洋航线的转运货物。北美小陆桥在缩短运输距离、节省运输时间上效果是显著的。以日本/美东航线为例,从大贩至纽约全程水运(经巴拿马运河),运输时间21~24天。而采用小陆桥运输,运输时间16天,可节省1周左右的时间。

微桥运输与小陆桥运输基本相似,只是其交货地点在内陆地区。北美微桥运输是指经北美东、西海岸及墨西哥湾沿岸港口到美国、加拿大内陆地区的联运服务。随着北美小陆桥运输的发展,出现了新的矛盾,主要反映在:如货物由靠近东海岸的内地城市运往远东地区(或反向),首先要通过国内运输,以国内提单运至东海岸交船公司,然后由船公司另外签发由东海岸出口的国际货运单证,再通过国内运输运至西海岸港口,然后海运至远东。货主认为,这种运输不能从内地直接以国际货运单证运至西海岸港口转运,不仅增加费用,而且耽误运输时间。为解决这一问题,微桥运输应运而生。进出美、加内陆城市的货物采用微桥运输既可节省运输时间,也可避免双重港口收费,从而节省费用。例如,往来于日本和美东内陆城市匹兹堡的集装箱货,可从日本海运至美国西海岸港口,如奥克兰,然后通过铁路直接联运至匹兹堡,这样可完全避免进入美东的费城港,从而节省了在该港的港口费支出。

8.2 国际多式联运的组织与运作

8.2.1 国际多式联运的主要业务与程序

1)接受托运申请,订立多式联运合同

多式联运经营人接受托运后,双方议定有关事宜,并在交给货主或其代理人的场站收据副本上签字,证明接受托运申请,多式联运合同成立并开始执行。发货人或其代理人根据双方货物的交接方式、时间、地点、付费方式等达成的协议填写场站收据,并送至多式联运经营人处编号,编号后留下托运联,其余交给发货人或其代理人。

2)空箱的发放、提取以及运送

如果双方协议由发货人装箱,则多式联运经营人应该签发提箱单或者把租箱公司

或者把分运人签发的提箱单交给发货人或其代理人由其自己在规定的时间内装箱。如果是拼箱或是整箱但无装货条件的货物,则由多式联运经营人将空箱调至接受货物的装箱货运站场,做好装箱准备。

3) 出口报关

若联运从港口开始,则在港口报关;若在内陆,则在内陆附近海关办理报关,也可以委托多式联运经营人办理。报关时,要提供场站收据、装箱单、出口许可证等单据。

4) 货物装箱及接受货物

若发货人自己在仓库或工厂装箱时,装箱一般在报关后进行并请海关到装箱点监督;若发货人不具备装箱的条件,可以委托多式联运经营人或货运站装箱,发货人应把货物运至指定的货运站;若是拼箱货物,发货人应把货物运至指定的货运站,按多式联运经营人指示装箱。

5) 订舱及安排货物运送

经营人在合同订立后,应制作运输计划,包括货物的运输路线、区段的划分、各区段实际的承运人以及衔接的地点和时间等。

6) 办理保险

在发货人方面,应投货物运输险。由发货人自己办理或由经营人代替办理,保险可以是全程也可以是分段投保。在多式联运经营人方面,应投保货物责任险和集装箱险。

7) 签发多式联运提单,组织完成货物全程运输

多式联运经营人收取货物后,应向发货人签发多式联运提单,并收取全部费用。

8) 运输过程中的海关业务

涉及海关的手续一般都由多式联运经营人的派出机构或代理人办理,也可以是分段实际承运人作为多式联运经营人代为办理。如果货物在目的港交付,则结关在港口所在地海关办理;如果在内地交货,则在口岸办理保税运输手续。

9) 货物交付

当货物到达目的地后,由目的地代理人通知收货人提货。

10) 货运事故处理

如果在全程运输中发生了货物灭失、损害或运输延误等,收货人可以向多式联运经营人索赔。

8.2.2　国际多式联运的分类

多式联运全程运输业务是由多式联运全程运输的组织者——多式联运经营人完成的。主要包括全程运输所涉及的所有商务性事务和衔接服务性工作的组织实施。其运输组织方法可以有很多种,但就其组织体制来说,基本上分为协作式联运和衔接式联运两大类。

1)协作式多式联运

协作式多式联运是指两种或两种以上运输方式的运输企业,按照统一的规章或商定的协议,共同将货物从接管货物的地点运到指定交付货物的地点的运输。协作式多式联运流程如图8.1所示。

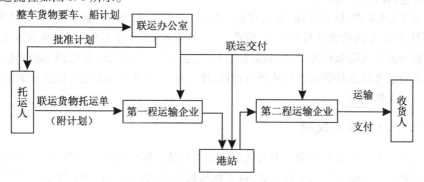

图8.1　协作式多式联运流程图

协作式多式联运是目前国内货物联运的基本形式。在协作式多式联运下,参与联运的承运人均可受理托运人的托运申请,接收货物,签署全程运输单据,并负责自己区段的运输生产;后续承运人除负责自己区段的运输生产外,还需要承担运输衔接工作;而最后承运人则需要承担货物交付以及受理收货人的货损货差的索赔。在这种体制下,参与联运的每个承运人均具有双重身份。对外而言,他们是共同承运人,其中一个承运人(或代表所有承运人的联运机构)与发货人订立的运输合同,对其他承运人均有约束力,即视为每个承运人均与货方存在运输合同关系;对内而言,每个承运人不但有义务完成自己区段的实际运输和有关的货运组织工作,还应根据规章或约定协议,承担风险,分配利益。

目前,根据开展联运依据的不同,协作式多式联运可进一步细分为法定(多式)联运和协议(多式)联运两种。

(1)法定(多式)联运

法定(多式)联运是指不同运输方式运输企业之间根据国家运输主管部门颁布的规章开展的多式联运。目前铁路、水路运输企业之间根据铁道部、交通部共同颁布的《铁路水路货物联运规则》开展的水陆联运即属此种联运。在这种联运形式下,有关运输票据、联运范围、联运受理的条件与程序、运输衔接、货物交付、货物索赔程序以及承运之间的费用清算等,均应符合国家颁布的有关规章的规定,并实行计划运输。

这种联运形式无疑有利于保护货方的权利和保证联运生产的顺利进行,但缺点是灵活性较差,适用范围较窄,它不仅在联运方式上仅适用铁路与水路两种运输方式之间的联运,而且对联运路线、货物种类、数量及受理地、换装地也作出了限制。此外,由于货方托运前需要报批运输计划,给货方带来了一定的不便。法定(多式)联运通常适用于保证指令性计划物资、重点物资和国防、抢险、救灾等急需物资的调拨。

（2）协议(多式)联运

协议(多式)联运是指运输企业之间根据商定的协议开展的多式联运。比如,不同运输方式的干线运输企业与支线运输或短途运输企业,根据所签署的联运协议开展的多式联运,即属此种联运。

与法定(多式)联运不同,在这种联运形式下,联运采用的运输方式、运输票据、联运范围、联运受理的条件与程序、运输衔接、货物交付、货物索赔程序,以及承运人之间的利益分配与风险承担等,均按联运协议的规定办理。与法定(多式)联运相比,该联运形式的最大缺点是联运执行缺乏权威性,而且联运协议的条款也可能会损害货方或弱小承运人的利益。

2）衔接式多式联运

衔接式多式联运是指由一个多式联运企业(以下称多式联运经营人)综合组织两种或两种以上运输方式的运输企业,将货物从接管货物的地点运到指定交付货物的地点的运输。在实践中,多式联运经营人既可能由不拥有任何运输工具的国际货运代理、场站经营人、仓储经营人担任,也可能由从事某一区段的实际承运人担任。但无论如何,他都必须持有国家有关主管部门核准的许可证书,能独立承担责任。衔接式多式联运流程如图8.2所示。

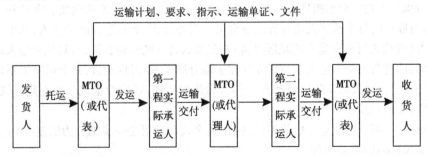

图8.2 衔接式多式联运流程图

在衔接式多式联运下,运输组织工作与实际运输生产实现了分离,多式联运经营人负责全程运输组织工作,各区段的实际承运人负责实际运输生产。在这种体制下,多式联运经营人也具有双重身份。对于货方而言,他是全程承运人,与货方订立全程运输合同,向货方收取全程运费及其他费用,并承担承运人的义务;对于各区段实际承运人而言,他是托运人,他与各区段实际承运人订立分运合同,向实际承运人支付运费及其他必要的费用。很明显,这种运输组织与运输生产相互分离的形式,符合分工专业化的原则,由多式联运经营人"一手托两家",不但方便了货主和实际承运人,也有利于运输的衔接工作,因此,它是联运的主要形式。在国内联运中,衔接式多式联运通常称为联合运输,多式联运经营人则称为联运公司。我国在《合同法》颁布之前,仅对包括海上运输方式在内的国际多式联运经营人的权利与义务,在《海商法》和《国际集装箱多式联运规则》中作了相应的规定,对于其他形式下国际多式联运经营人和国内多式联运经营人的法律地位与责任,并未作出明确的法律规定。《合同法》颁布后,无论是国内多式联运还是国际多式联运,均应符合该多式联运合同中的规定,这无疑有利于我国多式联运业的发展壮大。

8.3 国际多式联运单证

8.3.1 国际多式联运单证的分类

国际多式联运单证是指证明多式联运合同以及证明多式联运经营人接管货物并负责按合同条款交付货物的单证。该单证包括双方确认的取代纸张单证的电子数据交换信息。国际多式联运单证不是多式联运合同,只是多式联运合同的证明,同时是多式联运经营人收到货物的收据和凭其交货的凭证。在实践中,一般称为国际多式联运提单(multimodal transport B/L)。多式联运单据表面上和联运提单相仿,但联运提单承运人只对自己执行的一段负责,而多式联运承运人对全程负责。

多式联运单证分为可转让的和不可转让的单证两类。根据《联合国国际货物多式联运公约》的要求,多式联运单证的转让性在其记载事项中应有规定。

1)可转让的多式联运单证

作为可转让的多式联运单证,具有流通性,可以像提单那样在国际货物买卖中扮演重要角色。多式联运公约规定,多式联运单据以可转让方式签发时,应列明按指示或向持票人交付。如列明按指示交付,须经背书后转让;如列明向持票人交付,无须背书即可转让。此外,如签发一套一份以上的正本,应注明正本份数;如签发任何副本,每份副本均应注明"不可转让副本"字样。只有交出可转让多式联运单据,并在必要时经正式背书,才能向多式联运经营人或其代表提取货物。对于签发一套一份以上的可转让多式联运单证正本的情况,如多式联运经营人或其代表已正当按照其中一份正本交货,该多式联运经营人便已履行其交货责任。

2)不可转让的多式联运单证

作为不可转让的多式联运单证,则没有流通性。多式联运经营人凭单证上记载的收货人向其交货。按照多式联运公约的规定,多式联运单证以不可转让的方式签发时,应指明记名的收货人。同时规定,多式联运经营人将货物交给此种不可转让的多式联运单证所指明的记名收货人或经收货人通常以书面正式指定的其他人后,该多式联运经营人即已履行其交货责任。

对于多式联运单证的可转让性,我国的《国际多式联运管理规则》也有规定。根据该规则,多式联运单证的转让依照下列规定执行:

①记名单据。不得转让。

②指示单据。经过记名背书或者空白背书转让。

③不记名单据。无需背书,即可转让。

8.3.2　多式联运单证的内容

对于国际集装箱多式联运单证的记载内容,《联合国国际货物多式联运公约》以及我国的《国际集装箱多式联运管理规则》都作了具体规定。根据我国的《国际集装箱多式联运管理规则》的规定,多式联运单证应当载明下列事项:

①货物名称、种类、件数、重量、尺寸、外表状况、包装形式;

②集装箱箱号、箱型、数量、封志号;

③危险货物、冷冻货物等特种货物应载明其特性、注意事项;

④多式联运经营人名称和主营业所;

⑤托运人名称;

⑥多式联运单据表明的收货人;

⑦接受货物的日期、地点;

⑧交付货物的地点和约定的日期;

⑨多式联运经营人或其授权人的签字及单据的签发日期、地点;

⑩交接方式,运费的支付,约定的运达期限,货物中转地点;

⑪在不违背我国有关法律、法规的前提下,双方同意列入的其他事项。

当然,缺少上述事项中的一项或数项,并不影响该单据作为多式联运单据的法律效力。

如果多式联运经营人知道或者有合理的根据怀疑多式联运单据所列的货物品类、标志、包数或者数量、重量等没有准确地表明实际接管货物的状况,或者无适当方法进行核对的,多式联运经营人应在多式联运单据上作出保留,注明不符合之处及怀疑根据或无适当核对方法。如果不加批注,则应视为已在多式联运单据上注明货物外表状况的良好。

《联合国国际货物多式联运公约》对多式联运单据所规定的内容与上述规则基本

相同,只是公约中还规定多式联运单据应包括下列内容:

　　①表示该多式联运单据为可转让或不可转让的声明;

　　②如在签发多式联运单据时已经确知,预期经过的路线、运输方式和转运地点等。

8.3.3　多式联运单据的签发和保留

1)多式联运单据的签发

　　多式联运经营人接管货物时,应签发一项多式联运单据,该单据应依发货人的选择,或为可转让单据或为不可转让单据。由多式联运经营人或经他授权的人签字,如不违背签发多式联运单据所在国的法律,可以是手签、手签笔迹的复印、打透花字、盖章、符号,或用任何其他机械或电子仪器打出。经发货人同意,可以用任何机械或其他方式保存公约规定的多式联运单据应列明的事项,签发不可转让的多式联运单据。在这种情况下,多式联运经营人在接管货物后,应交给发货人一份可以阅读的单据,载有用此种方式记录的所有事项。按公约规定,这份单据应视为多式联运单据。

2)多式联运单据中的保留

　　如果多式联运经营人或其代表知道或有合理的根据怀疑多式联运单据所列货物的品类、主要标志、包数或件数、重量或数量等事项没有准确地表明实际接管货物的状况,或无适当方法进行核对,则该多式联运经营人或其代表应在多式联运单据上作出批注,注明不符之处、怀疑的根据或无适当核对方法。如果多式联运经营人或其代表未在多式联运单据上对货物的外表状况加以批注,则应视为他已在多式联运单据上注明货物的外表状况良好。

8.3.4　多式联运单证的证据效力

　　多式联运单证的证据效力主要表现在它是该单据所载明的货物由多式联运经营人接管的初步证据。由此可见,作为国际多式联运合同证明的多式联运单据,其记载事项与其证据效力是密切相关的,多式联运单据主要对以下几个方面起到证明作用:一是当事人本身的记载;二是有关货物状况的记载;三是有关运输情况的记载;四是有关法律约束方面的记载。

　　多式联运经营人如在单证上对有关货物或运输方面加了批注,其证据效力就会产生疑问。多式联运单证有了这种批注后,可以说丧失了其作为货物收据的作用:对发货人来说,这种单据已不能作为多式联运经营人收到单据上所列货物的证明,不能成为初步证据;对收货人来说,这种单据已失去了其应有的意义,是不能被接受的。

　　如果多式联运单证上没有这种保留性批注,其记载事项的证据效力是完全的,对发货人来说是初步证据,但多式联运经营人可举证予以推翻。不过,根据多式联运公约的规定,如果多式联运单证是以可转让方式签发的,而且已转让给正当信赖该单据所载明的货物状况的、包括收货人在内的第三方时,该单据就构成了最终证据,多式联运经营人提出的反证不予接受。

另外,该多式联运公约对一些经过协议达成的记载事项,如交货日期、运费支付方式等并未作出法律规定,这符合合同自由原则,但公约对由于违反此类记载事项带来的责任还是作了规定:如果多式联运经营人意图诈骗,在多式联运单证上列入有关货物的不实资料或其他规定应载明的任何资料,则该联运经营人不得享有该公约规定的赔偿责任限额,还须负责赔偿包括收货人在内的第三方因信赖该多式联运单据所载明的货物的状况行事而遭受的任何损失、损坏或费用。

8.3.5 多式联运合同

1) 多式联运合同概述

多式联运合同,是指多式联运经营人以两种以上的不同运输方式,其中一种是海上运输方式,负责将货物从接收地运至目的地交付收货人,并收取全程运费的合同。《海商法》所称的多式联运合同,"是指多式联运经营人以两种以上的不同运输方式,其中一种是海上运输方式,负责将货物从接收地运至目的地交付收货人,并收取全程运费的合同"。

多式联运是在集装箱运输的基础上发展起来的,这种运输方式并没有新的通道和工具,而是利用现代化的组织手段,将各种单一运输方式有机地结合起来,打破了各个运输区域的界限,是现代管理在运输业中运用的结果。多式联运合同具有以下特点:

首先,它必须包括两种以上的运输方式,而且其中必须有海上运输方式。在我国由于国际海上运输与沿海运输、内河运输分别适用不同的法律,所以国际海上运输与国内沿海、内河运输可以视为不同的运输方式。

其次,多式联运虽涉及两种以上不同的运输方式,但托运人只和多式联运经营人订立一份合同,只从多式联运经营人处取得一种多式联运单证,只向多式联运经营人按一种费率交纳运费。这就避免了多种运输方式远程运输手续多、易出错的不足,为货主确定运输成本和货物在途时间提供了方便。

2) 多式联运合同的订立方式

多式联运承运人负有履行合同的全部责任,这是他与各区段具体承运人的主要区别所在。实践中,多式联运合同的订立主要有两种方式:

(1)托运人或旅客与经营多式联运业务的经营人订立合同

在此情况下,先是由托运人或者旅客与经营多式联运业务的经营人订立承揽运输合同,联运经营人为合同的承揽运输人(也即多式联运承运人)一方,托运人或旅客为合同的另一方。然后,联运经营人与各承运人签订运输协议。在这种情形下,联运经营人以自己的名义与托运人或旅客签订运输合同,承担全程运输,而实际上经营人于承揽运输任务后再将运输任务交由其他承运人完成。但托运人或旅客仅与联运经营人直接发生运输合同关系,而与实际承运人并不直接发生合同关系。因此,联运经营人处于一般运输合同的承运人的地位,享受相应的权利,并承担相应的责任。至于联运经营人与实际承运人之间的关系,则依其相互间的协议而定。

(2)托运人或旅客与第一承运人订立运输合同

在此种情况下,各个承运人为合同的一方当事人,而托运人或旅客为另一方当事人。各个承运人虽均为联运合同的当事人,但只有第一承运人代表其他承运人与托运人或旅客签订运输合同,其他承运人并不参与订立合同。第一承运人则为联运承运人。

8.4 多式联运的责任形式与责任期间

8.4.1 多式联运的责任类型

在货物多式联运情况下,多式联运经营人通常将全程或部分路程的货物运输委托给他人,即区段承运人去完成。在多式联运的两种或两种以上的不同运输方式中,每一种方式所在区段适用的法律对承运人责任的规定往往是不同的。当货物在运输过程中发生灭失或损坏时,由谁来负责任,是采用相同的标准还是区别对待,就必须看经营人所实行的责任制类型而定。从目前国际集装箱多式联运的实际来看,主要有统一责任制(uniform liability system)和网状责任制(network liability system)两种。

1)统一责任制

统一责任制(又称同一责任制)就是多式联运经营人对货主负有不分区段的统一责任原则,也就是说经营人在整个运输中都使用同一责任向货主负责。即经营人对全程运输中货物的灭失、损坏或延期交付负全部责任,无论事故责任是明显的还是隐蔽的,是发生在海运段还是发生在内陆运输段,均按一个统一原则由多式联运经营人统一按约定的限额进行赔偿。但如果多式联运经营人已尽了最大努力仍无法避免的或确实证明是货主的故意行为过失等原因所造成的灭失或损坏,经营人则可免责。

国际多式联运中,如多式联运经营人采用统一责任制则应注意以下两个问题:

①如何确定多式联运经营人的独偿责任原则。《海牙规则》采用不完全的过失责任制,《汉堡规则》《华沙公约》采用的是完全过失责任限制,国际铁路、公路货运公约采用除不可抗力可免责外的严格责任制。而且,从公约的内容看,陆上承运人的责任大于海上承运人。另外,有些内容在某一公约中可免责,而同样的内容在另一公约中却不能免责。如在《海牙规则》中承运人在驾驶船舶和管理船舶过程中造成的货损可免责,而在《华沙公约》中却不能免责。

②采用统一责任制,其责任内容必须统一到各种单一运输公约中最严格的责任原则上去。一旦这样,就意味着将多式联运经营人的责任规定到无过失的程度;如不是这样,货物的损害一旦发生在严格责任的运输区段,受损方应有的利益则得不到保证。

统一责任制是一种科学、合理、手续简化的责任制度。但这种责任制对联运经营人来说责任负担较重,因此目前在世界范围内采用还不够广泛。

2) 网状责任制

网状责任制(又称混合责任制)就是多式联运经营人对货主承担的全部责任局限在各个运输部门规定的责任范围内。也就是,由经营人对集装箱的全程运输负责,而对货物的灭失、损坏或延期交付的赔偿,则根据各运输方式所适用的法律规定进行处理,如海上区段按《海牙规则》处理,铁路区段按《国际铁路运输公约》处理,公路区段按《国际公路货物运输公约》处理,航空区段按《华沙公约》处理。在不适用上述国际法时,则按相应的国内法规定处理。同时,赔偿限额也是按各区段的国际法或国内法的规定进行赔偿。对不明区段的货物隐蔽损失,或作为海上区段按《海牙规则》处理,或按双方约定的原则处理。

网状责任制是介于全程运输负责制和分段运输负责制这两种负责制之间的一种责任制,故又称混合责任制。也就是,该责任制在责任范围方面与统一责任制相同,而在赔偿限额方面则与区段运输形式下的分段负责制相同。

目前,国际上大多采用的就是网状责任制。我国自"国际集装箱运输系统(多式联运)工业性试验"项目以来发展建立的多式联运责任制采用的也是网状责任制。从国际多式联运发展来考虑,网状责任制并不理想,易在责任轻重、赔偿限额高低等方面产生分歧。因此,随着我国国际多式联运的不断发展与完善,统一责任制应更为符合多式联运的要求。

8.4.2 多式联运的责任期间

在各种国际公约和国内法规中,关于多式联运的责任期间具有很高的一致性。《国际货物多式联运公约》规定,"自多式联运经营人接管货物之时起到交付货物时止"。我国《海商法》规定,"多式联运经营人对多式联运货物的责任期间,自接收货物时起至交付货物时止"。这一规定表明,不论货物的接收地和目的地是港口还是内陆,不论多式联运合同中规定的运输方式如何(但其中之一必须是海上运输),也不论多式联运的经营人是否将部分或全部运输任务委托给他人履行,他都必须对全程货物运输负责,包括货物在两种运输方式交换的过程。这个规定与我国《海商法》以及《汉堡规则》关于承运人责任期间的规定完全相同。在国际集装箱多式联运中,这使海上承运人在很多情况下演变成了契约承运人,即与货物托运人订有多式联运合同的人,与此相对应的是陆上的承运人有时也充当了多式联运经营人的角色。在这两种经营人中,业务范围的扩大使他们的责任期间也随之延长了。具体的表现是有船承运人作为多式联运经营人在接收货物之后,不但要负责海上运输,还要安排汽车、火车或者飞机的运输。为此,经营人往往再委托给其他的承运人来运输,对交接过程中可能产生的装卸和包装储藏业务也委托有关行业办理,但是这整个范围都是他必须负责的责任期间。同样的道理,无船经营人对货物在海上运输的过程也要负同样的责任。因此,我国《海商法》第一百零四条第一款进一步强调,多式联运经营人负责履行或组织履行多式联运合同,并对全程运输负责。

8.4.3 多式联运经营人的赔偿限制

1)赔偿责任限制基础

对承运人赔偿责任的基础,目前各种运输公约的规定不一,但大致可分为过失责任制和严格责任制两种,以过失责任制为主。《多式联运公约》对多式联运经营人规定的赔偿责任基础包括:

①多式联运经营人对于货物的灭失、损害或延迟交货所引起的损失,如果该损失发生在货物由多式联运经营人掌管期间,则应负赔偿责任。除非多式联运经营人能证明其本人受雇人、代理人,或其他有关人为避免事故的发生及其后果已采取了一切能符合要求的措施。

②如果货物未在议定的时间内交货,或者如无此种协议,但未在按照具体情况对一个勤奋的多式联运经营人所能合理要求的时间内交付,即构成延迟交货。

③如果货物未在按照上述条款确定的交货日期届满后连续 90 日内交付,索赔人即可认为这批货物业已灭失。

2)赔偿责任限制

目前,绝大多数国家的多式联运经营人采用网状责任制,与网状责任制有关的各运输区段国际货运公约以及国际多式联运公约所规定的赔偿标准(即责任限额)见表8.1 和表8.2。

表8.1　国际货物运输公约有关赔偿责任限额的规定

公约名称	每一件或每一单位的责任限额(S.D.R)	每千克毛重的责任限额(S.D.R)	备　注
多式联运公约	920	2.75	包括海运或内河运输
多式联运公约		8.33	不包括海运或内河运输
汉堡规则	835	2.50	
公路货物公约		8.33	
铁路货物公约		16.67	
华沙公约		17.00	

注:单位为SDR,SDR是国际货币基金组织特别提款权。

表8.2　各国际公约关于货物延迟交付的赔偿责任限额的规定

公　约	赔偿责任限额	赔偿责任总额
多式联运公约	应付运费的2.5倍(40%以下)	不超过合同应付运费总额
华沙公约	无限额规定	无限额规定
海牙规则	无限额规定	无限额规定
汉堡规则	应付运费的2.5倍	不超过合同应付运费总额
铁路货物公约	应付运费的2倍	无限额规定
公路货物公约	延误货物运费总额	无限额规定

3）赔偿责任限制权力的丧失

①如经证明货物的灭失、损害或延迟交货是由于多式联运经营人有意造成，或明知有可能造成而又毫不在意的行为或不行为所引起，多式联运经营人则无权享受赔偿责任限制的权益。

②如经证明货物的灭失、损害或延迟交货是由于多式联运经营人的受雇人或代理人或为履行多式联运合同而使用其服务的其他人有意造成或明知可能造成而又毫不在意的行为或不行为所引起，则该受雇人、代理人或其他人无权享受有关赔偿责任限制的规定。

8.4.4　索赔与诉讼

在多式联运过程中，如果多式联运经营人所遭受的损失是由于发货人的过失或疏忽，或者是由于他的受雇人或代理人在其受雇范围内行事时的疏忽或过失所造成，发货人对这种损失应负赔偿责任。

在国际货运公约中，一般都有规定了货物的索赔与诉讼条款。如《海牙规则》和各国船公司对普通货运提单的索赔与诉讼规定为，收货人应在收到货物3天之内，将有关货物的灭失、损害情况以书面的形式通知被索赔人，如货物的状况在交货时已由双方证明，则不需要书面的索赔通知。收货人提出的诉讼时间从货物应交付1年内；否则，承运人将在任何情况下免除对于货物所负的一切责任。一般的国际货运公约对货损提出的诉讼时效通常为1年，但自《汉堡规则》制订以后，诉讼时效有所延长。由于集装箱运输的特殊性，因此，有的集装箱提单规定在3天或7天内以书面通知承运人说明有关货损的情况。至于诉讼时效，有的集装箱提单规定为1年，有的规定为9个月；如属全损，有的集装箱提单仅规定为2个月。

多式联运公约规定货物受损人在收到货物2年之内没有提起诉讼或交付仲裁，即超过时效。如果货物在交付之日后6个月内，或于货物未交付后6个月之内没有提出书面通知，说明索赔性质和主要事项在期满后失去诉讼时效。

本章小结

国际多式联运简称多式联运,是在集装箱运输的基础上产生和发展起来的,是指按照多式联运合同,以至少两种不同的运输方式,由多式联运经营人将货物从一国境内的接管地点运至另一国境内指定交付地点的货物运输。国际多式联运适用于水路、公路、铁路和航空多种运输方式。在国际贸易中,由于85%~90%的货物是通过海运完成的,故海运在国际多式联运中占据主导地位。国际多式联运是一种比区段运输高级的运输组织形式,具有简化托运、结算及理赔手续,节省人力、物力和有关费用;缩短货物运输时间,减少库存,降低货损货差事故,提高货运质量;降低运输成本,节省各种支出;提高运输管理水平,实现运输合理化等优势。

国际多式联运单证是指证明多式联运合同以及证明多式联运经营人接管货物并负责按合同条款交付货物的单证。该单证包括双方确认的取代纸张单证的电子数据交换信息。国际多式联运单证不是多式联运合同,只是多式联运合同的证明,同时是多式联运经营人收到货物的收据和凭其交货的凭证。在实践中,一般称为国际多式联运提单。多式联运单证分为可转让的和不可转让的。多式联运单证是该单据所载明的货物由多式联运经营人接管的初步证据。

在多式联运的两种或两种以上的不同运输方式中,每一种方式所在区段适用的法律对承运人责任的规定往往是不同的,多式联运经营人对多式联运货物的责任期间,自接收货物时起至交付货物时止。在多式联运过程中,如果多式联运经营人所遭受的损失是由于发货人的过失或疏忽,或者是由于他的受雇人或代理人在其受雇范围内行事时的疏忽或过失所造成,发货人对这种损失应负赔偿责任。

知识检测

1. 单选题

(1)多式联运人对货物承担运输责任是(　　)。

A. 对自己运输区段　　　　　　　B. 根据 B/L 签发

C. 对实际承运人运输区段　　　　D. 对第三方承担责任

(2)不同运输方式下完成货物运输签发的提单是(　　)。

A. 联运提单　　　　　　　　　　B. 转运提单

C. 多式联运提单   D. 直达提单

（3）联运方式是指（   ）。

A. 不同运输方式之间   B. 同一种运输方式之间

C. 必须是公路与海运之间   D. 必须是铁路与公路之间

（4）多式联运经营人对货物承担的责任期限是（   ）。

A. 自己运输区段   B. 全程运输

C. 实际承运人运输区段   D. 第三方运输区段

（5）根据国际多式联运公约，多式联运经营人对延迟交付货物，同时伴随货物的灭失或损坏时的赔偿责任限制为（   ）。

A. 延迟交付货物应付运费的 2.5 倍

B. 延迟交付货物应付运费的 2 倍

C. 应付运费的 2.5 倍和责任限额的总和

D. 以公约规定赔偿责任限额为最高限额

（6）国际多式联运下的网状责任制是指（   ）。

A. 对全程运输负责，且对各运输区段承担的责任相同

B. 对全程运输负责，且对各运输区段承担的责任不同

C. 对全程不负责任，由实际承运人负责

D. 仅对自己履行的运输区段负责

（7）集装箱运输最早出现于（   ）。

A. 海上运输   B. 铁路运输   C. 航空运输   D. 公路运输

（8）国际货运代理企业经营多式联运并签发多式联运提单时，其法律地位是（   ）。

A. 代理人   B. 承运人   C. 发货人   D. 收货人

（9）根据国际多式联运公约，多式联运经营人对包含水运货损灭失的赔偿责任限制为毛重每千克（   ）。

A. 8.33 SDR   B. 2.75 SDR   C. 3 SDR   D. 2.5 SDR

（10）同时具有国际多式联运和"门到门"运输性质的运输方式是（   ）。

A. 铁路运输   B. 航空运输   C. 邮包运输   D. 公路运输

2. 多选题

（1）由多个承运人共同完成货物全程运输下使用的提单有（   ）。

A. 转运提单   B. 联运提单   C. 多式联运提单

D. 直达提单   E. 港到港提单

（2）多式联运是（   ）的组合。

A. 不同运输方式   B. 多种运输方式   C. 海海运输方式

D. 公、海运输方式   E. 公、铁运输方式

（3）下列关于提单的说法正确的有（　　　）。

A. 提单是承运人出具的货物收据

B. 提单是物权凭证

C. 提单是承运人与托运人之间的运输契约的证明

D. 指示性提单不能够通过背书转让

E. 不记名提单在国际贸易中经常使用

（4）国际多式联运所应具有的特点（　　　）。

A. 签订一个运输合同 　　　　　　B. 采用一种运输方式

C. 采用一次托运 　　　　　　　　D. 一次付费

（5）可用于各种运输方式，包括多式联运的贸易术语有（　　　）。

A. CFR 　　　　B. CIF 　　　　C. FCA 　　　　D. CPT 　　　　E. CIP

3. 判断题

（1）国际货运代理人是受船公司的委托与第三方从事业务的人。　　　　　　（　　　）

（2）国际货物代理人充当运输经营人时无权收运费。　　　　　　　　　　　（　　　）

（3）通常代理中的本人是指货运代理人，也就是被代理人。　　　　　　　　（　　　）

（4）D/R签收表明承运人已收到货物。　　　　　　　　　　　　　　　　　（　　　）

（5）无船承运人不是运输合同当事人。　　　　　　　　　　　　　　　　　（　　　）

（6）国际多式联运经营人只能签发不可转让的多式联运单据。　　　　　　　（　　　）

（7）国际多式联运就是"门到门"运输。　　　　　　　　　　　　　　　　　（　　　）

（8）国际多式联运所运输货物必须是集装箱货物，不可以是一般的散杂货。

（　　　）

（9）网状责任制下，多式联运经营人按多式联运合同统一规定的标准进行赔偿。

（　　　）

（10）《联合国国际货物多式联运公约》对运输方式的种类未作限制，可以由陆海、陆空、海空等运输方式组成。　　　　　　　　　　　　　　　　　　　　（　　　）

4. 思考题

（1）我国在国际多式联运中存在的问题以及我国多式联运发展策略是什么？

（2）简述国际多式联运经营人的基本特征。

（3）简述多式联运经营人的责任形式及其含义。

（4）简述国际多式联运的主要业务与程序。

（5）分析国际多式联运与一般国际货物运输的区别。

5. 案例分析题

中国某进口公司委托某对外贸易运输公司办理333只纸箱的男士羽绒滑雪衫出

口手续,外运公司将货装上某远洋运输公司的货轮并向畜产进出口公司签发了北京中国对外贸易运输总公司的清洁联运提单,提单载明货物数量共为333箱,分装3只集装箱。同年6月29日,货轮抵达目的港日本神户,7月6日,日方收货人在港口装卸公司开箱发现其中一个集装箱A的11只纸箱中,有5箱严重湿损,6箱轻微湿损。7月7日,运至东京日方收货人仓库,同日由新日本商检协会检验,10月11日出具的商检报告指出货损的原因是由于集装箱有裂痕,雨水进入造成箱内衣服损坏,实际货损约合1 868 338日元。在东京进行货损检验时,商检会曾邀请某远洋运输公司派人共同勘察,但该公司以"出港后检验无意义"为由拒绝。日方收货人从AIU保险公司取得赔偿后,AIU公司取得代位求偿权,于次年9月25日向上海海事法院提起诉讼,要求被告货运代理人和实际承运人赔偿日方损失,并承担律师费和诉讼费。请根据国际货物多式联运相关理论分析被告是否应该承担责任。

任务训练一

任务名称

掌握多式联运的主要业务及程序。

所需知识

多式联运的主要业务及程序,进出口业务程序。

训练目的和要求

通过本次训练,要求学生能够在CIF条件下,写出国际集装箱整箱货多式联运出口业务程序。

背景材料

CIF到岸价即"成本、保险费加运费",是指在装运港当货物越过船舷时卖方即完成交货。CIF通常是指FOB+运费+保险费。

C&F和CIF不同,C&F(cost and freight),是指成本+运费,后面跟目的地港口名称,也就是说运费要算到目的港,责任也止到目的港。卖方必须支付将货物运至指定的目的港所需的运费和费用,但交货后货物灭失或损坏的风险及由于各种事件造成的任何额外费用即由卖方转移到买方。但是,在CIF条件下,卖方还必须办理买方货物在运输途中灭失或损坏风险的海运保险。因此,由卖方订立保险合同并支付保险费。买方应注意到,CIF术语只要求卖方投保最低限度的保险险别。如买方需要更高的保险险别,则需要与卖方明确地达成协议,或者自行作出额外的保险安排。

CIF 术语要求卖方办理货物出口清关手续。该术语仅适用于海运和内河运输。

以我国某公司为例,出口国际集装箱整箱货物到日本。

组织实施

(1)学生分组,以给出的背景材料为依据设计工作情境。

(2)各组按以下内容进行准备:

(3)各组在一周内完成业务程序设计,并排练成小品在实训课上演示或制作幻灯片进行讲解。

(4)老师根据各组综合展示的情况和正确率为各组评分。

任务训练二

任务名称

我国国际多式联运现状调查。

训练内容

(1)收集整理我国已开展国际多式联运的路线。

(2)整理我国已开展国际多式联运的主要城市的相关信息。

训练目的和要求

通过本次实训,要求学生明确多式联运的概念,了解我国国际多式联运现状,熟悉我国主要的货运干线。

组织实施

(1)分组。要求 8~10 人为一个学习小组。

(2)小组分工。根据各个小组情况进行任务分工,可按信息采集、信息汇总、幻灯片制作、课堂讲解进行分工。

(3)各个小组派代表在实训课时进行讲解,分享收集的资料。

(4)老师对各小组点评、总结。

知识检测参考答案

第一章参考答案

1. 略
2. (1) D (2) D (3) A (4) B (5) A (6) B (7) B (8) D (9) B (10) C (11) B (12) C (13) A (14) A (15) A (16) B (17) A (18) C (19) B (20) C
3. (1) ABC (2) ABCD (3) ABCDE (4) ABC (5) CD (6) ABCD (7) BCDE (8) BCDE (9) BC (10) BCDE (11) CDE (12) BCD (13) ABCD
4. (1) √ (2) × (3) × (4) √ (5) √ (6) √ (7) × (8) √ (9) √ (10) √ (11) × (12) × (13) √ (14) × (15) √ (16) × (17) ×
5. 略

第二章参考答案

1. 略
2. (1) A (2) D (3) B (4) B (5) A
3. (1) AC (2) ABCDE (3) ABCE
4. 略

第三章参考答案

1. (1) ABCD (2) C (3) ABC (4) D (5) BC (6) ABC (7) ABCD (8) ABD
(9) ABCD (10) ABD

2. (1) × (2) × (3) √ (4) × (5) ×

3. 略

4. 略

5. (1) 原产国日本适用最惠国税率25%

完税价格为 20 × 4 000 和 20 × 200 美元

将外币折算成人民币:20 × 4 000 × 8.2 = 656 000.00(元)

20 × 200 × 8.2 = 32 800.00(元)

应征进口关税税额 = 完税价格 × 关税税率

= 656 000.00 × 25% + 32 800.00 × 25% = 172 200.00(元)

(2) 原产于美国适用最惠国税率5%

完税价格为 1 000 美元

将外币折算成人民币为 8 200.00 元

应征进口关税税额 = 8200 × 5% = 410.00(元)

第四章参考答案

1. (1) C (2) D (3) C (4) C (5) D (6) C (7) A (8) C (9) B (10) A

2. (1) ABC (2) ABCD (3) AB (4) ABD (5) ACD (6) BCD (7) ABC
(8) ABCD (9) BCD (10) ABC

3. (1) √ (2) × (3) × (4) √ (5) √ (6) × (7) × (8) √ (9) √
(10) × (11) √ (12) × (13) √

第五章参考答案

1. (1) A (2) C (3) B (4) A (5) B (6) B (7) A (8) D (9) A (10) C

2.（1）ABCD　（2）ABCDE　（3）ABCDE　（4）AB　（5）ABCDE　（6）ABCDE

3.（1）×　（2）√　（3）√　（4）×　（5）√　（6）×　（7）√　（8）×　（9）√
（10）√

4. ①确定计费标准：$30 \times 60 \times 50 = 0.09 \text{ m}^3 > 0.04 \text{ t}$

②计算运费：总运费 $= 109 \times (1 + 20\% + 10\%) \times 0.09 \times 100 = 1\ 275.3$（美元）

第六章参考答案

1.（1）C　（2）B　（3）A　（4）C　（5）A　（6）B　（7）B　（8）C　（9）B　（10）C

2.（1）ABC　（2）ABCD　（3）AB　（4）ABCD　（5）ABC

3. 略

4.

（1）如分别托运其运费为：

$3 \times 10 = 30$（港元）… 因不足起码运费，故按 65 港元收费。

$3 \times 20 = 60$（港元）… 因不足起码运费，故按 65 港元收费。

$3 \times 35 = 105$（港元）

$3 \times 40 = 120$（港元）

以上四笔运费共为：$65 + 65 + 105 + 120 = 355$（港元）

如集中托运其运费为：$(10 + 20 + 35 + 40) \times 2.5 = 262$（港元）

（2）该批货物的实际毛重为 15 kg $\times$ 115 = 1 725 kg，体积重量为 410 cm $\times$ 44 cm $\times$ 60 cm/6 000 cm^3/kg) $\times$ 115 = 2 024 kg，重量与体积重量之比为 1 725 kg < 2 024 kg。故应按体积重量计算运费如下：

14.60 美元/kg $\times$ 2 024 kg = 29 550.00 美元

第七章参考答案

1.（1）D　（2）A　（3）B　（4）C　（5）B

2.（1）ABCD　（2）ABCD　（3）ABCD　（4）BD　（5）BCD

3.（1）×　（2）×　（3）√　（4）×　（5）√　（6）×　（7）√　（8）√

4. 略

5. 略

6.（1）2 268 瑞士法郎

（2）①查出过境里程为 1 698 km。

②"电影胶片"与"电动剃须刀"同为 1 等运价货物且分别包装并注明，其重量合并后为 1 770 kg，折成 100 kg 的倍数后为 17.7，进整为 18，而 1 等运价货物在 1 698 km 的运费费率为 783 分 / 100 kg，则这两种货物的过境运费为 783 × 18 × (1 + 50%) 分，即 21 141 分。

③"砂布"为 2 等运价货物，其重量折成 100 kg 的倍数后为 3.8，进整为 4，而 2 等运价货物在运价里程为 1 698 km 时的运费费率为 369 分/100 kg，则"砂布"的过境运费为 369 × 4 × (1 + 50%) 分，即 2 214 分。

④该批货物的过境运费为 (21 141 + 2 214) 分，即 23 355 分或 233.55 瑞士法郎。

第八章参考答案

1.（1）B　（2）C　（3）B　（4）B　（5）D　（6）B　（7）B　（8）B　（9）B　（10）C
2.（1）ABC　（2）ABCD　（3）ABCE　（4）ACD　（5）CDE
3.（1）×　（2）×　（3）×　（4）√　（5）×　（6）×　（7）×　（8）√　（9）×
（10）×

参考文献

[1] 助理国际物流师培训教程编委会.助理国际物流师培训教程[M].北京:中国经济出版社,2006.

[2] 中国国际货运代理协会.国际海上货运代理理论与实务[M].北京:中国商务出版社,2003.

[3] 张清,杜扬.国际物流与货运代理[M].北京:机械工业出版社,2005.

[4] 仲岩,国际物流与货运代理[M].郑州:河南科学技术出版社,2008.

[5] 张苗,白云.国际货物运输与保险[M].北京:清华大学出版社,2010.

[6] 何柳,国际货运代理实务[M].北京:人民交通出版社,2007.

[7] 杨鹏强,国际货运代理实务[M].北京:电子工业出版社,2008.

[8] 冷柏军.国际贸易理论与实务[M].北京:中国财政经济出版社,2000.

[9] 王森勋.新编国际货运代理理论与实务[M].北京:北京大学出版社,2009

[10] 张颖.国际货物运输代理实务[M].大连:大连理工大学出版社,2010.

[11] 顾永才,陈幼端.国际物流与货运代理[M].北京:首都经济贸易大学出版社,2007.

[12] 顾丽亚.国际货运代理与报关实务[M].北京:电子工业出版社,2007.

[13] 张敏,周敢飞.国际货运代理实务[M].北京:北京理工大学出版社,2007.

[14] 张清.国际货运代理实务[M].北京:机械工业出版社,2003.

[15] 张耀平.国际物流与货运代理[M].北京:清华大学出版社,2010.

[16] 万锦红,王正华.国际贸易理论与实务[M].北京:中国经济出版社,2010.

[7] 黄锡光.国际贸易理论与实务[M].上海:上海财经大学出版社,2009.

[18] 张长兵.国际物流实务[M].北京:中国物资出版社,2008

[19] 黄中鼎.国际物流与货运代理[M].北京:高等教育出版社,2008.

[20] 张炳达.国际货运代理实务[M].上海:立信会计出版社,2006.

[21] 姚大伟.国际货运代理实务[M].北京:中国对外经济贸易出版社,2002.

[22] 饶坤罗.国际物流实务[M].武汉:武汉理工大学出版社,2008.

[23] 李勤昌.国际货物运输实务[M].北京:清华大学出版社,2008.

[24] 郭琴.我国多式联运发展的若干思考[J].物流工程与管理.2010(4).

[25] http://baike.baidu.com/view/.

［26］ http：//jpkc. zjvtit. edu. cn/.

［27］ http：//wenku. baidu. com/view/e123c46527d3240c8447ef53. html.

［28］ http：//www. ahbvc. cn/jpkc/qmswjpkc/4. htm.

［29］ wenku. baidu. com/view/f009b06925c52cc58bd6. 2010-8-22.

［30］ www. 360doc. com/content/10/0605/09/304886.

［31］ www. docin. com/p-28596276. html 2010-8-19.

［32］ blog. 163. com/lcr8295/blog/static/19084072.

［33］ wenku. baidu. com/view/c687a3b069dc5022aaea. 2010-8-22.

［34］ www. examda. com/hydl/fudao/20070913/084912.

［35］ http：//www. 100xuexi. com/.